자전적 경제평론집

평등으로 가는 제3의 길

이경태 저

박영사

서 문

해외로 가는 비행기를 탈때 직업란에 경제전문가(economist)라고 적었다. 어떤 사람이 전공분야가 무엇이냐고 물으면 산업전문가(industrial economist)라고 대답하곤 했다. 산업연구원에서 15년을 근무하면서 산업정책에 대한 책을 쓰기도 했지만 딱히 다른 분야를 콕 집어서 전공이라고 내세울만한 것이 없기 때문이기도 했다. 산업정책론속에는 금융, 기술, 노동, 산업조직, 무역, 정부와 시장의 역할 등이 정책수단으로서 등장하기 때문에 여러 분야를 넓지만 얕게 알아야 했다. 전문가를 좁고 깊게 아는 사람으로 정의하면 나는 전문가가 아니다. 아무려면 어떤가? 나이가 70중반을 향해서 가고 있는데 그런걸 따져서 무슨 소용이 있겠는가? 나의 장점을 살려서 좋은 글을 쓸 수 있다면 더 이상 바랄 것이 없다.

직장생활의 거의 전부를 보낸 국책연구소의 성격이 경제정책개발이다 보니 주로 했던 일은 이론연구보다는 현실문제의 해결을 위한 응용연구이었다. 나에게 부과되는 과업의 대부분이 경제성장, 효율, 생산성, 산업구조조정에 대한 것이었으므로 나는 공적인 활동에서는 성장론자이었다.

그러나 개인적으로는 분배와 경제체제 문제에 관심이 많았다. 주위에서 목격하는 빈곤과 간접적으로 읽고 듣는 궁핍을 접하면서 자유시장체제가 최선인지에 대한 의문이 떠나지를 않았다. 직장을 중심으로 하는 공적공간에서는 산업을 진흥시켜서 경제성장을 이루고 일자리를 만들어 내는 일을 자문하면서 개인적인 사적 공간에서는 빈부격차와 분배에 흥미를 느끼는 이원적인 생활을 해 온 셈이다.

　머리는 우파이고 가슴은 좌파라고 할 수도 있겠다. 그러나 자본주의를 인정하니까 중도우파라고 스스로를 자리매김해 본다. 좌우의 기묘한 공존속에서 자본주의의 장점을 살리면서 단점을 보완하는 길은 무엇일까?에 대한 해답을 찾기 위해서 부단히 고민했으니까 말이다.

　책의 1부에서는 평등을 주제로 사적인 지적 여행담을 독자들과 나누고 2부에서는 공적 활동에서 경험한 성장정책을 회고해 보기로 한다.

　그리고 지난 2년여 동안 글쓰기에 안성맞춤인 조용하고 편리한 공간을 마련해 준 아내에게 고마움을 전한다. 또한 출판에 흔쾌히 응해 준 박영사 조성호 이사와 편집에 애써 준 우석진 편집위원에게도 깊이 감사드린다.

차　례

제1부 더 평등한 사회로 가는 길

序 들어가며 ————————————————————————11

1 결핍의 경험과 분배에 대한 관심 ————————————14

2 자본주의의 세계화와 불평등심화 ————————————18

3 한국의 불평등 ——————————————————————30

4 자본주의의 욕망과 불평등 ————————————————39

5 자본주의의 진화가 답이다 ————————————————53

6 이해관계자상생으로 ————————————————————62

7 이해관계자상생의 실천적 과제 —————————————73

8 사회주의는 자본주의의 대안이 아니다 —————————82

9 욕망을 부추기는 경제학 —————————————————89

10 불공정한 불평등을 없애야 한다 ————————————104

11 공정한 불평등의 실천적 과제 ——————————————120

12 불평등과 복지 ——————————————————————135

終 한국적 제3의 길: 우파는 복지수용, 좌파는 시장경제 인정해야 ————143

제2부 관변 경제학자의 성장정책 체험기

序 들어가며 ——————————————————————————— 153

1 관치금융과 금융자율화 ———————————————————— 156

2 중 화학공업의 돈줄, 국민투자기금 ——————————————— 164

3 대외개방: 급진노선과 점진노선의 싸움 ———————————— 176

4 반도체산업은 민간주도로 꽃피었다 ——————————————— 184

5 개혁개방 초기의 중국을 가다 —————————————————— 191

6 대우조선을 살릴 것인가? 죽일 것인가? ———————————— 198

7 재벌의 업종전문화: 호랑이 그리려다 고양이가 되었다 ————— 204

8 삼성에 상용차를 허용할 것인가? ———————————————— 212

9 '첨단산업발전법'제정의 무산 —————————————————— 219

10 정책연구의 보람: 에너지 과소비 원인을 규명하다 ——————— 224

11 IMF 외환위기 이야기: ① 위기를 예측하지 못하다 ——————— 231

12 IMF 외환위기 이야기: ② 대미(對美) 설득과 금융정책 ————— 239

13 IMF 외환위기 이야기: ③ 경제개혁 조치에 얽힌 일화들 ———— 246

14 OECD대사 시절의 한국 논의: ① "한국은 개발도상국이 아니다" —— 252

15 OECD대사 시절의 한국 논의: ② 좌절로 끝난 김대중정부-OECD대북협력 시도 258

16 OECD대사 시절의 한국 논의: ③ 한국은 노동탄압국인가? ———— 266

17 OECD대사 시절의 한국 논의: ④ 이런 저런 이야기 ——————— 273

18 한국을 둘로 쪼갠 한미FTA협상: ① 통계조작 소동으로 날밤을 지새우다 —— 282

19 한국을 둘로 쪼갠 한미FTA협상: ② 미국경제식민지 괴담의 실체를 파헤친다 —— 290

20 한국을 둘로 쪼갠 한미FTA협상: ③ 광우병파동과 촛불데모 ——————— 299

21 동아시아 통합과 동북아 경제중심: 그 머나먼 길 ——————————— 305

22 에티오피아와 한국 개발경험 공유하다 ———————————————— 314

23 기업설립절차 간소화, "200개의 도장을 없애라" ———————————— 323

終 글을 마치며 ——————————————————————————— 329

제1부

더 평등한 사회로 가는 길

序

들어가며

어린 시절부터 분배에 관심이 있었다. 이 말이 너무 거창하게 들리기 때문에 그 나이의 정서와 감정에 어울리는 식으로 표현하면 나보다도 잘 사는 친구들과 비교하면서 부러워하고 시기했다는 표현이 더욱 솔직하다.

내가 다녔던 부산의 초등학교는 생활오폐수 악취가 진동하는 개천가에 판자집이 조개껍질처럼 더덕더덕 붙어 있던 빈민가에 자리잡은 신설학교이었다. 가건물이었는데 양철지붕, 판자벽 그리고 흙바닥이었고 비가 오는 날이면 지붕에서 샌 물이 고여서 흙바닥이 진흙이 되었다.

초등학교 3학년때 서울에서 한 친구가 전학을 왔다. 그 친구의 아버지는 별한 개를 단 육군장성이었는데 그의 집은 우리집에서 200미터 남짓 가까운 거리에 있었다. 여름방학이면 며칠에 한번씩 그 집에 가서 같이 숙제를 했는데 자주 가는 진짜 이유는 공부가 아니라 따로 있었다. 미제 냉장고에서 꺼내주는 이름도 모르는 쥬스와 땀을 식혀주는 선풍기의 유혹때문이었던 것이다. 나는 왜 우리집에는 미수가루와 부채 밖에 없나 불평하면서 내 처지와 그 친구 처지를 비교했고 한편으로는 부러워하면서 다른 한편으로는 시샘을 했다.

다만 위안이 된 것은 그 친구를 제외한 대부분의 학생들은 가난하다는 사실이었다. 오히려 나보다도 훨씬 더 어려운 가정형편의 학생들이 부지기수이었다. 엄동설한에 양말도 신지 않고 맨발에 검정고무신을 신고 오는 급우들도 여럿 있었다. 그러나 아직도 내 머리에 선명하게 각인되어 있는 것은 내가 부러워하고 시기했던 그 서울친구의 풍족하고 안온해 보였던 삶이다.

중학교, 고등학교, 대학을 다니면서도 나는 상대적 빈곤감에서 자유롭지 못했다. 특히 서울로 유학을 와서 경기고등학교에 다닐 때는 부티가 철철 나는 친구들 앞에서 열등감까지 느낀 적도 있었다. 그러나 입주 가정교사를 하면서 숙식을 해결하는 친구들에 비하면 나의 처지는 유복하였다. 매달 아버지가 꼬박꼬박 부쳐주시는 하숙비와 생활비로 생활할 수 있었으니 말이다. 물론 용돈은 항상 모자랐고 시간제 가정교사를 하기도 했지만 스스로의 처지를 한탄할 정도로 빈한한 처지는 아니었음에도 불구하고 나보다 가정이 부유한 친구들을 의식하면서 살았다.

대학 졸업후의 인생을 돌이켜 보면 사다리를 한계단 한계단 올라가는 과정의 연속이었고 대체로 순탄한 길이었다. 학훈단 장교로 병역의무를 마치고 행정고등고시에 합격하여 재무부 사무관으로 관료의 길에 들어섰으나 국비해외유학으로 박사학위를 거머쥔 후에 사직하고 국책연구원으로 옮겨서 부원장, 원장을 지냈다.

공무원을 그만 둔 가장 큰 이유는 경제적 어려움이었다. 유학가기 전에 월급봉투를 받으면 세금이 영(零)이었다. 사무관의 봉급이 면세점 이하이었던 것이다. 젊은 사무관들은 우리도 세금내는 국민이 되고 싶다는 한탄을 하곤 했다. 유학후에 보직발령을 받을 때까지 휴직을 했는데 통장으로 입금되는 월급액수가 왜소해서 앞으로 살아갈 방도가 막막하다는 근심이 앞섰다. 그러던 차에 행정대학원시절 은사의 권유로 산업연구원에 갔는데 월급이 세 배정도로 뛰어서 처음 몇 달 동안은 부자가 된 느낌이었다.

중간에 상공부장관 자문관, 경제협력개발기구(OECD) 의 한국대표부 대사 등 외도를 했지만 은퇴전 근무했던 무역협회 무역연구원까지 넣으면 나의 사회생활 주무대는 국공립연구소이었다. 사다리를 오르면서 어린 시절의 부족함에서 벗어나서 중산층이 되었고 은퇴후에도 노후걱정은 하지 않아도 되는 행운을 누리고 있다.

독자들에게 실례됨을 무릅쓰고 개인사를 장황하게 늘어놓는 이유는 나의 살아온 길이 소득사다리를 오르는 긴 여정이다 보니 자연스럽게 분배문제에 관심을 두게 되었음을 밝히기 위한 것이다.

1

결핍의 경험과 분배에 대한 관심

어린 시절 살던 집은 시골의 한옥집을 헐은 기둥과 문짝을 다시 끼어 맞춘 기와지붕 5칸집이었다. 대청마루가 넓고 온돌방 3개, 마루방 1개에 부엌이 달렸으니 당시로서는 어디에 내어 놓아도 빠지지 않는 집이었다. 100평 크기의 대지에 20평정도는 집이 차지하고 남는 땅에는 채마밭을 가꾸어서 무, 조선배추, 양배추, 상추, 시금치, 쪽파, 대파, 양파 등을 심고 가꾸어서 식탁에 올렸다.

뒷마당도 있었는데 토마토, 오이 등을 심어서 어머니가 시장에 내다 팔아서 생활비에 보태었다. 돼지와 닭도 길렀는데 집집마다 돌아다니면서 음식쓰레기를 수거하여 돼지먹이를 주고 닭장 바닥의 오물을 치우면서 그 지독한 악취에 수건으로 코를 막곤 했었다.

끼니를 걸렀다거나 학비를 벌려고 고학을 한 적이 없었으니 절대빈곤의 역경속에서 어린 시절을 보낸 것은 결코 아니었다. 그러나 나는 항상 갖고 싶고,

먹고 싶고, 하고 싶은 것들을 채우지 못하는 결핍감에서 자유롭지 않았다. 철이 들고 나서야 그 결핍감이 상대적 빈곤이라는 것을 알게 되었다.

먹고 싶었던 것은 하얀 쌀밥과 쇠고기이었고 갖고 싶었던 상위품목은 자전거이었다. 같은 동네에 의사집 친구가 있었는데 그가 가진 자전거가 그렇게 부러울 수가 없었다. 그걸 사달라고 보모님을 졸라 보았자 아무 소용이 없다는 것을 익히 알았기 때문에 꼬치꼬치 모은 코묻은 돈으로 자전거포에 가서 한시간을 빌려서 먼지나는 신작로를 신나게 달리다 보면 가슴이 뻥 뚫리는 해방감을 맛볼 수 있었다.

얼마전에 백화점 유아용품점을 지나가다가 근사해 보이는 유모차가 보이길레 가격표를 보았더니 2백만원이 넘었다. 수입품이라는 것이다. 내가 다섯 살 아래 동생을 태우던 유모차는 그런 것이 아니라 나무로 만든 조잡한 것이었다. 말머리모양으로 깍은 양편에 손잡이가 달리고 목제바퀴 네 개가 달려 있었다. 바퀴가 좌우로 움직이지 못했기 때문에 방향을 틀려면 앞바퀴를 약간 들어서 힘을 주는 수밖에 없었다.

특히 내가 하고 싶었던 것은 여행이었다. 허구헌날 학교와 집을 다람쥐 쳇바퀴 돌듯 오가는 생활을 반복하다보니 일요일이 되면 어디든 쏘다니고 싶었다. 동무들과 구슬치기, 재기차기 등을 하면서 노는 것도 재미있었지만 좀더 먼곳으로 구경가고 싶었다. 그래서 아무데도 데리고 가주지 않는 부모님을 원망하기도 했다.

내가 느꼈던 상대적 빈곤감은 나보다도 더욱 가난한 집을 방문한 다음부터는 눈에 띄게 엷어졌다. 부산 영도의 산자락 달동네에서 살던 외가쪽 친척집에 놀러 갔다가 절대빈곤을 목격하였던 충격을 잊을 수가 없다. 판자를 얼기 설기 이어 붙인 방안에서는 벽틈 사이로 파란 바다가 언뜻언뜻 보였다. 그때가 아마도 겨울이었던지 차가운 바닷바람이 아무런 망설임없이 방안으로 밀고 들어왔었다.

그 후에는 우리집 따뜻한 방안에 앉아서 영도 앞 푸른 바다가 내려다 보이던 그 판자집을 생각하면 초라하게 보이던 방이 더할 나위없이 아늑한 느낌이 들었다. 그전에 은행지점장을 아버지로 둔 동무집에 놀러갔다가 2층 양옥의 소파가 놓인 응접실을 경이로운 눈으로 바라보았었는데 판자집에 갔다 온 이후로는 그 부러움도 사그러 들었다. 위를 바라보고 살지 말고 아래를 내려다 보고 살아야 행복해진다는 경구를 어린 나이에 나도 모르는 사이에 경험한 것이었다.

그러나 고향 부산을 떠나서 서울에 있는 고등학교로 진학하면서 결핍감은 되살아 났다. 경기고등학교에는 가난한 천재가 많았지만 유복한 가정을 둔, 요샛말로 금수저 아이들도 적잖이 있었다. 1학년 여름방학이 끝난후에 담임선생님이 방학중에 뭘 했는지 얘기해 보라고 하셨다. 한 친구가 외국여행한 이야기 보따리를 풀어 놓는데 나는 날카로운 이질감을 느꼈다. 그 친구가 화성에서 온 외계인처럼 낯설게 느껴졌다. 허긴 내가 처음으로 외국에 나간 것이 그로부터 13년후이었으니까 그렇게 느끼는 것이 하등 이상할 것도 없었다.

대학에 들어가면서 하숙생활이 시작되었다. 우리를 초식동물로 오해한 주인 아주머니는 매끼니를 그린필드(green field) 반찬으로 때웠고 너무나도 육식이 그리웠던 하숙생들이 용돈을 털어서 쇠고기를 사서 구워달라고 부탁한 적도 있었다. 집에서 부쳐오는 용돈이 턱없이 부족해서 손목시계나 영어원서를 전당포에 잡히고 푼돈 몇푼 빌려쓰는 궁상이 반복되기도 했다.

젊음의 호기심이 넘쳐나는 시기이었으니 만큼 가고 싶은 곳도 많고 하고 싶은 일도 열손가락이 모자랄 정도이었지만 얄팍한 주머니 사정은 욕구의 실현을 허락하지 않았다. 어느날인가 문득 자유가 없다는 생각이 스치고 지나갔다. 감옥살이 하는 것도 아닌데 자유가 없다고 느끼다니? 운동권 학생들은 군사독재를 비판할 수 있는 언론의 자유를 달라고 외치고 있었다. 나는 운동권이 아닌데도 자유가 없다는 구속감을 느끼고 있었다. 우중충한 하숙방을 벗어나서 설악산으로 놀러 가고 싶은데 돈이 없어서 가지 못하는 구속감이었다. 사상적 감옥에 갇힌 고상한 구속감이 아니고 물질적 감옥에 갇힌 형이하학적 구속감이었다.

부르주아혁명은 정치적 자유혁명이고 프롤레타리아혁명은 경제적 자유혁명이라는 데까지 생각이 미쳤다. 부르주아혁명이 성공해서 시민계급은 전제군주의 억압으로부터 해방되었고 사유재산권을 보장받아서 하고 싶은 사업을 할 수 있는 자유를 얻었다. 새로이 등장한 노동자계급은 형식적으로는 자유로웠으나 실질적으로는 행동할 수 있는 자유를 부여하는 돈이 모자라서 구속감을 느끼게 되었다. 마르크스-엥겔스의 공산당선언에 나오는 "프롤레타리아가 잃을 것은 쇠사슬이고 얻을 것은 전세계이다."라는 선동에 넘어가서 혁명세력화하였다는 생각이 들기도 했다.

항상 부족함이 많은 나날이 이어졌지만 주위에는 나보다도 더 형편이 어려운 친구들이 넘쳐났다. 그때 서울상대에는 시골티가 풀풀 나는 가난한 학생들이 다수이었고 가정교사로 학비와 용돈을 버는 고학생들도 많았다. 내 생활이 절대적 기준으로 보면 결핍과 부족이 늘 따라다녔지만 상대적으로는 결코 빈곤층에 속한다고 볼 수는 없었다.

어린 시절과 젊었을 때의 경험들이 모여서 분배와 경제체제에 대한 개인적인 관심을 탄생시키는 계기가 되었다. 그렇다고 해서 분배경제학을 전공했다거나 사회변혁을 꾀하는 운동권이 되었다거나 빈곤퇴치를 위한 사회운동에 뛰어든 것은 아니고 온전히 개인적인 관심과 흥미를 갖고 관련 서적을 읽는 수준에 머물렀다.

2

자본주의의 세계화와 불평등심화

세계화, 기술혁명, 금융위기, 신자유주의와 양극화심화

　냉전시대에 지구촌의 절반에 국한되었던 자유시장경제는 소련붕괴 이후에 보편적 지구촌경제체제로 확산되었다. 자본주의의 세계화가 이루어진 것이다.

　그 이전의 자본주의는 맑시즘의 지속적이고 집요한 공격을 받아왔고 그 위협으로부터 벗어나기 위해서 스스로의 자정노력을 할 수밖에 없었다. 이는 사회보험의 도입역사를 보면 분명해진다. 독일의 재상 비스마르크는 보통선거제도의 도입으로 노동자들도 선거권을 갖게 되면서 노동자정당, 사회주의정당이 약진하는 것을 보고 방어막으로 실업보험, 산업재해보험을 실시하였다. 당근을 주어서 노동자들의 불만을 달래고 급진좌경화를 방지할려고 하였던 것이다.

　유럽에서의 복지국가 위기, 대공황 이후 미국에서의 정부역할 비대화로 자유시장경제의 효율성과 생산성이 떨어지면서 자본주의를 재생시킬려는 운동이 일어났다. 자본주의의 복원운동은 1979년 집권한 영국의 대처 수상때 시작되었고 1982년 집권한 미국의 레이건 대통령도 적극적으로 가세하였다. 대처 수상은 "요람에서 무덤까지" 국민들의 삶을 국가가 책임지겠다는 보편적 복지의 확대와 강성노조 때문에 자본주의가 질식상태에 들어갔다고 진단하고 그 소생을 위해서 복지와 정부간섭의 축소를 감행하였다. 레이건 대통령 역시 과도한 규제가 생산성을 떨어뜨리고 있다고 믿으면서 과감한 경제자유화를 실천에 옮겼다. 오른쪽으로의 정책선회는 소련몰락 이후에 세계 각국에서 브레이크가 고장난 자동차처럼 가속화되기 시작하였다.

소련의 붕괴, 동구권의 시장경제로의 전환, 중국의 개혁개방으로 체제위협세력이 사라지고 나니까 자본주의의 독무대가 도래하였다. 생산성향상, 기업가정신고양, 경제역동성의 회복 등 친시장적·친자본적 정책이 득세하고 소득분배와 사회보장에 대한 관심은 줄어 들었다. 고삐풀린 자본주의(unfettered capitalism)가 세계를 풍미하면서 자유무역과 자유자본이동을 주창하는 세계화가 확대, 심화되게 되었다.

자유무역의 확산은 좋은 일자리를 많이 만들어 내는 제조업의 생산기지를 미국등의 선진국에서 중국, 베트남등의 신흥개도국으로 이전시켰다. 스마트폰을 예로 들면 애플스마트폰은 대부분 중국에서 최종조립되어서 미국으로 수입된다. 미국에는 생산공장이 없다. 미국에 남아있는 공정은 연구개발, 코딩, 디자인, 설계, 유통부문이다. 일자리를 잃은 공장근로자들이 연구개발이나 설계 등 고소득직으로 옮겨가는 경우보다는 임금수준이 낮은 단순서비스업으로 이동하는 경우가 빈번하다.

제2차 세계대전 이후 1970년대까지 미국의 제조업은 두터운 중산층을 만들어내었다. 고등학교를 졸업하고 GM과 같은 대기업에 취직하면 집과 자가용을 소유하고 아이들을 교육시킬 수 있는 정도의 소득을 벌 수 있었다. 그 시절에 흔히 듣던 이야기는 튼실한 중산층이야 말로 미국의 자본주의를 지탱하는 대들보이고 소련과의 체제경쟁에서 우위를 보장해 주는 사회적 완충지대라는 것이었다.

임금수준이 높은 IT, 금융 등 서비스분야는 고학력전문인력으로 채워지기 때문에 제조업에서 방출된 인력에게는 진입장벽이 높다. 이들을 재교육시키는 것이 중요하고 필요하지만 공장에서 일하던 중장년 인력에게 금융, IT 등에 적합한 전문지식을 무장시키기가 말처럼 쉬운 일이 아니다.

세계화와 더불어 빨라지고 있는 디지털 기술혁명은 노동시장의 기회이면서 교란요인이기도 한 양면성을 지닌다. 디지털산업에 종사하는 사람들과 디지털 기술을 활용해서 생산성을 높이는 사람들은 혜택을 보지만 자동화와 인공지능에 의해서 노동시장에서 배제되는 무수한 사람들의 어려움은 헤아리기 힘들다. 기술혁명이 자본주의만의 산물이라고는 단정하기 힘들지만 디지털기술의 눈부신 발전이 기존의 대기업보다는 신생기업들에 의해서 주도되고 그들의 시장가치가 천문학적 규모로 커지는 것을 보면 시장선점에 따른 막대한 이윤을 제공하는 자유시장의 역할이 필수불가결함을 알 수 있다.

그렇다고 해서 과학자와 발명가들이 모두 돈을 벌기 위해서 매달리지는 않는다. 진리를 쫓아서 새로운 발견과 발명에 몰두할 뿐 금전적 이익은 도외시하는 경우가 허다하다. 이 경우에는 과학적 탐구와 연구를 할 수 있도록 도와주는 후원자가 있다. 정부, 대학, 때로는 기업이 그 역할을 담당한다. 소련에서는 정부가 과학자들에게 돈과 명예를 보장했었고 그 결과로 세계 최초로 인공위성을 쏘아 올릴 수 있었다. 미국에서는 상업화 이전 단계에서는 대학이, 상업적 성공을 이루는 단계에서는 기업이 그 역할을 한다.

18 - 19세기에 고전음악이 꽃을 피울 수 있었던 것은 왕실, 귀족, 교회가 음악가들의 든든한 후견인 역할을 했기 때문이었던 것과 유사하다. 그런데 오늘날에 와서는 과학적 발견과 발명이 혁명적으로 융성하는 데 있어서 글로벌 시장경쟁의 역할이 크다는 것을 부정할 수는 없을 것이다. 기초과학에서 거둔 성과가 상업적 응용을 통해서 경제적 이익으로 실현되는 무대를 글로벌 시장이 제공해 주는 것이다.

금융과 자본의 국경없는 이동은 세계화에 따른 불평등논쟁의 중심에 위치한다. 빈번히 발생하고 있는 금융위기와 밀접히 연관되어 있기 때문이다. 1990년대 이래 금융공학의 발전, 금융규제의 완화, 금융시장의 글로벌화, 저금리시대 투자자들의 투자상품 다양화요구 등이 맞물려서 금융혁신이 빠른 속도로 진행되었다. 특히 복잡한 구조를 가진 파생상품들이 대거 등장해서 고수익을 미끼로 투자자들을 유혹하였다.

투자금융기업들의 단기적 이윤추구, 투자자들의 묻지마식 몰려다니기 행태, 규제당국의 무능이 한꺼번에 작용해서 2008년 미증유의 세계금융위기가 발생하였고 즉시적으로 실물위기로 번져서 대공황에 버금가는 대침체가 들이닥쳤다. 위기의 재발을 막기 위해서 금융규제강화, 미시 및 거시건전성 제고의 조치가 취해졌으나 시간이 흐르면서 규제완화 등 안일한 태도가 나타나고 있고 장기간에 걸친 저금리와 시중 유동성 범람으로 금융위기가 재발할 수 있는 토양이 마련되고 있다.

금융위기는 비록 극복되더라도 오랫동안 분배에 악영향을 미친다. 단기적으로 실업이 급증하는 경로를 통해서 분배가 악화되는 데 그치지 않고 장기간에 걸쳐서 후유증이 지속된다. 한국이 1998년 외환위기를 겪었다. 단기적으로 실업률이 7.6%까지 치솟아서 당연히 분배가 악화되었지만 경제가 회복된 이후에도 분배지표는 상당기간 개선되지 않았고 위기 이전으로 되돌아 가고 있다는 징후도 없다.

외환위기때 실직한 국민들 이외에 큰 충격을 받은 계층은 소비감소의 직격탄을 맞은 영세자영업자들이었다. 그리고 막 취업전선에 뛰어들기 시작한 젊은 이들 역시 직격탄을 맞았다. 고용기회가 증발되어 버렸기 때문이다. 학교를 졸업하는 해에 취직하지 못하면 시간이 흐를수록 취업이 어려워지기 때문에 그 불운한 세대는 기성세대의 잘못으로 힘든 인생을 헤쳐나가야 하는 운명에 봉착하게 되었던 것이다.

외환위기때 한국을 방문했던 국제통화기금(IMF) 직원들로부터 들었던 이야기가 기억난다. 서울에 오기 전에 상상했던 모습과 너무 다르다는 것이었다. 위기의 상흔이 눈에 들어오지 않는다는 것이었다. 길거리에 노숙자들이 보이는 것도 아니고 물건을 사기 위해서, 또는 생필품을 구하기 위해서 길게 늘어선 사람들의 줄이 보이는 것도 아니라고 했다. 모든 것이 정상적으로 돌아가고 있는 것처럼 보였다는 것이다.

나는 대답했다. 당신이 움직이는 동선을 보면 특급호텔에서 묵고 그 식당에서 식사하고 정부와 중앙은행과 국책연구소를 다니면서 사람들을 만나는데 그 사람들은 위기의 충격에서 비켜서 있는 사람들이기 때문에 당신이 위기의 상처를 보지 못하는 것이라고 했다. 위기의 진짜 모습은 다니던 직장에서 쫓겨난 한국 국민들을 만나보아야만 그 생생한 모습을 드러낼 것이라고 했다.

2008년 세계금융위기 이후에도 여러 나라에서 분배지표가 나빠졌고 10여 년이 지난 지금도 개선되고 있는 것이 아니라 위기 이전부터 진행되던 양극화현상을 더욱 가속화시키고 있는 것으로 보인다. 현재 진행되고 있는 코로나 바이러스의 대유행 역시 분배에 악영향을 미칠 수밖에 없다. 저소득층 일자리가 먼저 사라지고 비대면근무와 사회적 거리두기 등을 실천하기 어려운 저소득층이 많다. 영세자영업자와 영세중소기업들은 매출감소를 버틸 수 없기 때문에 폐업하거나 단축영업을 하고 봉급삭감과 무급휴직을 당하는 사람들도 대부분 저소득층이다.

경제위기의 충격을 온몸으로 받는 계층은 일자리를 잃는 사람들이다. 대부분 하위 중산층이거나 저소득층이고 자신들이 해고당할 짓을 하지 않았음에도 불구하고 위기를 만든 자들 때문에 억울하게 피해를 당한다. 경기가 회복되어서 다니던 직장에 복귀하는 행운은 쉽게 찾아오지 않는다. 미국의 경우를 보면 과거의 경기사이클에서는 불황때 해고당했다가 6개월 정도 실업수당으로 버티면 회사사정이 나아져서 복귀하는 것이 통상적이었으나 2008년의 금융위기 이후에는 1년 이상 장기간 실업상태로 남아있는 경우가 일반화되었다는 것이다.

기업들은 큰 위기를 겪고 나면 언제 닥칠 지 모르는 다음 위기때 살아남기 위해서 미리 구조조정을 하게 되고 특히 비용절감을 위해서 인력을 최소한으로 고용하는 노동절약적 경영을 하게 된다. 그러므로 해고당한 사람들은 장기간 실업상태에 놓이거나 저임금의 직장을 찾게 되는 것이다. 기업의 고용회피현상은 포스트 코로나경제에서 더욱 두드러질 것이다. 공장에 사람이 없으면 문을 닫지 않고 로봇이 생산을 계속할 수 있고 서비스업체 역시 무인화할 수록 대전염의 피해를 줄일 수 있는 것이다.

경제위기는 노동시장의 구조를 변화시켜서 불평등을 악화시킨다. 1997년 한국의 IMF 외환위기와 2008년 세계금융위기 이후 노동시장의 유연성을 높이는 방향으로 개혁이 추진되었다. 그 결과 비정규직이 양산되었고 gig economy(초

단기계약고용이 늘어나는 경제)가 확산되고 있다. 이들은 정규직에 비해서 임금수준이 낮고 사회보장가입률도 저조하여 소득양극화를 악화시키는 요인으로 작용하고 있다.

한국의 노동시장은 전형적인 2중구조이다. 전체 근로자의 약 10%에 지나지 않는 대기업과 공기업근로자들은 강력한 노조의 보호밑에서 고임금과 고용안정성을 누리고 있는 반면에 여타 근로자들은 훨씬 못한 임금수준과 고용불안정을 안고 살아가고 있다. 이는 노동유연화 개혁이 기형적으로 추진되었기 때문이다. 유연화제고가 가장 절실한 대기업과 공기업은 그대로 둔채 열악한 노동환경에 처한 중소기업근로자에게 개혁의 파고가 들이 닥쳤던 것이다.

글로벌 자본주의의 이념적 바탕은 신자유주의이다. 정부의 시장간섭을 최소화하고 이윤을 추구하는 기업의 자유를 높여서 파이를 키우자는 신자유주의사상은 재화, 자본, 인력의 국경간 이동을 자유롭게 하는 촉매제역할을 수행하였다. 마치 아담 스미스의 자유방임사상이 250년전에 산업자본가의 자유로운 경제활동을 촉발시켰던 것에 비유되는 것이다. 신자유주의는 정부간섭축소를 지향하면서 복지정책을 재조명하는 계기를 제공하기도 했다.

유럽은 복지병을 치유해야만 경제를 재생시킬 수 있다는 반성의 기류가 이미 흐르고 있었는데 거기에 더해서 신자유주의를 채택하는 미국, 영국과 경쟁하기 위해서는 복지지출의 조정이 불가피하다는 인식이 더욱 강해졌다. 미국과 영국은 불평등완화를 위해서 복지지출을 늘리는 것에 대해서 경계하고 복지지출의 장점보다는 단점을 더욱 부각시켰다. 글로벌 자본주의가 작동하는 글로벌 경쟁에서 우위를 점하기 위해서는 경제효율이 최우선의 정책목표가 되었고 평등은 부차적 고려사항이 될 수밖에 없었다.

오늘날 불평등은 과거와 다르다

1980년대 이후 세계화, 기술혁명, 빈번한 금융위기, 신자유주의적 정책 등이 복합적으로 작용하여 불평등을 심화시키고 있는 현상만 보면 인류역사에서 불평등이 자본주의시대에 국한된 병폐라고 인식하기 쉽지만 불평등은 언제나 있었다. 마르크스는 경제체제가 원시공산사회, 고대노예사회, 봉건사회, 자본주의 사회의 단계를 밟으면서 변화해 왔다고 했다. 원시공산사회에서는 사적소유 없이 공동소유, 공동생산, 공동분배를 했으니 빈부격차가 없었을 것이다. 그러나 노예사회와 봉건사회에서는 빈부격차가 자본주의보다도 더욱 커지 않았을까 하는 나름데로의 추측을 해 본다. 로마는 노예사회이었는데 귀족, 평민, 노예간의 불평등이 심대하였을 것이다. 봉건사회에서 왕실, 영주, 귀족들로 구성되는 특권지배계층과 일반 백성들간의 불평등은 얼마나 컸겠는가? 대학시절에 프랑스혁명사라는 책을 읽었는데 토지를 근간으로 하는 부의 90%가 왕족과 귀족의 손아귀에 있었을 정도의 극단적인 부의 편재가 혁명을 야기했다는 것이다.

불평등은 사유재산제도하에서는 공통적으로 발생했다. 자본주의 이전 단계에서는 토지가 부의 대종이었다. 자신의 토지를 늘리겠다는 욕망이 대토지소유자를 낳았고 농노와 소작인들의 가난을 낳았다. 자본주의에서는 토지의 지위를 자본이 대신하였다. 자본가들의 자본증식욕망이 생산수단을 보유한 계층과 노동력만을 보유한 계층간의 격차를 발생시켰고 자본소득과 노동소득간의 격차는 계속되어 왔다. 토지의 증식은 유한하지만 자본의 증식은 무한하다. 그러므로 자본주의경제의 불평등은 방치하면 끝없이 확대되어 나갈 수밖에 없다.

오늘날의 글로벌 자본주의는 경제발전과 불평등의 관계를 변화시키고 있는 것으로 보인다. 과거 글로벌화가 오늘날 수준으로 심화되지 않았던 시절에는 산업화초기에는 소득불평등이 늘어나다가 시간이 지나면서 줄어드는 현상이 관찰되었다고 한다. 1971년에 노벨경제학상을 받은 사이몬 쿠즈네츠는 1950년대와 60년대에 역U자 형태의 쿠츠네츠 곡선을 통해서 이 현상을 설명하였다. 산업화초기에는 희소한 자본의 수익은 높은 반면에 농촌의 잉여인력이 도시로 대거 유입되면서 저임금이 지속된다는 것이다. 산업화가 어느 수준까지 진행되면 농촌으로부터의 풍부한 노동공급이 한계에 도달하게 되어서 임금이 올라가고 자본의 희소성은 감소하여 불평등이 개선된다는 것이다.

산업화진전에 따라서 불평등이 완화되는 데에는 정부의 정책도 일정한 역할을 하였다고 여겨진다. 최저임금의 도입, 복지국가의 대두 등은 시장의 불평등을 사후적으로 교정하는 효과를 가져 왔다고 생각한다. 특히 민주국가에서는 불평등에 불만을 가진 유권자들의 목소리를 무시하기가 힘들기 때문에 보수정부건, 진보정부건간에 복지정책을 도입하지 않을 수 없었다. 보수정치가인 독일의 비스마르크는 건강보험, 산업재해보험, 노령연금 등을 시행하였고 한국의 박정희때 시작된 의료보험은 그후의 보수정권을 거치면서 확대발전하다가 진보정치가인 김대중정부시절에 현재의 국민건강보험형태로 확립되었다. 영국의 진보정치가인 애트리는 제2차 세계대전이 끝난후에 "요람에서 무덤까지"로 잘 알려진 베버리지보고서를 채택하여 현대 복지국가의 탄생을 선도하였다.

중국은 노동자의 이익을 대변하는 공산당이 지배하는 시장경제체제를 채택하였는데 고도성장에 따른 불평등이 민주주의 시장경제국가 못지 않다. 글로벌 데이터회사인 CEIC에 의하면 2018년 중국의 지니계수는 0.468이었다고 한다. 일반적으로 지니계수가 0.4를 넘으면 불평등이 심하다고 해석하는 관례에 비추어 보면 중국은 소득격차가 매우 큰 나라이다. 본격적인 경제성장을 시작한 이래 40여 년이 경과하면서 수억 명을 절대빈곤에서 해방시킨 성과를 결코 가볍게 볼 수는 없지만 사회주의 강국을 표방하는 중국으로서는 감추고 싶은 약점이다.

이런 관점에서 보았을 때 공산당독재국가인 중국이 과연 어떠한 속도로 복지제도를 도입할지 궁금하기도 하다. 민주국가에 비해서 속도가 느릴지, 아니면 복지친화적인 체질상 더 빠른 속도로 복지를 시행할지는 두고 볼 일이다.

내가 보기에 중국은 현대판 중상주의국가이다. 정부와 산업자본이 일체가 되어서 정부는 산업자본에게 국내시장제공과 수출지원의 혜택을 부여하고 산업자본은 외화를 획득하여 정부의 막대한 외환보유고 축적에 기여한다. 17－18세기의 원조 중상주의에서 상업자본의 역할을 산업자본이 맡는 것이 다른 점이다.

중국의 외환보유고는 외환위기시에 최후의 지급수단이라는 본래의 목적이외에 중국 정부가 해외사업을 수행하는데 필요한 유동성을 제공하는 역할을 담당한다. 또한 중국이 해외 에너지와 자원을 확보하고 정치적 목적의 원조와 협력사업을 수행하는 데 필요한 지급수단이 되고 있다. 원조 중상주의시대에 왕실이 상업자본으로 상비군을 육성하고 관료제도를 확립했듯이 현재 중국은 공산당 통제하에 있는 국유기업과 민간기업의 부를 활용하여 군비를 확충하고 강력한 관료적 통제체제를 갖추어 나가고 있다.

나의 관점이 맞다면 중국은 국민의 복지보다는 부국강병이 우선할 것이다. 복지는 빈부격차가 야기하는 사회적 불안과 정치적 긴장을 예방하는 차원에서 베풀어질 것이다. 그렇다면 중국이 서유럽형 복지국가로 이행할 가능성은 낮고 오히려 영미형의 중간수준 복지제도를 강구할 것이라는 예상을 해 본다.

쿠츠네츠의 역U자 형태의 불평등곡선은 글로벌화의 심화단계에서 미국을 비롯한 선진산업국가에서 불평등이 다시 악화되고 있는 현실을 감안하여 재해석이 필요한 것으로 보인다. 노동배제적 기술진보, 자유무역의 확대, 자본자유화와 금융경제위기의 발생, 보수적 복지제도 등 새로운 요인들이 결합하여 불평등을 다시 확대시키고 있는지에 대한 성찰이 필요하다고 생각한다.

양극화는 100여 년전에도 심각한 사회경제적 문제이었다. 19세기말부터 1914년 제1차 세계대전이 발발할 때까지의 기간은 세계화의 첫 번째 파고가 밀어닥친 시기이었다. 즉 제1차 글로벌 자본주의시대이었다고 말할 수도 있겠는데 오늘날의 제2차 글로벌 자본주의시대에 양극화가 악화되고 있는 현실과 겹쳐서 세계화와 양극화의 관계가 우연이 아니라는 생각이 굳어진다.

1929년에 세계경제를 엄습한 대공황의 원인을 놓고 과잉생산설, 과소소비설 간의 논쟁이 아직도 결론지어지지 않았는데 과소소비설은 양극화 때문에 대다수 국민들의 소비여력이 감퇴하여 대공황을 촉발시켰다는 주장이다.

2008년 세계 금융위기때 미국의 로버트 라이시 교수는 비슷한 논지로 대침체의 원인을 분석한 책 "After-shock"을 썼다. 그 내용 중에서 아직도 기억에 남아있는 것은 미국의 대기업이 엄청난 돈과 인맥을 동원하여 의회를 상대로 로비를 펴서 자신들에게 유리한 입법을 하는 반면에 중소기업과 일반서민들은 입법로비를 할 수 있는 여력이 모자란다고 했다. 이러한 힘의 불균형과 비대칭 때문에 미국의 제도가 가진자들에게 유리한 방향으로 만들어지고 그 결과 불평등이 개선되지 않는다고 했다.

라이시 교수의 주장에 동감하면서도 의문이 생겼다. 세계에서 민주주의가 가장 발전된 나라가 미국이고 상하원의원들은 잘살건 못살건간에 유권자 한사람이 한표를 행사하여 선출된다. 만약에 다수의 국민들이 양극화의 개선을 바란다면 그에 부합하는 공약을 내건 후보들이 의사당에 들어가서 다수를 차지하고 그 공약을 실천에 옮기지 않겠는가 하는 의문이었다.

물론 일단 당선되고 나면 공약은 팽개치고 돈과 권력을 가진자들의 로비에 더욱 크게 좌우될지도 모른다는 추측도 해 보았다. 한국의 국회의원들의 행태에 비추어 보면 하등 이상할 것도 없었다. 또 한가지 추측은 여론이 입법에 반영되기까지는 시간이 걸린다는 것이었다. 여론이 비록 양극화완화를 요망하고 있더라도 구체적인 방법에 대해서는 합의에 이르지 못하고 갑론을박하기 마련이다.

미국 국민들은 전통적으로 시장경제에 대해서 강한 신뢰를 품고 있다고 생각한다. 큰 정부를 경계하고 경제적 자유에 높은 가치를 부여한다. 따라서 양극화개선을 위해서 정부의 역할을 늘리는데 대해서 다수가 동의하기까지에는 상당한 시간이 걸린다고 볼 수도 있다. 2020년 대선의 민주당 대통령후보 경선에서 과격한 샌더스와 워렌이 탈락하고 온건한 바이든이 지명된 것을 보면 아직도 미국에서는 소득재분배와 복지확대를 급격하게 추진하는 것에 대해서는 반대하거나 유보적인 입장을 가진 국민들이 많은 것으로 보인다. 코로나 바이러스 대유행으로 양극화가 더욱 나빠질 것으로 예상되는데 앞으로 미국의 여론이 어떻게 변화해 나갈지 흥미를 갖고 지켜볼 일이다.

세계화 후퇴는 국가간 불평등을 악화

글로벌 자본주의는 최근 들어서 그 동력이 약화되고 있다. 2008년 세계금융위기가 발발하면서 각국이 자국의 산업과 일자리를 보호하기 위해서 보호무역으로 회귀할려는 우려가 있었으나 G－20 정상회의가 자유무역을 지키기 위한 국제협력을 주도하여 성과가 있었다. 자본이동의 경우에도 대형국제은행의 자본건전성 규제를 강화하는데 주력하였고 국경장벽을 쌓는 일은 일어나지 않았다.

그러나 트럼프가 미국대통령으로 취임하면서 미중무역전쟁이 발발하여 양국간의 관세장벽이 급격하게 높아졌다. 비록 1단계 합의가 이루어졌다고는 하지만 양국이 상대방에 대해서 부과했던 보복관세는 아직도 대부분 그대로 남아있다. 미국과 중국간의 보호무역회귀 이외에도 미국은 유럽, 일본과도 무역갈등을 겪고 있는데 해소여하에 따라서 새로운 무역장벽이 세워질 수도 있다. 이미 성취한 자유무역이 훼손되는 것 못지않게 새로운 자유무역협정이 맺어지지 않고 있는 것 또한 무역자유화의 확대를 가로 막고 있다. 자유무역은 마치 자전거와 같아서 계속 달리지 않으면 넘어진다는 말이 있는데 지금의 상황이 바로 그러하다.

자본이동의 경우에도 미국을 필두로 해서 유럽, 일본등이 중국으로부터의 직접투자에 대한 규제를 강화하고 있다. 중국이 자국의 에너지기업, 첨단기술기업을 인수하여 기술탈취를 할지도 모른다는 의구심을 바탕으로 해서 국가안보를 명분으로 내걸고 장벽을 세우고 있는 것이다.

코로나 바이러스의 지구적 전염은 보호무역으로의 진행을 가속화할 것이라는 전망이 짙어지고 있고 이 우려가 현실화되면 이미 동력이 약화되고 있던 세계화는 중대한 도전에 직면하게 될 것이다. 대전염으로 세계의 공장인 중국에 의존하는 공급망의 위험을 경험한 다국적 기업들은 또 있을지도 모르는 대전염의 위험에 대비하여 생산시설을 다변화하거나 자국으로 옮겨야 하겠다는 생각을 하게 되었다. 특히 핵심부품과 소재, 장비를 해외에 의존하는 국제적 분업이 안고 있는 리스크를 재평가하게 되었다. 이러한 우려가 현실화되면 그동안 세계화의 원인이면서 결과이기도 했던 국제적 공급망이 무너지거나 재편되지 않을 수 없는 것이다.

세계화의 후퇴는 미국의 정부와 정치계가 주도하고 있다고 생각한다. 세계화는 미국의 기업이 주도하였다. 다국적화, 초국적화되어 가던 미국기업들은 국경간 이동의 장벽을 없애는 것이 기업번영의 전제라고 여겼고 기업의 이익이 국가의 이익이라고 동일시했던 정부와 정치계가 이를 뒷받침했다. 그런데 트럼프는 세계화의 이익을 중국등 신흥개도국이 더욱 크게 누렸다고 판단하고 미국기업의 국내복귀 등 세계화에 역행하기 시작하였다. 미국기업들은 트럼프의 반세계화를 찬성하지 않지만 그렇다고 해서 드러내 놓고 반대할 입장도 아닌 것 같다.

세계화의 후퇴가 일시적이 아니라고 볼 수 있는 배경에는 미국을 대신해서 세계화를 이끌고 나갈 국가가 없다는 사실이 있다. 흔히 중국을 G2의 하나라고 하지만 중국이 세계화의 불을 다시 지필 수 있다고는 여겨지지 않는다. 중국은 여태까지 자유주의적 세계질서구축을 위한 별다른 노력과 희생없이 미국이 주도한 세계화의 이익을 누리는 free-rider이었다. 중국의 국내 제도와 관행이 보편적 타당성을 갖추고 있지 못하기 때문에 다른 나라들에게 글로벌 질서로서 내 세울 준비가 안되어 있다. 또한 중국 지도자들 역시 말로는 국제적 협력과 공존을 앞세우지만 실제로는 다른 나라들과 상호번영하는 호혜의 국제질서를 조성하는데 앞장 설 의지도 없고 능력도 없다고 생각한다.

글로벌 자본주의가 국경안으로 후퇴하게 되면 불평등현상에도 눈에 띄는 영향을 미칠 것으로 보인다. 글로벌 자본주의의 확산이 특히 선진국 내에서의 불평등을 악화시켰는데 그렇다면 그 축소는 선진국 내의 불평등개선에는 긍정적 영향을 미치는 반면에 개도국 내의 불평등은 확대시키는 상반된 효과를 가져올 것이라는 추측이 가능하다. 다시 말하면 세계화의 물결은 국가간 불평등과 격차를 줄이는데 기여하였는데 앞으로 세계화가 후퇴하면 국가간 불평등이 다시 벌어질 가능성이 있는 것이다.

3

한국의 불평등

외환위기 이후 더 악화된 소득분배

한국 역시 글로벌 자본주의가 만들어내고 있는 불평등의 심화에서 예외가 아니다. 대외의존도가 높은 점을 감안하면 예상할 수 있는 일이다. 2016년 조윤제가 엮은 『한국의 소득분배』(p.14)에서는 다음과 같이 설명하고 있다.

"한국에서 소득분배 악화추세는 외환위기 이후부터가 아니라 이미 1990년대 초중반을 기점으로 시작된 것으로 보인다. 소득분배추이를 보여주는 대표적인 지수인 지니계수, 소득의 격차를 나타내는 10분위 배수에 의한 소득집중도, 그리고 중위소득을 기준으로 한 빈곤층, 중산층, 고소득층 분류통계에서 한국의 소득분배는 1990년대 중반 이후 악화된 것으로 드러난다. 2009년 이후부터는 소득분배가 다소 개선되는 모습을 보이기도 하지만 통계지표간 차이도 있어 확신하기는 어렵다."

1990년대 중반 이후 악화되기 시작한 소득분배는 1997년 외환위기를 계기로 해서 악화의 속도가 빨라졌다. 위기의 직접적 충격으로 실업률이 2.1%에서 7.6%로 급증하였으니 분배악화는 당연한 결과이었다. 설상가상으로 1998년 마이너스 5.5%로 급전직하한 경제성장 때문에 임금상승은 정체되고 영세자영업자들의 매출도 감소한 것이 분배에 악영향을 미쳤다.

외환위기극복을 위한 노동개혁은 노동시장의 구조를 질적으로 변화시켜서 분배에도 장기적인 영향을 미치게 되었다. 비정규직의 양산과 조기퇴직은 저소득과 소득불안정을 고착시켰고 고성장의 종언과 저성장시대의 도래는 저소득계층의 삶을 신산하게 만들었다.

여러 가지 불평등지수는 시간의 흐름에 따라서 발생하는 변화를 관찰하거나 다른 나라와의 비교를 위해서 매우 유용하다. 그러나 숫자가 갖는 한계도 또한 있으니 불평등에 대한 실감나는 정보를 전달해 주지 못한다는 것이다. 가령 지니계수가 0.3에서 0.4로 증가하였다면 그속에 반영된 현실의 불평등이 어느정도 악화되었는지 우리는 실감하기 어렵다. 길거리에 거지가 늘어난 것도 아니고 없던 판잣촌이 생겨난 것도 아니니까 우리는 막연히 "아! 한국의 가진자와 가지지 못한 자들간의 격차가 벌어지고 있구나."라고 해석한다.

나는 1987년 무렵에 미국에서 그전에 볼 수 없었던 새로운 집단적 빈곤을 목격하고 충격을 받았다. 공부를 마치고 1983년에 귀국한 지 4년이 지나서 미국 워싱턴DC로 출장을 갔었다. 시내 한복판 길거리에 한두 명도 아니고 수십 명의 노숙자가 담요를 뒤집어 쓰고 누워 있는 것이었다. 내가 귀국할 당시에만 하더라도 찾아보기 힘든 광경이었다. 그후에 미국의 양극화가 1980년대부터 심해지기 시작했다는 글들을 읽을 때마다 그 광경을 떠올리곤 했다.

한국에서는 미국의 노숙자광경처럼 단순하면서도 강렬하게 양극화의 단면을 보여주는 스냅샷이 무엇일까? 하는 의문을 가졌다. 서울역 지하보도에서 잠을 자는 노숙자가 비슷한 광경이지만 일반사람들에게 노출되지 않고 숨겨져 있으니 시각적 충격은 덜하다. 그러나 적어도 1997년 외환위기 이전에는 볼 수 없었던 장면임에는 틀림없다.

내가 자주 부딪히는 빈곤의 모습은 리어카에 폐지를 잔뜩 싣고 자동차사이를 지나가는 할머니, 할아버지의 모습이다. 특히 따가운 햇살이 사정없이 피부를 파고드는 한여름에 그런 광경을 목격하면 가슴이 짠해지곤 한다.

작년여름에 개인사무실로 쓰고 있는 오금동의 아파트지하에 내려가 본 적이 있었다. 용무가 있어서가 아니고 그냥 호기심이 발동했던 것이다. 어둡고 축축한 지하에는 청소하는 아주머니들의 휴식공간이 있었다. 문이 열려 있기에 들여다 보았더니 선풍기가 눈에 띄었고 전기밥통도 있었다. 그 이외에는 별다른 가구나 집기가 없었다. 에어컨이라도 한 개 있으면 청소하느라고 흘러내린 땀을 식힐 수가 있을텐데 하는 생각이 들었다. 요즈음 짓는 아파트는 입주민을 위한 편의시설을 경쟁적으로 설치해서 분양경쟁을 펼친다고 한다. 이 참에 경비원과 청소부들도 좀더 인간다운 환경에서 근무하도록 해 주면 좋겠다는 생각이 든다.

대학교수인 후배로부터 들은 바로는 코로나 때문에 온라인강의를 하고 있는데 개인용컴퓨터가 없고 집에 와이파이가 접속 안되는 제자들이 꽤 있다는 것이다.

라디오를 듣다 보면 참으로 딱한 사람들에게 도움을 요청하는 멘트가 나오곤 한다. 부모가 아픈데 아이는 난치병으로 고생하고 있어서 필요한 치료를 할 수 없는 가정, 아버지가 교통사고로 일을 못하는데 어머니마저 아파누워서 어린 동생을 돌보아야 하는 소녀가장이야기를 들으면 한국의 사회안전망은 아직도 숭숭 뚫린 구멍이 많은 것으로 보인다. 복지예산이 당장 도움이 필요한 국민들에게 먼저 쓰여져야 한다는 생각이 든다. 언젠가 스웨덴으로 단체관광을 갔는데 현지가이드가 한국인이었다. 유학왔다가 눌러 앉았는데 아르바이트로 여행가이드를 하고 있었다. 그가 말하기를 스웨덴에서는 사고, 질병, 실직 등 갑작스러운 불행이 닥쳐도 벼랑끝으로 몰리지는 않게 사회안전망이 촘촘하다고 했다.

한국의 양극화는 생활이 어려운 사람들이 많이 있음과 동시에 부자들의 소득이 상대적으로 더 빨리 늘어나는 장면이 겹쳐서 진행된다. 도처에서 보이는 부자들의 고급소비가 양극화의 생생한 느낌으로 다가온다. 우선 자동차를 보면 벤츠가 강남소나타라는 비유가 실감날 정도로 흔하다. 몇 년전부터 그렇게 된 것 같다. 통계를 보니까 2018년도에 한국이 세계에서 다섯 번째로 벤츠를 많이 구입한 나라이다. 중국, 미국, 독일, 영국 다음이다. 인구대비로는 독일, 영국에 이어서 세 번째이다. 물론 벤츠 아닌 고급수입자동차를 포함해서 집계하면 다르게 나올 수도 있겠지만 여하튼 고급수입자동차의 주요 시장이 된 것이다. 코로나 때문에 경제가 어렵고 자동차판매도 세계시장에서는 부진한데 한국에서는 값비싼 수입자동차가 계속 잘 팔리고 있다고 한다.

아내와 나는 여행을 좋아하는데 국내 관광지의 호텔에서 아침을 먹을 때 젊은 부부들이 자녀들과 함께 온 광경을 보면서 이제 한국에도 부유한 중산층이 두터워졌구나 하는 생각이 들곤 한다.

노동시장의 이중구조 심각

나는 일자리문제에 관심이 많다. 한국에서는 비정규직과 영세자영업자의 비중이 유난히 높을 뿐만 아니라 정규직과 비정규직, 공기업을 포함한 대기업과 중소기업근로자간의 임금격차가 매우 커서 노동시장이 심각한 이중구조를 갖고 있다.

2020년 3월 총취업자 약 2,660만명 중에서 임시근로자와 일용근로자가 약 550만명, 여기에 사내하청근로자, 파견근로자 등을 합치고 상용근로자 중에도 비정규직이 상당수 있으므로 전체 비정규직은 거의 700만명에 육박할 것으로 보인다. 비정규직의 대부분은 중소기업에서 일하는데 대기업 정규직임금을 100으로 했을 때 중소기업의 비정규직 임금은 40% 정도에 불과하고 그들 중에서 절반은 사회보험에도 가입하지 못하고 있는 실정이다.

자영업자는 총 554만명인데 이 중에서 고용원없는 자영업자가 414만명이다. 고용원없는 자영업자는 소득이 낮을 것으로 추정되는데 어림잡아서 300만명 정도가 저소득층이라고 보면 비정규직과 영세자영업자로 구성되는 저소득층이 근 천만명에 이르고 이는 총취업자의 약 40%에 육박한다. 즉 총취업자의 40% 가량이 저임금과 고용불안정의 고통을 겪고 있다고 볼 수 있는 것이다.

고용구조의 심각성을 나타내는 다른 지표들도 있다. 2015년에 현대경제연구원에서 일자리를 좋은 일자리, 괜찮은 일자리, 힘든 일자리, 안좋은 일자리로 구분하여 그 비중을 파악하였다. 좋은 일자리는 정규직에 중위소득의 125%이상의 소득, 괜찮은 일자리는 비정규직이지만 중위소득의 125% 이상의 소득, 힘든 일자리는 정규직에 중위소득의 125% 미만 소득, 안좋은 일자리는 비정규직에 중위소득의 125% 미만 소득을 받는 일자리로 정의하였다. 각각의 비중을 보면 좋은 일자리 34.9%, 괜찮은 일자리 5.0%, 힘든 일자리 32.6%, 안좋은 일자리 27.5% 이었다.

이 상태를 방치하고서는 파이를 키워야 한다는 성장론자들의 주장이 큰 울림을 주기 힘들다. 경제성장률이 높아지면 저임금을 받으면서 고용불안정에 시달리는 계층이 줄어들 것이라는 희망적 예상은 근거가 희박하다. 성장률이 높아지면서 좋은 일자리가 늘어나면 좋겠지만 반대로 비정규직이 더욱 많이 늘어날 수도 있다. 기업이 가능하면 비정규직을 채용할려는 시장유인이 강하기 때문이다.

저소득과 고용불안정에 놓인 사람들에게는 자기개발을 통해서 발전하고 지식과 숙련도를 높여서 사다리를 올라 갈 수 있는 기회의 문이 좁다. 한국에서 대학졸업후에 비정규직으로 사회생활을 시작하면 정규직으로 진입할 가능성이 낮다는 사회조사결과를 본 기억이 난다.

저임금에 시달리는 근로자에게 임금을 더 주면 놀라운 변화가 일어난다. 열심히, 자발적으로 일하고 조직소속감과 충성심이 높아지며 삶에 대한 만족감과 긍지도 강해진다. 이 모든 변화는 생산성증대로 이어져서 단위생산물당 임금은 오히려 떨어진다. 그야말로 누이 좋고 매부 좋은 것이다. 물론 임금인상은 생산비용증가로 이어져서 가격경쟁력을 떨어뜨리는 문제점이 있다. 그렇기 때문에 임금인상이 생산성향상으로 이어질 수 있도록 하는 노사협력이 반드시 이루어져야 한다.

저임금해소를 위한 구체적인 방안으로써 최저임금제도가 있다. 최저임금 상승폭을 확대해서 최저임금이 최저생계비를 상회함은 물론이고 자기개발을 위한 인적투자의 여유를 갖는 수준이 되도록 해야 한다. 문재인정부 출범 이후에 최저임금을 2년 연속 두 자리수 이상으로 급격히 인상하여 고용이 줄어들고 영세자영업자들의 소득을 감소시켜서 불평등을 오히려 악화시키는 결과를 낳았다.

최저임금의 역사가 긴 선진국의 경험을 실증적으로 연구한 무수한 논문들은 공통적으로 급격한 인상은 고용감소를 초래한다고 경고하였는데 너무 이상에 치우쳐서 현실을 무시하는 실수를 범한 것이다. 최저임금 인상은 완만하게 지속적으로 하는 것이 부작용을 예방하는 길이다.

내가 생각하기에는 한국에서 저임금을 야기하는 가장 큰 요인은 비정규직문제이다. 따라서 비정규직에 대한 임금차별을 해소하는 것은 물론이거니와 더욱 중요한 것은 원칙적으로 비자발적 비정규직을 최소화하는 것이다. 혹자는 비정규직도 시장이 원해서 생기는 것이므로 인위적으로 없앤다는 것은 옳지 않다고 주장한다. 시장이 원한다는 말을 직설적으로 하면 고용주인 기업이 원한다는 뜻이다. 고용을 당하는 근로자는 유연한 근로시간을 위해서 본인이 원하는 소수의 경우를 제외하고는 비정규직을 원하지 않는다.

비정규직은 기업이 필요로 하고 근로자가 자발적으로 동의할 때에만 존재해야 한다. 업무성격상 정규직이 수행해야 하는데 단순히 저임금과 해고 자유만을 위해서 근로자의 동의없이 기업이 일방적으로 강요하는 현재의 상황은 "인간의 얼굴을 가진 시장경제"와는 정면으로 배치되는 것이다. 해당 기업의 고유한 목적에 부합하는 업무를 지속적으로 수행하는 일자리를 비정규직으로 채워서는 안된다고 생각한다.

물론 한국의 정규직 시장이 과도하게 경직적이어서 비정규직을 뽑을 수밖에 없다는 고용주들의 항변도 일리는 있다. 이 문제는 정규직 노동조합이 양보해야 해결될 수 있다. 자신들의 좋은 일자리를 고수하기 위해서 수많은 비정규직 노동자들, 심지어는 자식들에게까지도 고통을 안겨주는 이기적인 행동을 되돌아 볼 필요가 있다.

영미권에서는 정규직을 노동시장의 인사이더(insider)라고 부르고 비정규직을 아웃사이더(outsider)라고 부른다. 즉 비정규직은 열외자라는 것이다. 한국 사회에서는 이 구분이 사회적 차별의 낙인이 되고 있다. 방치하면 한국 사회는 21세기 판 신분사회가 되고 통합은 커녕 분열의 사회가 될 것이다. 오죽했으면 결혼기피 대상에 비정규직이 새로운 항목으로 올라갔다는 말까지 나오겠는가?

한국에서 좋은 일자리가 새로이 생겨날 가능성은 넓게 열려있다. 좋은 일자리의 토양이 되는 제조업과 IT중심의 고부가가치 서비스산업은 아직도 발전의 여지가 무궁무진하다. 한국의 제조업은 총체적으로 평가하면 독일, 일본 등의 강국에 비하면 이제 고등학교수준이라고 생각한다. 선진국은 대학원수준인데 말이다. 1960년대 이래 부품과 소재와 장비를 수입해서 가공조립하여 수출해 왔던 한국의 제조업구조는 아직도 계속되고 있다. 1차 부품을 국산화하면 그 부품에 들어가는 2차부품을 수입하는 대외의존적 생산공정이 지속되고 있다.

위안부갈등 때문에 일본이 몇몇 핵심부품과 소재, 장비의 대한국 수출을 규제하였을 때 그 타격이 심대할 것이라는 우려가 높았다. 그러나 정부와 기업이 문제의 심각성에 공감하고 상호 협력하여 국산화노력을 경주한 결과 상당한 성과가 나타나고 있는 것으로 보인다. 이러한 성공경험을 바탕으로 해서 종합적이고 중장기적인 제조업발전을 추진해야 한다.

산업연관분석에 의하면 한국제조업의 총부가가치 중에서 국내에서 창출되는 부가가치의 비중이 떨어지고 있다고 한다. 즉 한국의 제조업은 겉만 번지르르할 뿐이고 속에 들어가는 부가가치가 높은 부품, 소재, 장비는 해외에서 들여오고 있다는 것이다. 그 단적인 예가 자동차이다. 요즈음의 자동차는 기계인지, 컴퓨터인지 헷갈릴 정도로 IT기술이 집약되어 있다. 자동차 총 가격 중에서 철강과 유리보다는 소프트웨어의 가격비중이 더 높지 않을까 하는 생각도 든다. 그런데 대부분의 자동차용 소프트웨어를 수입해다가 쓰고 있다는 것이다. 이 부분을 국산화하면 좋은 일자리가 쏟아질 것이고 이는 양극화해소에 기여한다. 성장률을 높이는 것은 말할 것도 없다.

경제양극화가 정치양극화 초래

과도한 불평등은 경제성장의 정당성을 훼손시킨다. 성장은 공정한 분배가 이루어질 때 비로소 그 의미가 있는 것이지, 일부 계층에게 성장의 과실이 편중되고 많은 국민들이 소외되면 자유시장경제에 대한 비판이 정치적 세력화하여 시장에 대한 정부간섭을 불러오고 급기야는 자유시장경제체제의 위기로까지 비화할 수 있는 것이다.

과도한 불평등은 구성원간의 대립, 갈등, 분열을 야기하여 사회통합을 저해하고 사회불안정을 증폭시킨다는 점은 우리 모두 익히 들어서 알고 있다. 특히 불평등이 불공정과 결합되면 불평등의 부정적 성격은 증폭되고 확산되어서 방치하면 사회불안이 위험수위에 다다를 수도 있다.

최근 양극화가 민주주의를 위협한다는 주장이 힘을 얻고 있다. 양극단으로 갈라진 사회에서는 타협을 통한 합의가 어려워져서 의회정치, 정당정치가 싸움질만 하게 되고 민주주의에 대한 불신과 반감을 불러일으킨다는 것이다. 선거를 통해서 지도자를 선출하는 국가 중에서 러시아, 터키, 헝가리, 폴란드 등 신흥개도국에서 권위주의적 정부가 들어서는 것은 그렇다치고 선진민주주의국가인 일본과 영국에서도 권위주의적 리더십이 국민들의 지지를 받고 있다. 더욱 충격적인 것은 민주주의가 꽃핀 미국에서 조차 이전에는 볼 수 없었던 권위주의적 대통령이 막강한 권력을 행사하고 있다는 점이다. 이 모든 정치적 권위주의화의 배경에는 경제적 양극화에 따른 여론의 분열이 작용하고 있다고 생각한다.

양극화가 권위주의적 정치행태를 부추기는데, 권위주의가 양극화를 개선하기는 커녕 역설적으로 양극화를 더욱 악화시키기도 한다. 진영으로 나누어진 정치판에서는 지지층을 결집시키기 위해서 더욱 극단적인 정책을 선택하게 된다. 보수는 성장위주, 진보는 분배위주정책에 집착하게 되는데 어느쪽이 집권하던지 간에 양극화는 더욱 악화될 가능성이 크다. 그 중에서도 분배우선은 성장을 희생시켜서 장기적으로는 저소득계층의 삶을 더욱 피폐하게 만들 소지가 다분한 것이다.

미국에서 최근 정치지형이 양극단으로 쏠리면서 온건파이었던 민주당이 급진화하는 경향을 보이고 있다. 민주당 대통령후보 경선에서 샌더스와 워렌은 과거에는 볼 수 없었던 과격한 정책을 선보였던 것이다. 세계금융위기 이후에 뉴욕에서 "월가를 점령하라"는 급진적 시위가 있었던 것도 같은 맥락이다. 양극화의 해소는 자유민주주의체제에서 보수와 진보가 양보와 타협을 통해서 성장과 분배를 조화시키는 합의점을 찾을때 비로소 실현될 수 있다.

한국도 예외가 아니다. 문재인정부출범 이후에 정치판의 대립과 갈등은 이전에는 볼 수 없었던 지경에까지 이르렀다. 보수와 진보가 한치 양보도 없이 사활을 걸고 투쟁일변도로 대치하고 있는 것이다. 자기편은 눈을 감고 지지하고 반대편은 무조건 비난한다. 정치인은 물론이고 국민들까지도 진영논리에 함몰되고 있으며 합리적이고 타협적인 중도의 목소리는 설 땅이 없다. 이러한 정치양극화현상의 근저에는 경제양극화현상이 자리하고 있음을 부정하기 어렵다. 적자재정과 국가부채의 증가를 통해서 어려운 국민들을 도와주어야 한다는 진보좌파와 그에 반대하면서 성장을 고수하는 보수우파는 각자의 지지층 결집을 위해서 강경투쟁일변도로 나갈 뿐 타협할 생각은 없는 것으로 보인다.

　그러나 분명한 것은 성장이건, 분배건 간에 어느 하나만 가지고는 양극화를 결코 해결할 수 없다는 점이다. 성장일변도정책이 불평등을 더욱 심화시키는 것은 물론이지만 역설적으로 분배일변도정책도 불평등을 더욱 악화시킨다. 성장침체의 충격은 저소득층에게 먼저 가해지고 그들을 더욱 곤경으로 밀어넣기 때문이다.

　한국에서의 불평등해소를 위한 첫걸음은 정치적 극단주의에서 벗어나서 중도를 향한 타협이다. 상생은 경제 못지않게 정치에서도 요구되는 것이다. 경제양극화가 정치양극화를 잉태하고 정치양극화가 다시 경제양극화를 악화시키는 악순환의 고리를 끊지 않으면 한국의 앞날은 어두울 수밖에 없다.

4

자본주의의 욕망과 불평등

돈에 대한 욕망은 인간의 본성

불평등의 근본원인이 사유재산제도와 그 재산을 불리려는 인간의 욕망에 있다고 본다면 불평등의 성격을 정확하게 이해하고 대책을 내놓기 위해서는 욕망의 본질과 사회적 의미를 이해하는 것이 전제되어야 한다.

인간의 본성을 이해하려는 노력은 고대 중국과 그리스 철학자들이 시작한 이래 후세 철학자들에 의해서 계승되었다. 인간은 이기적인 욕망의 덩어리인가? 아니면 이타적인 배려의 존재인가? 성선설과 성악설의 어느쪽이 인간행동을 더욱 보편적으로 설명할 수 있는가? 굳이 어느 한쪽을 택하기 보다는 인간은 두 가지 성격을 모두 갖춘 복잡한 존재라는 대답이 맞을 수도 있다. 그러나 어느 한쪽이 더 큰 비중을 가지고 있는가는 여전히 의문으로 남는다.

한국에서는 아기가 태어나서 첫 돌잔치를 할 때 부모들이 아기앞에 돈과 연필을 놓고 하나를 선택하게 하는 풍습이 있다. 아기가 돈을 집으면 부자가 될 것이라고 좋아하고 연필을 집으면 공부를 잘해서 입신양명할 것이라고 또한 좋아한다. 이제 갓 첫돌을 맞은 순진무구한 아기에게 속된 말로 부와 권력을 추구하는 인생을 살아 가도록 축원하는 것이다.

한 살배기 아기가 돈과 연필이 함축하는 의미를 인지하고 있다고는 생각되지 않는다. 그렇다고 해서 아기가 소유욕이 전혀 없는 백지상태인지도 확실하지 않다. 아기들이 장난감을 가지고 놀 수 있는 나이가 되면 자기 장난감을 빼앗기지 않으려고 하고 억지로 뺏으면 울음을 터뜨린다. 다른 아기가 가진 마음에 드는 장난감을 빼앗으려고 하기까지 한다. 즉 자기가 원하는 물건을 독점하겠다는 욕망이 태어날 때부터 인간본성에 내재하고 있다는 생각도 든다. 혹시 욕망의 현실세계에 물들은 부모들의 욕심유전자가 전이되어서 그런 것은 아닐까 하는 추측을 해 본다.

수렵을 주된 생업으로 삼던 원시공산사회의 인간들은 물질적 욕심이 없었을 것 아닌가 하는 생각도 든다. 그런데 그 사회가 지속되지 못하고 사적 소유의 경제체제에 자리를 내주었고 문명의 발달에 따라서 더욱 공고해진 것을 보면 사적 소유체제가 인간본성에 더욱 잘 들어맞기 때문이 아닐까? 마르크스의 공적소유체제를 도입한 소련 공산주의가 허망한 말로를 피하지 못한 것은 이기적인 인간본성을 도외시하고 욕망에서 해방된 허구의 인간본성에 헛된 희망을 걸었기 때문이라고 보여지기도 한다. 허기야 소련 공산당 간부들이 앞장서서 자기 이익과 권력을 챙겼으니까 그들이 마르크스를 배반하였다고 볼 수도 있고 마르크스가 이기적인 인간본성의 집요함을 꿰뚫어 보지 못했다고 볼 수도 있겠다.

자본주의를 한자로 표기한 資本主義는 그 뜻이 돈이 근본이라는 것이다. Capitalism도 자본(capital)에 대한 가치부여가 지나친 나머지 이념화되었다는 의미를 함축한다. 돈이 주인이면 돈을 벌고 쓰는 인간은 돈의 노예, 또는 돈에 종속된 존재인가? 이 질문은 좌우의 이념을 떠나서 진지하게 고민해 볼 만한 무게감이 있다. 돈 때문에 사기를 치고 부부와 친구사이가 틀어지고 심지어는 살인까지 하는 현실세계를 보면 사람이 돈의 노예가 되었다는 탄식이 절로 나올 때가 있다. 물론 capitalism이란 용어를 부정적인 뜻이 함축된 일반용어로

퍼뜨린 배경에는 좌파의 의도가 숨어있다는 점은 짚고 넘어가야 한다.

어릴 적부터 들어온 인생살이교훈 중에는 돈과 관련된 것들이 허다하다. 황금을 보기를 돌같이 하라. 사람나고 돈나지 돈나고 사람나지 않는다. 개같이 벌어서 정승처럼 쓰라 등. 돈을 경계하는 가르침이 많다는 것은 역설적으로 돈이 그만큼 중요하다는 사실을 반영하는 것이다. 기관을 운영할 때 직원들에게 상여금을 지급하는데 실적이 떨어져서 상여금을 한푼이라도 깍을려고 하면 그 부당함을 조목조목 따지는 곤경을 여러번 겪었다. 객관적인 점수를 제시하여도 받아들이지 않고 앙앙불락하니 그 스트레스에 짓눌리곤 했다. 여하튼 돈의 노예까지는 아니더라도 돈 앞에서 자유로운 사람은 많지 않다는 것이 나의 경험적 관찰이다.

사적소유와 욕망이 불평등을 불러오는 토양이라면 능력의 차이는 불평등을 실현하는 행위자이다. 수렵사회에서 곰을 잡는 사냥꾼과 토끼 밖에 잡지 못하는 사냥꾼의 수입격차는 날이 갈수록 커졌을 것이고 어느 순간 곰 사냥꾼은 여러 사냥꾼을 수하로 고용하는 자본가가 되어 있었을 것이다. 수렵자본가의 아들은 능력이 뛰어나면 아버지의 사냥사업을 상속받아서 더욱 크게 키웠을 것이고 능력이 평범하면 유지정도는 했을 것이고 무능하면 말아 먹었을 것이다.

고용된 사냥꾼의 아들은 자기도 열심히 해서 수렵자본가가 되어 보겠다는 동기부여로 무장하는 반면에 자본가 사냥꾼의 아들은 물려받은 재산으로 인생을 즐기겠다는 무사안일에 젖었을 수가 있다. 이처럼 자연의 섭리인지 신의 뜻인지 알 수 없는 평형추가 작용하여 불평등의 세습을 완화한다면 사적소유제도는 사회발전의 추동력이 될 수 있겠다. 그렇지 않고 불평등이 자손만대 커진다면 사적소유는 사회분열의 씨앗이 되고 말 것이다.

자본주의는 욕망을 부추긴다

자본주의시대의 인간들이 유별나게 욕망이 강한 본성을 가진다고는 말할 수 없으나 자본주의가 욕망을 부추기는 속성을 가진 것은 부인할 수 없다. 물질적 욕망을 감추지 않고 드러내며 이익을 추구하는 행위를 당연시하고 권장하기까지 한다. 자유시장경제의 번성을 위한 조건 중에는 기업가에 대한 정당한 대우와 존경이 빠짐없이 들어있다. 법과 도덕의 테두리 내에서 정당하게 큰 돈을 번 기업가를 사회구성원들이 인정해 주고 격려해 주어야만 기업가정신이 살아난다는 것이다. 나도 여기에 동의한다.

한국에서 재벌 소유주에 대한 반감정서가 강한 것을 비판하면서 미국을 본받아야 한다고 강조하는 인사들이 여럿이다. 미국에서는 록펠러, 포드, 빌게이츠, 베조스, 저크버그 등의 창업대부호가 존경의 대상이고 젊은이들이 본받아야 하는 귀감이 되고 있는데 한국의 이병철, 정주영은 아무리 좋게 보아도 그 정도의 숭앙을 받고 있는 것 같지는 않다. 숭앙은 커녕 이런 저런 이유로 매도당하는 경우가 허다하다.

그 이유가 무엇인지 궁금하기도 하다. 흔히들 한국의 창업재벌기업가는 정부권력과 유착해서 독점과 특권을 행사하여 돈을 벌었다고 비난받지만 미국의 대부호라고 해서 청렴하게 기업가적 혁신활동으로 무에서 유를 창조한 것은 아니다. 대기업과 권력의 유착을 상징하는 엽관제도가 19세기 미국에서 성행한 것이 결코 우연이 아닌 것이다. 내 생각에는 자본주의가 미국에서 꽃피었기 때문에 미국 국민들은 자본주의의 핵심가치인 경제적 자유에 대한 애정과 애착을 가지고 있는 반면에 한국의 자본주의는 해방 이후에 외부에서 이식된 외래종이라는 이유로 국민들의 사랑을 받지 못하는 것 같다.

대학교시절 동아리에서 활동하던 한 친구가 강의실 흑판에 "자본(資本)"이라고 큼지막하게 썼다. 글뜻을 풀이하면서 "돈이 근본"이라고 했다. 다시 "인본(人本)"이라고 쓰면서 "사람이 근본"이라고 했다. 자본주의와 인본주의가 지배하는 세상이 각각 있다면 어느쪽이 더 살기 좋은가? 하고 화두를 던지는 것이었다. 그 자리에서 드러내놓지는 않았지만 사회주의의 이상이 인본주의라는 암시는 어렵지 않게 간파할 수 있었다.

세상을 한참 살아 본 지금에는 양자택일적인 위의 질문이 특정한 판단을 하도록 유도하는 잘못된 것임을 알아차릴 수 있고 나아가서 사회주의와 인본주의는 아무런 인연이 없다고 학습하였지만 가슴이 뜨겁기만 할 뿐 머리속에는 빈 공간이 많던 대학시절에는 감성이 이끄는 대로 자본주의가 아니라 인본주의가 더 좋다고 결론을 내리기가 십상이었다.

  자본주의는 capitalism이고 인본주의는 humanism이다. humanism은 르네상스시대 철학에서 비롯되었다는데 신에 종속되었던 부차적 존재로서의 인간관에서 탈피해서 인간본연의 가치를 존중하는 사상으로 발전하였다고 한다. 만약에 capitalism을 자본의 가치를 우선시하는 사상이라고 말뜻 풀이한다면 humanism과는 대척점에 놓이게 된다. 사람보다 돈이 먼저가 되는 것이다. 마르크스의 자본주의관이 그러하다. 자본가는 돈을 벌기 위해서 임금노동자를 착취해서 잉여가치를 만들고 자본을 축적하여 대자본가로 비상하는 반면에 노동자는 억압과 빈곤에서 벗어나지 못한다는 것이다. 즉 중세시대 인간을 억압하였던 신으로부터 해방되었던 인간이 다시 자본의 억압을 받게 되었다는 것이 마르크스의 계급사관이었다고 생각한다.

  마르크스 이후 150여 년이 흐르면서 자본주의는 양적으로 팽창하였을 뿐만 아니라 질적으로도 엄청난 변화를 겪었다. 선진자본주의국가에서 노동자계급은 마르크스의 말처럼 억압과 빈곤에서 허덕인 것이 아니고 절대빈곤에서 헤어나고 많은 경우에 중산층으로 생활할 수 있게 되었다. 중산층이 된 많은 노동자들이 주식을 보유하게 되어서 노동자가 유산계급이 되는 경우도 늘어났다. 또한 숙련도, 전문성, 교육수준에 따라서 노동자간의 임금격차가 크게 벌어져서 노동계급의 분화와 이질화가 진행되었다.

  산업혁명이 발발할 당시의 자본주의를 초기자본주의, 원시자본주의라고 부를 수 있다. 가내수공업생산양식에서 공장제대량생산양식으로 이행하면서 생산력이 비약적으로 증가하고 산업자본가와 임금노동자의 계급적 분화가 이루어졌다. 자본가와 기업활동의 경제적 자유가 신장되어 경쟁이 치열해졌으나 경쟁의 공정성과 노동자보호장치는 아직 도입되지 아니하였다. 최대한의 이윤을 창출하겠다는 욕망은 당연시되었고 욕망을 억제 또는 관리하려는 시도는 사유재산권침해라는 저항앞에서 무력화되었다. 천민자본주의라는 용어도 이때 생겨났다.

  독일의 철학자이며 사회학자인 막스베버는 초기자본주의를 다르게 보았다. 그는 1920년에 출간된 『프로테스탄트윤리와 자본주의정신』에서 산업혁명을 일으킨 자본가들이 하느님의 가르침을 세속적인 직업속에서 실현한다는 소명의 식을 가지고 절제와 근면을 직업윤리로 삼으면서 기업을 경영하였다고 주장하였다. 천민자본주의가 아니라 신성자본주의이었다는 것이다. 자본가들이 사회적·정치적 압력에 밀려서 마지 못해 종업원들의 복지를 위하고 사회적 책임에 관심을 가지게 되었다는 좌파적인 시각과는 정반대인 것이다.

베버의 청교도적 자본주의윤리에 대해서 나는 회의적이다. 물론 청교도를 독실하게 믿는 신도인 자본가 중에서 금욕적 생활태도와 근면성실한 직업소명을 실천하는 훌륭한 사람들이 있었겠지만 이를 자본가들에게서 공통적으로 발견할 수 있는 일반적 현상인가에 대해서는 확신이 없다. 내가 가진 자본주의진화의 지식은 자본가들의 본성은 물질적 욕망을 추구하는 것이고 그 추동력으로 인류역사상 전례없는 부의 창출을 실현하였으나 불평등의 심화 등 문제점이 노정됨에 따라서 욕망의 억제와 합리적 길들이기를 위한 정치적·사회적 장치가 도입되었다는 것이다.

내가 자본주의에 대한 맹목적 찬양론자가 되지 않고 조건부지지 또는 동조적 비판론자가 된 배경중에는 백혈병사건과 미국 자본주의의 역사가 있다.

백혈병사건은 2007년 한국의 대표적인 반도체공장에서 일하던 한 종업원이 백혈병으로 사망하면서 표면에 떠 올랐다. 이 공장에서 일하던 여러명의 종업원들이 백혈병과 기타 희귀한 질병으로 사망하였는데 처음에 회사측은 반도체공장의 유해물질과 질병간의 인과관계가 명백하지 않다는 이유로 보상에 응하지 않았다. 그후 사회적 비난과 가족들의 집단행동이 전개되면서 회사와 피해자간의 조정과정이 시작되었던 것이다. 해마다 수십조 원의 천문학적 이익을 올리는 굴지의 대기업이 처음부터 피해자를 위해서 좀더 적극적이고 전향적으로 대처하는 공감과 배려의 모습을 보여 주었으면 얼마나 좋았을까 하는 생각이 들었다.

나는 미국의 대표적인 기업가인 석유재벌 록펠러가 경쟁자들을 낙오시키고 시장독점을 획득하기 위해서 도태적 경쟁(cut-throat competition)전략을 구사한 많은 일화들을 읽으면서 자본가의 욕망은 끝이 없다는 생각이 들었다. 단순히 돈에 눈이 멀었다고 단정하는 것은 단세포적인 시각일 것이다. 인성이 경쟁에

서 지기 싫어하는 것일 수도 있고 막대한 부의 소유와 함께 자연스럽게 따라
오는 권력이 주는 만족과 편의일 수도 있을 것이다. 거부에게 쏠리는 사회적
관심과 존경, 부러움, 질시의 시선을 즐길 수도 있을 것이고 커다란 성공을 거
두었다는 자기 만족의 기쁨 또한 클 것이다.

미국에 가면 18 - 19세기에 부호들이 살던 대저택들이 여럿 있다. 그 규모와
사치스러움은 내가 프랑스에서 체류할 때 구경하였던 황제들과 귀족들의 궁정
에 비견되는 것이었다. 그러나 미국과 프랑스의 부호는 분명히 다르다. 미국은
자수성가형이고 프랑스는 세습형이다. 미국의 경우 빈손으로 신대륙으로 건너
와서 재벌이 되는 것은 우선 출발선이 비슷하므로 기회의 균등에 부합하였다.
많은 사람들이 자신도 재벌이 될 가능성이 있다는 희망을 가지고 꿈을 추구하
였고 그 중의 승자들이 부자가 되었다.

반면에 프랑스의 왕과 귀족들은 자신의 노력이 아니라 조상의 음덕으로 부
를 상속받았다. 프랑스에서는 1789년에 빵을 요구하는 대중들의 유혈혁명으로
왕정이 무너지고 귀족사회도 사라졌으나 미국에서는 1930년대의 대공황과
2008년의 대침체를 겪으면서도 혁명은 커녕 사회주의운동이 힘을 쓰지 못한
것은 자신의 노력으로 부자가 될 수 있는 기회가 모든 사람에게 주어졌느냐,
아니냐의 차이 때문이라고 해도 크게 틀리지는 않을 것이다.

욕망의 이중성

욕망은 긍정과 부정의 이중성을 띤다. 인간에게 욕망이 없으면 죽은 목숨아
닌가? 욕망은 의욕을 낳고 의욕은 생명을 지탱해 주는 활력소가 된다. 개인적
차원을 넘어서서 인류문명과 사회발전의 역사에서도 욕망은 그 촉진자이었다.
왕들의 정복욕망, 정치가의 권력욕망, 예술가의 명예욕망, 군인들의 출세욕망,
학자들의 진리욕망 그리고 상인 및 자본가들의 부자욕망이 없었더라면 인류문
명이 오늘날처럼 발달할 수 있었을까?

물질적 욕망에서 해방되어서 담백한 삶을 살아가는 것이 미덕이라는 사상은
동서양에 걸쳐서 교훈적인 경구를 많이 남겼다. 유교의 청빈낙도, 인도사상의

고행, 스토아철학의 금욕주의 등은 욕망을 쫓는 인간들이 자신과 이웃과 사회, 나아가서는 국가까지도 파멸시킬 수 있다는 엄정한 경고를 담고 있는 것이다.

그러나 모든 사람들이 그 교훈을 따랐더라면 인류역사는 전원적인 평화가 지배하였겠지만 문명의 발전은 더디게 왔을 것이라는 생각도 해본다. 자본가의 욕망을 부정적으로만 바라 볼 필요는 없다. 부를 축적하겠다는 욕망을 실현하는 수단으로서 기업가적 혁신에 매진하여 새로운 상품을 개발하고 경영조직을 효율화하며 신시장을 개척하는 슘페터적 창조적 파괴를 일으키면 사회전체의 이익과 부합할 수 있다. 미국에서 기업가정신이 번성하여 세계 제일의 경제강국으로 부상한 배경에는 자본가의 욕망을 인정하고 욕망의 결과를 수용하며 부자를 경원시하는 대신에 자신도 부자가 되어서 한배에 올라 타겠다는 욕망을 공유했기 때문이었을 것이다.

물론 욕망의 폐해도 차고 넘친다. 새삼스럽게 부연해서 설명할 필요조차 없다. 미국을 보자. 1865년 남북전쟁이 북부의 승리로 끝난 후 미국경제는 급속한 성장가도에 진입하였고 1893년에 공황이 발발할 때까지 지속되었다. 대륙횡단철도가 부설되어서 서부 개척이 본격적으로 이루어졌고 공업생산이 비약적으로 늘어나서 세계 제1의 제조업대국으로 부상하였다. 철강왕 카네기, 석유왕 록펠러, 철도왕 밴더빌트, 광산왕 구겐하임 등 우리들 귀에 익은 대부호들이 출현한 시기이기도 했다. 화려한 성공의 이면에는 정치적 부패, 자본과 권력의 결탁, 가난한 하층민 등의 어두운 그림자가 짙게 드리웠다.

이 시대를 도금시대라고 부르는데 그 유래는 마크 트웨인의 소설 *The Gilded Age: A Tale of Today*에서 이 시대가 진정한 황금시대(Golden Age)가 아니라 단지 황금처럼 보이도록 겉만 번지르르하게 도금한 시대라고 풍자한데서 비롯되었다.

몇 년전까지만 하더라도 글로벌 자본주의는 거스를 수 없는 역사의 흐름으로 여기는 분위기가 강했다. 그것이 가져다 주는 번영과 풍요는 찬미의 대상이 되었고 그 부작용은 인간의 지혜로서 얼마든지 극복할 수 있다고 확신되었다. 글로벌 자본주의를 특징짓는 표현으로써 "국경없는 경쟁", "1등만 살아남는 승자독식", "약육강식", "정글의 법칙" 등이 흔히 사용되었다.

이 용어들은 치열한 국제경쟁의 비정함을 강조하고 경쟁기업에게 먹히지 않기 위해서는 뭐든 해야 한다는 절박함을 풍기고 있었다. 좋은 의미로는 혁신과 변화의 시급성과 불가피성을 강조하는 것이었고 나쁜 의미로는 비용최소화를 위해서는 고용과 임금을 최소화하고 필요할 때에는 언제든지 해고해야 함을 내포하고 있었다.

나는 정글의 법칙이라는 용어에 저항감을 느꼈다. 정글의 법칙은 약육강식이라고 하지만 한가지 단서가 있으니 그것은 자연적 억제이다. 먹이사슬을 이루고 있는 강하고 약한 짐승, 크고 작은 짐승들은 생존을 위해서 약한 짐승을 잡아 먹고 강한 짐승에게 잡아 먹힌다. 그런데 짐승들은 배가 부르면 사냥을 중지하고 낮잠을 자면서 휴식을 취한다. 배고픔을 면하는 한도 내에서 사냥을 계속하는 것이다. 만약에 자연적 억제없이 약육강식만이 횡행한다면 정글에는 사자만 남고 다른 짐승들은 멸종될 것이다. 그러면 결국 사자마저 굶주림을 이기지 못하고 사라질 것이다.

인간들의 세계에서 벌어지는 경제경쟁은 어떠한가? 단순히 생존을 위해서 약한 기업을 도태시키는 것이 아니라 더 많은 매출, 더 큰 이윤, 더 강대한 기업규모를 위해서 약한 기업을 인수합병하고 시장에서 퇴출시킬려고 한다. 무한경쟁의 끝은 독점인데 정글과는 달리 독점기업은 홀로 시장에서 번영을 계속할 수 있다. 정글의 법칙 중에서 약육강식만 있고 억제는 없다. 말을 심하게 하면 고삐없는 자본주의는 정글세계보다도 더 비정하고 냉혹하다. 정글세계는 상생의 무대인데 반해서 무한경쟁의 세계는 승자독식의 세계이다.

기업의 욕망, 노동시장이중성과 양극화

기업의 이윤욕망이 직접적으로 분배에 영향을 미치는 경로를 살펴보자. 기업이 이윤을 극대화하기 위해서는 비용을 최소화하고 매출은 최대화해야 한다. 비용은 인건비와 물건비로 구성되는데 인건비를 최소화할려는 기업경영방침은 불평등의 역사와 깊은 관련이 있다.

어느 국가건 간에 경제발전의 초기단계에서는 노동이 풍부하기 때문에 임금이 낮을 수밖에 없다. 농촌에 거주하는 불완전 고용인력들이 도시로 몰려 들면서 기업은 저임금노동자들을 고용하여 봉제 등의 노동집약적 제품을 생산한다. 고용은 확대되고 저임금이라고 할지라도 농촌에서 벌어 들이던 소득보다는 높기 때문에 절대적 빈곤이 해소되고 많은 경우에는 상대적인 소득분배도 향상되는 모습을 보인다.

고도성장기가 지나가면서 기업들은 인건비부담이 가중됨을 느끼게 된다. 그동안 임금이 많이 올랐고 노동운동이 격화되고 노동자보호제도도 도입되기 때문이다. 거기에 겹쳐서 매출증가율은 둔화되어서 이윤압박이 가해지기 시작한다. 인건비를 줄이기 위해서 신규고용을 최소화하고 임금과 복리후생혜택을 억제하며 정규직보다는 비정규직을 선호한다. 노조의 압력과 정부정책으로 해고가 어려운 경우에는 정규직 채용을 더욱 꺼리게 되며 자동화기술의 발전과 낮은 금리는 사람대신 기계를 쓰는 노동대체를 가속화시키게 된다.

기업이 사람을 가치생산의 주체인 소중한 자산으로 간주하지 않고 오로지 비용만을 발생시키는 소모품으로 보면서 비용절감을 위해서는 언제라도 해고할 수 있는 처분가능재로 취급한다면 근로자들은 고용불안에서 헤어날 수 없다. 그런데 이런 경우라고 할지라도 성장하는 경제에서는 일자리가 많이 만들어지기 때문에 해고당한다고 하더라도 비슷한 임금을 주는 다른 일자리로 옮겨갈 수가 있다. 반면에 저성장경제에서는 해고당한 후에 비슷한 임금을 주는 다른 일자리를 찾는 것이 대단히 어렵기 때문에 해고당하면 장기실업자가 되거나 낮은 임금의 직장을 택할 수밖에 없다.

자유로운 해고와 노동시장유연성이 불평등을 악화시키는 것을 막기 위해서 노동조합은 해고요건을 강화하는 투쟁을 벌였고 어느 정도의 성과를 거두기도 했다. 그러나 노조가 쟁취한 노동시장경직성은 이미 일자리를 차지한 근로자들을 보호하는데 그칠 뿐 새로운 일자리를 만들어내는 데에는 방해가 될 뿐이다. 일단 채용하면 해고하기 어렵고 해고하더라도 높은 해고비용을 부담해야 하는 기업입장에서는 신규인력채용을 꺼릴 수밖에 없고 채용하더라도 비정규직을 선호하게 되어서 불평등은 여전히 남게 되는 것이다.

최적의 조합은 역동적인 경제와 노동시장유연성이다. 1980년대까지의 미국이 그랬다. 친기업적 규제환경과 해고의 자유는 기업투자를 늘리고 기업가정신을 발현시켜서 좋은 일자리가 끊임없이 생겨났고 일시적인 경기후퇴기에 해고를 당하더라도 경기가 회복되면 재고용되었다. 더 좋은 대우를 찾아서 자발적으로 직장을 옮기는 경우도 허다했다.

한국에서는 1998년 외환위기 이전까지는 노동시장이 경직적이었으나 고도성장의 빛에 가려서 불평등을 조장하는 문제점이 여실히 드러나지 않았다. 외환위기 이후에 정리해고가 도입되는 등 노동시장유연화조치가 일부 도입되었으나 미흡하였고 경제활력이 계속 약화되면서 경직적 노동시장이 일자리창출을 저해하는 문제점이 드러나고 불평등을 확대하는 요인이 되고 있다.

지금 한국의 노동시장을 보면 비정규직의 과도한 양산 때문에 저임금, 직업안정성 실종, 생산성 저하의 부작용이 심각하다. 조기퇴직이 일반화되고 있는 반면에 개인과 국가차원에서의 노후대책이 부족해서 노인빈곤층이 늘어나고 자영업이 지나치게 비대해지고 있다. 대기업과 공기업의 노조는 노동자권리보호를 위한 투쟁의 성과를 거두고 있으나 그 파급효과가 다수의 노동자들에게까지는 미치지 않는 그들만의 잔치에 머물고 있다. 더욱이 그들이 쟁취하고 있는 전리품들은 제도권 노동시장의 경직성을 악화시켜서 경제전체에 부담을 주고 있다.

외환위기 이후에 진행된 노동시장개혁과정에서 종신고용과 평생직장, 연공서열이 보장되는 조합주의적 노동시장의 문제점을 제거하는 데에만 열중한 나머지 직장에 대한 소속감, 충성심, 숙련도 제고 등 바람직한 노동시장의 정신과 취지를 깡그리 폐기처분한 것은 경솔했다는 생각이 든다. 잘 작동하는 노동시장은 안정성과 유연성의 균형, 적정임금, 노사협력의 조건을 구비해야 한다. 외환위기 이후의 노동시장개혁은 이전의 조합주의가 갖던 직업안정성과 가족적 노사협력을 희생하면서도 개혁의 주목적이었던 노동유연성과 적정임금은 얻지 못하였으므로 총체적인 실패라고 볼 수밖에 없다.

지금 한국에서는 해고의 자유를 높이는 노동개혁을 하지 않고는 기업투자확대를 통한 일자리창출을 기대할 수 없다는 목소리가 높다. 보수층은 대부분 지지하지만 진보층은 대부분 반대한다. 민주노총 등의 노동자 기득권층이 반대하는 것은 이해할 수 있다고 치고 좌파지식인들과 정치인들이 반대하는 이유는 무엇일까? 정치적 우군인 노동조합의 표를 의식하기도 하겠지만 그것이 전부는 아닌 것으로 보인다.

그들은 기업주들이 마음대로 종업원을 해고할 수 있게 하면 자본가들만 좋아지고 노동자들은 평생을 해고불안에 시달리면서 살아가야 되는 지옥도가 펼쳐질 것이라고 굳게 믿는다. 설상가상으로 실업보험 등의 사회안전망이 부족한 문제점을 교정하지 않고 해고의 자유만을 신장시키면 노동자들의 생존권이 위협당할 것이라고 믿고 있다.

노동시장유연성 옹호론자들은 이런 비판에 대해서 자신있게 그런 일은 없을 것이라고 설득할 수 있는가?

한국에서 노동시장유연성이 시급한 개혁과제임에는 틀림없다. 그런데 유연성 제고가 일자리 창출로 이어지기 위해서는 기업투자를 가로막는 규제들을 풀어주어야 한다. 노동시장경직성보다는 과도한 규제가 기업투자를 가로 막는 훨씬 더 심각한 장애요인이다. 규제를 그대로 둔채 유연성만 높이면 개인적으로는 장기실업의 위험성에 노출되고 전체적으로는 실업의 증가에 따른 사회불안을 피해가기가 어렵다.

규제개혁과 노동시장유연성이 정책패키지로서 동시에 이루어지면 새로운 일자리가 늘어나서 청년실업이 완화되고 중장년층도 새로운 일자리로 전직할 수 있는 기회가 확대되어서 지금처럼 해고당하면 인생이 끝난다는 두려움에서 벗어날 수 있다.

반대로 좌파들의 주장을 따라서 규제존속과 노동시장경직성의 정책조합이 계속되면 높은 청년실업률이 개선되지 않을 뿐만 아니라 명예퇴직 등으로 다니던 직장을 그만두는 중년층의 재취업기회가 박탈당하게 된다. 좌파들이 노동자를 보호한다는 명분으로 해고를 어렵게 하고 사회적 약자를 보호한다는 명분으로 각종 규제를 양산하고 있지만 결과는 좋은 일자리를 줄여서 오히려 그들을 더욱 어렵게 만들고 있다는 점을 각성해야 한다.

자유로운 기업투자환경을 조성하여 일자리를 많이 만들어내면서 해고도 비교적 쉽게 할 수 있는 나라가 미국이다. 해고의 자유와 탈규제의 최적조합을 비교적 잘 갖추고 있는 것이다. 자유는 창의와 혁신을 낳고 끊임없이 일자리를 만들어낸다. 다니던 직장에서 해고되어도 다른 직장을 어렵지 않게 얻을 수 있다. 2008년 금융위기 이전만 하더라도 6개월 정도 실업보험을 받으면서 버티면 다니던 회사경영이 호전되어서 재고용되는 경우가 일반적이었다는 것이다. 영구해고가 아니라 일시해고이었던 것이다.

이와 관련된 경험 한가지를 소개하겠다. APEC(아시아태평양 경제협의체) 내에 교육재단이 있었는데 한국이 기금의 대부분을 출연하여 설립하였기 때문에 KIEP(대외경제정책연구원)가 사무국을 맡고 있었고 KIEP원장이던 내가 이사회 공동의장을 맡고 있었다. 미국에서 이사회가 열렸는데 안건은 부진하기 짝이 없는 기금모금의 활성화방안이었다. 기금모금책임자로부터 자신의 활동내역을 설명들은 후에 이사들은 그 책임자를 경질해야 한다는 쪽으로 의견이 모아졌다. 미국인인 이사장이 옆방에서 그 책임자를 만나서 당신은 오늘부로 그만두어야 한다고 구두로 통보하고는 이사들에게 설명했고 즉시 후임자에 대한 논의를 하는 것이었다. 이 모든 절차가 그야말로 눈 깜짝할 사이에 이루어졌다.

나는 머리가 멍해지는 것을 느꼈다. 아니 어떻게 사람을 자르는데 이렇게 간단하고도 신속하게 완결될 수가 있느냐 말이다. 한국에서는 상상도 할 수 없는 일이 눈앞에서 전광석화의 속도로 벌어지고 있었다. 더욱 이해할 수 없는 일은 모금책임자가 한마디의 불평이나 이의제기도 하지 않고 조용히 회의장을 떠나는 모습이었다. 그라고 해서 어찌 기분이 상하지 않았겠으며 화가 나지 않았겠는가? 모금부진이 전적으로 그의 책임이라고 단정하기도 어려운 상황이었음을 나도 주지하고 있었다. 후임자가 왔음에도 불구하고 모금은 여전히 답보하고 있었던 것이다. 추측컨대 즉시 해고를 당한 사람은 다른 일자리를 어렵지 않게 구할 수 있다는 기대와 희망을 가졌기 때문에 별로 반발하지 않았나 싶다. 아니면 그러한 상황에서 부당해고라고 이의를 제기하고 행정적·법적 다툼을 할 수 있는 제도적 보호장치가 없었는 지도 모른다.

내 친구가 젊은 시절에 미국의 아이비리그에서 MBA를 하고 뉴욕의 미국회사에 취직하였는데 어느날 상관이 오더니 당신의 업무성과가 좋지 않기 때문에 내일부터 나오지 말라고 하더란다. 한국에서는 이른바 KS(경기고, 서울대) 마크를 달고 우쭐대며 살았는데 미국에서 하찮은 인간취급을 당하니 머리에 열이 북받치면서 한대 치고 싶은 분노가 치밀어 오르는 것을 겨우 참았다고 했다. 그는 학창시절에 아마추어 권투선수이기도 했다. 그는 쓰라린 상처를 안고 다른 회사에 원서를 제출하였는데 다행히도 얼마 지나지 않아서 새로운 직장을 얻었다고 했다.

그런데 지금의 미국은 선진국 중에서 불평등이 가장 심한 나라이다. 기업의 자유와 해고유연성의 최적조합을 갖춘 미국이 이렇게 된 것을 어떻게 설명해야 하는가? 가장 중요한 이유는 코로나 바이러스의 대유행 이전만 해도 전월에 비해서 매월 만들어지는 새로운 일자리가 20만개 안팎에 달하고 실업률이 3% 대에 있었지만 일자리의 구조가 양극화되어 있다는 것이다. 대졸 이상의 고학력자가 취업하는 고임금 전문직종과 고졸 이하가 주로 취업하는 저임금 단순서비스직종이 다수이고 그 중간에 위치하는 일자리의 폭이 협소한 것이다. 이는 물론 미국이 탈제조업, 또는 제조업공동화를 방지하지 못한 것이 중요하게 작용한 결과이다.

규제개혁과 노동시장유연성의 조합은 경제적 효율성을 높이는 길이다. 다른 시각에서 보면 자본의 욕망이 이윤을 쫓아서 자유롭게 행사되는 체제가 만들어지는 것이다. 이는 특히 한국경제의 일자리창출능력을 눈에 띄게 강화시켜 줄 것이다. 코로나 이후에 제조업의 중요성이 재평가를 받고 공급망의 안정성이 강조되고 있는데 그동안 해외로 대거 빠져 나갔던 공장들이 국내로 복귀할 수 있는 여건이 만들어지고 있다. 정부와 기업은 이 기회를 십분 활용해서 해외투자기업의 본국회귀가 현실화될 수 있도록 구체적인 조치를 마련해야 한다.

그런데 제조업의 부활과 경제활력의 회복이 성장 이외에 분배평등이라는 또 한 마리의 토끼를 잡기 위해서는 성장의 과실이 분배되는 시스템을 변화시켜야 한다는 문제에 봉착한다. 비록 고용총량은 늘어난다고 해도 현재와 같은 노동시장의 이중구조를 그대로 방치하면 좋은 일자리보다는 나쁜 일자리가 늘어날 가능성이 높고 불평등은 개선되지 않을 것이다. 성장이 좋은 일자리를 만들어내는 선순환생태계를 구축하기 위한 근원적인 해법으로써 자본주의의 욕망을 순치해야 한다는 명제와 맞닥뜨리게 되는 것이다.

5

자본주의의 진화가 답이다

양극화와 좌우대립은 유럽의 복지자본주의를 촉진

고삐풀린 자본주의의 무한한 욕망추구가 사회적인 수용한계를 넘는 불평등을 확대재생산하면 사회적 저항이 발생한다. 유럽국가들에서는 19세기 후반이후 사회주의이념이 득세하여 자본주의 체제를 변혁할려고 했다. 노동자정당이 출현하여 선거에서 무시할 수 없는 수준의 지지를 얻는 나라들이 나타났고 독일 등에서는 보수집권세력을 위협할 정도로 정치세력화했다.

프랑스와 오스트리아의 전쟁에서 승리하여 통일을 이룩한 독일의 재상 비스마르크는 철저한 보수자유주의자이었음에도 불구하고 사회주의로부터의 도전을 막아내기 위해서 자본주의국가에서는 최초로 사회보장을 도입하였다. 자본주의 자정노력의 시발점이었고 자본주의의 욕망을 순치시키는 정책이었다.

독일은 제2차 세계대전 이후에 다시 혁명적이라고 불러도 좋을 만큼 과감한 자본주의 정화정책을 실시하였다. 자유주의적 보수정치가이었던 아데나워 수상이 이끄는 우파정부는 사회적 시장경제를 표방하면서 공정경쟁, 노사공동결정, 선별적 복지제도를 채택하여 독일 자본주의를 인간의 얼굴을 한 모습으로 새로이 탄생시켰다.

노사공동결정은 기업의 의사결정과정에 종업원대표가 참여하는 것이다. 경영은 대주주가 직접하거나 아니면 주주로부터 위임받은 전문경영인이 전담하는 통념을 부수고 노사가 경영에 대한 권리와 책임을 같이 갖는 것이다. 이 제도는 노사갈등대신 노사협력을 정착시켜서 라인강의 기적을 이루어내는데 기여하였다고 평가된다. 오늘날 포용적 성장이라는 용어가 유행인데 제2차 세계대전 이후에 독일은 사회적 시장경제라는 이름으로 포용성장을 이미 실천에 옮기고 있었다고 생각한다.

독일에서는 보수정권이 시작한 자본주의 정화노력을 좌파진보정권이 받아들였고 정권교체와는 무관하게 지속되고 보완되었다. 독일의 좌우파정당은 이념과 정책의 차이가 작고 상호 겹치는 부분이 많다. 정책스펙트럼이 중간지대에서 만나는 접점이 넓기 때문에 협력의 가능성도 커진다. 메르켈 수상이 이끄는 보수집권여당이 진보야당과 연립정부를 구성하고 공통의 정책을 공동추진하는 모습을 보면 부럽다는 생각을 지울 수가 없다. 그러한 상생의 정치풍토가 어느 날 갑자기 하늘에서 떨어진 것이 아니고 제2차 세계대전 이후에 보수정당이 선제적으로 진보정당이 선호하는 정책을 선택한 역사적 배경이 작용하고 있다고 생각한다.

영국의 경우는 다르다. 보수정권이 자본주의 욕망을 절제시키는데 저항한 반사작용으로 노동당은 과격노선을 걸었고 노사갈등도 격심해졌고 경제적 충격과 정치불안정이 야기되었다. 제2차 세계대전 중에 보수정치인 처칠 수상은 베버리지위원회를 구성하여 전후 영국국민의 삶의 모습을 그려달라고 요청했다. 베버리지는 "요람에서 무덤까지"로 요약되는 보편적 복지의 청사진을 제시하였으나 처칠은 수용하지 않았는데 이는 국민들에게 피와 땀과 눈물을 요구하며 전쟁을 승리로 이끈 그가 선거에서 패배하는 주요한 원인이 되었다. 대신 베버리지의 복지정책은 처칠을 물리치고 당선된 노동당의 에틀리 수상에 의해서 채택되었다.

그 이후 영국에서는 급진적인 노동당이 집권하면 주요 산업을 국유화하다가 경제가 침체에 빠지면 보수당이 집권하여 노동당의 정책을 뒤집는 '왔다 갔다 정책(stop-go policy)'이 반복되었다. 이는 영국경제의 활력을 빼앗았고 과도한 복지와 노조의 강경투쟁은 만성적인 경제침체를 초래하여 국민들의 생활수준을 후퇴시키는 지경에까지 이르렀다. 구원투수로 등장한 대처 수상은 노조가 경제정책을 좌지우지하는 힘을 꺾고 신자유주의적 노선에 입각해서 경제를 소생시킨 업적으로 12년동안 주전투수의 자리를 차지할 수 있었다.

노조의 극한투쟁이 빚어낸 문제들을 목격한 영국 국민들은 불평등의 확산에도 불구하고 노동당의 집권을 경계하는 모습을 보여서 보수당은 18년동안 계속 집권하였다. 위기상황에서 노동당 당수로 취임한 토니 블레어는 급진주의로는 집권가능성이 낮다고 보고 강령에서 사회주의를 삭제하는 등 신노동당(new labor)을 표방하면서 제3의 길을 선택하여 보수당의 장기집권을 종식시킬 수 있었다.

다른 유럽 국가들에서도 분배 불평등에 대한 국민들의 비판과 사회주의의 도전으로 고삐 풀린 자본주의는 수정될 수밖에 없었다. 개별 국가가 처한 사정이 달랐기 때문에 구체적인 분배정책의 내용과 강도 또한 같을 수는 없었다. 그래서 유럽의 자본주의를 영미형, 대륙형, 북구형으로 나누는 학자들도 있다. 복지수준을 상대적으로 비교하면 영국은 저수준, 프랑스와 독일 등 대륙국가는 중간수준, 스웨덴과 핀란드 등 북구국가는 높은 수준이다.

그래도 내가 보기에는 공통점이 있다. 유럽 좌파들은 급진적 사회주의이념을 버리고 온건한 중도노선으로 이동한 것이다. 원래 그들은 집권하게 되면 기업 국유화, 부유세 도입, 증세와 복지지출확대 등 사회주의적 가치를 실현할려고 노력하였다. 그런데 좌파정책은 성장을 희생시키는 치명적인 결함을 지니고 있어서 선거에서 우파에게 정권을 내어 주는 일이 되풀이되었다. 자신들의 정책이 굳건히 뿌리를 내리는 것이 아니라 우파정당에 의해서 폐기, 수정되는 현실을 목격하면서 유럽좌파는 의회민주주의의 테두리안에서 집권기회를 늘리는 방법이 무엇인지 고민할 수밖에 없었고 그 산물이 중도로의 온건화이었던 것이다.

미국에서도 수정자본주의가 등장

　자본주의는 대서양을 넘어 미국에서 만개하였다. 신천지를 개척한 이민자들은 모국인 영국의 자유시장체제를 이식하여 기업가들이 마음놓고 돈을 벌 수 있는 환경을 마련하였다. 인디언과 들소들이 뛰어 다니던 신대륙은 기업가정신을 옥죄는 제도적·관습적 유산이 없는 문자그대로 기업해방구이었다. 신분의 차별, 정부의 규제, 기득권층의 저항은 대서양 너머 먼나라의 이야기일 뿐이었다. 꿈을 쫓아서 낯선 곳에 발을 디딘 개척자들은 꿈을 훼방놓는 장애물은 배제하고 꿈을 실현할 수 있는 자유기업경제를 만들어 나갔다.

　기업친화적 환경하에서 동물적 본능을 발휘하여 기업을 일구어 나간 기업가들이 속속 출현하였다. 록펠러, 포드, 카네기, 벤더빌트, 구겐하임 등 우리 귀에 익숙한 대기업가들이 수도 없이 생겨났다. 한국에서 1960년대와 1970년대에 이병철, 정주영, 구인회 등의 대기업가들이 대거 등장했던 장면과 흡사했다.

　그러나 자본주의의 메카인 미국에서조차 자본가들의 욕망을 통제하기 위한 제도가 도입되기 시작하였다. 부와 소득의 불평등이 사회적인 문제로 대두하였고 유권자들의 표를 의식할 수밖에 없는 정치인들이 불평등문제를 주요 의제로서 다루게 되었던 것이다.

　우선 대기업의 시장독과점을 규제하는 반독점법이 1890년에 도입되었다. 독과점기업은 가격결정권을 행사하여 초과이윤을 실현하는 반면에 다수의 소비자들은 높은 가격을 지불하게 된다. 독과점기업은 협력업체와의 납품가격결정에서 우월한 지위에서 낮은 가격을 지불하고 그 결과 대기업과 중소기업간에는 임금격차가 발생하게 된다. 즉 소수의 독과점기업의 이윤은 커지는 반면에 다수의 소비자와 협력기업들의 부담은 늘어나서 분배불평등이 생기게 된다. 물론 반독점법은 시장경쟁을 촉진해서 혁신을 활성화하겠다는 것이 제1의 목적이지만 독과점기업이 경제적 약자들에게 불공정한 거래를 자행하는 것을 방지하여 결과적으로 분배불평등 개선에도 기여하게 된다.

　반독점법은 제정 이후에 거의 사장되어 있다가 시어도어 루즈벨트 대통령이 강력히 시행하기 시작하였는데 대표적인 성과로서 석유재벌 스탠다드오일의 해체를 위한 소송을 제기하여 그의 임기직후인 1911년에 해체판결이 내려졌다. 루즈벨트 대통령은 이외에도 장시간 노동금지, 아동과 여성노동규제 강화, 산업재해보험도입을 통해서 약자를 보호하려고 했다.

1929년 발발한 대공황기에 프랭클린 루즈벨트 대통령은 3R(Relief, Recovery, Reform)로 집약되는 뉴딜정책을 시행하였다. 구제와 회복은 당면한 위기를 극복하고 국민생활을 안정시키겠다는 단기정책이었고 개혁은 자본주의의 틀을 바꾸는 중장기적인 정책이었다.

자유방임에 가장 가까웠던 미국 자본주의는 눈부신 성장을 달성하여 미국이 제2차 세계대전 이후에 강대국으로 등장하는 초석을 깔아 주었으나, 빈부격차를 벌려서 경제적·사회적 불평등을 악화시켰다. 루즈벨트의 개혁은 불평등개선을 위해서 일시적 지원에 그치는 것이 아니라 법과 제도를 도입해서 미국 자본주의의 운용양식을 변경하여 영속적으로 불평등을 축소하고자 했다. 구체적으로 시행된 정책은 다음과 같다.

첫째, 법인세기준세율을 24%에서 31%로 인상하고 초과이윤에 대해서는 최고 80%의 세율을 적용하였다. 또한 개인소득세의 누진세율을 최고 88%로 인상하였다. 소득세는 1894년 연방의회에서 소득세법 제정으로 시작되었으나 국민의 2%정도에게만 납세의무를 부과하는 부유세의 성격이 강했다. 그런데 1895년 대법원은 이를 위헌으로 판결하였기 때문에 1913년에 가서야 수정헌법 하에서 정식으로 실행되었다. 소득세부과에 대한 찬반논쟁은 이념논쟁으로까지 번졌는데 급진적 반대 인사중에는 개인이 법의 테두리 내에서 정당하게 번 돈을 강제로 빼앗아 갈 권리는 국가에게도 없다고 하면서 사유재산의 본질을 침해하는 공산주의적 발상이라고 매도하였다고 한다.

이 논쟁은 좌우 이념의 스펙트럼이 고정된 것이 아니라 시대에 따라서 변한다는 사실을 실감있게 보여주는 것이다. 오늘날 누진소득세를 일컬어서 공산주의적 제도라고 비난하는 사람은 거의 없다. 오히려 당연한 것으로 받아들인다. 분배정책을 놓고 좌우이념으로 갈라져 진영논리에 함몰되어서 싸우다 보면 합리적이고 합목적적인 토의는 실종되고 타협과 합의가 이루어지지 않는다. 과거 역사에서 배울 수 있는 교훈이 아닐까 싶다.

둘째, 글래스－스티걸법을 제정하여 상업은행의 투자업무를 금지하였다. 이는 은행의 방만한 주식투자행태가 1929년 주가 대폭락과 연이은 대공황으로 가는 원인을 제공하였다고 진단하였기 때문이다. 이 법은 1999년에 폐기되었는데 2008년 리만 브라더스의 파산과 연이은 금융위기 및 대침체는 이 법의 폐기와 무관하지 않다고 생각한다.

셋째, 노동자들의 단체교섭권과 단체행동권을 제도적으로 보호해서 고용안정과 소득안정을 꾀하였다.

루즈벨트 대통령은 1944년 1월 연두교서에서 국민들에게 적절한 고용, 식량, 주거, 교육, 보건 등을 보장해 주고 부당한 독점경쟁없이 기업을 운영할 수 있는 자유를 주기 위한 8개 항목의 국정의제를 발표하였다. 이 선언은 영국에서 시민계급의 정치적권리를 보장한 제1의 권리장전과 비교되면서 경제적 권리를 보장한다는 의미에서 제2의 권리장전으로 불리기도 한다.

불평등완화를 위한 정부의 노력에 화답하여 미국의 기업들도 자발적인 참여를 보여주었다. 종업원의료보험과 연금을 도입하고 구내식당과 의료시설설치 등 복리후생을 도모하는 자구 노력을 경주하였다.

2008년 금융위기때 GM이 경영위기에 빠졌는데 그 원인 중 하나로서 과도한 인건비가 지목되면서 종업원의료보험이 도마에 올랐다. 즉 대공황때 종업원의료보험을 도입하면서 그 혜택을 퇴직후에도 계속해서 제공하기로 했는데 그 부담이 엄청나게 늘어났다는 것이다. 대공황때 기업의 자발적 선의로 도입되었던 좋은 제도가 마치 노조와 종업원들이 자신들만의 이익을 위해서 관철시켰고 끝내는 경영위기까지 불러온 나쁜 제도로 매도당하는 것을 보면서 제도 역시 수명이 있다는 생각이 들었다. 종업원의료보험제도가 비록 탄생시에는 환영받았다고 하더라도 치열한 글로벌 경쟁하에서는 과중한 비용요인으로 지탄받게 되었던 것이다.

시어도어 루즈벨트 대통령과 프랭크린 루즈벨트 대통령이 바꾼 새로운 경기법칙에 따라서 미국의 자본주의는 자유자본주의에서 수정자본주의로 변모하기 시작했다. 정부가 경쟁의 공정성과 분배의 형평성을 높이겠다는 목적으로 시장에 개입하게 된 것이다.

제2차 세계대전이 끝난 후에 미국경제는 수정자본주의의 틀안에서 성장과 분배가 비교적 조화를 이루는 순탄한 길을 걸었고 세계경제를 지배하는 패권국가의 지위에 올랐다. 그러다가 1974년 제1차 석유파동을 겪으면서 극심한 스태그플레이션이 발생하였고 생산성향상 속도가 둔화되기 시작하면서 성장가도에 경고신호가 켜지게 되었다. 내가 1977년에 미국으로 유학을 갔는데 경제학계의 주요 관심사항 중의 하나는 생산성둔화의 원인과 처방이었다.

결국 레이건 대통령시절에 규제완화를 골자로 하는 신자유주의적 개혁이 이루어졌고 이는 시어도어 루즈벨트 대통령이 착수하고 프랭크린 루즈벨트 대통령이 본격적으로 채택하였던 수정자본주의가 다시 자유자본주의를 향해서 선회하는 계기가 되었다. 현재 미국은 선진국 중에서 경제적 불평등이 가장 심각하다고 알려져 있는데 중위소득이 정체되기 시작한 시기가 레이건 대통령이 집권하고 있던 1980년대인 것은 결코 우연이 아니라고 생각한다.

미국에서의 불평등을 단적으로 드러내는 것이 의료보험이다. 미국에서는 4천만명을 넘는 국민들이 의료보험 미가입자라고 한다. 그들은 국가가 저소득자에게 지원하는 공적보험대상이 되기에는 소득이 높고 민간보험에 가입하기에는 소득이 모자라는 회색지대에 놓여 있다. 세계에서 가장 부강한 나라에게 어울리지 않는 수치스러운 현실인 것이다. 민주당원인 오바마 대통령이 전국민의 의료보험가입을 의무화하고 정부와 기업의 부담을 확대하는 오바마케어를 도입했는데 그 과정에서 공화당과 부유층의 반대가 극심하였다. 어렵게 성사된 오바마케어마저도 공화당원인 트럼프 대통령의 취임 이후에 폐기될지도 모르는 운명에 처해 있다.

미국에서 자본주의의 욕망을 절제하는 자정노력이 다시 등장할지는 두고 볼 일이지만 양극화가 개선되는 조짐이 보이지 않으면 시간문제일 것으로 생각한다. 2016년 대통령선거에서 민주당 후보이었던 힐러리 클린턴은 부유세도입, 투기적 이익과 불로소득에 대한 과세강화를 공약으로 내걸었다. 2020년 민주당 대통령후보 경선과정에서 샌더스와 워렌 등은 미국기준으로는 과격한 분배정책들을 거침없이 주장하였다. 강력한 부유세 도입, 기업의 사회적 책임에 대한

법적 강제도입 등은 양극화사회라는 배경없이는 상상도 못할 좌파적 발언이었다. 후보로 선출된 바이던 전 부통령 역시 감세조치의 환원, 상속과 자본이득에 대한 과세강화를 내걸었다. 나는 미국 정치계의 여론순응적 행태와 미국기업의 유연한 자세를 감안할 때 앞으로 미국에서 자본주의의 자기정화운동이 강하게 일어날 것으로 예상한다.

자본주의 역사는 욕망분출과 억제의 상호작용

자본주의의 발전역사를 인간본성의 차원에서 보면 욕망억제의 역사라고 말할 수 있다. 억제인자(抑制因子)는 인간본성에 내재하는 도덕심이고 그 실현은 법과 제도이다. 자본주의가 과도한 불평등을 낳게 되면 인간들은 그 부자연스러운 모습에 대해서 도덕적 수치심을 느낀 나머지 교정해야겠다는 요구를 하게 된다. 민주주의 체제하에서 자본주의의 정화요구는 정치적 투쟁과정을 거치게 되고 결과적으로 사회적 약자를 보호하고 복지를 구현하는 법과 제도를 고안하게 된다. 겉으로 보면 억제되지 않는 욕망의 민낯이 강제적인 법과 제도에 의해서 가려지는 것처럼 보이지만 한꺼풀 벗기고 보면 절제되지 않은 욕망을 삼가야 한다는 도덕심이 자리잡고 있음을 알 수 있다.

자본주의는 제도권 내의 투쟁과정을 통해서 진화하여 왔고 고삐풀린 욕망을 공정경쟁과 소득재분배라는 올가미로 길들여서 승자독식의 무한경쟁이 아니라 포용과 상생의 이상향을 향해서 걸어왔고 앞으로도 걸어가야 한다.

아쉬운 것은 많은 경우에 자본주의를 진화시킨 추동력이 시장내부에서 작동하지 않고 외부의 압력에 의해서 촉발되었다는 것이다. 자본가들은 공정경쟁과 복지확대요구에 대해서 통상 반대하고 저항하였다. 명분은 자유시장체제를 수호해야 한다는 것이었고 실리는 자신의 이익욕망을 간섭받기 싫다는 것이었다. 그러다가 사회주의 등 반자본주의세력의 위협이 거세어지고 정치권을 중심으로 여론의 질타가 매서워지면 결국은 양보하는 모양세가 되풀이되어왔다.

이제 양극화의 심화 때문에 자본주의에 대한 새로운 도전이 힘을 얻고 있는 상황에서 자본가들은 타율적·수동적으로 자본주의를 진화시켜온 지금까지의 구태를 벗어 던지고 자율적·능동적으로 개혁의 주체가 되어야 한다는 인식전환을 해야만 할 때라고 생각한다.

6

이해관계자상생으로

최근 기업의 무한 욕망추구에 대한 반성이 기업내부에서 나온 것은 주목할 만하다. 2019년 8월 19일 미국 주요 기업의 최고경영자모임인 Business Round Table에서 181명의 대표적인 최고경영자들이 포용적 번영(inclusive prosperity)을 강조하는 '기업의 목적에 대한 성명'을 발표하였다. 서명자 중에는 JP모건체이스, 아마존, 애플, 뱅크오브아메리카, 보잉, GM 등 쟁쟁한 거대기업들의 CEO들이 포함되었다. 그들은 기존의 주주이익극대화를 뛰어 넘어서 고객, 근로자, 납품업체, 커뮤니티 등 모든 이해관계자에 대한 사회적 책임을 강화하겠다고 밝혔다. 그들은 성명에서 '우리는 이해관계자 모두를 위한 근본적인 책무를 공유한다'면서 '고객에게 가치를 전달하고 보상, 교육 등 직원에 대한 투자를 강화하며 납품업체를 공정하게 대하고 커뮤니티를 지원하며 주주들을 위한 장기적 가치를 창출한다'고 밝혔다.

언론의 반응은 엇갈렸다. 월스트리트저널은 이번 성명서가 '주주가치극대화'라는 자유주의 경제학자 밀턴 프리드먼의 오래된 이론을 신봉하는 기존 입장으로부터의 '주요한 철학적 전환'이라고 분석했다. 그러면서도 WSJ은 CEO들이 민주당의 거센 비판에 직면해서 주주보다 이해관계자를 더 중시하겠다는 성명을 발표했지만 이는 옳지 않다고 지적했다. 이러한 성명에도 불구하고 미국기업은 민주당의 유력한 대통령경선 후보인 워렌 의원 등 사회주의자들의 마음을 살 수는 없을 것이며 오히려 그들이 기업 통제권을 강화하는 빌미만 내줄 것이라고 비난했다. 뉴욕타임스는 동 성명이 갖는 의미를 인정하면서도 구체적인 행동계획이 없다고 꼬집었다.

CEO들의 성명이 나온 지 한달이 지난 9월 18일에 파이낸셜타임스는 'Capitalism: Time for a Reset'이라는 제목하에 자본주의의 개혁캠페인을 들고 나왔다. 기업이 자신들의 이윤극대화에만 몰두할 것이 아니라 고객, 근로자와 함께 나누는 사회적 책임도 중요하게 다루어야 한다고 강조했다. 아울러 불로소득자가 높은 소득을 누리는 '불로소득 자본주의'에서 열심히 일하는 사람이 많은 보상을 받는 자본주의로 바뀌어야 한다고 주장했다.

FT의 바버 편집장은 자유자본주의는 지난 50년간 전세계적으로 빈곤을 줄이고 생활수준을 극적으로 높였지만 글로벌 금융위기 이후 10년이 지난 지금 자유기업자본주의 모델이 주주가치극대화에만 집중하는 것은 필요조건이지만 충분조건은 아니게 되었다고 지적했다. 이어 자본주의의 개혁없이는 현재의 자유기업자본주의 모델의 위험이 가져올 고통이 더 커질 것이라고 경고했다.

이 성명이 전달하는 의미는 대단히 크다. 자본주의를 상징하는 대표적 기업의 CEO들이 기존의 이기심우선 관념에서 벗어나서 상생과 배려의 필요성을 받아들이게 된 것이다. 그 배경은 무엇보다도 날이 갈수록 커져 가는 불평등이 기존의 주주이익극대화에 대한 대중들의 반감과 저항을 불러일으키고 있다는 점이다. 기업은 사회적 생태계의 한부분이다. 물고기가 물을 떠나서 살 수 없듯이 기업 역시 사회와 유리되어서는 번영할 수 없다. 대중들의 불만을 무시하는 이익추구는 지속가능하지 않다.

성명서에 참여한 CEO들의 심성이 이기심을 벗어나서 이타심으로 바뀐 것은 아니라고 본다. 이윤극대화라고 하는 목표에 이르는 과정이 수정된 것이다. 단기적이고 일시적인 이윤추구에서 장기적이고 영속적인 이윤추구로 변화한 것이다. 이해관계자들에 대한 사회적 책임을 강조하다 보면 그렇지 않은 경우에 비해서 단기적 이윤이 줄어들 수도 있겠지만 그것이 아까워서 과거의 방식을 고집하다가는 더욱 큰 손실을 입게 될 것이라는 판단을 한 것이 아닐까? 설령 이것이 사실이라고 해도 성명서가 갖는 의미를 깎아내릴려고 해서는 안된다. 기업에게 좋고 이해관계자들에게도 좋으면 금상첨화아닌가? 누이좋고 매부좋은 격이다. 계몽자본주의라고 불러도 좋을 것 같다.

주주이익극대화는 양극화시대에서 극복의 대상

주주이익극대화는 주주자본주의의 속성이다. 임금억제 → 이윤증대 → 기업가치증가 → 주가상승 → CEO 연봉상승 및 경영권보장의 인센티브시스템하에서 기업경영의 목표는 인력을 줄이고 임금을 억제하며 납품가격을 인하하는 등 비용최소화를 추구할 수밖에 없다. 비용최소화가 경영효율화와 동의어로 해석되면서 구조조정의 첫 번째 대상도 인력축소와 인건비절감이 되고 있다.

그런데 좋은 일자리 창출이 절실한 과제가 되고 있는 현 상황에서는 기업관에도 변화가 요구된다. 이윤창출과 더불어 좋은 일자리를 제공하고 적정한 임금을 지급하여 종업원들과 기업이 공동운명체의 수레에 같이 올라타야 한다. 그래야 불평등이 완화되고 소비가 살아나서 내수가 진작될 수 있다.

주제와 관련된 사실을 한 개 소개해 본다. 대공황 당시 14년동안(1934-1948) 미국 연준의장을 지낸 매리너 에클스(Marriner Eccles)는 대공황의 원인이 과잉투자가 만들어낸 거품붕괴가 아니라 소득의 편중에 기인한 과소소비라고 하였다. 그는 연준의장이 되기 전에 미국 재계리더의 한사람이었는데 1933년 상원 청문회에 출석하여 당시로서는 이단적인 제안들을 하였다. 실업자구제, 재정을 통한 공공사업, 최저임금제강제, 노령연금도입, 부자들에 대한 소득세와 상속세 증세 등이었다. 그의 이러한 제안들은 나중에 루즈벨트 대통령에 의해서 채택되었다.

이해관계자들과의 상생모형은 새로운 것이 아니다. 일본에서 제2차 세계대전 이후 경제기적이 일어나던 시기에 나타난 체제는 미국식의 주주이익극대화보다는 이해관계자상생에 가까운 것이었다. 대기업과 협력기업간의 수직적 분업에 기초한 장기적 거래관계는 대기업과 중소기업의 공동번영을 가능하게 하였다. 종신고용제도하에서 종업원들은 고용안정을 누리면서 생산현장에서의 작은 혁신을 통해서 엄격한 품질관리와 높은 생산성을 실현하였다. 이것이 모노츠꾸리정신(장인정신)의 핵심이었다. 장기적·수직적 거래관계와 종신고용은 최상의 제품을 만들어내는 장인정신의 발원지이었던 것이다. 그러나 일본도 글로벌 경쟁이 치열해지고 경영환경의 변화속도가 빨라지고 불확실성이 커짐에 따라서 종래의 경영관습을 바꾸는 길로 들어선 걸로 보인다.

1989년에 미국에서 출간된 책이 커다란 반향을 불러일으켰다. MIT의 'The MIT Commission on Industrial Productivity'가 발행했는데 제목이 *Made in America*이고 부제로서 'Regaining the Productive Edge'를 붙였다. 일본제품이 쓰나미처럼 미국시장을 휩쓸고 있던 때이었는데 미국제조업의 경쟁력을 회복하기 위한 고심이 짙게 베어있는 내용이었다. 연구협력에서부터 생산, 유통단계에 이르기까지 미국제조업이 왜 경쟁에서 밀리는지를 현장중심으로 진단하고 해법을 제시하였다.

특히 일본기업과 미국기업을 비교하는 벤치마킹을 통해서 독자들에게 선명한 인상을 주었다. 아직도 기억에 남아있는 대목은 미국기업들이 종업원을 필요할 때 쓰다가 쉽게 용도폐기하는 소모품취급을 하는데 비해서 일본기업들은 소중한 자산으로 대우해 줌으로써 애사심을 갖게 하고 현장혁신을 수행하는 유인을 제공하였다는 내용이다. 장기근무해야만 생산현장에서 개량을 필요로 하는 문제점들이 눈에 띌 것이고 장기근무해야만 해결해야 되겠다는 주인의식과 구체적인 해법이 떠오를 것이다. 언제 해고될지 모르는 상황에서는 현장근로자가 문제해결의 주체가 되는 일은 일어나지 않는다.

미국의 자동차산업이 힘든 구조조정과정을 거치면서 다시 부활할 수 있었던 것은 일본식 품질관리를 도입하여 고장률을 낮춘 것이 큰 도움이 되었다. 미국기업들이 일본형 모노츠꾸리 정신을 소화하여 미국 실정에 맞게 변형, 적용한 것이 주효하였다고 생각한다.

한국 역시 1997년 외환위기 이전에는 전형적인 주주이익극대화모형이었다기보다는 이해관계자상생의 요소가 가미된 혼합형이었다. 회사에 입사하면 정년 때까지 일하다가 퇴직하는 관행이 정착되어 있었고 이익배당을 늘리기보다는 재투자하여 기업을 키우고 고용을 늘리려는 성향이 강했다.

외환위기 이후에 IMF주도의 개혁과정에서 미국식의 주주이익극대화모형에 접근하는 방향으로 기업지배구조 개편작업이 이루어졌다. 대기업의 주주구성에서 외국인비율이 늘어나고 특히 배당을 중시하는 외국기관투자자들의 입김이 세어지면서 주주이익극대화는 한국기업의 주된 경영목표로서 자리잡게 되었다.

오늘날의 기업목표의 주류는 단기이윤을 극대화하여 주주들의 이익을 도모하는데 맞추어져 있고 경영진에 대한 보상체계 역시 그러하다. 이해관계자상생을 선언한 CEO들은 스스로 여기에 반기를 들었으나 어떻게 그들의 의지를 관철할지에 대해서는 알려진 바가 없다. 그들의 경영철학이 바뀌어서 기업의 수익이 악화되고 연봉이 삭감되는 데도 당초의 의지를 관철시켜 나갈 수 있을 것인가? 아니면 투자자들이 사회적 책임에 투철한 기업의 가치를 높이 평가해서 오히려 주가가 올라가고 소비자들 역시 그 기업의 제품을 선호하게 되어서 기업경영이 더 좋아질 것인가? 미리 예단하기는 어렵지만 그들의 좋은 뜻이 찻잔 속의 태풍으로 그치지 않고 널리 퍼져 나가서 동참하는 기업들이 속속 나타나고 투자자와 소비자들이 기업을 평가하는 시각도 넓어지면서 거대한 변화의 흐름으로 확산될려면 여러 가지 조건들이 충족되어야 할 것이다.

기업철학의 변화를 이끌어내고 확산시키는 주체는 최고경영자들과 주주들이다. 그들이 불평등심화라는 시대적 병리현상에 대해서 더 많은 관심을 기울이고 그 치유를 위해서 자신들이 기여할 수 있는 소지가 다분히 존재하고 나아가서는 자신들이 그 중심에 서야 한다는 자각을 할 때 비로소 의미있는 성과가 나타날 수 있다.

이것은 자본주의역사에서 코페르니쿠스적인 전환이다. 전통적으로 자본주의의 꽃인 주식회사제도는 이윤이 기업가치를 결정한다는 가설에 입각하여 주주이익극대화를 추구하여 왔다. 최대한의 이윤을 창출하는 과정에서 일자리가 생겨나고 임금소득이 분배되며 재투자를 통한 확대재생산이 이루어지도록 하는 것이야 말로 기업의 사회적 책임의 요체라는 것이다. 괜스레 사회적 책임 운운하면서 기업역량을 분산시키다가 경영이 어려워지면 그것이야 말로 사회적 책임을 방기하는 것이라고 여겼다.

그러나 불평등이 날로 심화되고 있는 오늘날에는 이러한 전통적인 기업철학의 유용성에 대한 새로운 성찰이 요구된다. 미국의 대표적 기업들의 최고경영자들이 주주이익일변도를 넘어서서 이해관계자들의 이익을 동시에 고려하겠다는 것도 종래의 기업철학을 고집하다가는 기업의 장기적 번영을 확신할 수 없다는 고뇌어린 반성에서 나왔다고 생각한다.

기업철학이 이기심본위에서 상생으로 넘어가는 고개는 자본주의의 진화과정에서 커다란 획을 긋는 분수령이다. 자본주의는 인류역사상 유례없는 물질적 풍요를 가져다 주었다. 개인의 욕망이 인도하는 성공의 길을 개척하는 여정에서 수많은 발명과 혁신이 생겨났고 인류는 불과 200여 년 남짓한 기간동안에 그 이전 수천년에 걸쳐서도 이루어내지 못한 물질문명을 누리게 되었다.

빛이 있으면 그림자가 있게 마련이다. 생산력의 비약적 발전은 환경파괴, 노사갈등, 불평등심화의 부작용을 낳았다. 부작용을 해소하려는 시도는 항상 이익추구의 목표와 대립하였고 정치적으로는 보수와 진보의 편가르기를 초래하였다.

민주주의가 성숙하지 못한 국가에서는 좌우대립으로 폭력이 난무하는 어두운 시대를 거치기도 하였고 혁명의 소용돌이에 휩쓸리기도 하였다. 사회·정치적 대립은 현재 진행형이고 오히려 더욱 악화되는 조짐마저 보이고 있다. 민주주의의 요람인 영국, 민주주의가 꽃핀 미국에서 가진자와 못가진자간의 골이 깊어지고 이에 편승한 대중영합적 정치인들이 좌우막론하고 유권자들을 현혹시키고 있다. 민주주의가 위기에 처했다는 우려의 목소리가 여기저기서 들려오고 있다.

한국도 예외가 아니다. 문재인정부는 한국이 이룩한 눈부신 산업화과정의 밝은 면은 통채로 무시하고 어두운 면만 부각시키면서 가진자에 대한 분노를 불러일으키고 있다. 그들에게는 과거의 경제발전은 특권과 반칙을 일삼는 기득권

계층의 배만 불려주었을 뿐이고 대다수 민중의 삶은 오히려 더욱 피폐해지는 수탈과 왜곡의 잔치이었을 뿐이다.

문재인정부는 집권후에 비정규직을 획일적으로 정규직으로 전환하고 최저임금을 급격하게 인상하였으며 주 52시간 노동을 경직적으로 밀어 부쳤다. 이 모든 것은 노동계급이 인간답게 살도록 해야 한다는 이른바 사람중심경제의 구체적 그림이었던 것이다. 사람중심경제의 '사람'이 짐승이 아닌 생물학적 존재를 의미한다면 모든 국민을 포함하는 것이고 모든 국민들이 중심이 되는 경제는 무엇을 의미하는지 얼른 잡히지가 않는다.

지금까지는 사람중심경제가 아니고 무엇이 중심이 된 경제이었는가? 내 상상력으로 가능한 답은 자본중심의 경제이었다는 것이다. 자본이 사람위에 군림하면서 성장의 과실이 자본을 가진자에게 집중되는 경제이었으므로 이걸 뜯어 고쳐서 자본주의하에서 소외된 계층이 중심이 되는 경제로 바꾸겠다는 것이다. 그것은 정치적 구호이며 자본이 사람을 지배한다는 프레임으로 자본주의에 대한 반감을 불러일으키겠다는 선동이 아닌가 하는 의구심이 든다.

반자본주의적 포퓰리즘억제 위해서 이해관계자상생 필요

이러한 반자본주의적 포퓰리즘을 잠재우는 최선의 방책은 자본주의가 스스로 변하는 자정기능을 발휘하는 것이다. 자본가가 앞장서서 불평등을 완화하는 길을 선택해야 한다. 평등사상을 좌파의 전유물로 내어주고 반대와 방어에만 급급하는 피동적 자세에서 탈피해서 스스로 불평등완화를 주도하는 능동적 자세를 취해야 한다. 이것이야 말로 좌파 포퓰리즘을 무력화시키고 자본주의의 본질을 지켜내는 첩경이다.

역사적으로 보면 사회주의는 자본주의를 위협하면서도 동시에 자본주의의 일탈을 견제하는 빛과 소금의 역할을 수행하였다. 자본주의가 초기의 천민자본주의에 머물지 않고 공정경쟁과 복지사상을 수용한 것은 사회주의의 위협으로부터 스스로를 지켜내겠다는 자위적인 동기이었다. 그러므로 사회주의는 자본주의의 진화과정에서 일정한 지분을 갖는 것이다.

그러나 자본주의를 부정하는 사회주의가 정권을 장악하면 거의 예외없이 경제를 망치는 결과를 낳았다. 이러한 구식 사회주의는 자본주의를 견제하고 규율하는 역할에 그쳐야 한다는 것이 역사의 가르침이다. 사회주의가 정권을 잡는 것은 경제발전과 문명진보의 수레바퀴를 거꾸로 가게 하는 퇴행적 결과를 낳을 뿐이다.

자본주의의 진화과정은 타율과 외부압력에 의한 수정과 개선의 연속이었다. 사회주의와 공산주의의 위협으로부터 자신을 보호하고 유권자들의 지지를 얻어내기 위해서 마지 못해서 체제개혁을 받아들인 성격이 강했다. 그런 경우에도 자본가보다는 정치인들이 앞장서서 개혁을 주도하였다. 자본가들은 정부의 체제개혁조치에 대해서도 반항하기 일쑤이었다.

한국도 예외가 아니었다. 박정희정부때 공정거래법을 제정하려고 하였으나 재계의 극심한 반대로 여러 차례 무산되었고 기업공개를 추진할 때에도 사유재산권의 침해라는 이유를 들어서 반대하였다. 전두환정부때 금융실명제를 실시하려고 하였으나 재계의 반대로 수포로 돌아갔다가 김영삼정부에 와서야 대통령긴급조치라는 비상수단을 동원하여 겨우 성사되었던 것이다.

오늘날에도 많은 자본가들은 복지확대, 산업안전강화, 노조의 경영참여 등 진보적인 아젠다에 대해서 알레르기적인 반대를 하고 있다. 물론 그들이 염려하는 바는 충분히 이해할 수 있다. 노조의 투쟁적 자세가 바뀌지 않는 상태에서 그들의 요구만 들어주다가는 기업경영이 더욱 어려워질 것이라는 우려는 귀담아 들어야 하는 것이고 특히 노조가 진지하게 받아들여야 한다. 그럼에도 불구하고 노사대립을 노사협력으로 전환시키고 노사불신을 노사신뢰로 탈바꿈시키는 데에는 어느 한쪽이 주도권을 잡고 손을 내밀어야 하는데 기업가들이 앞장서서 얽히고 설킨 실타레를 풀어나가야 한다는 생각이 든다.

자본주의의 자정필요성에 대한 이해부족과 소극적 태도는 최근의 보수정부가 반성해야 할 점이다. 그 이전 박정희, 전두환, 노태우, 김영삼정부는 보수정권의 한계에 얽메이지 않고 자유시장경제의 진화노력에 적극적이었다. 박정희정부때 최초로 종업원의료보험제도를 불완전한 형태로 나마 도입하였고 기업공개제도를 실시하여 많은 국민들이 주식을 보유할 수 있는 길을 열었다. 전두환정부는 공정거래제도를, 노태우정부는 전국민 의료보험제도를, 그리고 김영삼정부는 금융실명제를 실시하였다.

비판하는 사람들은 보수정권이 사회적 저항을 무마하기 위해서 어쩔 수 없이 도입하였다고 깎아내린다. 물론 그런 측면이 있을 것이다. 정치적 행위는 근본적으로 여론의 향배에 따라서 영향을 받고 결정되는 것이다. 정치적 행위에 대한 평가는 의도의 선악과 옳고 그름보다는 결과의 성패에 따라서 이루어지는 것이 바람직하다. 마음속에 숨은 의도를 자기 입장에서 추측하고 그에 기반하여 결과를 평가하면 흔히 말하는 진영논리의 노예가 되기 십상이다. 자식이 부모에게 "낳아 주셔서 감사합니다."라고 말하는 것과 "부모님, 나를 어떻게 낳으셨어요?"라고 힐난하는 것의 차이라고 본다.

나는 한국에서 진보정권은 노무현정권이 처음이라고 본다. 김대중정부는 외환위기의 극복이 최우선과제이었으므로 자신들의 원래 이념이 무엇이었던지 간에 신자유주의적 개혁을 밀어부쳤던 것이다. 진보정권이 분배와 복지를 강조하니까 보수는 반사작용으로 분배와 복지를 반대하거나 경계하는 입장으로 돌아섰다. 과거 보수정권보다도 더욱 퇴행적 입장을 취하게 되었다고 생각한다.

이명박정부는 친기업적 정책을 통하여 노무현정권이 내걸었던 분배복지를 부정함으로써 자신의 정체성을 드러낼려고 하였다. 박근혜정부는 경제민주화공약을 거창하게 내걸었으나 진작 집권하고 나서는 용도폐기하고 성장위주의 개혁을 밀어부쳤다.

문재인정부는 진보좌파의 정체성이 뚜렷하다. 그러다 보니 보수정당은 반대하고 차별화하기 위해서인지 더욱 뚜렷하게 분배복지정책의 폐단을 강조할 뿐 정작 자신들의 분배복지정책이 무엇인지를 국민들에게 제시하는 데에는 소홀하다. 지금의 보수정당은 자신들이 볼 때 나날이 훼손되어 가고 있는 자유시장경제를 회복시키는 데 몰두할 뿐 불평등이 뉴노멀이 된 시대적 상황에서 자본주의를 자정시키고 진보시키는 중차대한 과업은 외면하고 있다고 본다.

초기 자본주의시대를 살았던 자본가들이 환생하여 오늘날의 자본주의를 목격한다면 무엇이라고 평가할까? 아마도 이건 자본주의가 아니라 사회주의라고 아연실색하지 않을까 싶다. 사유재산권을 제약하는 복잡한 규제, 노동자들의 권리보호, 기업지배구조에 대한 정부통제 등은 초기 자본가들이 극렬하게 반대하던 내용들이었다. 그러나 이러한 개혁들 덕분에 자본주의는 체제부정세력의 공격을 이겨내고 살아남았다는 사실을 새삼스럽게 깨달아야 한다.

주주이익만 바라보지 말고 광범위한 이해관계자들의 이익도 동시에 고려해야 한다는 주장에 대해서도 아마 대부분의 자본가들은 반대할 것이다. 기업경영자율권의 침해, 사유재산권의 훼손, 사회주의적 위험한 발상, 대중인기영합주의 등 이유를 내세우면서 그 부당함을 강조할 것이다. 그러나 과거 역사에서 교훈을 얻는다면 앞으로 언젠가는 결국 이해관계자들을 포용하는 기업경영철학이 하나의 원칙으로서 자리잡을 것이라는 예상을 할 수 있다.

이러한 방향으로의 기업경영철학전환은 좌파의 공격으로부터 자본주의를 지켜내는 자위적 효과를 넘어서서 복지지향적인 정부의 비대화를 막고 큰 정부의 간섭과 통제로부터 기업을 보호하는 친기업적인 효과도 있음을 주지할 필요가 있다.

좌파경제정책이 성공한 역사적 예는 매우 드물다. 없다고 해도 지나친 말이 아니다. 성장에 실패한 것은 물론이고 그들이 내세운 평등사회, 정의사회, 공정사회를 성공적으로 이룩한 것도 아니다. 성장이 질식하면 분배평등은 그 의미를 상실하기 때문이다. 소련과 모택동치하의 중국이 실패한 예는 너무나 분명하기 때문에 새삼스럽게 그 연유를 천착할 필요도 없다. 좌파 경제체제는 자본주의의 일탈을 막고 자본주의의 진화를 자극하고 촉진하는 소금의 역할에서 그 역사적 의의를 찾아야 한다.

혹자는 서유럽의 사회민주주의는 좌파경제체제이면서도 성장과 복지의 두 마리 토끼를 모두 잡았다고 칭송한다. 그러나 내가 보기에는 사회민주주의는 사유재산권을 철저히 보장하고 기업자유를 창달하여 성장을 실현하면서 성장의 과실을 세금으로 흡수해서 복지를 확충하기 때문에 좌우합작이지 좌파는 아니다. 좌우의 장점을 취하고 단점을 버리기 때문에 절묘한 좌우합작이라고 불러도 조금도 지나치지 않다. 한국의 좌파들이 배워야 할 대상은 중남미의 포퓰리즘이 아니라 서유럽의 좌우합작인 것이다.

이해관계자이익을 경영목표에 포함하겠다는 성명을 발표한 미국 주요 기업

인들이 그 내용을 기업경영에 구체적으로 어떻게 반영하고 실천에 옮겨나갈지
는 아직까지 확실하지 않다. 그들의 성명이 선언적 의미에 그치고 만다면 참으
로 실망스러운 일이 될 것이다. 반대로 행동으로 이어진다면 큰 의미를 부여받
게 될 것이다. 자본주의의 메카인 미국의 주요 기업들이 앞장서서 이해관계자
들의 이익을 중시하면 그 효과가 다른 기업과 국가들로 파급되어 나갈 것이다.
그 과정에서 실천적 방법론에 대해서 격렬한 찬반논쟁이 벌어지겠지만 시간이
지나고 시행착오를 거치면서 최적의 해답이 떠오를 것이다.

　코페르니쿠스적 전환은 숱한 장애물을 만나겠지만 우리 사회가 자본주의를
주주이익극대화에서 이해관계자상생으로 진보시키는 것이 시대적 과제임을 합
의한다면 결코 극복할 수 없는 장애물이 아니다. 집단지성의 힘으로 이해관계
자가 상생하는 자본주의를 만들어 나갈 수 있다고 믿어 의심하지 않는다.

7

이해관계자상생의 실천적 과제

회사의 정관에 이해관계자상생목표를 포함

이해관계자상생경영을 실천할려고 할 때 가장 먼저 떠오르는 장애물은 현재의 기업실적평가기준이 이윤중심으로 설정되어 있다는 점이다. 높은 수익을 올려야 기업의 주가가 올라가고 신용평가도 격상되며 CEO들의 연봉도 올라가게 되어 있다. CEO들은 이러한 유인체계에 종속되어서 단기이윤을 극대화할 수밖에 없게 되어있다.

회사의 최고경영자부터 평사원에 이르기까지 모든 구성원들의 연봉과 상여금의 책정 및 승진과 보직을 결정하는 으뜸가는 요인은 이윤창출에 얼마나 기여했는가이다. 직접적인 기여도를 측정하기 어려운 경우에는 간접적인 기여도를 활용해서라도 어림하기 마련이다. 이윤압박으로부터 자유로운 구성원은 없다고 보아야 한다.

어떤 회사직원이 상사에게 이렇게 말한다고 가정해 보자: "금년 우리 회사실적이 좋습니다. 반면에 하청중소기업은 납품가격이 매우 박해서 재무상태가 압박을 받고 있고 직원봉급을 올려 줄 수 없는 실정이라고 하니 납품가격을 좀 더 올려주었으면 합니다." 아마도 그 직원은 상사로부터 쓸데없는데 신경쓰지 말라는 핀잔을 듣거나 좀더 엄격한 상사를 만나면 더 심한 꾸중을 듣고 고과평정까지도 감점될 것이다.

이해관계자상생모형은 기업의 단기이익에 부정적 영향을 미칠 수 있다. 종업원의 임금을 올리고 협력기업에 대한 납품단가를 인상하며 기후변화 등 환경보호에 적극적으로 동참하는 것은 단기적으로 비용상승요인이 되는 것이다. CEO들이 현존하는 유인체계와 상반되는 행동을 해 주기를 바라는 것은 무리이다.

물론 CEO 중에는 이해관계자들을 배려하는 미덕을 가진 사람들도 적지 않이 있다. 지금도 기업이 어려울 때 종업원들을 해고하지 않고 보듬어 안으면서 힘을 모아서 어려움을 이겨나가는 미담을 듣곤 한다. 같은 배를 타고 있다는 동질감과 소속감은 종업원으로 하여금 경영진과 일체가 되어서 오직 회사를 살리겠다는 일념으로 전력을 투구하게 한다.

이런 경우의 CEO들은 이타심의 미덕을 가졌다기 보다는 단기적인 손해를 감수하는 것이 장기적으로 더욱 큰 이익을 만들어낼 것이라는 좀더 세련된 이기심을 가졌다고 해석할 수도 있겠다. 이를 두고 이타심으로 포장한 이기심이라고 비난할 수는 없다. 회사와 종업원, 경영진들이 모두 이익을 갖는 positive sum의 결과를 낳게 되니 말이다.

이해관계자들과의 상생의지가 실천적 추진력을 갖기 위해서는 무엇보다도 먼저 해야 할 일이 회사의 정관을 수정하는 것이다. 정관은 회사의 조직과 활동에 대한 근본규칙을 정하기 때문에 회사의 헌법에 해당하는 것이다. 정관에 이해관계자와의 상생을 천명하는 규정을 명시해야만 회사의 조직과 활동이 그에 부합되게 전개될 수 있다. 이해관계자상생 여부가 CEO개인의 경영전략에 의해서 결정되는 것이 아니고 제도화·일반화되기 위해서는 정관속에 이를 수용하고 권장하는 정신이 담겨 있어야 한다.

정관은 주주총회에서 의결되어야 하므로 이해관계자들과의 상생이 회사의 목적으로 명기된다는 것은 주주들이 이에 동의하였다는 뜻이다. 주주들이 회사의 임직원들에게 모든 수단을 활용해서 이익을 창출하고 주가를 올리며 배당이 늘어나도록만 하라는 압력을 바꿔서 이윤과 더불어 종업원, 협력회사, 소비자, 공동체사회의 형편까지 살피고 배려하면서 상생의 길을 찾아나가도록 주주권리를 행사하겠다는 뜻이 되는 것이다. 이러한 정관변경이 이루어진다면 그 효과는 넓고 깊게 경제전반에 퍼져 나갈 것이다.

물론 지금도 기업의 사회적 책임은 경영전략의 중요한 요소로서 자리잡아가고 있다. 기후변화, 소비자보호, 강제노동등 인권침해, 문화예술진흥, 사회적 기부 등 폭넓은 분야에서 기업의 자발적 참여가 늘어나고 있고 사회적 책임투자(social responsible investment)를 통해서 지속가능하고 장기적인 발전을 지향하는 기업도 증가하고 있다. 사회적 책임에 충실한 기업의 제품을 구매하는 소비자운동과 그러한 기업에 투자하는 투자자운동은 기업들이 사회적 책임을 경영전략의 필수요소로 인식하게 하는 계기로 작용한다.

이미 주주이익중시경영이 장기적으로 지속가능하기 위해서는 이해관계자이익을 포함한 사회적 책임을 포용해야 한다는 주장들이 있어 왔다. 계몽적 주주가치이론(enlightened shareholder value)이라고 불리는데 이는 주주가치를 중시하면서도 불평등심화 등의 폐해를 막기 위해서는 단기적으로 주주가치를 극대화하는 근시안적 경영에서 탈피하여 단기적 이윤을 좀 희생하더라도 사회적 책임에 충실하는 것이 장기적인 이윤확보에 유리하다고 주장하는 것이다. 그러므로 기업경영의 주된 목표가 여전히 주주가치극대화에 있다는 점은 변함이 없다.

이해 반해서 이해관계자와의 상생을 지향하는 정관변경은 기업내부의 보상체계를 바꾸어서 조직구성원들의 행동양식을 변화시키고 궁극적으로 자본주의체제의 운용양태를 변형시키게 될 것이다. 의사결정을 할 때에 기업이익을 넘어서서 종업원, 소비자, 협력업체에 미치는 영향까지 감안하게 되어서 상생적 생태계가 구축될 것이다.

주주이익과 이해관계자 이익이 균형을 이루어야

이해관계자상생모형이 성공을 거두기 위해서는 주주이익과 이해관계자이익간의 균형과 조화가 유지되어야 한다. 주주이익에 치우치면 이전에 비해서 달라진 것이 별로 없다는 비판과 더불어 기업과 이해관계자들간의 갈등이 더욱 깊어져서 새로운 제도를 도입한 취지가 무색해질 것이다. 반대로 이해관계자이익에 치우치면 기업이윤의 감소와 재투자재원의 축소, 주가의 하락과 자본조달의 차질, 기업가의 동물적 충동에 의한 위험감수의 약화 등으로 전반적인 기업활력이 저하되는 역작용이 발생할 수 있다.

실행단계에서 어렵고도 중요한 과제는 이해관계자들의 기여도를 객관적으로 측정해서 공정한 몫을 가름하는 것이다. 이해관계자들 중에서 종업원과 납품업체의 경우에는 적정임금과 적정납품가격을 결정하는 것이 긴요하다. 주류경제학에서는 임금상승률은 생산성에 의해서 결정되고 또 결정되어야 한다고 설명한다. 생산성증가율보다도 높은 임금상승률은 생산원가에 압박을 주어서 결국은 물가상승과 생산감소를 초래한다는 것이다.

그런데 이 설명은 임금의 적정상승률을 제시할 뿐이고 적정한 절대수준을 규정하는 데에는 한계가 있다. 주류경제학에서 임금의 절대수준은 노동에 대한 수요공급에 의해서 결정된다. 노동경매를 상상하면 이해가 쉬울 것이다. 어떤 기업이 근로자 1명을 고용할려고 할 때 필요한 자격요건과 근로조건을 명시해서 공개모집을 한다. 아마도 수십 명이 응모할 것이다. 그들을 회의실에 모아놓고 연봉 4천만원부터 시작하는데 복수희망자가 있으면 연봉을 낮추어 가서 마지막 1명이 남았을 때의 연봉이 수요공급이 일치하는 임금수준이 되는 것이다.

수요공급에 의해서 결정된 임금수준이 옳은 것이냐? 바람직한 것이냐?는 별개의 문제이다. 수요공급설에 대한 비판이 있는데 기업주와 근로자는 대등한 관계가 아니기 때문에 수요공급의 상호작용이 왜곡된다는 것이다. 위의 예에서 보면 회의실에 모인 수십 명의 응모자들은 대부분 오늘 당장 일자리를 구하지 않으면 생계에 위협을 받을 정도로 절박한 처지에 있기 때문에 그 약점을 간파한 고용주는 최대한으로 낮은 임금을 줄려고 하고 근로자들은 그 부당함을 알면서도 어쩔 수 없이 낮은 임금을 받아 들일 수밖에 없다는 것이다. 노동조합운동이 일어난 시초의 동기도 임금협상을 개별노동자들에게 맡겨 놓으면 정보비대칭, 힘의 비대칭 때문에 공정성을 확보하기가 어려우므로 조합을 결성해서 단체의 힘으로 고용주와 협상함으로써 힘의 비대칭을 시정하겠다는 것이었다.

임금의 절대수준이 적정한지 여부를 판단하는 명확하고도 객관적인 기준을 찾아내기가 쉽지 않다. 거시적으로는 국가경쟁력, 산업경쟁력, 생산성, 생활비용등의 지표를 고려해야 하고 미시적으로는 기업이윤이 중요한 기준이 된다. 주주이익극대화모형에서는 임금을 기업비용으로만 간주하기 때문에 임금을 둘러싸고 근로자와 경영진간의 대립, 갈등이 불가피하다. 그러나 이해관계자상생모형에서는 임금을 기업비용으로만 파악하지 않고 노동이 기여한 정당한 대가로서 인식한다. 또한 임금은 근로자의 생활수단에 그치는 것이 아니고 회사에 대한 소속감, 주인의식, 혁신과정의 참여자로서의 자부심 등을 심어주는 비물질적 유인을 제공한다.

그러므로 이해관계자상생이 성공하기 위해서는 임금에 대해서 노사 공히 종래의 인식을 버리고 새로운 시각을 가져야 한다. 이러한 바탕위에서 노사협력의 신기원이 펼쳐져야만 이해관계자상생이 성공할 수 있다. 노조가 자기 몫을 더 챙기는 기회로 악용한다던지, 경영진이 기득권을 놓지 않으려는 방어적인 자세를 고집하면 이해관계자상생모형은 성장과 분배의 두 마리 토끼를 모두 놓치는 재앙을 불러들일 수 있다. 차라리 시도하지 않느니만 못한 결과를 가져올 것이다.

한국 노동조합의 투쟁일변도의 노선과 경영계의 근시안적인 자세를 감안하면 노사대립이 격화되는 방향으로 진행될 가능성을 배제할 수 없다고 생각한다. 이런 사태를 방지하기 위해서는 노사 모두 기업발전을 위한 장기적인 안목을 가져야 한다. 한푼이라도 임금을 더 받기 위해서, 한푼이라도 비용을 줄이기 위해서 노사가 대립하는 한 이해관계자상생모형은 상생이 아니라 공멸의 길로 빠지는 불행의 씨앗이 될 소지가 크다.

한국의 노사대립의 현주소를 보느라면 이와 같은 바램이 현실을 도외시한 장밋빛 기대라는 생각도 들고 노사현장을 모르는 백면서생의 책상머리, 순진한 희망이라는 회의도 든다. 그러나 현재의 노사대립을 극복하지 않으면 안된다는 절실함에다가 과거의 노사대립을 극복하고 노사공동체를 이루어낸 유럽선진국들의 사례를 보태면 우리라고 해서 노사협력의 문화를 이루지 못할 이유가 없지 않겠는가? 나는 이해관계자상생모형이 노사협력을 이루어내는 계기가 될 수 있다고 믿는다.

납품대금은 어떠한가? 한국 중소기업의 65%정도는 대기업과 하도급관계를 맺고 있다. 그들이 납품하는 상품과 서비스는 시장경쟁을 통해서 가격이 결정되는 것이 아니고 대기업이 가격을 결정한다. 대부분의 하도급업체는 납품하는 대기업 이외에는 국내외의 판로가 별로 없기 때문에 근원적으로 을의 위치에서 가격결정에 대한 발언권이 약하다. 이러한 불평등한 거래관계에서는 대기업이 가능한 한 납품가격을 낮게 책정함으로써 더 큰 이익을 남기려는 경향을 피할 수 없게 된다. 대기업의 이러한 행태는 주주이익극대화를 위해서 당연하다고까지 말할 수 있다.

노무현정부가 대기업과 중소기업의 동반성장을 내건 이후에 여러 가지 명칭의 제안들이 등장하였다. 상생경제, 포용경제, 이익공유제, 성과공유제 등이 있으나 핵심은 납품가격의 적정수준을 어떻게 정하느냐의 문제로 귀결된다. 중소기업은 우선 생산원가를 보장해 주면서 추가해서 대기업의 절반수준에 불과한 종업원들의 임금을 올려주고 기술개발및 설비확장을 할 수 있는 이윤을 포함하는 것이 적정 납품가격의 기본조건이라고 주장한다.

반면에 대기업은 수시로 변화하는 기업여건을 반영해서 납품가격도 신축적으로 조정될 수밖에 없다고 주장한다. 예를 들자면 반도체의 국제시세가 급락하면 그 부담을 납품업체와 나누어질 수밖에 없는 것이지 대기업 홀로 지고 갈 수는 없다는 것이다. 물론 틀린 말이 아니지만 결국은 부담을 어떻게 나눌지가 관건인데 현재의 주주이익중시하에서는 아무래도 납품업체에게 더 많은 부담을 전가할 소지가 있다고 할 것이다. 또 반도체호황시절의 막대한 이익을 납품업체와 공유하는지, 한다고 해도 비용공유와 균형을 이루는 수준에서 하는지에 대한 의문은 여전히 남는다.

이해관계자들의 입장을 이해하는 경영철학이 정관에 반영되면 대기업과 중소기업은 이익도 나누고 고통도 나누는 정신에 입각해서 구체적인 상황에 따라서 합리적인 납품가격을 결정할 수 있게 될 것이다. 그러나 이 또한 노사관계의 경우와 같이 두갈래 길이 모두 열려 있다. 진정한 대기업−중소기업 상생의

길로 갈 수도 있고 거꾸로 더욱 극렬한 대립의 길로 갈 수도 있다. 상생의 요체
는 배려와 타협이지, 이기와 독선이 아닌 것은 너무나도 분명하지 않은가?

진정한 상생의 길로 가는 구체적 여정을 상정해 본다. 전경련 등 경제단체가
상생경영에 대한 재계의 의지를 자율적으로 분명히 하는 것이 바람직하다. 또
한 상생경영은 1차 협력기업과 2-3차 협력기업간에도 이루어져야 하기 때문
에 중소기업협동조합중앙회도 동참해야 한다. 상생노력은 노사간에도 양방향으
로 필요하다. 노조는 상생노력이 기업의 성공으로 이어지도록 책임을 분담해야
한다. 이러한 노력들은 국가차원의 사회적 대화를 통해서 합의를 이루어 내어
야 한다.

문재인정부는 재벌대기업들이 주주이익만 챙기지 말고 이해관계자들의 이익
을 같이 챙겨주라는 강력한 정책의지를 표명하고 있다. 대기업-중소기업상생,
비정규직의 정규직화, 최저임금인상 등을 통해서 불평등을 완화할려고 노력중
이다. 그런데 의욕을 너무 앞세운 나머지 현실을 무시하는 무리한 추진으로 오
히려 불평등이 더욱 악화되는 역설적인 일이 벌어지고 있다.

한국도 미국처럼 대기업이 자발적으로 이해관계자들의 이익을 도모하는 방
향으로 경영목표를 재설정하는 것을 진지하게 고민할 때가 되었다. 불평등을
정부의 강제력만으로 해결할려고 하면 부작용과 역작용이 클 수밖에 없다. 대
기업들이 자신들의 장기적 번영을 위해서는 이해관계자들과 같은 배를 타고 함
께 나아가야 한다는 각성을 할 때 불평등은 시장기구의 내재적 분배과정을 통
해서 개선될 수 있고 부작용도 줄일 수 있다. 국가는 기업의 자발적 노력에도
불구하고 해결되지 않는 분야에 국한해서 개입하는 보조적 역할에 그치는 것이
좋다.

주식평가, 국제공조 등 제도구축 필요

새로운 경영철학이 현실속에서 구체적으로 실행되고 뿌리를 내릴 수 있게
될려면 제반 제도들이 이에 맞추어서 조화를 이루는 방향으로 보완되고 변화되
어야 한다. 그 중 하나가 주식시장에서의 주식평가이다. 현재는 주식평가의 가

장 중요한 기준이 기업이윤이다. 이는 이윤극대화와 주주이익우선에 맞추어서 생긴 기준이다. 기업이윤이 늘어나면 주가가 올라가고 CEO들의 연봉과 상여금도 올라간다. 이윤이 줄어들면 주가하락으로 직결되고 주주들로부터 주가를 올리라는 압력을 받게 된다. 상황이 계속 악화되면 적대적 인수합병의 위험이 커지고 최고경영자를 교체해야 한다는 주주목소리가 커진다.

그러므로 이해관계자모형은 개별기업의 노력만으로는 실천되기 어렵다. A기업이 먼저 이해관계자모형을 채택한 결과 단기적으로 이윤이 감소하면 주주이익모형을 유지하는 여타 기업들에 비해서 불리한 평가를 받게 되는데 누가 섣불리 그렇게 할려고 하겠는가?

이해관계자모형이 작동하기 위해서는 이윤 이외에 종업원들의 근로조건, 납품업체들과의 공정한 거래관계, 소비자보호와 환경보호 등의 비이윤요소들이 주식가치평가와 주가흐름에 반영되어야 한다. 이렇게 되기 위해서는 주식가치평가기준을 수정하고 투자자들에 대한 종합적 정보제공을 투명하게 해서 투자자들의 행태변화를 유도할 필요가 있다.

지금도 사회적 책임투자, 선한 투자, 지속가능투자 등의 운동이 전개되고 있으나 아직은 변방의 움직임일 뿐이고 주류사회에 진입하지는 못하고 있는 실정이다. 아류의 움직임이 본류가 되기 위해서는 주식평가기준을 재설정해야 한다. 그리하여 주주이익모형에 갇혀 있던 기업경영목표를 해방시켜서 이해관계자들의 이익도 포함하는 열린 경영목표가 자리잡도록 환경조성을 해 줄 필요가 있다.

주주이익모형에서는 주주이익과 이해관계자이익이 상호 대립관계에 있지만 이해관계자모형에서는 두 가지가 상호 보완하면서 공생의 길을 함께 지향한다. 주주들은 이해관계자를 배려함으로써 그들의 지지를 얻고 이해관계자들은 기업의 발전이 자신들의 발전이라는 공동운명체적인 인식하에 기업이윤을 키움으로써 주주이익에 부합한다.

개별기업을 넘어서서 대다수의 기업들이 집합적으로 이해관계자상생에 참여해야 할 필요성은 국경을 벗어난 세계경제무대에서도 동일하다. 개별국가의 노력만으로는 전환이 어렵고 다수 국가가 공동보조를 취해야만 하는 것이다. 국제협력이 전환성공의 필수 조건이다. 기업의 국가간 이동이 자유스러운 지금에는 A국가가 기업에게 불리한 제도를 채택하면 그 국가 내의 기업들은 더욱 유리한 여건을 갖춘 다른 국가로 옮겨 가게 된다. 설령 기업본사는 A국가에 남아 있더라도 생산시설을 다른 국가로 이전하거나 추가투자를 다른 국가에서 하게 된다. 기업과 투자의 해외 엑소더스는 A국가의 산업공동화를 초래하고 일자리를 감소시킨다.

대표적인 예가 법인세차이로 인한 기업의 국가간 이동이다. 경쟁국이 법인세를 인하하면 자국기업의 해외이전을 방지하기 위해서 어쩔 수 없이 인하경쟁에 뛰어드는 이른바 바닥을 향한 경주(race to the bottom) 현상이 실제로 일어나고 있는 것이다. OECD회원국들의 평균 법인세율은 1981년 50%를 상회하였으나 오늘날에는 30%이하로 하락하였는데 가장 중요한 요인은 국가간의 법인세 인하경쟁이라는 것이 통설이다.

이해관계자상생의 경우에도 이를 자국만 채택하고 경쟁국이 채택하지 않으면 기업들이 해외로 떠나는 현상이 발생하기 때문에 비록 국내적으로 국민적 공감대가 형성된다고 하더라도 국제공조가 없는 상태에서는 실현에 제약을 받게 된다. 국제공조에 대한 논의를 G20 정상회의의 의제로 채택해서 추진해 나가면 효과적일 것이다. 그러나 정상들이 전면에 나서기 보다는 기업인회의가 중심이 되어서 합의를 이끌어 내고 정상들은 이를 정치적으로 지지하는 형태가 좋을 것이다.

8

사회주의는 자본주의의 대안이 아니다

자본주의의 장점은 헤아릴 수 없이 많다

가난한 어린 시절을 보낸 사람들은 대체로 인생행로의 두 갈래 길 중에서 자신의 삶을 선택하게 된다. 가난을 벗어나기 위해서 열심히 노력하는 길로 들어서든가, 아니면 가난이 사회적 모순과 부조리 때문이라고 진단하고 사회변혁과 혁명가의 길을 걷는 것이다. 전자의 길은 체제순응적이고 후자의 길은 체제부정적이다. 전자는 현실주의자이고 후자는 이상주의자이다.

현실주의자는 다시 두 갈래로 나뉘는데 자본주의가 최선이라고 여기는 사람과 자본주의가 차선이라고 치부하는 사람이다.

자본주의의 장점은 무궁무진하다. 인류가 현재와 같은 풍요를 누린 적이 일찍이 없었다는 것은 역사적 사실이다. 헤아릴 수 없이 많은 가난한 사람들이 굶주림과 질병의 절대빈곤에서 헤어날 수 있게 했다. 소수의 특권부유층만이 즐길 수 있었던 문화, 여가활동을 대중들이 접근할 수 있게 하였고 문명의 이기를 대다수 사람들이 이용할 수 있게 해 주었다.

나아가서 자본주의는 도덕과 정의에 부합하는 측면도 있다. 개인이 신분적·억압적 굴레에서 해방되어서 창조적 노력을 마음껏 펼칠 수 있고 자신의 발전을 위해서 노력하면 응분의 대가를 받을 수 있는 체제이므로 도덕적 정당성을 부여받을 수 있는 것이다.

자본주의는 권력에 저항하는 반정부, 반체제 인사들이 시장에서 생계를 유지할 수 있게 해주기 때문에 정의에 부합하는 측면도 있다. 미국에서 트럼프에 반대하는 인사들이 공직에서 쫓겨 난 후에 폭로성 책을 저술하여 그 수입으로 더 활발하게 반정부활동을 영위하는 예가 적지 않다. 반대로 정부가 자원을 독점하던 소련에서는 반체제인사들이 모든 부와 명예를 박탈당하고 강제수용소에서 겨우 목숨을 연명하곤 했다. 핵물리학자이면서 노벨평화상을 받은 사하로프박사가 대표적 예에 속한다. 노벨문학상을 수상한 솔제니친은 소련에서 갖은 박해를 받았으나 미국으로 망명한 이후에는 저술활동과 강연수입으로 생활의 안정을 얻으면서 하고 싶은 목소리를 계속 낼 수 있었다.

자본주의가 최선은 아니지만 차선이므로 받아 들이는 사람들도 많다. 인류역사에서 나타난 경제체제 중에서 자본주의만한 제도가 없었고 특히 자본주의를 대체하겠다고 나타난 공산주의, 사회주의의 실패를 목격한 이후에는 자본주의가 문제점이 많지만 더 나은 대안이 출현할 때까지는 어쩔 수 없다는 현실 타협을 하는 것이다.

이들은 책속의 사회주의, 공산주의에 현혹되지 않고 눈앞에 펼쳐지는 사회주의의 적나라한 모습에 실망하고 좌절한다. 서구의 좌파지식인들 중에는 공산주의를 동경하다가 1917년 볼세비키혁명 이후의 소련에서 벌어졌던 공산당 독재의 혹독한 탄압과 경제시스템의 붕괴를 목격하고 나서는 자본주의를 고쳐서 계속 쓰는 것이 더 나은 대안이라는 깨달음을 얻고 전향한 인사들이 많았다. 이외에도 자본주의에 안주하는 사람들 중에는 체제가 어쩌구 저쩌구 하는 골치아픈 문제에는 관심이 없고 일신의 풍족함과 안락함을 얻으려는 인사들도 많다.

체제부정론자들은 자본주의하에서는 희망이 없으니까 우선 자본주의를 제거한 후에 자본주의보다도 더 나은 체제를 만들어 내어야 한다고 생각하는 사람들이다. 이들은 마르크스가 제시한 공산주의가 자신들이 꿈꾸는 이상향이라고 확신하고 혁명전선에 뛰어 들었다. 이상주의자들은 소련과 개혁개방 이전의 중국경제의 붕괴를 목격하면서도 그 원인을 사회주의이념에서 구하는 대신에 권력을 움켜 쥔 혁명가들의 일탈로 돌린다. 그들은 모든 사람이 평등하게 잘 사는 무계급사회에 대한 꿈을 결코 버리지 못하며 정의, 공정등의 추상적이고 주관적인 가치에 몰입되어서 자신들이 외눈으로 세상을 바라보고 있다는 점을 모르고 있거나 알더라도 인정하지 않는다.

사회주의 환상에서 깨어나야

현실주의와 이상주의의 2분법은 지금의 한국에도 적용된다. 일제 강점기에 소련과 중국공산당의 영향을 받아서 태동한 사회주의이념은 해방 이후에 북한에서 현실적 권력으로 뿌리를 내렸다. 남한에서는 미국의 기독교문명, 민주주의, 자본주의가 지배이념으로 이식되었고 산업화에서 눈부신 성과를 이룩하였다. 해방 이후 70년도 더 지난 지금 북한의 이상주의는 절대빈곤을 해결하는데에도 실패하였고 노동자천국을 건설하겠다는 달콤한 립서비스는 김씨왕조의 전제체제로 둔갑하였다. 반면 남한에서는 정치적 우여곡절과 사회적 혼란을 겪으면서도 세계 11위의 경제대국을 건설하고 민주주의가 뿌리를 내리고 있다.

그러함에도 불구하고 남한에서는 아직도 2분법이 현재진행형이다. 자유시장경제체제에 뿌리를 두되 고장난 부분은 고쳐서 쓰자는 실용주의와 자유시장경제의 썩은 뿌리를 뽑아내고 종자가 다른 나무를 새로이 심어야 한다는 이상주의가 맞서고 있다.

썩은 나무를 뿌리채 뽑아버린 자리에 새로이 심을 나무가 어떤 나무인지, 뽑혀 나간 나무보다도 더 많은 열매를 맺고 더 넓은 그늘을 선물할 것인지는 분명하지 않다. 그럼에도 불구하고 이상주의자들이 우선 뽑아내고 보자고 덤비는 것은 무책임하다. 뿌리채 썩었는지, 밑둥이 썩었는지, 아니면 가지가 썩었는지 사실규명부터 해야 한다. 앞마당의 나무 한그루를 뽑아 내는데에도 신중해야 하거늘, 하물며 국민전체의 삶이 좌우되는 나라경제의 거목을 뽑아내는 데에는 돌다리도 두드려가는 조심성이 필수이다. 선무당이 사람잡는다는 말이 있다. 사회주의경제가 실패한 실험으로 끝난 지가 언제인데 아직까지도 환상을 버리지 못하는 것을 보면 백번을 생각해도 이해할 수가 없다.

조선의 봉건신분제하에서는 어머니 뱃속에서부터 정해진 신분의 굴레를 죽을 때까지 벗어날 수가 없었다. 비상한 재주를 가지고 각고의 노력을 하여도 농사꾼자식은 농사꾼일 수밖에 없었고 노비의 자식은 노비로 자손대대 살아가야만 하였다. 사회경제적 체제의 모순이 이처럼 명약관화할 때에는 그 체제를 뒤엎지 않고는 신분상승의 사다리를 세울 수가 없었다.

그러나 자본주의가 치유불가능한 모순을 내포하고 있으므로 타파할 수밖에 없다는 마르크스주의의 확신은 틀렸다는 것이 역사적·실증적으로 증명되었고 그들이 이상향으로 내세웠던 사회주의, 공산주의사회는 손에 잡히지 않는 뜬구름이자 신기루라는 것이 증명된 지금에 와서는 자본주의냐, 사회주의냐의 2분법은 박물관의 창고속에 들어가야 할 철지난 유물에 지나지 않는다고 생각한다.

얼마전에 가족들과 종종 가는 강원도의 어느 리조트에서 흥미있는 책을 발견하였다. 로비 한편에 관광객들을 위한 조그마한 도서실이 있었는데 『자본론 공부』라는 제목이 주의를 끌길레 빌려서 읽었다. 지금은 돌아가신 김수행 교수가 직장인들을 대상으로 마르크스의 자본론을 강의한 내용을 책으로 펴낸 것이었다. 자본주의가 노동자를 착취하는 기제를 설명해 나가다가 공장노동자들이 회사를 인수해서 경영하면 자본가계급이 없어지고 착취도 근원적으로 사라질 것이라는 대목이 있었다.

나는 곰곰 생각해 보았다. 이것이 자본주의의 현실적인 대안이 될 수 있는가? 대안은 현실세계에서 실현가능한 것이어야 의미가 있다. 아무리 좋은 대안이라도 관념의 세계를 떠나서 현실속에서 실현될 수 없다면 더 이상 대안이 아니고 희망이고 이상일 뿐이다. 이상세계를 그리는 것은 비록 현실성이 떨어지더라도 의미가 있다. 이상을 향해서 한 발자국씩 나아가다 보면 더 나은 세상이 열릴 수도 있기 때문이다. 그러나 대안은 현실에서 구현될 수 있다는 가능성을 보여 주어야만 기존질서를 부정하는 정당성을 가질 수가 있다.

연구원생활을 오래 하면서 항상 고민한 것은 연구보고서의 저자가 제시하는 정책시사점이 흔히 새로운 것이 없고 이미 알려진 내용을 되풀이한다는 점이었다. 박사들이 정교한 분석을 통해서 문제의 원인을 밝혀내었는데 막상 정책대안을 제시할려고 하니까 막히는 경우가 종종 있었다. 그럴듯한 대안을 제시하였더라도 앞에서 행한 분석과 연계되어서 도출하지 않고 그 분석이 없었더라도 제시할 수 있는 정책인 경우가 흔했다.

마르크스도 이와 비슷한 어려움을 겪지 않았을까 생각해 본다. 인류역사를 관통하는 경제제도에 대한 방대한 지식과 예리한 통찰력, 그리고 당시 노동자들의 곤경을 방치할 수 없다는 인도주의적 구원의식이 결합하여 자본론을 썼고 자본주의는 역사의 뒤안길로 사라질 수밖에 없는 모순을 내포하고 있다는 결론에 도달하였다. 대안으로 제시한 사회주의, 공산주의가 갖는 현실적 가능성에 대해서도 그는 치열하게 고민하였을까? 노동자를 착취하는 자본가를 제거하고 그 역할을 노동자가 떠맡으면 어떠한 상황이 전개될 것인지에 대해서 진지하게 절차탁마했을까?

그가 자본가의 기업가적 역할을 과소평가하지 않았나 생각한다. 그에게 자본가는 단순히 자본을 투자하여 그 과실을 따가는 불로소득자에 불과하였다. 그는 슘페터가 제시한 대로 창조적 파괴를 통해서 혁신과 변화를 이루어내는 기업가정신을 미처 간파하지 못했다. 아마도 그가 살았던 시대의 유럽경제에서는 슘페터가 활동하였던 미국경제에서 나타났던 기업가정신이 희소하였을까 하는 생각도 해본다.

나는 『자본론공부』를 읽으면서 생각했다. 자본가들을 몰아내고 노동자가 공장과 회사를 접수하면 그들이 자본가가 수행하던 기업가역할을 수행해 나갈 수 있을까? 가끔 신문보도에서 부도위기의 회사를 종업원들이 인수해서 경영하여 다시 살린다는 기사를 보곤 한다. 노동자들이 경영에 대한 지식과 경험을 쌓아나가면서 세월이 지나면 노동자들도 기업가로 변신할 수 있지 않을까 하는 생각도 들었다.

이런 회사는 협동조합에 가까운 형태가 될 것이다. 조합원들이 집합적으로 회사를 소유하고 이윤은 조합원들에게 고르게 배분되는 조직형태를 떠올렸다. 많은 이상적 사회주의자들이 협동조합으로 구성되는 경제체제를 자본주의의 대안으로 제시한 적도 있었다.

협동조합이 사업체 내의 분배갈등을 해소 내지는 완화할 수 있다는 장점에도 불구하고 기업의 보편적 형태로 확산되기 어려운 것은 혁신능력의 부족일 것이다. 집합적 소유이다 보니 주인없는 조직이 되어서 위험을 무릅쓰고 새로운 변화를 추구하기 보다는 현실에 안주할려는 경향에서 벗어나기 어려울 것이다.

종업원들이 회사를 인수하여 이윤을 추구하는 주식회사의 형태를 유지한다면 그들의 행태가 경쟁의 속성상 불가피하게 기존의 주식회사를 닮아 가고 분배를 둘러 싼 갈등이 생기지 않을까 하는 생각이 든다. 그렇다면 이전과 크게 달라질 것이 없지 않겠는가?

쿠바혁명의 교훈

젊은 시절에 체게바라평전을 읽었다. 아르헨티나 출신으로서 의사의 꿈을 꾸었던 게바라가 오토바이여행을 하면서 대중들의 빈곤한 삶과 지주 및 자본가계급의 호사스러운 삶이 오버랩되는 현실을 목격하고는 공산주의 혁명가의 길로 들어섰고 카스트로와 함께 쿠바 공산혁명을 이루어낸다는 줄거리이었다. 그가 쿠바에서 산업부장관, 중앙은행장으로서의 안온한 삶을 누리다가 쿠바에서 자신이 해야 할 일이 더는 없다면서 고관자리를 내팽개치고 다시 볼리비아에서 험난한 혁명가의 길을 계속하다가 정부군에게 붙잡혀서 총살당하는 장면에서 큰 충격과 감명을 받았다. 게바라는 쿠바혁명의 성공적인 결과를 믿어 의심치 않았을 것이다. 극심한 빈부격차가 없어지고 모든 쿠바국민들이 행복한 생활을 하게 되었다고 믿고 제2, 제3의 쿠바혁명을 성사시킬려고 하였을 것이다.

게바라가 활동하였던 1950년대후반 이후 1960년대 전반은 소련의 공산주의 정부가 급격한 공업화를 추진하여 상당한 성과를 거두고 있었고 중국에서도 모택동정권이 공산혁명의 불길을 활활 타오르게 하던 시기이었다. 만약에 게바라가 더 오래 살아서 소련이 해체되고 중국이 시장경제에로의 개혁, 개방을 감행하는 것을 보았더라도 그가 공산혁명에 대해서 가졌던 확신, 열정, 사랑이 여전하였을까 하는 부질없는 생각을 해 본다.

게바라가 바티스타정권의 억압, 빈곤, 차별의 모순을 제거하기 위해서 공산주의혁명을 일으켰는데 혁명 이후에 새로운 억압, 빈곤, 차별을 만들어내고 있는 현실을 오래동안 지켜 보았으면 어떤 사상적 영향을 받았을까? 공산혁명보다는 부르주아혁명을 일으켜서 토지개혁을 단행하고 독점자본가들을 규제하면서 시장경제를 발전시키는 것이 쿠바국민들을 위해서 더 우월한 대안이었을 것이라는 인식을 했을까 하는 안타까운 생각도 해 본다. 그러나 부르주아계급의 형성자체가 미약하였던 쿠바에서 부르주아혁명은 한낱 잠꼬대에 불과한 공상이었을지도 모른다는 절망적인 생각도 해 본다.

얼마전에 쿠바를 여행한 지인이 말하기를 쿠바는 마치 살아있는 박물관같다고 했다. 혁명이 성공한 지 60년이나 지났는데도 아바나의 모습은 별로 달라진 것이 없어서 사진속에서나 볼 수 있는 지나간 모습들이 아바나에서는 현재의 모습으로 고스란이 남아 있다는 것이었다. 그 말을 들으면서 이런 생각을 해 보았다. 공산혁명 이후 60년이 지나가도록 쿠바가 발전을 멈추고 정체된 것을 비난할 수 있다. 그러면 만약에 혁명이 실패했으면 쿠바는 60년동안에 어떻게 변화하였을까? 혁명당시의 사회경제적 모순을 해결하면서 자본주의가 진화하였을 수도 있고 빈부격차 등의 갈등이 더욱 격화되었을 수도 있을 것이다. 후자의 경우에는 여러 중남미 국가들이 겪어 왔던 것처럼 정치적 소요와 불안정이 만성화되어서 국가발전이 정체되었을 수도 있다.

한국에서는 다행스럽게도 해방 이후에 공산혁명대신 자본주의를 채택하여 세계10위권의 경제강국으로 부상하였고 절대빈곤의 제거에 성공하였다. 비록 상대적 빈곤의 결핍감을 느끼는 국민들이 많다고 하여도 공산혁명, 사회주의적 변혁이 한국의 갈길이 아니라는 점은 역사를 조금이라도 직시하면 어렵지 않게 알 수 있다. 그럼에도 불구하고 아직도 사회주의가 자본주의를 뛰어 넘는 이상향이라는 미몽에서 깨어나지 못하는 인사들이 있다니 참으로 유감스러운 일이다.

9

욕망을 부추기는 경제학

욕망에 대해서 가치중립적인 경제학

아담 스미스가 1776년에 국부론을 발간한 이래 발달하여 온 주류경제학은 자본주의 시장경제의 작동원리를 설명하는 노력을 계속하여 왔다. 그 설명이 현실적합성을 확보하기 위해서는 경제주체들이 재화를 생산, 판매, 소비하는 경제행위의 동인(動因)을 현실에 맞게 가정해야 한다. 기업이 무엇을 목표로 삼아서 경제활동을 하고 개인(가계)이 무엇을 위해서 소비활동을 하는지를 전제로 해야 한다.

미시경제학의 대전제는 기업의 목표는 이윤극대화이고 개인(가계, 소비자)의 목표는 효용극대화이다. 개별기업이 생산과 판매활동을 영위할 때 최대의 이윤실현을 목표로 행동하고 그러한 행동들이 집합된 총체적 결과가 국내총생산(GDP)이 되는 것이다. 기업의 생산물은 시장에서 소비자들이 구입하여야만 이윤이 실현될 수 있다. 이때 소비자들은 자기가 원하는 상품중에서 가장 유리한 가격과 품질을 갖춘 상품을 선택함으로써 효용을 극대화시킨다.

경제학에서 가정하는 이윤극대화와 효용극대화는 가치중립적이다. 몰가치적이라는 표현이 더 적합할 수도 있겠다. 그러한 행동준칙이 도덕적이어야 한다거나 공익적이어야 한다거나 종업원을 배려하고 환경 등 사회적 책임을 수행해야 된다는 당위적 요구는 경제학의 범위밖에 있다.

다시 말해서 기업의 이윤추구행동이 도덕적이어야 한다고 훈수를 둔다거나 비도덕적 이윤추구행위를 비난하는 것은 경제학의 영역이 아니다. 그렇다고 해서 경제학자들이 사회적 관심사를 도외시한다고 매도하지는 말자. 경제학자도 인간인데 기업의 공공성과 사회성이 중요한 줄을 왜 모르겠는가? 그들은 다만 그런 문제들은 경영학, 윤리학, 법학, 사회학 등에서 다루는 것이 맞다고 여긴다. 경제학이 혼자 세상 모든 문제를 고민하고 해결할 수는 없는 노릇이라고 선을 긋는데 이걸 탓할 수도 없다.

경제학이 처음부터 몰가치적이었던 것은 아니었다. 대표적인 고전파 경제학자인 리카르도는 노동가치설을 주창하였는데 이는 재화의 가치는 그 생산에 투입된 노동의 양에 의해서 결정된다는 것으로서 다분히 주관적인 가치를 반영하는 것이라고 볼 수 있겠다. 노동가치설은 칼 마르크스에 의해서 완성되었다고 보는데 맑스경제학이 가치중립적이라고 믿는 사람은 거의 없을 것이다. 마르크스는 자신의 이론을 과학적 사회주의라고 불렀다. 이전의 공상적·감정적·정서적 사회주의와 구분짓기 위해서였다. 빈부차이와 노동자들의 비참한 생활에 대해서 분개하고 자본주의에 대해서 비판만 할뿐 자본주의의 실체를 까발리고 운동법칙을 규명하지 못한 한계를 극복하고 자신은 자본주의의 멸망을 과학적으로 설명하였다고 확신하였다. 마르크스경제학을 과학적 사회주의라고 하니까 가치중립적인 과학적인 이론이라고 착각해서는 안된다. 내가 보기에는 분명히 반자본, 친노동의 가치가 짙게 드리워져 있다.

18세기, 19세기의 경제학은 경제행위가 법, 제도, 국가의 영향을 받을 수밖에 없기 때문에 법학, 정치학 등의 타 학문과도 밀접한 관계를 맺게 된다는 점을 받아들였다. 그래서 경제학을 정치경제학이라고 불렀다. 19세기 말경에 들어서면서 정치경제학대신 그냥 경제학이라는 명칭이 일반화되기 시작하였다.

경제학이 학문으로서의 과학적 엄밀성과 객관성을 확보하기 위해서는 법, 제도, 국가 등 광범위한 범위를 넘나드는 포괄적이지만 치밀하지 못한 연구에서 벗어나서 수학과 통계학을 사용하여 가설을 검증하는 실증적 연구에 주력해야 한다는 사조가 지배하게 되었던 것이다. 경제학이 사회과학 중에서 수학을 가장 많이 사용하는 학문이 된 것은 결코 우연이 아닌 것이다.

경제학은 인간의 경제행위를 설명하는 학문이다. 기업의 목표가 이윤극대화라는 가정이 타당하기 위해서는 인간의 경제행위의 동기가 이익극대화이어야 한다. 기업경영의 주체는 인간이기 때문이다. 그래야만 경제학의 설명이 현실과 부합하게 된다. 인간이 경제행위를 할 때 자기 이익보다는 남의 이익을 우선시한다면 자기 이익을 우선한다고 가정하는 경제학의 설명은 현실에서 나타나는 결과와는 동떨어지게 되고 신뢰를 상실하게 될 것이다.

인간은 이기적인 존재인지, 이타적인 존재인지를 파악하기 위해서 설문조사를 한다고 상정해 보자. 첫 번째 조사의 질문은 "당신은 자신의 이익을 우선합니까? 남의 이익을 우선합니까?"이다. 아마도 자신의 이익을 우선한다는 대답이 압도적으로 많을 것이다. 응답이 솔직하다면 그럴 것이다.

두 번째 조사의 질문은 "자신의 이익을 위해서 남의 이익을 침해할 것입니까?"이다. 질문을 받은 사람들은 갈등을 느낄 것이다. 남을 희생시켜서 자신의 이익을 챙긴다는 것은 해서는 안된다고 어릴 때부터 가르침을 받아왔다. 각자의 심성속에 견고하게 자리잡은 윤리도덕은 '아니오'라고 응답하라고 재촉할 것이다. 그래서 대부분의 사람들은 내 이익을 위해서 남의 이익을 침해하지 않는다고 응답할 것이다. 그러면서도 내가 과연 그럴 수 있을까?라는 의문이 마음 한구석에서 내밀히 고개를 드는 유쾌하지 않은 경험을 할 것이다.

위의 가상 설문조사에서 보듯이 경제학이 인간의 물질적 욕망추구를 대전제로 해서 경제행위를 설명하려는 태도는 현실을 크게 벗어나지 않는다. 물론 인간의 본성속에는 남을 위해서 자신의 욕망을 희생하는 고귀한 덕성이 있지만 그렇다고 해서 경제학이 이타심을 전제로 삼는다면 경제학의 설명은 현실과 너무나 동떨어지게 될 것이다.

아담 스미스는 국부론을 쓰면서 인간의 본성에 대해서 고민을 많이 한 것으로 보인다. 그는 이기심에 이끌려서 행동하는 개인들의 행위가 사회전체의 이익과도 부합할지에 대해서 깊은 사색을 한 끝에 결국 개인의 이익과 사회의 이익은 조화를 이룰 것이기 때문에 개인과 기업이 자유롭게 경제행위를 하도록 내버려 두어야 한다는 결론을 내렸다.

스미스는 이기심이 경제활동의 동인이라고 했다. 모든 개인이 자기 이익을 위해서 경제활동을 하는데 결과적으로는 타인의 이익과도 부합하게 되어서 경제전체의 생산이 늘어나고 부가 축적되는 선순환 생태계가 이루어진다는 것이다. 즉 개인을 국왕, 교회, 귀족의 굴레에서 해방시켜서 자유롭게 해 주면 자기 이익을 위해서 열심히 일하고 이것이 모여서 파이가 커진다는 뜻으로 해석된다.

선순환생태계를 누구나 알기 쉽도록 설명하기 위해서 그는 저녁 식탁을 예로 들었다. 스미스의 어머니는 일찍이 남편을 여의고 혼자서 스미스를 키우면서 집안일을 도맡아서 했다. 어머니가 차리는 저녁식탁에는 빵, 고기, 포도주가 올라 왔는데 그것은 어머니가 시장에서 구입한 것이었다. 빵가게, 푸줏간, 양조장 주인은 돈을 벌기 위해서 물건을 만들어 팔았고 스미스의 어머니는 자신과 아들의 배를 채우기 위해서 가격을 지불하고 샀다.

가게주인들은 자신의 제품이 스미스가정의 저녁식탁에 올라갈 것을 전혀 알 수 없었고 스미스는 자신이 먹는 저녁거리들이 누가 만들어서 팔았는지 알 수 없었다. 그런데 결과적으로 가게주인들은 돈을 벌었고 스미스가족은 먹고 싶은 것을 먹을 수 있었다. 가게주인은 스미스가정을 도와주겠다는 배려나 자비가 아니라 자신의 이익을 위해서 생산과 판매의 경제활동을 했고 스미스의 어머니 역시 가게주인의 사업을 도와 주겠다는 배려나 자비가 아니라 자신과 아들의 만족을 위해서 식품구매의 경제행위를 했는데 결과적으로는 가게주인과 스미스가족 모두가 경제적 이익을 얻은 것이다. 이 예에서 보듯이 스미스사상의 핵심은 자유방임과 예정조화설이다. 인간을 자유롭게 놓아두면 개인의 이기심과 전체의 이익이 조화를 이루는 결과가 도출된다는 것이다.

욕망이 '보이지 않는 손'을 멈추게 한다

경제학이 욕망에 대해서 취하는 가치중립적인 태도가 결과적으로 자본가의 탐욕을 부추기고 불평등을 악화시킨다고 주장하면 말이 지나칠까? 꼭 그렇지만은 않다고 생각한다. 기업의 목적이 이윤극대화라는 경제학의 가설은 언제부터인가 단순히 학문연구의 방법론에서 벗어나서 현실에 커다란 영향을 미치는 가치가 되었고 사회주의와의 투쟁과정에서 이념화되기까지 했다. 경제학을 전공하지 않은 사람들도 웬만하면 스미스의 자유방임과 기업의 이윤추구를 결부시켜서 사고와 행동의 기준으로 삼는 경우가 허다하다. 가장 대표적인 경우가 규제완화를 둘러싼 논쟁이다. 탈규제론자들은 기업이 이윤을 극대화하기 위해서 마음껏 활동할 수 있도록 자유를 허용해야만 고용과 성장이 이루어진다고 주장하는데 그 근저에는 스미스의 자유방임론이 영향을 미치고 있다고 하겠다.

물론 스미스도 깊은 사색없이 단순히 자유방임상태가 조화로운 질서를 담보한다고 믿지는 않았을 것이다. 그는 상인이 둘만 모이면 가격담합을 모의한다고 하면서 상인에 대한 불신을 드러내기도 했다. 어떤 의미에서는 자유방임은 현실에 대한 설명이라기 보다는 미래에 대한 처방인지도 모른다. 당시 상황에서 더 나은 세상을 이룩하기 위해서 가지 않으면 안되는 길을 가르쳐 준 것이다. 그 길이 예정조화설이 실현되는 유토피아로 인도한다고까지 낙관하지는 않았을 것이다.

스미스 역시 인간본성에 깃들어 있는 욕망의 위험성을 간파하고 있었다. 자유로운 개인이 자기의 이익을 추구할 때 자신의 행동이 남에게 해를 끼치지 않는지를 눈을 부릅뜨고 감시하는 '공정한 관찰자(impartial spectator)'의 존재를 의식하라고 했다. 자신의 행동으로 인해서 종업원, 협력기업, 소비자들이 피해를 입는데도 불구하고 자신만의 이익을 챙길 때는 양심의 가책을 느끼도록 하는 정신적 정화수가 필수적이라는 의미일 것이다.

공정한 관찰자는 자신의 심성속에서 이기심과 함께 자리잡고 있는 이타심, 배려, 공감의 능력일 것이다. 자신의 이기심이 타인에게 해를 끼치지 않도록 한다는 차원을 넘어서서 타인이 경제적 곤경에 처하여 고통받을 때 그 고통을 같이 느끼고 자신도 그와 같은 처지에 놓이면 얼마나 괴로울까를 되새겨 보는 마음가짐일 것이다.

인간은 뭔가 나쁜 짓을 할려고 할 때에는 그것을 말리는 또 다른 마음의 소리를 듣게 된다. 좋은 마음과 나쁜 마음이 싸우다가 결국은 어느 한쪽이 이기게 될 것이다. 나쁜 마음이 좋은 마음을 누른 사람들은 반윤리적인 행위를 하거나 범죄를 저지르게 될 것이다. 대다수의 보통사람들은 좋은 마음으로 세상을 살아갈 것이다. 스미스도 그렇게 믿지 않았을까? 그래서 그는 자기 이익을 위해서 경제행위를 하면 자신이 의도하지 않았음에도 불구하고 다른 사람에게도 이익이 돌아가고 사회전체의 국부가 늘어난다고 믿었을 것이다.

스미스는 '공정한 관찰자'가 감시임무를 완벽하게 실천한다고 믿을 정도로 순진하지는 않았던 것 같다. '공정한 관찰자'가 도덕의 영역에서 활동하지만 모든 인간들이 도덕이 인도하는 데로 행동하지는 않을 것이라는 것을 알았기 때문에 그는 법의 역할을 빠뜨리지 않았다. 치안을 유지하는 법집행을 넘어서서 소비자를 속이고 가격을 담합하는 불공정 행위까지도 법으로 다스려야 했다고 해석한다면 지나치게 자의적일지 모르겠다.

그런데 선악투쟁의 결과는 이익의 크기에 따라서 달라지지 않을까? 나쁜 짓을 해서 얻을 수 있다고 기대되는 이익의 크기가 커질수록 그 유혹의 손길을 뿌리치기 힘들게 될 것이다. 밀가루 가격이 급등할 때에는 제빵업자가 값싼 불량 밀가루를 사용해서 빵을 만들면 막대한 부당이익을 챙길 수 있으니까 그는 그렇게 하지 말라는 공정한 관찰자의 목소리에 귀를 닫고 눈앞의 이익을 챙기라는 욕망의 유혹을 따라갈 가능성이 커진다. 이 가설을 기업행동에 적용해 보면 기업이 불공정한 경쟁을 자행하여 시장독점력을 높일수록 기대이익은 기하급수적으로 커지기 때문에 비윤리적이고 불법적인 유혹에 빠질 위험성이 더욱 커진다고 볼 수 있다.

아담 스미스 이후의 자본주의의 역사는 그가 예언한 예정조화설을 쫓아서 전개되지 만은 않았다. 문제는 산업혁명의 원조인 영국의 노동시장에서 먼저 터졌다. 공장제 대량생산이 확산되면서 최대의 이윤을 실현할려는 기업들은 생산비 비중이 높은 인건비를 최소화해야 할 필요성에 봉착했고 구체적 방법으로 써 저임금, 장시간 노동, 아동노동, 여성노동을 활용하게 되면서 노동자들의 불만이 쌓이고 소요사태 등 사회적인 갈등으로 분출되었다.

아직 노동자보호를 위한 법과 제도가 도입되기 이전이어서 합법과 불법의 경계가 없었고 노동자들이 자발적으로 동의하였다는 기업측의 주장이 틀렸다는 증거도 없어서 사법적 판단에 맡길 수가 없었다. 결국은 과격한 노동운동으로 이어지고 정치이슈화되었으며 친기업적인 보수당과 친노동적인 노동당의 양대정당이 경쟁하고 투쟁하는 정치상황이 전개되었다.

산업혁명 초기의 영국노동자들의 삶이 비참한 지경에 있었는가는 경제사학자들이 많이 다루었던 주제이었다. 미국 유학시절에 경제사강의시간에 들었던 내용이 아직도 머릿속에 남아있다. 농촌에서 굶주리고 헐벗던 소녀들이 공장노동자로 일하면서 춥고 배고픔은 모면할 수 있었다는 것이다. 그들은 절대적 빈곤의 덫에서 벗어 날 수는 있었으나 아마도 상대적 빈곤은 악화되었을 것이다. 자본가의 부와 소득이 증가한 속도는 임금의 증가속도에 비해서 비교가 어려울 정도로 빨랐을 것이라고 생각된다. 자본소득과 자산소득이 노동소득보다도 빨리 커진다는 경험적 현상은 동서고금을 막론하고 관찰된다고 하면 속단일까?

한참 오래전에 조영래 변호사가 쓴 『전태일 평전』을 읽었다. 조변호사는 고등학교 1년 선배이었는데 최근에 앨범을 정리하다 보니 졸업사진속에서 그가 활짝 웃고 있었다. 가난한 수재이었던 그가 요절하지 않고 계속 노동운동을 하였더라면 좋았을 텐데 하는 안타까운 생각을 한 적이 있다. 합리적인 투쟁노선을 뿌리 내리게 해서 노사협력과 상생의 길을 열어 나갔을 것인가? 아니면 강경파들에게 밀려서 그 뜻을 펴지 못하였을까? 어느 쪽이었던지간에 거대 이익집단화되고 있는 노동단체가 주도하고 있는 투쟁일변도, 갈등유발적 노사관계를 진정한 동반자관계로 격상시켜야 한다는 그의 뜻은 꺾이지 않았을 것이다.

전태일은 사문화된 근로기준법을 노동현장에서 살려 볼려고 투쟁하다가 비극적으로 생을 마쳤다. 글을 읽으면서 평화시장의 비좁은 방에서 하루종일 미싱을 돌렸던 어린 소녀봉제공들의 애환이 생생하게 전해오는 것을 느꼈다. 200여 년전 영국의 소녀노동자들의 애환(哀歡)과 50여 년전 한국의 소녀노동자들의 애환이 오버랩되어서 머릿속을 맴돌았다. 애(哀)는 장시간노동과 저임금의 열악한 노동환경이었고 환(歡)은 숙식걱정없이 돈을 벌어서 시골부모의 생활비와 동생의 학비를 보태는 것이었을 것이다. 그들의 곤경이 자본주의 경제발전 초기단계에서 거의 모든 나라가 거치는 과정이었다고 애써 스스로를 달래 보려고 해 보았지만 마음이 불편해지는 것은 어찌할 수 없었다.

자본도 기술도 없는 최빈국이었던 한국에서 수출경쟁력을 갖춘 상품이라고는 저임금 노동자들이 만들어낸 봉제의류 밖에 없었는데 임금을 올려주면 수출경쟁력이 흔들리게 된다는 저임금불가피론이 정당성을 인정받을려면 봉제공장 사장역시 검소하고 근면한 생활태도로서 모범을 보이고 수출하여 번 돈은 기술개발과 설비확장에 재투자해서 기업을 키우고 새로운 일자리를 만들어냈어야만 했다. 막스베버가 그렸던 청교도적 윤리로 무장된 기업가상이 그러했을 것이다.

대부분의 사장들은 그렇게 행동하였을 것이다. 거시적으로 보면 노사의 공동노력이 이루어낸 60년대의 고도성장의 과실이 시차를 두고 노동자계층에게 낙수처럼 스며들어서 절대빈곤으로부터 해방시키고 70년대 이후에 산업구조가 기술집약적으로 고도화되는 바탕을 만들어서 수많은 숙련노동자들이 중산층으로 진입할 수 있었다. 그러나 미시적으로 보면 기업에 따라서는 저임금근로자들을 부당하게 대우하고 경영자는 풍족한 생활을 누리는 노동착취가 존재하기도 했을 것이다.

만약 스미스가 환생한다면?

아담 스미스가 환생하여 오늘날 자본주의의 적나라한 실상을 목격한다면 어떠한 반응을 보일까? 하는 한가한 생각을 할 때가 있다. 자신은 1차 산업혁명의 초기를 살았는데 바야흐로 4차 산업혁명의 초기단계인 현세를 목도하면서 자본가의 이기심이 이루어낸 엄청난 기술진보와 대량생산의 경이로움에 찬사를 보내지 않을까? 자신이 역설한 바 데로 자본가들을 중상주의국가의 규제사슬에서 해방시켰기 때문에 인류가 한번도 경험해 보지 못한 물질적 풍요를 이루었다는 사실앞에서 긍지와 자부심을 느끼지 않을까?

반면에 자신이 예상하지 못했던 불평등과 독과점을 직시하면서 나의 이익이 만인의 이익이 되는 조화로운 사회는 어디가고 갈등과 대립이 그치지 않는 만인의 만인에 대한 투쟁사회가 되었는지 고민할 것이라는 짐작도 해 본다. 스미스가 해악적인 욕망을 억제해 줄 수 있을 것으로 기대했던 '엄정한 관찰자'는 많은 경우에 기대했던 감시와 통제역할을 해 내지 못했다. 눈앞에 큰 돈이 왔다 갔다 하는데 그 돈을 움켜쥐어야 겠다는 욕망앞에서 '너 그러면 안돼'하는 정의와 양심의 목소리는 울림을 주지 못하는 것이다. 재력이 제공해 줄 수 있는 정치적 영향력, 사회적 지위, 경제적 풍요의 혜택은 공감과 배려의 미덕을 눈멀게 한다.

빅토르 위고의 레미제라블에는 한밤 내내 마음속의 선과 악이 싸우는 대목이 있다. 장 발장이 소도시의 시장으로서 명성을 쌓아가고 있는데 그가 옛날에 훔쳤던 은촛대절도사건의 범인으로 무고한 사람이 체포되었다는 소식을 접한다. 그냥 모른척 넘어가면 자신은 존경받는 시장으로서의 안락한 생활을 계속할 수 있지만 자수하면 모든 것을 빼앗기고 다시 차디찬 감옥으로 들어가야 하는 갈림길에 서게 된 것이다.

그는 머리카락을 쥐어 뜯으면서 순간의 침묵으로 평생 호사를 누릴 것인지, 아니면 자신의 편안함을 위해서 무고한 사람을 감옥에 보내서는 안된다는 양심의 호소를 따를 것인지 고민하다가 머리카락이 하얗게 쉬어 버린다. 결국 그는 양심의 소리에 귀를 기울이기로 결정한다. 이 스토리는 욕망과 양심이라는 인간본성의 양면성을 극적으로 묘사한 것이고 장 발장같이 양심이 이기는 경우는 일반적이라기 보다는 오히려 예외이기 때문에 독자들의 마음속에 진한 감동과 깊은 여운을 남기는 것이다.

스미스가 환생한다면 자신이 근 250년전에 예상하였던 예정조화설을 수정할 것인가? 하는 또 다른 한가한 질문을 던져보기도 한다. 그가 반복되는 금융위기와 경제위기의 시대를 살았다면 자신의 경제관과 세계관에 대해서 회의를 품게 되지 않을까? 특히 1929년의 대공황과 2008년의 대침체의 발생과정을 보았더라면 예정조화설을 철회하지 않았을까 하는 생각까지도 해 본다. 자유방임에

맡겨진 인간의 이기심이 위기를 불러오고 수많은 무고한 사람들이 고통을 받는
걸 목격하면서 당초의 낙관적이고 희망적인 경제질서에 대한 신념이 흔들렸을
수도 있을 것이다.

환생한 스미스는 자유방임과 최소정부를 수정하여 국가의 역할을 키우는 방
향으로 사고의 틀을 바꿀려고 할까? 그는 자유방임을 주창하면서도 독과점의
규제와 치안유지를 위한 정부역할은 필요하다고 인정하였다. 그 연장선상에서
독과점규제를 더욱 강화하고 경제범죄에 대한 처벌을 엄중하게 해야 한다고 주
장할 수도 있을 것이다.

이 처방은 오늘날 자본주의 경제에서 이미 시행되고 있다. 현대 자본주의는
스미스의 기준에서 보면 자유방임은 커녕 수많은 규제와 제약하에 놓여 있다.
노동자와 사회적 약자 보호, 경영투명성과 책임성, 중소기업보호, 환경보호 등
의 목적으로 기업의 자유로운 이윤추구행위에 제동을 걸고 있다. 선진 자본주
의국가에서 보수와 진보가 나뉘어지는 이유도 그 근본을 보면 경제적 자유를
어느 범위까지 허용할 것인가이다.

스미스가 환생하면 보수와 진보의 길중에서 어느 노선을 택할까? 자유방임과
예정조화설은 보수의 색깔과 조화를 이룬다. 스미스의 학문적 전통을 이어받은
주류경제학 또한 보수의 편에 서서 시장친화적 정책을 옹호한다. 환생한 스미
스는 보수의 길을 걸을 것이라고 생각한다. 스미스는 자유로운 시장이 번영할
려면 엄정하고 공평한 법집행, 사유재산권의 보장, 자유계약과 자유교환의 보
장등 소위 말하는 시장인프라가 긴요하다고 생각하였으니까 오늘날의 경제적
병리현상의 치유도 그 연장선상에서 이루어져야 한다고 강조할지도 모른다. 그
러면서도 그는 자본주의의 윤리성과 공동선을 강조하면서 타인에게 해악을 끼
치는 이기심의 발로를 줄기차게 비판하는 포용적 보수의 주창자가 될 것이라고
믿는다.

문득 이런 생각이 머리를 스친다. 지금이야 말로 제2의 스미스가 출현할 때
라고 말이다. 경제적 자유라는 보수의 핵심가치를 유지하면서도 불평등을 개선
하여 예정조화설을 소생시키는 통찰과 직관의 지혜를 주는 제2의 국부론이 나
와야 한다는 소망이 생긴다. 이 소망이 이루어질려면 경제학을 공부하는 방법

부터 수정해야 할 것이다. 스미스처럼 철학, 법학, 정치학을 아우르는 통섭적 경제학연구를 해야만 오늘날의 난제를 풀 수 있는 지혜가 나올 텐데 지금의 폭 좁은 실증경제학방법으로는 연목구어(緣木求魚)라는 절망감이 든다.

합리적 욕망과 비합리적 욕망

주류경제학이 기업의 목표는 이윤극대화라고 가정함으로써 인간의 욕망을 가치중립적으로 인식하고 있다는 점은 이미 설명하였다. 경제학자들이 주관적 이며 규범적인 가치판단을 지양하고 실증적이며 객관적인 연구에 초점을 맞춤 으로써 과학적 엄밀성을 확보하겠다는 자세는 정당하게 평가되어야 한다. 가설 의 적합성을 판단하는 기준은 옳고 그르냐의 윤리적 잣대가 아니고 현실을 설 명해 낼 수 있느냐의 실증적 잣대이다. 기업이 이윤극대화를 지상의 목표로 삼 고 행동한다면 그 가설에 입각한 경제이론은 현실세계를 잘 설명할 수 있을 뿐 만 아니라 미래에 대해서도 맞게 예측할 수 있어야 한다.

그런데 경제학은 2008년 세계금융위기를 예측하지 못하였다. 몇몇 경제학자 가 위기의 도래를 미리 경고하였다고 하지만 한정된 사례를 가지고 경제학 전 체의 업적으로 치장할 수는 없다. 경제학자들에 대한 일반인들의 신뢰는 훼손 되었다. 오죽하였으면 영국의 엘리자베스 여왕이 공개적으로 경제학자들을 질 책하였겠는가?

경제학은 인간의 이기심과 욕망이 경제행위의 근본적인 동기부여임을 인정 한다. 그런데 중요한 것은 합리적 욕망과 비합리적 욕망을 구분하는 것이다. 경 제학이 상정하는 경제인(homo economicus)은 경제적 합리성을 쫓아서 이기적 으로 행동하는 인간이다. 경제적 합리성은 최소의 비용을 들여서 최대의 이익 또는 효용을 획득하는 것이다.

2008년의 세계 금융위기가 무르익어 갈 무렵에 금융파생상품에 대한 엄청난 투기붐이 일었다. 파생상품의 가격이 천정부지로 솟아 오르면서 묻지마 투자가 걷잡을 수 없이 금융시장을 휩쓸었다. 여기서 우리는 묻지마 투자가 합리적 행 동인지 아니면 비합리적이고 무모한 행동인지를 살펴보아야 한다. 경제학에서 상정하는 경제인이라면 파생상품의 구조와 특성, 기초자산의 가치, 그리고 그 상품의 리스크에 대한 수집가능한 정보를 모두 모아서 위험과 기대이익을 비교한 후에 투자 여부를 결정해야 한다.

모든 투자자들이 합리적으로 행동하면 파생상품의 가격이 일시적으로는 정상가격을 상회할 수 있겠지만 수십배, 수백배의 거품이 끼고 결국 그것이 터지면서 위기를 맞게 되지는 않을 것이다. 묻지마 투자는 눈앞에서 벌어지고 있는 대박의 유혹에 이성이 마비되어서 무턱대고 하는 투자이다. 목전에서 벌어지고 있는 가격의 급격한 오름세가 앞으로도 계속될 것이라고 믿으며 설령 언젠가는 하락할 것이라는 예상을 하면서도 떨어지기 전에 기회를 잡으려고 한다.

2008년 금융위기때 파산처리된 투자회사인 리만 브라더스의 임원이 쓴 책을 읽은 적이 있다. 그 역시 파생상품의 대량 거래를 통해서 엄청난 수익을 올렸지만 얼마 가지 않아서 뭔가 수상한 낌새를 알아차리고는 거래상황을 예의 주시한 결과 조만간 거품이 꺼질 것이라는 결론에 도달하였다. 보고서를 만들어서 CEO에게 사태의 심각성을 일깨워 줄려고 하였으나 CEO는 오히려 그를 나무라면서 경쟁회사들에게 뒤처지지 않도록 거래를 계속하라고 지시했다는 내용이 있었다.

묻지마 투자행태는 흔히 들판의 양떼 중에서 한 마리가 뛰기 시작하면 모든 양들이 영문도 모르면서 일제히 같은 방향으로 뛰기 시작하는 떼몰이행동(herd behavior)에 비유되곤 한다. 한국에서도 외환위기 직후인 2000년대초에 벤처기업에 대한 떼몰이투자가 휩쓴 적이 있었다. 그 전성기에는 벤처주식의 공모소식이 온라인에 공지되면 그 회사가 생산할려고 하는 제품이 무엇인지도 모른채 달려드는 개인 투자자들이 많았다. 단 몇 달만에 원금의 5배, 10배를 벌었다는 보도가 심심치 않게 보이고 주위에서도 대박을 터뜨렸다는 지인들의 행운이 소문으로 들려 오는데 모른척 하고 지나치는 것은 쉬운 일이 아니었다.

만약에 경제학이 합리적 경제인을 가정하는 대신에 비합리적 경제인을 가정한다면 대규모의 금융위기를 예측하는 능력은 향상될 수 있을 것이다. 그런데 문제는 평상시에는 대다수의 사람들이 합리적으로 행동하기 때문에 위기예측력을 높이겠다는 의욕이 앞서서 섣불리 가정을 바꾸면 거시모형에 기초를 둔

거시정책이 나침판을 잃고 혼란에 빠질 우려가 있다는 점이다. 그렇다면 거시모형을 2원화해서 평상시의 합리적 행동을 가정하는 모형과 거품팽창기의 비합리적 행동을 가정하는 모형을 각각 만들면 어떨까 하는 생각이 들기도 한다.

이미 비합리적 행동을 가정하는 경제학연구가 진행중에 있다. 행동경제학이라고 불리는데 실험심리학의 연구성과를 이용하여 사회적, 인지적 편향이 경제행동에 미치는 영향력을 받아들이고 그 바탕위에서 경제현상을 설명하고 예측할려고 한다. 두 명의 행동경제학자가 노벨경제학상을 수상하였는데 2002년의 대니얼 카너먼, 2017년의 리처드 탈러가 그들이다.

경제학은 이윤극대화가설과 불평등을 재조명해야

자본가들의 이기심이 낳는 불평등을 주류경제학은 담담하게 설명해 나간다. 경제발전 초기단계에서는 단순노동의 공급이 차고 넘치기 때문에 임금상승은 억제되는 반면에 자본은 희소성을 반영하여 높은 수익을 거두어 간다고 설명한다. 경제발전이 성숙되면서 숙련노동에 대한 수요가 증가하여 그들의 임금은 단순노동보다도 큰 폭으로 상승하면서 노동자간의 불평등이 생기게 되고 지식경제시대에는 금융, IT분야 등의 전문직 임금이 월등히 높아져서 임금간의 격차는 더욱 벌어지게 된다. 이처럼 경제학은 불평등현상을 수요-공급과 생산성 차이로 설명할 뿐 그 근본원인을 제공하는 이윤욕망이 어떠한 경로를 거쳐서 불평등을 만들어내는지에 대해서는 별로 관심이 없다.

한국에서 대기업과 중소기업간에는 엄청난 임금격차가 존재하는데 경제학은 이를 생산성차이로 설명한다. 빈약한 기술을 가진 중소기업은 풍부한 기술을 보유한 대기업보다도 생산성이 낮기 때문에 높은 임금을 지불할 수가 없다는 것이다. 이 설명은 대기업과 중소기업의 제품이 완전경쟁시장에서 가격이 결정되는 경우에는 타당하다. 그런데 중소기업이 대기업에 납품하는 비대칭적 상하관계인 경우에는 수정이 필요하다.

노동생산성은 매출액을 종업원숫자로 나누어서 측정한다. 대기업이 협력중소기업의 납품단가를 올려주면 중소기업의 매출이 늘어나고 노동생산성은 따라서 올라가게 되며 종업원들의 임금을 올려 줄 수 있는 능력이 생기는 것이다. 대기업이 협력업체의 제품에 대해서 강력한 수요독점자인 경우에는 납품가격을 최소한으로 낮출려는 대기업의 욕망이 불평등의 원인이 되는 것이다.

경제학은 불평등에 대한 연구를 성장과 효율성연구의 반열로 올려 놓아야 한다. 성장의 낙수가 폭포수처럼 흘러내리는 시대는 지나갔고 도랑물처럼 느리고 약하게 스며드는 시대가 왔다. 효율성이 생산성을 높이고 자원의 최적 배분을 담보한다는 믿음은 불평등에 시달리는 많은 사람들에게 공허한 메아리를 남기는 시대가 왔다. 세계화가 가져다 주는 번영의 그늘에는 집과 직장을 잃고 불확실과 불안정을 안고 살아가는 수많은 사람들의 하소연이 있다.

알프레드 마샬은 경제학자는 차가운 머리와 뜨거운 가슴을 가져야 한다고 말했다. 그는 런던의 빈민굴에 가보지 않은 사람은 자기 연구실에 들어오지 말라고 했다. 마샬 이후의 주류경제학은 과학적 엄밀성을 추구하다 보니 머리와 가슴이 동시에 차가워졌다. 고삐풀린 욕망이 초래하는 부조리와 모순의 해결은 윤리학, 법학, 사회학, 정치학자들에게 미루고 자신들은 난해한 수학공식과 통계모형에 의지하여 현실을 설명하고 미래를 예측하는 실증적 결과를 내어놓는 데 주력하였다.

경제학은 뜨거운 가슴을 되찾아 와야 한다. 합리적 경제인(homo economicus)이 냉정한 두뇌를 굴려서 자기의 이익을 최대한 향유하겠다는 행위가 의도했던 의도하지 않았던 간에 타인에게 바람직하지 않은 어려움을 안길 수 있다는 점을 자신의 행동함수에 내재화시킬 필요가 있다. 강자와 약자의 욕망이 부딪히고 갑의 욕망과 을의 욕망이 대립할 때 어떠한 과정을 거치면서 어떠한 결론으로 귀결되는지는 통계적 모형만으로 잡아낼 수가 없다.

내가 살아오면서 관찰한 결과는 많은 경우에 강자와 갑의 태도여하에 따라서 결과가 달라진다는 것이다. 강자와 갑이 자신의 입장만 내세우는 경우와 상대방의 입장도 역지사지하는 경우간의 차이는 굉장히 크다. 경제학은 임금과 납품가격 등 불평등에 영향을 미치는 중요한 가격변수들의 결정과정에서 이기적인 욕망이 불러오는 왜곡을 과학적이라는 미명하에 가치중립적인 태도로 수수방관하는 입장에서 벗어나야 한다. 경제학은 차가운 머리와 뜨거운 가슴의 공존이 어느 때보다도 절실하게 요구되는 시대에 처해 있다.

만약에 기업의 경영목표가 이윤극대화만 추구하는 행태로부터 기업이윤과 더불어서 이해관계자들의 이익까지도 고려하는 행태로 바뀌면 경제학의 기업이윤극대화가정도 수정될 필요성에 직면하게 된다. 이윤의 범위가 확대되어서 기업을 넘어서서 종업원, 협력업체, 소비자의 이익까지 포괄하게 되는데 경제학이 여전히 기업이윤극대화가정에 억매이면 기업행동의 원인과 결과에 대한 설명력이 떨어지고 기업행동에 대한 예측력까지도 약화될 것이다. 새로운 기업목표는 종전의 개별적 이윤극대화가 아니라 집단적 이윤극대화 또는 공동체 이윤극대화로 부르는 것이 더욱 적절할 것이다.

경제학은 현실을 있는 그대로 설명하는 실증학문(positive economics)이면서 또한 바람직한 경제사회의 모습을 제시하는 규범학문(normative economics)이기도 하다. 기업의 목표가 이해관계자가치극대화로 완전히 바뀌면 실증학문으로서의 경제학은 당연히 현실변화를 반영하여 종전의 주주이익극대화가설을 폐기하여야 한다. 그러나 새로운 목표가 뿌리를 내리고 정착되기 전이라도 그 방향으로의 변화가 시작되고 확산과정에 들어서면 경제학은 바람직한 경제사회에 대한 진지한 고민을 시작하고 연구와 토론을 활성화해서 새로운 변화를 촉진할 것인지 아니면 종전의 질서를 옹호할 것인지에 대한 입장을 정립하는 것이 바람직하다.

내가 보기에는 경제학이 새로운 질서를 지지하고 그 정착을 돕는 것이 타당하다고 생각한다. 날로 커지는 경제적 불평등이 자본주의의 도덕적 우월성을 무너뜨리고 날로 첨예해지는 대중들의 불만이 민주주의의 바탕을 흔드는 시대상황속에서 경제학은 자기 이익만 추구하는 기업행태의 폐단을 냉철하게 분석하고 더 나은 기업행태의 기준과 방향을 제시해야 하는 책무를 결코 내팽개칠 수 없다.

10

불공정한 불평등을 없애야 한다

균등한 기회, 공정한 과정이면 불평등한 결과는 받아들여야

사람들은 밑을 쳐다 보면서 행복해 하지 않고 위를 쳐다 보면서 불행해 하는 속성이 있다. 이미 가진 것은 당연한 것이고 아직 가지지 못한 것을 부러워한다. 부와 소득의 불평등이 문제가 되는 것은 일차적으로는 빈곤의 고통과 비인간성에 기인하지만 다른 시각에서 보면 불평등하다고 느끼는 우리들의 비교본능에서 비롯된 것이 아닌가 하는 생각이 든다. 자신의 절대적 위치보다는 순위에 더 큰 가치를 부여하는 것이다.

운동경기에 비유하자면 인생을 기록경기가 아니라 순위경기라고 여기는 것이다. 육상, 수영 등의 기록경기에서는 자기의 종전기록을 갱신하면 비록 메달을 따지 못하더라도 잘했다고 박수를 쳐준다. 그런데 축구 등의 순위경기에서는 아무리 골을 많이 넣어도 패배하면 골의 의미가 없어진다.

내가 어린 시절에 자전거를 갖지 못한 것에 불만을 품었다가 친척이 사는 판자집을 보고 나서 자전거는 없어도 좋으니 재래식화장실에 장작으로 군불을 때더라도 추위를 막아주는 우리집이 안온하게 느껴졌다. 만약에 지금 내가 같은 집에서 살고 있다면 겨울에 따뜻한 물이 나오는 샤워를 못한다는 사실을 불평할 것이다. 절대적으로 같은 위치에 있어도 위를 보느냐, 아래를 보느냐에 따라서 행복과 불행이 갈릴 수 있다. 기록경기의 자세로 살아가는 인생은 행복을 안겨주고 순위경기를 살아가는 인생은 불행의 씨앗이 될 가능성이 크다.

그런데 아무리 자신만의 삶을 살아갈려고 노력해도 주위사람들이 그걸 방해하는 것이 또한 세상이치임을 부정할 수 없다. 나는 국책연구원생활을 오래 하면서 보고서쓰고 정부정책을 건의하는 일에서 보람을 느꼈고 정년퇴직때까지 평연구원으로 지내도 괜찮겠다는 생각을 하곤 했다. 그러나 언제부터인가 주위사람들이 수군대는 소리가 들려오기 시작했다. 저 사람은 왜 부원장이 안되는가? 능력이 모자라거나 대인관계가 매끄럽지 못하거나 뒷배를 봐 주는 사람이 없는 것이 아닌가? 등. 처음에는 무시하고 내 갈길을 가야겠다고 다짐하였지만 유쾌하지 않은 시선을 의식하고 나서부터는 마음의 짐이 되어서 나를 짓누르기 시작하였다.

부원장이 되기 위해서는 어떻게 해야 하나?는 잡념이 자리잡기 시작하니까 단순하던 연구원생활이 복잡해졌다. 경제생활도 비슷하다. 30평 아파트에서 별 불편함이 없이 행복하게 살아오다가 어느날 갑자기 아내가 50평 아파트에 사는 친구이야기를 하기 시작하면 갑자기 자기 집이 옹색해 보이는 것이다.

순위경쟁의 인생이 꼭 재앙적이지만은 않다. 순위를 끌어 올리겠다는 욕망, 의지, 노력은 자기 발전의 추동력이고 사회와 문명발전의 견인체이기도 하다. 마라톤이 기록경기임에는 틀림없지만 무인도에서 자기 기록을 경신하기 위해서 땀 흘리는 선수가 과연 몇 명이나 될까? 올림픽에서 경쟁자들을 물리치고 금메달을 따겠다는 목표가 없으면 숨넘어 가는 42키로미터를 헤아릴 수도 없이 뛰어내는 인고를 참아내기 힘들 것이다.

기록갱신이건, 순위상승이건간에 경쟁이 있기 마련이고 경쟁없는 인생은 불가능하다. 물론 세상을 등지고 물과 바람과 별을 벗삼는 생활도 있으나 어디까지나 특별하고 예외적일 뿐이다. 우리 모두가 절대적으로 평등해지면 경쟁이

없어질까? 꼭 그렇지만도 않다. 절대적 평등을 숨막혀 하고 그걸 깨고 나오고
싶다는 욕망이 다시 꿈틀거릴 것이다. 남들과 차별화되고 싶고 남들 보다도 더
나은 생을 살아가겠다는 원초적인 욕망이 다시 불평등을 낳을 것이다.

　인류가 언제 절대적으로 평등한 시대가 있기나 했는가? 7만년전 구석기 시대
의 원시공산사회가 평등에 가장 근접하였을 것이다. 사유재산이 없고 사냥에서
포획한 짐승들을 공평하게 나눠 주었을 것이니까. 그런데 누가 어떻게 나누어
주었을까? 어른 행세를 하는 연장자가 있어서 그야말로 똑같이 나누어 주었다
면 절대적 평등이 실현되었을 것이다. 그러나 분명히 불평분자가 있었을 것이
다. 내가 혼자서 사슴 한 마리를 사냥하였는데 왜 나에게 더 많은 고기를 주지
않는가? 고기아니라도 좋으니 아름다운 뿔은 나에게 달라고 요구했을 수도 있다.

　체격이 좋은 남자는 배급된 고기가 부족해서 항상 배가 고픈데 체격이 가냘
픈 여자는 주어진 고기를 다 먹지 못하고 남겼을 것이다. 그래서 남자는 항상
불만이었을 것이다. 원시공산사회는 평등하였으나 공정하지는 않았다. 연장자
는 불만을 달래기 위해서 사냥잘하는 남자에게 더 많은 고기를 줄 수밖에 없었
고 절대평등은 깨졌다. 대신 공정성은 향상되었을 것이다. 그래도 공정성시비
는 그치지 않았을 것이다. 사슴 한 마리 잡은 원시인과 토끼 열 마리 잡은 원시
인에게 어떻게 나누어 주면 절대공정이 담보되었을까?에 대한 절대진리의 답은
없다.

　부모불평등이 교육불평등을 거쳐서 소득불평등으로 이어진다고 한다. 그런
데 같은 부모밑에서 자란 여러 형제들간에도 불평등이 생겨나기 마련이다. 지
능, 성격, 태도가 다르고 그것이 나중에 소득불평등으로 이어지는 경우가 흔하
다. 머리 좋고 게으른 아이, 머리는 뒤떨어 지지만 열심히 공부하는 아이, 공부
보다도 운동을 더 좋아하는 아이가 있는 반면에 그저 놀기 좋아하는 아이도 있
다. 적극적이고 활동적이며 대인친화적인 아이가 있는 한편으로는 반대의 태도
를 가진 아이들도 있다. 부모가 모든 자식들에게 같은 기회를 공정하게 주어도
결과는 평등이 아니라 불평등일 것이다.

　흔히들 말하기를 출발선이 같고 과정이 공정하면 그 결과가 비록 불평등하
더라도 인정하고 받아들여야 한다고 한다. 결과까지도 평등하게 해 주겠다는

발상은 극단적인 포퓰리즘이므로 지양하는 것이 맞다고 한다. 이 견해는 자유주의에 바탕을 두고 있으며 경쟁의 정당성과 효율성을 동시에 확보할 수 있는 핵심논지를 포함하고 있다. 기회의 균등과 과정의 공정을 확대하면 불평등이 현저히 줄어들 수 있다는 점을 인정하면서 그럼에도 불구하고 야기되는 불평등은 받아들여야 하고 경쟁이 개인과 사회발전의 동기를 부여하는 긍정적 역할을 평가해 주는 것이다.

자유주의의 반대쪽에는 국가주의가 자리잡고 있다. 불평등자체를 부정하고 금기시하며 결과의 평등이 실현되는 사회를 지향하면서 출발선, 과정, 결과의 전방위에 걸쳐서 국가의 손길이 미치는 것이다. 개인의 다양성을 무시하고 경쟁의 효율을 부정하며 국가의 능력을 과대평가하는 위험한 사고라고 생각한다. 역사적으로 국가주의가 성공한 예가 없다. 소련은 몰락하였고 중국은 몰락하기 전에 다행히 경쟁과 불평등을 인정하는 개혁개방으로 돌아 섰다. 인도 역시 세계 최대의 민주대국이라는 영예와 최빈곤국이라는 불명예의 기묘한 공존시대를 거쳐서 국가사회주의를 버리고 자유시장경제를 선택하였다. 중남미 여러나라들에서는 국가간섭과 통제의 관성에서 벗어나지 못해서 경제위기가 반복되고 있다.

현재 국가주의가 가장 완벽한 형태로 지배하고 있는 곳은 바로 북한이다. 그러나 그 국가주의는 빈곤의 평등, 일부 특권층과 대다수 국민들간의 절대적 양극화를 가져왔을 뿐이다. 금강산 관광이 이루어지던 때에 직원들과 함께 갔었다. 우리가 묵었던 숙소에서 해금강까지 버스를 타고 왕복했는데 돌아 올 무렵에는 해가 지고 땅거미가 내리고 있었다. 어둑어둑한 창밖으로 주민들이 나뭇가지를 등에 지고 느릿느릿 움직이고 있었다. 아마 땔감을 구해서 집으로 가는 것 같았다. 내가 어릴적에 보았던 산기슭 판잣집 못지않게 초라한 집들이 늘어선 마을풍경과 겹쳐서 노동자의 낙원이 이래서는 안된다고 한탄하였다.

남쪽으로 돌아오는 길에 버스가 군사분계선을 넘자마자 내 시선에 이상한 이질감이 느껴졌다. 한참후에야 구체적인 형태로 다가 왔는데 북한 군인들과 남한 군인들의 선명한 대조이었다. 자그마하고 까맣고 겨울인데도 장갑도 끼지 않은 북한 군인들에 비해서 남한 군인들은 크고 허여멀끔하고 멋져 보이는 방한복에 두터운 장갑을 끼고 있었다. 북한에서는 군인들에게 식량과 의복을 우선 배급한다고 들었는데? 의아심이 들었다.

북한경제는 병이 골수에까지 파고 들어서 외과적 수술없이는 소생을 기대하기 어렵다고 생각한다. 흔히들 장마당경제가 북한경제를 소생시키고 시장경제를 확산시키고 있다고 하는데 나는 동의하지 않는다. 장마당이라는 것이 아마도 어릴적에 내가 보았던 시골 5일장이나 도시의 길바닥에 펼쳐놓은 재래시장과 흡사할 것이다. 더 거슬려 올라가면 그러한 장마당은 인류가 교환을 시작한 이래로 존재하여 왔다.

이스탄불에 갔을 때 수백 년전 오스만터키시절에 건설되었고 아직까지 사용되고 있는 시장을 구경한 적이 있었다. 어마어마하게 큰 건물안에는 수백 개의 점포가 있었고 역시 어마어마하게 많은 인파들이 흥정을 하고 있었다. 이런 모습을 보고도 우리는 오스만터키가 시장경제체제이었다고 말하지 않는다.

시장은 겉으로 드러난 형태일 뿐이고 눈에 보이지 않는 제도가 뒷받침해야만 시장경제라고 부를 수 있다. 사유재산제도, 법의 지배, 자유계약과 자유교환 등은 시장경제의 존립과 번영을 위한 불가결한 인프라이다. 국유재산제도, 공산당지령의 지배, 자의적 계약파기가 확립되어 있는 북한실정을 간과하고 겉으로 드러난 장마당을 보고는 시장경제가 확산되고 있다고 해석하는 것은 무지의 소산이다.

획일적 기회균등보다도 다양한 기회부여가 중요

기회의 균등과 과정의 공정성을 확립한 후에 초래되는 결과의 불평등은 인정하자는 주장을 받아들이더라도 기회의 균등이 어디까지 가능하고 과정의 공정이 어디까지 가능한지를 가늠해 볼 필요가 있다. 현실적인 한계를 무시한채 주장만 하다보면 추상적인 공리공론으로 흐르고 갈등과 분열만 부추기게 되기 때문이다.

국민적 관심사항인 교육기회를 예로 들어보자. 조선시대에는 양반의 자제들만 교육을 받을 수 있었고 상민과 천민의 자제는 서당에 다닐 수 없었다. 조선

왕조가 멸망하고 신분제도가 없어지면서 학교의 문은 누구에게나 열리게 되었다. 기회의 균등이 보장되었던 것이다. 그런데 오늘날은 모든 자녀들이 학교에 갈 수 있음에도 불구하고 기회의 불균등에 대한 불만이 팽배해 있다. 부모의 재력이 풍부하고 지위가 높으면 그 자녀는 고액과외를 받고 그렇지 않은 가정의 자녀는 공교육만 받을 수 있으니까 실질적인 기회균등이 깨어지고 있다는 것이다. 물론 이 인식은 학원교육이 학교교육에 비해서 우월한 입시준비를 제공한다는 전제를 바탕에 깔고 있는데 어느 정도는 사실임을 부정할 수 없다.

그러면 상이한 가정환경을 가진 두 자녀의 불균등한 교육기회를 균등하게 만드는 방법이 있는가? 쉬운 해답은 가정이 어려운 학생에게 장학금을 지급하는 것인데 이미 상당수준 집행되고 있기는 하지만 불균등을 좁혀 주기에는 충분하지 않을 것이다.

현재 정부의 정책방향은 공교육을 내실화해서 사교육비를 줄이자는 것인데 입시교육을 놓고 학교와 학원이 경쟁하면 승자는 학원이 될 것이다. 마치 공기업과 사기업을 경쟁시키는 것과 같다. 공기업은 공공성에 치중하고 사기업은 이윤창출에 치중하는 것이지, 공기업을 사기업과 함께 이윤경쟁을 하라고 하면 백전백패일 것이다. 승부를 떠나서 공기업의 존립목적을 무시하는 셈이다. 차라리 공기업에게 이윤창출을 요구하는 대신에 민영화하는 것이 올바른 방향이다. 즉 학교를 학원으로 전환하는 것이 기회균등에는 도움이 될 것이다. 공기업에 국가예산을 계속 지원해 주면서 사기업과 경쟁하라고 하면 결국 국민세금만 축내고 말 것이다. 공교육예산을 해마다 올려 주면서 학원과 경쟁하라고 하는 것도 동일한 폐단을 낳는다.

학교는, 특히 국가예산으로 운영하는 공립학교는 입시준비기관이 아니고 국가와 사회가 필요로 하는 지식과 품성을 가르치는 공익기관이다. 학원과 입시준비경쟁을 벌이게 하면 안된다. 그렇다면 남은 방법은 사교육을 금지시키던가, 아니면 사교육비까지 충당할 수 있도록 장학금을 대폭 늘리는 것이다.

나는 가끔 전국 방방곡곡에서 가난한 수재들을 체계적으로 발굴해서 국가가 그들의 교육을 재정적으로 책임지는 것이 필요하다는 생각을 한다. 교육의 무너진 사다리를 다시 세워보겠다면서 학교평준화, 자사고폐지, 대학입시에 대한 과도한 통제를 하고 있지만 운동장은 여전히 기울어져 있고 대신 학력의 저하라는 심각한 부작용이 쌓이고 있다고 본다. 가난한 수재교육을 국가재정으로 책임지는 것이 사다리 복구를 위해서 훨씬 나은 정책이라고 생각한다.

그런데 절대적 기회균등을 위해서 기계적으로 접근하는 것은 인간본성에 대한 깊은 성찰이 결여되어 있다는 비판에서 자유로울 수 없다. 가정이 어려우면 더 나은 생활을 위해서 여유로운 학생보다 더 열심히 노력해야 하겠다는 동기부여가 생기게 된다. 가정이 풍족하면 현실에 안주하려는 유혹이 생기게 된다. 나의 학생시절에는 그랬다. 가난한 수재들은 입주가정교사를 하면서 숙식을 해결했고 학비는 장학금으로 메꾸었다. 부유한 학생들은 고액가정교사에게 배웠으나 가난한 수재를 능가하지 못했다.

내가 강조하고 싶은 것은 절대적인 기회균등을 내세우면서 기계적인 접근에 치우친 나머지 모든 사람들을 동일한 출발선상에 세우겠다는 목표를 세우면 그 부작용이 만만치 않다는 것이다. 인생경주는 육상처럼 단순하지 않다. 모든 사람들은 태어날 때 이미 다른 출발선상에 있다. 두뇌, 체격, 성품이 각인각색이다. 다른 출발선상에서 다른 목표를 향해서 달리는 것이 인생경주이다. 머리가 좋으면 학자, 체격이 좋으면 운동선수, 창조적이면 문화예술가, 성품이 개척적이면 사업가의 트랙으로 들어서서 열심히 달리는 것이 바람직한 사회이다.

한국은 의사, 판검사, 변호사, 대기업취업, 공무원 등 같은 목표를 향해서 일제히 달려갈려고 하니까 현실적으로 가능하지도 않은 절대적 기회균등을 요구하게 되는 것이다. 인생은 마라톤 경주인데 잠실운동장에서 출발해서 행주대교를 반환점으로 돌아서 다시 잠실운동장으로 골인하는 하나의 코스에 수만 명의 학생이 몰려들게 할 것이 아니라 전국 방방곡곡에서 수백 개의 코스를 준비해서 각자의 적성과 희망에 맞는 코스를 선택하게 해야 할 것이다.

독일에서는 정부가 직업학교에 갈 학생과 대학으로 진학할 학생을 미리 구분해 준다고 한다. 우리 기준에서 보면 이것은 정부가 앞장서서 기회불균등을 조장하는 행위에 불과하다. 정부가 학생들의 장래를 책임지는 것도 아닌데 인생행로에서 가장 중요한 결정권을 학생과 학부모로부터 빼앗아 가는 처사로 보인다. 그러나 시각을 달리해서 보면 학생들의 다양성을 인정하고 각자의 적성에 적합한 출발선을 따로 그어 주고, 다른 골인지점을 향해서 달려가게 하는 것으로 보인다. 기회불균등을 조장하는 것이 아니라 기회다양성을 만들어 주는 것이다.

기회균등을 맹목적으로 강조하다 보면 가난한 학생이 어려운 처지를 벗어나기 위해서 두 배의 노력을 할려는 의지를 꺾고 대신 자신의 불우한 환경을 탓하고 사회의 모순에 모든 책임을 돌리게 하는 부작용이 생긴다. 이점은 특히 정치인들이 경계해야 한다. 자신의 정치적 목적과 이익을 탐한 나머지 젊은이들로 하여금 자신의 어려운 처지를 사회와 국가탓으로만 돌리게 호도하는 것은 겉으로는 젊은이들을 배려하는 것처럼 보이지만 사실은 그들을 더욱 궁지로 몰아넣는 것이다.

능력주의, 실적주의 확립하고 정실주의 배제해야

불평등해소를 위해서 기회균등이 중요하지만 과정의 공정성 또한 이에 못지 않게 중요하다. 과정이 공정하기 위해서는 경쟁의 규칙이 객관성, 명확성, 투명성, 공평성의 기준을 갖추어야 한다. 추상적인 논의보다는 구체적인 논의를 위해서 다시 교육을 예로 들어 보겠다.

초등학교 입학전에 가정환경을 똑같이 만들어 준다는 비현실적 가정을 해보자. 입학후에는 경쟁이 시작되는데 시험을 치면 성적이 차이가 날 수밖에 없다. 같은 선생님으로부터 똑같이 배우는데도 우열의 갈림길은 피해갈 수가 없다. 학생에 대한 평가가 명확성, 투명성, 공평성을 갖추었으므로 과정은 공정하다. 그러므로 그 결과는 받아들여야 한다. 중학교에 진학한 후에 우수한 학생은 자신에게 적합한 교육을 받을 권리가 주어져야 한다.

우수 학생에게 학력이 뒤처지는 학생들의 수준에 맞는 교육을 받게 하면 학업의 흥미를 잃게 되고 스스로 독학하던가 사설학원으로 발길을 돌리게 될 것이다. 우수한 학생의 입장에서 보면 이는 공정한 경쟁이 아니다. 실적주의 (meritocracy)에 어긋나기 때문이다. 교육을 평등하게 하느라고 학교를 평준화하는 조치는 경쟁의 공정성을 헤치는 것이다. 기회균등이 중요하지만 과정의 공정성 또한 이에 못지않게 중요하다.

나의 초등학생시절에 담임선생님은 학급에서 공부잘하는 학생 다섯 명정도를 대상으로 해서 방과후에 따로 가르치셨다. 과외수업비를 받지도 않으시고 심지어는 본인의 돈으로 참고서를 사서 나누어 주셨다. 그때는 중학교입시가 있던 시절이므로 소위 말하는 일류중학교에 입학할 만한 제자들을 선별해서 일종의 개인과외를 무료로 해 주셨던 것이다. 지금같으면 불공정하고 불공평하다고 소외된 학생들과 학부모들이 들고 있어나겠지만 그때는 아무도 불평하지 않았다. 지금처럼 고액과외학원이 없던 시절이어서 우수한 학생들을 담임선생님이 과외로 지도하지 않았으면 그들은 일류중학교에 못 들어갈 수 있었고 경쟁의 실질적 공정성이 손상되었다고 볼 수도 있지 않을까?

과정을 기계적으로 공정하게 할려면 개개인의 학력을 무시하고 모든 학생들에게 똑같은 내용과 수준으로 획일적인 수업을 해야 한다. 아마도 중간정도의 학생수준에 맞추어서 가르쳐야 할 것이다. 그러면 우수한 학생은 흥미를 잃고 중간 이하의 학생은 너무 어려워서 따라가지 못하고 뒤처질 것이다. 이는 기계적 공정성을 위해서 교육의 핵심인 가르침을 희생시키는 어리석기 짝이 없는 짓이다.

기회균등과 과정의 공정을 경제행위에 대입시켜보자. 경제행위에서 기회균등을 파괴하는 주범을 꼽으라고 하면 각자가 출발선상에서 보유하고 있는 자본(돈)의 크기가 다르다는 점일 것이다. 무일푼인 사람은 1억원을 가진 사람에 비해서 5천미터 경주의 출발선이 적어도 백미터정도는 뒤에 있는 셈이다. 출발선에서 수중에 있는 자본의 크기를 결정하는 주범은 부모의 재산이다. 부모로부터 경제적 도움을 얼마나 받느냐에 따라서 출발선이 달라지는 것이다.

문제를 이렇게 단순화하면 기회균등의 해법도 단순하다. 세율을 100%로 올려서 증여, 상속을 차단하면 되는 것이다. 이 단순명확한 해법이 갖는 문제는 없을까? 형식논리에 따르면 사유재산을 정면으로 부정하기 때문에 자본주의역시 부정당한다. 사유재산권은 재산의 사적보유, 보유재산의 자유처분이 핵심인데 자손에게 물려주지 말라고 하면 자유처분권을 송두리째 부정하는 셈이 되는 것이다. 그런데 대부분의 자유시장경제 나라에서 상속세는 이미 존재하고 있는데 그 세율을 100%로 올린다고 해서 자유시장경제를 부정한다고 몰아치는 것은 생뚱맞다고 볼 수도 있지만 상속세율 50%와 100%는 정도의 차이가 아니라 전혀 다른 차원의 차이이기 때문에 100%는 자본주의의 본질을 훼손하는 것이라고 생각한다.

상속을 금지하면 근로의욕과 부의 축적의지를 꺾어서 경제활력을 떨어뜨린다는 반론도 만만치 않다. 자식에게 부를 물려주겠다는 강력한 욕망을 억제하면 부의 축적동기가 훼손된다는 것이다. 이 주장에 대해서는 인간본성에 대한 깊은 통찰이 필요하지 싶다. 나는 그러한 자격이 없지만 그저 나의 지식범위 내에서 생각해 보기로 한다.

식욕과 성욕이 인간의 2대본능이라고 한다. 식욕은 자신의 생존을 위한 것이고 성욕은 자손을 낳아서 종족을 번식시키기 위한 것이다. 그런데 지금처럼 자식을 낳지 않는 풍조가 일반화되어 가고 있는 현상을 보면 종족번식본능이 과연 인간본성인가 하는 의문이 든다. 자식에게 부를 물려주겠다는 것은 종족번영을 위한 것이다. 종족번식욕망조차도 약화되어 가고 있는데 종족번영욕망이 본능에 가까울 정도로 강력하다고 보기는 어려울 것 같다. 선진서구사회를 보면 자식에게 부를 물려주겠다는 욕망이 한국처럼 강하지는 않는 것으로 보인다. 유독 한국에서만 상속의 욕망이 강한 것을 보면 이는 인간본성이라기 보다는 사회문화적 현상이므로 후천적으로 변화할 수 있는 것이라고 생각한다.

경제행위에서 과정의 공정성을 높이기 위한 정책적 노력은 공정경쟁의 이름 아래 오랫동안 계속되어 왔고 구체적 정책들도 다양하게 구비되어 오고 있다. 한국에서도 공정경쟁정책의 전통적 분야인 시장독과점규제는 물론이거니와 재벌의 경제력집중억제도 중요한 정책대상이 되어 왔다. 최근에 와서는 재벌의 일감몰아주기, 사익편취행위, 불공정한 하도급거래와 프랜차이즈거래 등도 감시와 규제의 대상이 되고 있다. 앞으로 이 분야는 더욱 세밀한 정책을 마련해서 경쟁과정의 공정성을 높여 나가야 한다.

경쟁과정의 공정성에서 일반국민들이 예민하게 체감하는 분야가 직장생활이다. 채용, 승진, 평가, 연봉산정 등에서 공정성문제는 일상적으로 부딪히는 문제이다. 부정입학, 부정채용, 학연과 지연등의 정실관계를 통한 승진 등은 국민들에게 좌절감을 심어주고 분노를 불러일으키고 사회적일체감을 균열시킨다. 대부분의 경우에 정실주의의 이익을 누리는 계층은 부와 권력을 가진자들이기 때문에 불평등이 불공정성과 결합되어서 기득권층에 대한 반감을 증폭시키게 된다.

과정의 공정성을 높이기 위해서 한국 사회가 시급히 정착시켜야 할 과제는 능력주의, 실적주의(meritocracy)의 원칙을 공고히 하는 것이다. 한국 사회에서 정실주의가 쉽게 없어지지 않는 것은 끈끈하게 얽혀있는 사적인 인간관계를 외면하기 어려운 인습의 탓도 크다. 어떤 사람들은 이를 두고 문화적 현상이라고 하지만 부정적이고 타파되어야 할 대상을 두고 문화적배경 때문에 그렇다고 지칭하면 비판의식을 잠재우는 것 같아서 나는 싫다.

나 자신을 포함해서 내 주위의 친구들과 지인들을 보면 정실주의에 대해서 내로남불의 이중적인 태도를 지닌다. 남의 정실주의에는 열을 내면서 비판하다가도 막상 자신의 일이 되면 은근슬쩍 영합하는 것이다. 우리는 무슨 일을 하다가 막히게 되면 그걸 해결하기 위해서 주위의 영향력 있는 친구, 선후배, 지인들을 찾아내어서 부탁하곤 한다. 부탁을 받는 사람은 원칙에 어긋나는 것을 알면서도 냉정하게 거절하는 데 대해서 심적인 부담을 느낀다. 만약에 그가 시종일관 원칙을 지키기 위해서 부탁을 거절하다 보면 어느 사이에 그는 의리없는 사람, 냉정한 사람, 이기적인 사람이라는 손가락질을 받게 된다.

외부의 힘있는 사람의 부탁을 거절하면 자신에게 돌아올지도 모르는 불이익을 염려해서 마지못해서 들어주는 경우가 비일비재하다. 이걸 냉정하게 바라보면 자신을 지키기 위해서 원칙을 저버리는 것이고 그 결과는 과정의 불공정성을 야기시켜서 조직원의 사기저하와 불만을 초래하게 된다. 사회의 각 부문에서 이러한 불공정한 관행이 팽배하다 보면 결과를 승복하지 않고 부정하게 되고 급기야는 경쟁자체에 대한 비판과 거부가 퍼져 나가서 절대적이고 기계적인 평등을 요구하는 목소리가 커지게 된다.

어디에선가 읽은 기억이 남아 있는데 미국의 케네디 대통령이 청년시절에 제2차 세계대전에 참전하여 해군함정을 지휘하다가 적함의 공격을 받아서 침몰할 때 입은 허리부상으로 평생을 고생하였다고 한다. 그의 아버지가 부호이었고 영국대사를 역임하기도 한 영향력 있는 사람이었는데 왜 아들을 후방근무로 빼지 않고 전투현장으로 내보냈는지 의아했었다. 나의 머릿속에는 한국군대의 정실주의가 박혀 있었기 때문에 그렇게 생각했었던 것 같다. 적어도 내가 20대 시절에는 그랬었다.

나중에 케네디 대통령이 말하기를 후방부대에서 안전하게 행정업무를 하는 군인도 있고 생과 사가 마주보고 있는 전투현장에서 싸우는 군인도 있는데 그 행운과 불운의 엇갈림이 인생이라고 했다는 것이다. 그 당시 미국군대의 배치행정이 정실주의에 오염되어 있었다면 그는 그렇게 담담하게 회고하는 대신에 힘있는 배경으로 안전하게 후방근무를 하는 자들을 원망하고 사회를 향한 분노를 키웠을 것이다.

내가 학훈단장교로 입대한 1970년무렵에는 부정한 방법으로 병역을 기피하는 젊은이들이 흔했고 내 주위에도 여럿 있었다. 전방부대근무를 하는데 어느 날인가는 내가 복무하는 부대로 재벌2세가 배치되는 것을 목격하였다. 그들의 병역기피가 사회적 지탄을 받게 되니까 정부에서 전방부대로 배치하고 특별관리한다는 것이었다. 주말이 되면 까만 승용차들이 면회하는 가족을 태우고 부대로 오곤 하였다.

한국에서 부대배치에 대한 불신이 크다 보니 인위적인 결정대신에 컴퓨터추첨으로 한다고 한다. 개인의 적성, 전투력, 부대의 특성 등을 고려해서 적재적소에 배치해야만 총체적인 전투력이 향상되는데 그 과정을 믿지 않으니까 컴퓨터에 맡겨서 기계적인 평등으로 가게 된 것이라는 추측을 해 본다.

기회가 균등하게 주어지고 경쟁과정이 공정하게 이루어진다고 하더라도 결과는 차별화될 수밖에 없다. 머리가 좋은 사람과 나쁜 사람, 열심히 노력하는 사람과 게으른 사람, 사교적인 사람과 고립적인 사람, 내성적인 사람과 외향적인 사람 등 무수한 요인들에 의해서 결과는 다르게 나타날 수밖에 없다.

이는 운동선수들을 보면 분명해진다. 스포츠의 세계는 기회의 균등과 과정의 공정이 비교적 확립되어 있는 분야이다. 어릴 때부터 재능과 소질을 보이면 비록 집안 형편이 어렵더라도 운동선수로서 훈련받고 경기에 출전할 수 있는 기회의 문이 다른 분야에 비해서 넓다고 알고 있다.

선수생활을 시작한 이후에는 기본적으로 기록과 성적에 바탕해서 평가받고 연봉이 정해진다. 그런데 연봉차이를 보면 양극화의 전형적인 모습을 보여주고 있다. 미국 프로스포츠의 스타선수연봉과 평범한 선수의 연봉격차는 상상을 초월한다. 한국에서도 프로야구의 대형선수들과 일반선수들간의 연봉격차가 갈수록 벌어지고 있다. 그럼에도 불구하고 소득양극화에 대한 논쟁은 별로 없다. 당연한 것으로 받아들이는 분위기이다. 객관적이고 투명한 경기성적에 근거해서 연봉이 산정되기 때문에 불만을 제기할 소지가 원천적으로 차단되는 것이다.

선수선발비리, 승부조작, 약물복용 등의 공정성 파괴행위는 엄격하게 감시되고 적발되면 응분의 대가를 치르게 된다. 선수들은 자신의 경기력을 끌어 올리기 위해서 연습에 몰두함은 물론이고 체력관리를 통해서 부상을 예방하고 사생활까지도 경기력에 지장을 주지 않도록 신경을 쓴다. 이러한 모든 노력은 선수 개개인의 자발적 행위를 통해서 이루어진다. 나는 직장에서의 경쟁도 스포츠경기처럼 이루어지는 것이 바람직하다고 생각한다. 실적주의를 철저하게 적용하는 것이 조직의 발전, 개인의 능력개발, 구성원간의 갈등해소를 가져 올 수 있다고 생각한다.

1997년에 대외경제정책연구원 원장직을 맡았다. 외환위기가 발발하고 경제 전반에 구조조정의 파도가 들이닥쳤다. 기업은 물론이고 공공기관에서도 인력감축, 조직슬림화 등이 추진되었다. 나는 직원들의 평가를 실적주의에 기반을 두는 제도로 탈바꿈시킬려고 하였다. 전임 원장이 연봉제를 도입하였는데 그 제도를 더욱 확대심화시켜서 객관적인 평가에 근거해서 연봉격차를 벌리는 작업을 실행에 옮겼다. 근무연수에 따라서 봉급이 자동적으로 올라가는 호봉제는 실질적으로 폐기되었다.

입사한 지 몇 년밖에 지나지 않은 젊은 박사의 연봉이 20여 년이 지난 고참 박사의 연봉을 훌쩍 뛰어넘는 사태가 발생하였다. 원장인 나의 연봉보다도 더 많이 받아가는 박사들이 여럿 있었다. 원장은 상여금이 없었던 것이다. 연구원이 술렁였다. 젊고 열심히 일하는 박사들은 지지했고 나이 들어서 실적이 뒤처지는 박사들은 내심 불만이었다.

어떤 고참박사는 나이 들어서 보고서를 쓰는 능력은 무디어졌으나 그동안

쌓은 경험과 경륜으로 젊은 박사들을 지도하는 중요한 역할을 하고 있다는 사실이 평가에 충분히 반영되어야 한다고 주장하였다. 나는 물론 그러한 기여도 평가에 반영되어야 하지만 연구실적이 가장 비중이 큰 평가요소가 되어야 한다는 점을 양보할 의사가 없었다. 여튼 실적주의의 결과로 연봉차이가 커졌으니까 양극화가 심화된 것이었다.

결과는 정의로운 사회가 아니라 결과는 차이가 나는 사회를 지향

기회가 균등하게 주어지고 과정이 공정하게 이루어져서 그 결과로 생겨나는 불평등은 공정한 것이다. 우리는 그걸 받아들여야 한다. 그걸 부정하고 결과의 평등까지를 추구한다면 그 대가로 성장과 발전을 포기해야 한다는 점을 분명히 짚고 넘어가야 한다.

문재인정부는 "기회는 균등하고 과정은 공정하고 결과는 정의로운 사회"를 약속하였다. 기회균등과 과정공정의 결과로 나타나는 불평등을 정의의 이름아래 받아들이겠다는 것인지, 아니면 균등한 기회와 공정한 과정을 거친 불평등한 결과를 다시 평등한 결과로 수정해야만 정의롭다는 것인지 나는 알지 못하지만 후자의 방향으로 가고 있다는 우려를 지울 수가 없다. 기계적이고 획일적인 평등사회는 정체될 수밖에 없다.

문재인정부의 결과적 정의라는 구호는 정치적 수사를 넘어서지 못한다고 생각한다. 정의로운 결과에 대한 국민들의 평가와 기대수준은 다분히 주관적이고 자의적이다. 특히 경제적 불평등현상에 정의라는 잣대를 들이대면 불평등은 불의이고 악이며 평등은 정의이고 선이라는 흑백논리, 이분법적 구분이 불가피하다. 아무리 기회가 균등하고 과정이 공정하다고 하더라도 결과의 불평등은 피해갈 수 없는데 이를 두고 정의의 파괴라고 매도한다면 그 대안은 경쟁의 말살과 인위적인 결과의 평등이 될 것이다. 이는 마치 길이가 같은 침대를 갖다 놓고 키높이가 다른 사람들의 다리를 잘라서 침대에 끼워 맞추는 형국과 다르지 않다.

국민들에게 올바른 메시지를 전달하려면 "결과는 정의로운 사회" 대신에 "결과는 차이가 나는 사회"라고 해야 한다. 즉 "기회는 균등하고 과정은 공정하고 결과는 차이가 나는 사회"를 만들겠다고 국민들에게 호소해야만 새로운 나라가 만들어질 수 있는 것이다.

100미터 달리기에서 심판이 공정하게 책임을 완수해서 출발선에서 먼저 뛰어 나간 선수가 없었고 골인지점까지 옆트랙을 침범한 선수도 없었는데 1등과 5등 사이의 기록은 1초 이상 차이가 났다고 치자. 이 결과를 놓고 정의냐, 불의냐를 따진다면 코메디에 다름아니다. 선수들의 능력, 재능, 노력의 차이가 결과의 차이로 나타났기 때문에 아무도 이의를 제기하지 않는다.

불평등은 우리 곁을 떠나지 않고 항상 함께 있다. 우리가 자신도 모르게 숨을 쉬는 것처럼 불평등 역시 자연스럽게 우리곁에 머문다. 우리가 행하는 행동 하나 하나는 알게 모르게 불평등을 만들어낸다. 마라톤경주에서 잠시 한눈을 파는 사이에 경쟁자가 앞지르듯이 우리의 순간순간의 판단은 남을 앞지르게 하기도 하고 남에게 뒤처지게 하기도 한다. 태어나면서부터 생을 마감할 때까지 무수한 요인들이 불평등을 만들어낸다. 조상에게서 물려받은 유전인자속에는 지능, 감성, 품성, 인내심 등의 정신적·심리적 특징은 물론이고 체력적 특징도 체화되어 있다. 선천적 특성의 차이는 불평등을 만들어내는 태생적 요인이다. 누구를 탓할 수도 없다. 그저 행운을 타고 태어났구나하면서 부러워하거나 시샘을 낼 수밖에 없다.

어떤 사람들은 성공은 1%의 천재성과 99%의 노력으로 이루어진다는 경구를 믿으면서 각고의 노력을 경주하여 좋은 머리를 물려 받았으면서도 나태한 인생을 살아가는 사람을 추월하기도 한다. 어떤 사람들은 빈한한 부모를 탓하는 대신에 어릴적 고생은 사서도 한다는 위로의 말을 좌우명으로 삼고 고생고생해서 성공의 달콤한 과실을 맛보기도 한다.

결국 불평등은 인류역사에서 항상 있어 왔고 피할 수 없는 것이기 때문에 불평등자체를 죄악시하고 절대평등사회를 건설하겠다는 것은 실현될 수 없는 이상이며 허황한 공리공론에 다름아니다. 절대평등사회를 건설하겠다는 잘못된 목표를 추구하면 결과적으로는 역사의 정체와 퇴보라는 재앙이 찾아오기 마련이다.

따라서 현실적인 최선의 접근은 기회의 균등과 과정의 공정성을 담보하기 위한 제도적인 장치들을 마련해 나가는 것이라고 생각한다. 이 두 가지 조건이 충족되는 경쟁은 공정하고 합리적인 것이며 우리의 상식적인 정의감에도 부합된다. 이러한 경쟁을 거쳐서 결과적으로 나타나는 불평등은 공정한 불평등으로서 인정하고 받아들여야 한다. 공정한 불평등마저도 거부하는 것은 경쟁자체를 부정하는 것과 같으며 인류문명의 발전동력을 잠재우는 것이라고 생각한다.

11

공정한 불평등의 실천적 과제

상속증여세는 불평등세습을 완화하는 유효한 수단

극심한 불평등사회보다는 덜 불평등한 사회가 더 좋으냐고 물으면 정답은 '그렇다'일 수밖에 없다. 질문자체가 적합하지 않은 경우이다. 절대평등사회가 가능하느냐고 물으면 '그렇다'라고 답하는 사람들도 있겠지만 대다수는 '아니다'라고 답할 것이다. 절대평등은 현실적으로 실현될 수 없다. 설령 강제적 수단을 써서 절대평등을 구현해 놓더라도 금방 새로운 불평등이 생겨날 수밖에 없다. 문명사회가 역사를 거슬러서 거친 돌 도구를 썼던 원시공산사회로 돌아 갈 수는 없는 노릇이다. 사회주의가 평등으로 가는 해답이 될 것이라고 믿고 현실세계에서 실험까지 해 보았으나 실패하였다.

절대평등사회가 공허한 이상이나 한낱 구호에 불과하다면 어느 정도 평등한 사회가 바람직한 것인가?의 물음에 대답할 수 있어야 한다. 평등이 이익만 낳고 비용을 수반하지 않으면 최대한의 평등을 갖춘 사회가 바람직할 것이다. 평등할수록 좋다는 것이 대답이다. 그러나 평등에는 비용이 따르게 마련이다. 복지비용, 조세증가에 따른 비용, 재정적자의 누적, 경제효율의 감소 등이 불가피하다.

물질적인 비용보다도 더욱 심각한 것은 평등우선주의가 확대재생산해내는 국가주의의 망령이다. 불평등이 시장경쟁의 산물인데 반해서 평등은 국가의 개입, 국가의 비대화, 국가의 지배, 국가의 군림을 요구한다. 평등주의를 추구하다보면 알게 모르게 전체주의의 길로 들어서게 되는 것은 불가피하다.

평등이 편익과 비용을 모두 생산한다면 우리는 비용과 편익이 같아지는 수준까지 평등을 실현하는 것이 최적이라는 이론적 결론에 도달한다. 한국이 평등을 포기하고 성장일변도의 정책을 선택하는 경우에 경제성장률이 5%까지 올라간다고 가정하자. 기업들은 앞다투어서 투자하고 대기업은 물론 중소기업까지 호경기를 누린다. 좋은 일자리가 늘어나면서 임금 또한 올라가니까 소비가 활기를 띤다. 자영업자들의 매출이 쑥쑥 늘어나고 최저임금을 대폭 올려도 경제에 별 부담이 안된다. 골디락스의 꿈같은 이야기로 들린다.

그러나 5% 성장의 그늘이 분명히 존재한다. 성장의 과실이 대기업으로 편중되고 스마트한 생산공정으로 일자리는 전체적으로는 별로 늘어나지 않고 임금도 소폭 올라 갈 뿐이다. 그러나 전문직 일자리는 많이 늘어나고 자격갖춘 사람은 모자라니까 그들의 임금은 고율의 상승세를 보인다. 소비지출이 양극화되니까 자영업도 양극화되어서 일부만 호황을 누린다. 강남을 중심으로 아파트값이 급등하더니 수도권으로, 전국으로 퍼져 나가고 고액과외를 필두로 해서 사교육비가 가파르게 올라가서 서민들의 삶은 더욱 피폐해진다. 급기야 불만의 목소리가 나오기 시작하고 불평등해소를 위한 정책들이 도입되기 시작한다. 이것은 앞날의 가상 시나리오가 아니고 우리가 이미 겪었고 지금 겪고 있는 익숙한 이야기이다.

평등정책이 강도를 더해 감에 따라서 경제성장률이 떨어진다고 단순하게 가정해 보자. 평등정책으로 기업규제가 촘촘해지니까 기업투자가 부진해지고 제대로 된 일자리가 생기지 않으니 소비도 가라 앉는다. 중소기업 경영난이 가중되고 자영업자들은 저소득층으로 전락한다. 지금 일어나고 있는 실화를 보태어서 최저임금 대폭인상, 노동시간 대폭 감축 등이 평등의 이름아래 감행되면 설상가상이다. 평등정책이 불평등을 악화시키는 역설이 계속된다. 아파트가격이 떨어진다고 하더라도 괜찮은 일자리를 갖지 못하고 소득이 늘어나지 않는 젊은 이들에게 얼마나 위안이 될까? 대학 등록금을 동결해서 알바하면서 대학다닐 수 있는 것은 좋은데 졸업후에 취직이 안되면 그 좌절감이 얼마나 클 것인가?

성장과 평등의 바람직한 조합은 어디일까? 4% 성장률보다도 3% 성장률이 더욱 평등한 사회를 선물한다면 3%가 좋은가? 3% 사회는 4% 사회에 비해서 평균소득을 조금 낮추고 일자리도 덜 늘어날지 모르지만 대다수 사회구성원들이 더욱 안정된 삶을 누릴 수 있다면 3% 사회가 바람직하다고 말할 수 있다. 만약에 2% 성장사회에서 불평등이 오히려 늘어나게 된다면 우리는 주저없이 3% 성장하는 사회를 선택할 것이다.

그러나 이러한 가상적 결론을 현실에 적용가능한 실용적 정책으로 구체화할 수 있는가는 전혀 별개의 문제이다. 아마도 거의 불가능할 것이다. 공허한 공리공론을 떠나서 현실적인 의미가 담길 수 있는 논의를 해야 한다. 사람들이 받아들일 수 있다고 인정하는 불평등이 있고 결코 받아들일 수 없다고 거부하는 불평등이 있다. 받아들일 수 있는 불평등은 그 원인들이 합리적으로 설명될 수 있지만 받아들일 수 없는 불평등은 그 원인들을 합리적으로 설명할 수가 없다.

재벌자녀들의 경우를 예로 들어서 살펴보자. 재벌자녀가 향유하는 경제적 지위는 불평등의 상징이다. 그는 자신의 노력과는 상관없이 부모를 잘 둔 덕에 보통사람들은 누리지 못하는 기회를 손에 넣을 수가 있다. 출발선이 한참 앞이기 때문에 뒤에서 출발하는 보통사람들은 평생을 안간힘을 다해서 뛰어도 따라잡기가 쉽지 않다. 그 원인을 합리적으로 설명할 수가 없는 불평등이다. 태어날 때 행운의 열쇠를 손에 쥐었다는 원인설명은 합리적이지가 않다. 그렇다면 해법은 의외로 단순하다. 부의 세습을 차단하는 것이다. 거의 몰수에 가까운 수준으로 상속증여세를 높이는 것이다.

물론 이 단세포적인 해법은 사유재산제도를 본질적으로 훼손하기 때문에 자본주의를 송두리째 부정하는 것이고 그래서 혁명이라고 불리워도 지나치지 않다. 사유재산제도를 만악의 근원이라고 믿고 혁명을 통해서 그걸 타파한 사회주의가 훨씬 더한 새로운 만악의 근원이 된 사실은 이미 역사의 기록이 되었다. 그러니 불평등을 해소하는 방법으로서는 최악이다. 여기서 우리는 불평등을 해소하는 방법 역시 합리적으로 설명할 수 있어야 한다는 결론에 도달하는 것이다.

상속증여세는 불평등의 세습을 완화하는 유효한 방법의 하나이다. 사유재산 제도의 근간을 지키는 수준에서 적절히 과세해야 한다고 생각한다. 최근 우리나라의 상속증여세율이 너무 높아서 문제가 많으니 세율을 낮추어야 한다고 주장하는 인사들 중에는 상속증여세가 아예 없는 호주, 캐나다, 싱가폴 등을 본받아야 한다고 목소리를 높이는 이들이 있는데 나는 동조할 수가 없다. 그런 나라들이 상속증여세를 없앤 대신에 불평등을 완화하기 위해서 어떤 시책들을 쓰고 있는지를 종합적으로 보아야 한다. 우리가 국내문제를 해결하기 위해서 외국의 사례를 단편적·지엽적으로 모방하다 보면 국내제도는 누더기가 될 것이다. 한 예로 싱가폴은 국가가 공공펀드를 투입해서 서민주택을 공급하여 한국이 겪고 있는 전세가격 폭등 때문에 집없는 국민들이 눈물흘리는 곤경이 덜하다는 점을 상기할 필요가 있다.

상속증여세의 폐지 내지는 삭감을 주장하는 근거는 다양하다. 상속재산은 소득의 축적물인데 소득세를 징구하고 또 상속증여세를 걷어가는 것은 이중과세라는 조세이론적인 비판이 있다. 현실적으로는 주로 기업경영의 연속성과 안정성을 위해서 폐지 또는 삭감이 필요하다는 목소리가 높다. 대기업과 중소기업을 막론하고 소유주가 경영하는 관행이 굳어진 상황에서 높은 상속증여세 때문에 기업승계가 어렵고 세금을 내기 위해서 기업을 매각해야 하는 것은 부작용이 많다는 것이다. 특히 중소기업의 경우에 가업승계를 국가가 가로 막는 것은 부당하다는 것이다.

기업매각시장을 발전시키는 방안이 유력한 대안이 될 수 있다고 생각한다. 자식이 승계해야만 기업경영의 연속성이 보장된다는 점을 부정할 수 없지만 더 나은 경영인이 승계하여 기업을 한층 더 발전시킬 수 있는 기회를 넓히는 것이 바람직하다. 또 하나의 대안으로써 상속증여세의 장기분할납부를 제도화하는 것을 검토할 수 있지 않을까?

재벌규제 필요하지만 좋은 일자리, 분배과정 혁신이 중요

불평등을 강조할 때 흔히 상위 1%가 소득의 몇 %를 점유하고 있는지, 부의 몇 %를 점유하고 있는지를 부각시킨다. 그 해법으로써 두 가지가 있다. 하나는 상위 1%의 소득과 부의 증가를 억제하는 것이고 다른 하나는 99%의 소득과 부의 증가를 촉진하는 것이다. 전자를 실현하는 구체적 방법으로써 상속증여세율을 높이고 징수를 엄격히 하기도 하고 일감몰아주기와 사익편취 등 부당내부거래를 규제하기도 한다.

한국에서 가장 역사가 오랜 경제정책을 들라고 하면 재벌의 경제력집중억제정책일 것이다. 박정희정부시절부터 여신규제, 비업무용 부동산투기억제, 기업공개 등을 도입해서 재벌일가의 부가 과도하게 팽창하는 것을 막으려고 했다. 규제가 도입되면 재벌은 규제회피수단을 강구하고 이걸 막기 위해서 추가적인 규제가 가해지는 숨박꼭질이 이어져 왔다. 나는 이러한 정책이 필요하다고 생각하며 더욱 정교하고 치밀한 보완을 주장하지만 이것만 가지고는 불평등문제를 근본적으로 해소할 수 없다고 본다.

상위 1%가 가진 엄청난 부를 비판하고 이걸 줄이면 불평등이 해소될 것처럼 떠드는 것은 여론몰이의 성격이 강하다. 1%를 공략해서 99%의 호응을 얻으면 정치인들로서는 마다할 이유가 없다. 그러나 큰 상징적 효과에 비해서 실질적인 효과는 일시적이고 제한적일 것이다. 극단적으로 재벌일가가 가진 주식과 부동산을 전부 매각해서 국민들에게 골고루 나누어 주면 당장은 속이 시원할지 모르지만 짧은 시간이 지나면 또 다른 자극적인 조치를 기대하는 마약효과에 불과할 것이라고 생각한다.

세계에서 인구비례로 억만장자가 가장 많은 나라가 스웨덴이라고 한다. 불평등이 낮은 모범적인 복지국가라는 선입견과는 다소 어긋나지만 억만장자는 황금알을 낳는 거위에 비유된다고 한다. 거액의 세금을 납부하여 스웨덴의 보편적 복지에 크게 기여한다는 것이다.

99%의 국민에게 실질적이고 지속가능한 혜택을 제공하는 방법은 1%의 특권

층을 공격하는 것이 아니라 좋은 일자리를 만들고 이해관계자상생의 분배제도를 확립하여 적정임금이 지급되도록 함으로써 낙수효과를 작동하게 하는 것이라고 생각한다.

주택금융 접근성 제고와 임대주택 대량공급이 필요

재벌자녀의 경우는 태생적으로 불평등이 생기고 그 합리적인 원인을 찾기 어려운 사례이다. 합리적이 아닌 이유로 발생하는 불평등의 사례를 한 가지 더 들자면 부동산세습이다. 사실 재벌자녀의 경우는 그 상징성 때문에 자주 거론되지만 불평등이 더 가깝게 느껴지는 이야기는 아파트로 대표되는 주택문제이다. 대기업에 취직한다고 해도 월급을 모아서 자기 집을 마련할려면 10년 걸린다, 20년 걸린다 하고 있으니까 부모로부터 아파트 한 채 얻고 사회생활을 시작하는 사람과 그렇지 못한 사람간에는 시간이 흐를수록 격차가 더욱 벌어질 개연성이 크다. 출발선이 같지 않은 대표적인 경우이다.

무역협회에서 근무할 때 40대의 과장급 직원이 2년마다 전셋집을 옮기는 것을 보았다. 더 넓고 좋은 집으로 이사하는 것이 아니고 폭등하는 전세금을 감당할 수가 없어서 매번 외곽으로 나가는 것이었다. 그는 저축의 거의 전부를 전세보증금내는 데에 쓰고 있었으니 저축으로 자신의 미래를 준비하는 것이 아니라 집주인의 미래준비를 도와주고 있었던 것이다.

기회균등의 관점에서만 생각하면 아파트 증여나 상속에 대해서 고율의 세금을 매기는 방법이 있다. 현재 한국의 증여나 상속세율은 최고 50%이니까 상당히 높은 편이다. 물론 공제 등을 통해서 감면받으면 실제 세율은 내려갈 것이다. 이 세율을 더 올려서 증여나 상속을 통해서 자녀에게 아파트를 장만해 주는 것이 거의 불가능해지도록 만들면 아파트보유 여부 때문에 발생하는 기회불균등은 해소될 것이다.

이 접근법은 자유주의 가치와 정면으로 배치된다. 자신의 아파트를 자식에게 한 채 물려주는 것을 징벌적 조세부과로 사실상 금지하는 것은 불평등해소를 위한 수단으로서는 정당한 범위를 넘어선다는 주장도 귀담아 들어야 한다. 뿐만 아니라 전형적인 하향평준화조치이다. 모든 청년들이 전월세집에서 사는 것보다는 부모가 마련해 준 집에서 사회생활을 시작하는 청년이 많을수록 좋다고 생각한다.

증여와 상속을 제한하는 것보다는 무주택자들이 용이하게 자기 집을 장만할 수 있도록 주택정책과 할부금융정책을 개선하는 방법이 더 바람직하다. 한국이 과거 고도성장을 구가할 때 미처 이루지 못한 가장 아쉬운 점을 들라면 서민주택공급이라고 생각한다. 의식주 중에서 유독 주택문제를 아직까지도 해결하지 못하고 있다는 것은 삶의 질을 선진국수준으로 끌어 올리는 데 가장 큰 걸림돌이다. 소득대비 너무 올라버린 주택가격을 지금이라도 안정화시키는 것이 급선무이고 품질좋은 공공과 민간 임대주택을 대량공급하는 것도 더욱 세밀한 검토를 거쳐서 확대되어야 한다.

불평등이 합리적인 이유로 설명되기 위해서는 공정한 기회 못지않게 경쟁의 과정이 공정해야 한다. 게임규칙을 엄수하게 하고 반칙은 가혹하리만치 무겁게 처벌하는 것이다. 운동경기에서는 심판이 마음먹으면 공정게임을 보장할 수 있다. 그러나 인생경쟁에서는 그리 간단하지 않기 때문에 말보다는 실행이 어렵다. 예컨대 재벌자녀가 돈과 인간관계의 힘을 십분 활용하는데 비해서 보통사람은 그럴 수가 없는데 이를 실천적으로 개선하기 위한 방안을 주도면밀하게 찾아내어야 한다.

불법, 탈법, 편법 등의 일탈행위는 사법적·행정적 통제와 처벌을 통해서 못하게 해야 하겠지만 우월적 지위를 이용해서 행해지는 불공정한 행위를 일일이 찾아내어서 해결하는 것은 사실상 어렵다고 보아야 한다. 사회문화적인 토양을 바꾸어서 정실주의가 발을 붙이지 못하게 하고 실적주의가 보편화되도록 하는 것이 근본적인 해결책이 될 것이다. 친구가 자기 아들의 추천서를 부탁할 때에 친구의 부탁을 거절할 수가 없어서 왜곡되고 과장된 찬사를 늘어놓는 대신에 있는 그대로의 사실에 입각해서 객관적 평가를 하여도 우정에 금이 가지 않는 사회분위기를 만들어가야 한다.

대입, 취업에서 저소득층 우수인재 우대

전문인력, 숙련인력, 비숙련인력간의 소득차이는 양극화현상에서 새로이 나타나고 있는 분야이다. 지식사회가 심화되면서 이들간의 소득차이는 더욱 벌어지고 있고 앞으로 계속 커질 것인데 과연 합리적인 설명이 가능하고 우리가 받아들여야 하는 것인가? 만약에 이들의 차이가 균등한 기회와 공정한 경쟁의 결과라면 비록 불평등하더라도 수용되어야 한다. 그 불평등은 개인간의 재능, 노력, 열정, 눈치, 대인관계, 태도 등 복합적인 요소들의 작용으로 불가피하게 나타나는 것이다. 이점을 무시하고 결과의 평등까지 주장한다면 그 사회는 발전의 동력을 상실하고 정체와 후퇴의 늪에 빠지게 될 수밖에 없다.

기업최고경영자의 고액연봉이 종종 비난받는다. 특히 미국에서 그렇다. 월스트리트 저널이 S&P 500지수에 있는 최고경영자 연봉을 보도했는데 2018년의 최다연봉자는 디스커버리커뮤니케이션의 데이비드 자슬라브가 1억 2,940만 달러를 받았다고 한다. 가히 천문학적인 금액이다.

합리적으로 설명해 볼려고 하면 이렇다. 주주들이 전문경영인에게 자신들의 재산증식을 일임할 때에 갖는 으뜸가는 기대는 그가 가진 유능한 재능을 최대한 발휘해서 그 재산을 지키고 늘려달라는 것이다. 거기에 더해서 회사에 충성하고 회사이익을 개인의 이익에 앞세우고 또 정직하라는 것이다. 이런 기대를 충성서약에 담아서 해결될 일은 아니니까 연봉과 성과급, 스톡옵션을 두둑히 주어서 기대에 부합하는 경영성과를 내도록 압력을 가하는 것이다. 이 설명은 상당히 합리적이지만 자슬라브의 연봉이 1억 2,940만 달러가 아니고 그 절반만 주어도 주주들의 기대를 저버리지 않을 것 같기도 한데 기업경영에 문외한인 나로서는 알 수가 없다.

세상에 공짜가 없다고 한다. 보통사람들의 상상을 초월하는 연봉을 받으면 어떤 심리상태에 놓이게 될까? 가끔 골프를 같이 치던 지인이 있었는데 그는 외국 의류 명품회사의 한국현지법인 최고경영자이었다. 그가 말하기를 이전에 재직하던 한국회사에서 받던 연봉의 열 배가 넘는 연봉을 손에 쥐니까 엄청난 심리적 압박감이 생기더라는 것이다. 자기가 회사를 위해서 전력을 투구해야 하고 또 정직하고 투명한 경영을 해야만 연봉값을 하는 것이라는 생각이 절로 들더라고 했다.

한국 외환위기때 많은 은행들이 부실화되었고 은행산업발전을 위해서는 정부의 간섭과 통제에서 해방시켜서 경영자율성을 주어야 한다는 주장들이 힘을 얻고 있었다. 그는 정부회의에 참석해서는 자신의 경험을 바탕으로 해서 은행장연봉을 대폭인상해 주어야 책임경영이 될 것이라고 건의했고 상당부분 반영되었다는 것이다. 한국의 은행경영이 과연 그가 기대한 소기의 성과를 내었는지는 독자들께서 판단해 주시기 바란다.

미국기업 최고경영자와 일반직원간의 엄청난 연봉격차는 자본과 노동간의 소득격차와는 그 성격이 다르다. 최고경영자가 자본가인지 노동자인지의 경계는 분명하지 않지만 최소한 자본가는 아니다. 노동자이긴 하되 육체노동이 아닌 지식노동자이다. 물론 스톡옵션 등으로 주식을 보유하니까 자본가의 성격도 있긴 하지만 본질은 지식노동자이다. 그들은 숙련노동자와도 다르다. 숙련노동자는 육체노동과 지식노동의 혼합노동을 하지만 지식노동자에게는 땀을 흘리는 육체노동의 특징이 거의 없다.

그러니까 오늘날의 소득불평등은 전통적으로 존재하여 온 자본과 노동, 숙련노동과 비숙련노동간의 격차에 더해서 지식노동자의 고소득이 만들어내는 격차까지 더해져서 다원적·중층적 성격을 띄고 있는 것이다. 지식노동자 역시 그 분포가 상위 1%에 속하는 대부호(super rich)에서부터 중산층까지 넓게 퍼져 있어서 동일집단이라고 부를 수는 없다.

지식노동자의 등장으로 발생하는 소득불평등이 공정한가, 불공정한가를 따져 보자. 이미 설명한 데로 공정 여부는 기회의 균등과 과정의 공정이 판단기준이 된다. 재벌 자녀가 막대한 부를 손에 쥐고 태어나는 것과는 달리 지식노동자가 태어날 때부터 지식을 머리에 넣고 있지는 않다. 즉 남보다 앞선 출발선에 서있는 것은 아니다. 그의 지식은 후천적으로 교육을 통해서 축적된다. 그러므로 지식노동자가 받는 고소득이 공정한가에 대한 대답의 일부는 그가 받는 교육이 기회의 균등과 과정의 공정이라는 기준을 충족시키는지에 달려 있는데 교육 또한 부모의 사회경제적 지위의 영향으로부터 자유롭지 않다는 연구가 여 럿 있다.

한국직업능력개발원에서 2018년도 OECD의 국제학업성취도조사(PISA)를 활 용하여 이른바 개천에서 용나는 비율을 계산하였다(황성수 등, "PISA데이터로 살펴본 각국의 교육형평성 비교"). 부모의 사회경제적 지위가 하위 25%인 학생이 성적 상위 25%에 포함되는 비율은 11.68%이고 성적 상위 4%에 포함되는 비율은 6.39% 이었다. 이를 해석하면 부모의 사회경제적 지위가 자녀의 성적에 영향을 미친 다는 것이다. 국제비교도 하였는데 한국은 일본, 미국보다는 이 비율이 높아서 개천에서 용이 날 수 있는 가능성이 상대적으로 높다는 것이다.

최근에 『세습중산층사회』라는 책을 읽었다. 한국 중산층가정의 20대 자녀들 이 그들의 부모로부터 경제적·사회적 지위를 물려받는다는 내용이었다. 재벌 자녀들이 부를 세습받는 것과는 달리 그들은 인적자본을 세습받는다는 것이다. 그들의 부모는 자신들이 가진 재산과 사회적 네트워크를 동원해서 자녀들이 좋 은 대학에 입학하고 좋은 직장에 취직하도록 노력한다는 것이었다. 최근에 어 느 고위관리 일가가 자녀의 진학을 위해서 자신들의 인맥을 십분 활용하여 부 정인턴, 특혜적인 논문저자등재를 했다는 혐의를 떠올리게 하는 책이었다.

이 책을 읽으면서 능력주의라는 것도 복잡한 전제와 단서하에서 그 공정성 이 확보된다는 사실을 깨달았다. 지식이 능력을 구성하는 중요한 요소임에는 틀림없는데 지식을 가르치는 교육이 부모의 지위로부터 큰 영향을 받는다면 능 력위주로 경쟁하는 것이 반드시 공정한 것이 아니지 않는가? 대기업입사경쟁에 서 엄격하게 실적주의를 적용해서 선발하는데 중산층 부모의 교육열 지원을 받 은 청년과 빈곤한 부모슬하에서 오직 자신만의 노력으로 교육받은 청년을 동등 하게 취급하면 공정한 것인가?의 질문에 부딪히게 되는 것이다.

대학입시에서 농어촌특별전형제도가 있다. 가정형편이 어렵지만 성적이 우 수한 농어촌자녀를 일정비율 내에서 특별전형으로 입학시키는 것인데 교육기 회를 균등하게 제공하겠다는 취지로 도입된 것이다. 이 제도는 그 취지대로 좋 은 효과가 있는 것으로 평가된다고 한다. 그렇다면 이를 확대해서 농어촌자녀 이외에 도시지역의 저소득층자녀로서 성적이 우수한 학생들을 대학입시에서 우대하는 방향으로 검토해 볼만하지 않겠는가? 이들은 경제적으로 어려운데에 그치는 것이 아니고 봉사활동 등 이른바 스펙을 준비하는데에도 어려움을 겪고 있으므로 단순히 장학금지급만으로는 출신가정의 핸디캡을 메꾸기가 충분하지 않을 것이다.

미국대학에서는 소수인종, 저소득층자녀들을 우대입학시키는 제도가 있다. 중산층 이상의 백인학생들로만 캠퍼스가 채워지면 다양한 인종으로 구성된 미국사회의 특색을 온전하게 반영하지 못한다는 문제의식의 산물로 보인다. 우리가 참고할 만한 가치가 있다고 여겨진다.

저소득층 출신의 우수한 인재를 대학입학에서 우대하는 것과 동일한 이유로 취업경쟁에서도 우대하면 좋을 것이다. 대학에서의 성적, 인턴경험, 경시대회입상, 논문작성 등의 이른바 스펙이 본인의 노력 이외에 부모의 뒷받침이 힘이 되는 것이 사실이므로 기울어진 운동장을 평평하게 바로 잡아주는 것이 합당하다고 생각한다.

교육의 인재양성기능 회복하고 학벌주의 없애야

학벌주의는 경쟁의 공정성을 헤치고 교육을 입시위주의 파행으로 몰고가는 주범이다. 학벌주의라는 것은 출신대학만을 보고 그 사람을 평가하는 것이다. 그 사람의 지식, 능력, 인성 등을 세밀히 들여다 보지 않고 획일적·기계적으로 명문대학 출신이면 우수하다고 믿어 버리는 것이다. 물론 이것이 전적으로 글렀다고 매도하기는 어렵다. 명문대학에 입학했다는 것은 치열한 경쟁을 뚫었음을 뜻하기 때문에 일단 경쟁력을 갖추었다고 볼 수 있다.

경쟁력이 구체적으로 어떤 요인들로 구성되는가는 대학입학시험의 성격이 좌우한다. 한국에서는 수능시험성적과 내신성적 등 학업성취도, 학교생활기록부에 담긴 봉사활동, 자격증, 영어공인인증, 수상경력 등의 비학업성취도, 대학별로 치르는 논술, 면접, 입학사정관의 평가 등이 합쳐져서 합격자를 가려낸다. 겉만 보면 명문대합격생은 머리가 좋고 열심히 공부하며 남을 위해서 봉사하는 덕성이 있고 또 논술과 면접을 통해서 좋은 인성과 창의성도 인정되고 거기에 더해서 입학사정관이 사람의 됨됨이를 종합적으로 판단하여 합격시키니까 사회에 나가서도 일을 잘 할 것으로 기대가 된다.

그러나 나같은 교육 문외한이 알고 있는 교육현실은 그렇지만은 않다. 수능시험과 학교성적은 암기실력중심으로 평가되고 다양한 스펙은 본인의 노력보다는 부모의 재력과 지위와 관심을 반영한다고 나의 머릿속에는 각인되어 있다. 백보를 양보해서 명문대 입학생의 자질과 능력이 우수하다고 치더라도 그 우수성이 졸업할 때까지 얼마나 발전하는지는 별개의 문제이다. 즉 대학을 다니면서 더욱 우수한 학생이 되기도 하겠지만 그렇지 않은 경우도 적지 아니 있을 것이다. 비명문대에 들어가서 각고의 노력을 경주한 학생이 학업을 게을리한 명문대생보다도 앞서가는 경쟁력을 갖출 수도 있다.

신입사원을 뽑는 기업과 공공기관에서는 우수한 인재를 확보하기 위해서 최선을 다 할 것이라고 가정하는 것이 당연하다. 그 조직이 정상적이라면 조직이 필요한 인재를 뽑아야 하고 조직에 도움이 안되는 사람은 뽑지 말아야 한다. 오랜 동안의 인사관리를 통해서 축적된 경험자료는 학벌주의에 빠진 인사관리가 기업이나 공공기관의 이익에 부합하는지, 배치되는지를 판별해 줄 것이다.

흔히 말하기를 명문대 졸업생은 똑똑하기는 하지만, 충성심, 협동심, 과감한 추진력 등이 부족하다고들 한다. 각 조직은 자신들이 가장 필요로 하는 경쟁력 요소를 갖춘 사람을 뽑을 것이다. 똑똑한 청년을 필요로 하는 조직이 있을 것이고 저돌적인 행동형을 필요로 하는 조직도 있을 것이다. 다양한 인재가 필요한 만큼 청년들에게도 다양한 기회가 돌아갈 수 있다. 공부는 조금 떨어지더라도 협동심과 적극성을 갖춘 사람에게도 기회가 주어지면 오직 명문대를 향해서 몰려드는 입시경쟁도 완화될 수 있을 것이다.

우수한 인재를 뽑기 위해서 최선을 다한다는 가설이 틀릴 수도 있다. 한국의 조직들 중에는 우수한 인재를 선발하기 위해서 충분한 노력을 기울이지 않고 틀에 박힌 형식적 채용절차를 답습하고 있는 곳도 있는 것으로 보인다. 명문대 졸업생 또는 수도권대학 졸업생이면 충분하다는 안일한 사고에 젖어 있을 수도 있다. 내 친구의 자녀들이 미국의 대기업에 입사하기 위해서 세 차례의 면접을 치르는데 특히 세 번째 면접은 거의 한나절이 걸린다는 얘기를 들을 때마다 한국기업들이 서너 명을 동시에 앉혀 놓고 짧은 시간동안 질문하고 대답을 듣는 광경이 떠오르면서 씁쓸한 느낌을 지울 수가 없다.

내가 근무하던 연구원에서 박사를 뽑을 때 출신대학에 대한 선입견이 채용 결과에 영향을 미치지 않도록 주의를 기울였다. 국내대학 박사에게도 동등한 기회를 주었고 외국대학도 지명도에 관계없이 같은 기준으로 평가하였다. 채용 과정에서 비중이 큰 부분은 논문발표성적이었다. 연구원의 많은 박사들이 지켜 보는 가운데 응시자가 가장 자신있는 주제의 논문을 발표하고 질의응답을 하다 보면 그 사람의 실력과 내공이 대충 드러나게 되어 있었다. 평가위원들이 응시 자의 출신학교를 전혀 고려하지 않았는지를 확인하기는 어려웠으나 논문발표 성적이 뒤떨어지는 데도 불구하고 명문대학을 나왔다는 이유만으로 채용되는 일은 일어날 수 없었다.

나는 박사들의 연구실적과 출신대학간에 상관관계가 있는지 유심히 살펴보 았는데 의미있는 관련성은 없다는 것이 나의 경험적 판단이다. 국내대학 박사 도 자기가 맡은 분야에서 해야 할 몫을 잘하고 있었고 미국의 상위대학졸업생 과 중위대학졸업생도 각자 맡은 바 일을 책임있게 수행하고 있었다. 물론 상위 대학졸업생이 번뜩이는 아이디어를 제공하는 반면에 중위대학졸업생은 성실하 게 파고드는 연구를 하는 차이가 있기도 했는데 이러한 다양성이 모여서 조직 의 총체적인 효율을 높이는 것으로 생각했다.

한국에서는 채용시험에서 지방대학졸업생이 불이익을 받는다는 논란이 계속 되고 있다. 대기업을 비롯한 괜찮은 취직처가 대부분 수도권에 몰려 있는데 지 방대학 출신은 무조건(?) 뽑지 않거나 뒤로 쳐지게 한다는 것이다. 대응책으로 나온 것이 블라인드채용이다. 응시자들의 출신학교와 출생지 등의 정보를 감추 어서 채용기관에서 모르게 하면 지방대학졸업생들이 받는 부당한 대우를 예방 할 수 있다는 것이 그 배경이다. 심지어는 지역에 소재하는 공기업과 공공기관 은 해당 지역이 속하는 광역자치단체의 대학출신자를 뽑아야 한다는 강제규정 이 있다. 어찌 보면 수도권대학생들을 역차별한다는 비난을 피해가기 어렵다.

내가 연구원에서 경험한 것처럼 출신대학에 대한 선입견과 편견을 버리고 응시자의 학력, 능력, 인성을 최대한으로 정확하게 파악할 수 있는 채용제도를 만들고 엄정하게 운용하는 것이 최선의 해결책일 것이다. 지방대학생들을 우대하는 인위적인 제도를 만들어 놓으면 지방대학생들이 경쟁력에서 뒤쳐진다는 낙인효과가 발생하여 사람들의 의식구조속에 지방대학생에 대한 부정적 선입견을 고착화시키는 심각한 문제가 발생하게 된다.

문재인 대통령은 기회는 균등하고 과정은 공정하고 결과는 정의로운 사회를 만들겠다고 약속하여 많은 국민들로부터 지지를 받았다. 그에게 박수를 보낸 국민들은 한국사회가 기회는 불균등하고 과정은 공정하지 않다고 평가하고 있었음을 반영하는 것이고 정치적으로 문대통령을 지지하지 않는 국민 중에서도 적지 않은 사람들이 그렇게 생각하고 있을 것이다.

100미터 경주에서는 이말의 뜻이 명확하다. 규정에 맞는 복장과 신발을 갖추고 같은 출발선상에서 같은 시각에 출발하여 각자의 트랙안에서 최선을 다해서 달린 끝에 골인선을 먼저 통과하였다면 소박한 정의의 기준에 맞는 것이다. 우리가 골프를 치면서 뽑기로 내기를 하는데 가장 잘친 사람이 뽑기도 잘해서 돈을 가져 갈 때 우스개소리로 '사회정의가 살아있다'라고 말하는 것과 같은 맥락이다.

그러나 복잡한 사회현상속에서 우리가 희구하는 정의를 지나치게 간단명료하게 규정짓고 실행하려고 할때에는 결과의 오류를 범하게 된다. 교육을 예로 들어보자. 완전한 기회의 균등이 현실적으로 가능한가? 모든 학생들의 가정환경을 획일적으로 똑같이 만들 수 있는가? 모든 학생을 기숙사에 수용하고 부모의 도움을 금지시키고 국비장학금으로만 생활하게 하면 된다. 그러나 이는 현실적으로 실현불가능하다. 어떠한 전체주의국가도 교육평등을 위해서 부모자식을 떼어 놓은 사례는 없었다.

완전히 공정한 교육과정이 가능한가? 모든 선생님들과 교수님들의 실력차이를 없애야 모든 학생들이 동질의 교육을 받게 되는데 현실적으로 불가능한 탁상공론에 지나지 않는다. 한국에서 교육평등가치만을 내세우고 학교평준화와 본고사폐지를 금과옥조로 신봉하다 보니 우수한 인재를 길러낸다는 교육본래의 목적이 실종되고 사교육이 창궐하여 교육불평등을 더욱 악화시키는 우를 범하고 있는 것이다.

부와 소득의 불평등해소정책 역시 지나치면 교육평등화정책이 낳고 있는 실패를 답습하게 된다. 자영업자의 지불능력을 뛰어 넘는 최저임금의 급격한 인상이 저임금일자리를 줄어 들게 해서 불평등을 악화시키는 우를 범하는 것이 단적인 예이다. 절대평등이 가능하다고 착각한 나머지 불평등은 작을수록 좋다는 전제하에서 정책을 시행하다 보면 당초의 목표는 신기루처럼 사라지고 남는 것은 좌절과 불평밖에 없게 된다. 절대평등은 결코 존재할 수 없다는 진실을 인정하고 불합리한 이유로 발생하는 불평등을 제거하는 데에 초점을 맞추어야만 이상과 현실이 조화를 이룰 수 있다.

12

불평등과 복지

복지는 절대빈곤층을 최우선으로 지원해야

현대자본주의에서 생산을 담당하는 지배적인 조직형태는 주식회사인데 주식회사의 목적이 오로지 주주이익를 극대화하는 상태에서는 다양한 경로를 통해서 불평등을 확대시키는 소지가 있다. 고용형태와 임금결정, 협력업체와의 납품가격결정, 소비자보호 등이 경영의 우선순위에서 밀려나고 대주주와 그 일가의 사사로운 이익을 위해서 소액주주의 이익이 희생되기도 한다.

이러한 문제점을 해결하기 위해서 공정거래의 강화, 기업지배구조의 투명화와 책임성강조, 노동조합의 협상력제고 등 정부개입과 규제조치들이 광범위하게 시행되고 있으나 그 효과는 만족스럽지 못하고 오히려 기업활력을 무디게하고 기업가정신을 좀먹는 부작용이 만만치 않다. 문재인정부는 특히 불평등해소를 위한다는 명분에 집착하여 기업활동을 더욱 옥죄이고 있는데 이 정책기조가 계속되면 성장과 분배의 두 마리 토끼를 모두 놓치는 최악의 결과가 오지 않는다고 확언할 수 없다.

기업의 주주이익극대화 목표를 그대로 둔채 불평등해소를 위한 규제와 통제를 계속하는 것보다는 기업의 목표를 수정해서 주주이익과 이해관계자이익이 조화와 균형을 이루는 이해관계자상생모형으로 옮겨가는 것이 성장둔화의 부작용을 최소화하면서 분배개선을 이룩할 수 있다고 생각한다. 자본주의체제의 근간을 유지하면서 양극화와 불평등확대의 새로운 시대적 도전에 대한 응전으로써 이해관계자상생모형을 도입하는 것은 자본주의가 걸어 온 진화의 도정에서 이정표적인 성과가 될 것이다.

소득불평등완화를 위한 방법을 사전적 분배개선과 사후적 분배개선으로 구분하면 시장소득의 결정과정에서 나타나는 분배의 불평등을 수정하는 사전적 개선이 효율성과 비용면에서 더욱 바람직하다. 시장소득이 결정된 이후에 국가가 누진세율 등의 조세수단을 사용해서 재분배하는 사후적 개선은 기업활력과 근로의욕저하, 조세저항, 행정비용누적, 도덕적 해이 등 숱한 비용을 발생시키게 된다.

사전적 분배개선 중에서도 최저임금, 하도급대금규제 등 국가의 강제력에 의존하는 수단은 그 취지가 착함에도 불구하고 정책강도가 지나치면 만만치 않은 부작용을 피해갈 수가 없다. 이러한 시책들은 본질적으로 정치색을 띠게 되며 이해관계자들의 압력에 기인하는 왜곡과 변질을 각오해야 한다. 이에 반해서 기업가들이 자발적으로 이해당사자들의 이익을 경영목표에 포함시켜서 내재화하는 것은 진화된 시장원리에 순응하는 것이기 때문에 훨씬 적은 비용으로 분배개선효과를 만들어낼 수 있다.

이해관계자상생의 새로운 자본주의체제가 불평등을 줄이고 사회갈등을 예방하는 실질적 성과를 가져오기 위해서는 실천적 경쟁원칙으로써 기회균등과 경쟁과정의 공정성이 확보되어야만 한다. 그렇지 않으면 이해관계자상생체제가 허울좋은 구호에 그치고 말 공산이 크다. 또한 기회균등과 공정경쟁의 원칙은 시장경쟁뿐만 아니라 교육, 부와 지위의 세습에서와 같이 불평등에 영향을 미치는 사회적 분야까지 아우르는 광범위한 범위에서 적용되어야 한다.

이상적으로는 기회를 균등하게 보장하고 경쟁과정에서 공정성을 확보하는

데에 최선의 정책적 노력을 경주해서 불공정한 불평등을 없애거나 최소화하는 것이 최적의 접근방법이다. 그리하고도 존재하는 공정한 불평등은 받아들이고 인정하는 것이 지혜로운 사회가 가져야 할 태도이다. 완전한 평등은 결코 이루어낼 수 없는 신기루같은 것이다.

개인의 능력과 노력의 차이가 만들어내는 공정하고 합리적인 불평등은 개인과 사회의 발전에 필요불가결한 동기부여자이다. 동기부여가 없는 개인은 나태와 타락의 나락으로 떨어지고 동기부여가 없는 사회는 고인 물처럼 정체하기 마련이다.

공정한 불평등은 불가피할 뿐만 아니라 바람직하기까지 하기 때문에 사회구성원이 수용하는 것이 당연하다는 주장만으로 결론을 낼려고 하니 마음 한구석이 영 편하지 않다. 불평등의 공정성 여부를 칼로 무 베듯이 분명하게 판가름하기가 쉽지 않다는 진부한 얘기를 하사는 것은 아니다. 이해관계자상생체제가 정착되고 기회균등과 경쟁의 공정성이 담보된다고 하더라도 여전히 적지 않은 국민들은 곤경에 빠져서 고통을 겪을 것이다.

개인은 한평생을 살아가면서 예기치 않은 다양한 어려움에 봉착한다. 자신의 과오나 책임이 아닌데 쓰나미처럼 밀려오는 불행의 파도에 휩쓸리는 경우가 많건 적건간에 있기 마련이다. 태어날 때부터 부모와 이별하고 선천성 난치병을 앓고 어릴 때 가정이 무너지는 사람들에게는 균등한 기회가 아예 주어지지 않는다. 사회생활을 하면서 뜻밖의 교통사고를 당하고 중병을 앓으면 공정한 경쟁기회가 주어진다 한들 무슨 소용이 있는가?

회사가 부도가 나서 일자리를 잃으면 하루아침에 길거리로 내몰리고 재취업의 길은 막막하다. 1998년 외환위기때 약 100만명의 신규실업자가 생겼는데 이들은 귀책사유없이 직장을 잃었다. 2008년 세계금융위기때도 많은 사람들이 일터를 잃었고 지금 진행중인 코로나 바이러스 대유행역시 대량의 실업사태를 낳고 있다. 실업까지는 가지 않더라도 소득이 줄어드는 고통역시 실업 못지않을 것이다.

개인적인 사고 때문이건, 경제시스템의 오작동 때문이건간에 경쟁과정에서 탈락하는 사람들이 겪는 생활고를 덜어주고 이들이 다시 경쟁대열에 합류할 수 있도록 지원해 주기 위한 장치가 사회안전망이라고 불리는 복지제도이다. 사회안전망은 문자그대로 사회적 추락을 방지해 주는 그물이다. 깊은 웅덩이에 그물을 쳐서 떨어지는 것을 막아주는 것과 같다. 떨어지면 목숨을 잃을 수도 있으니까 일단 그물에 걸려서 목숨을 건지게 한 후에 자신의 힘으로 올라 올 수 있도록 밧줄을 내려 주던가, 부상이 심한 경우에는 구조대가 병원으로 운반하여 치료를 받게 해서 다시 생업에 복귀할 수 있도록 해 주는 것이다.

사회안전망을 구축하는 복지정책의 구상과 입안단계에서 중요한 것은 절대빈곤과 상대빈곤 중에서 어디에 초점을 맞출 것인가이다. 절대빈곤층의 구제와 재활을 목표로 삼으면 복지정책의 범위는 좁아질 것이고 반면에 상대빈곤층에 대한 도움을 겨냥하면 복지대상은 확대되기 마련이다.

절대빈곤은 최소한의 생활을 영위하기 위해서 필요한 의식주의 구비조차도 어려운 상태를 의미한다. 실제적으로는 그 사회의 최저생계비를 산정하고 그 이하 소득계층을 절대빈곤층이라고 부른다. 참고로 보건복지부가 발표한 2019년도 1인가구의 월 최저생계비는 100만원을 약간 넘는 수준이다. 세계은행에서는 국제비교를 위해서 하루 1.9달러 미만 소득자를 절대빈곤층이라고 하는데 이는 아프리카의 최빈곤국에서는 적합한 기준일 수도 있으나 한국사회의 기준으로서는 낮은 것이다.

상대적 빈곤은 말뜻 그대로 타인과 비교한 빈곤개념이다. 월 천만원의 고소득자임에도 불구하고 2천만원 소득자에 비해서는 상대적으로 빈곤한 것이다. 상식과는 맞지 않지만 개념이 그렇다는 것이다. 상대적 소득 불평등도를 나타내는 지니계수, 소득 최상위 10%의 비율, 최상위 20%의 최하위 20%에 대한 비율 등은 모두 저소득층의 절대소득수준을 보지 않고 고소득층에 비해서 소득이 얼마나 낮은가를 보는 것이다. 우리나라에서 대표적으로 사용되는 상대빈곤개념은 전 국민을 소득순서데로 한줄로 세웠을 때 중간에 있는 중위소득의 50% 이하를 저소득층으로 보는 것이다.

복지는 먼저 절대빈곤층에게 우선적으로 제공되어야 한다. 최저생계비를 채워주는 것을 넘어서서 주택, 의료, 교육을 포함해서 기본적인 서비스가 제공되도록 해야 한다. 그 다음에 상대빈곤의 어느 수준에서 복지혜택을 줄지를 결정해야 하는데 소득이 낮은 국민들의 어려움을 우선 덜어주는 방향으로 추진해야 할 것이다.

문재인정부는 모든 국민들을 복지대상에 포함시키는 보편적 복지를 목표로 삼고 단계적으로 접근하고 있는 것으로 보인다. 보편적 복지의 핵심은 모든 국민에게 동등한 복지혜택을 부여하는 것이다. 이는 복지정책을 바꾸는 것에 끝나는 것이 아니고 경제성장정책까지 포함해서 경제사회시스템을 전반적으로 재설계하는 것임을 잊지 말아야 한다. 보편적 복지에 소요되는 재정수요를 충족하기 위해서는 조세수입의 큰 증가가 필요하고 이는 지속적인 경제성장없이는 불가능하기 때문이다.

19세기말에 유럽에서 복지가 본격적 국가정책으로 시작되었을 때에는 절대빈곤층에 대한 사회부조형태를 띠었다. 질병, 부상, 장애 등의 이유로 노동을 영위하기 어려운 사람들을 대상으로 해서 의료와 재활서비스를 제공하여 그들이 다시 노동시장에 참여할 수 있도록 하는 것이었다. 사회안전망이란 용어가 의미하듯이 자본주의의 시장경쟁에서 소외된 국민들이 최소한의 생활을 영위할 수 있는 지원을 해 주면서 다시금 경쟁에 합류할 수 있도록 도와주는 것이었다.

자본주의가 성숙단계로 접어들면서 빈부격차가 확대되고 다시 기회불균등으로 이어지면서 복지의 범위도 기회불균등을 제거내지는 완화하기 위해서 확대되기 시작하였다. 특히 교육기회와 의료기회는 경쟁의 공정성을 강화하기 위해서 균등하게 주어져야 한다는 인식이 자리잡게 되었다. 돈이 없어서 학교에 가지 못한다던가 병원치료를 받지 못하는 것은 출발선을 뒤로 물리고 운동장을 기울게 하는 불공정의 상징이 되었다. 전 국민을 대상으로 하는 의무교육을 확대하고 중산층자녀에게까지 장학금지급을 늘리며 국가관리의 의료보험체계를 도입하여 불합리한 불평등의 소지를 없애려는 노력이 경주되었다. 즉 복지의 대상이 절대빈곤층뿐만 아니라 상대적 빈곤층까지도 포괄하게 되었던 것이다.

보편적 복지는 경제성장없이는 지속불가능

전국민을 대상으로 하는 보편적 복지는 사회안전망의 기능을 넘어서서 기회 균등과 경쟁의 공정을 목표로 하고 있어서 전통적인 의미의 복지와는 확연히 구별된다. 전국민을 대상으로 하기 때문에 복지예산지출의 규모도 막대할 수 밖에 없고 조세부담 또한 따라서 증가할 수밖에 없다. 복지지출에 걸맞은 조세수입을 확보할 수 없는 취약국가는 재정적자를 누적시켜서 국가채무를 지속적으로 늘리게 되고 급기야는 재정위기를 초래하게 된다. 2010년에 발생한 그리스, 이탈리아 등 남유럽국가들의 재정위기가 이 경우에 해당된다.

조세수입의 원천은 기업이윤과 가계소득 및 소비지출이기 때문에 보편적 복지에 필요한 조세수입을 확보하기 위해서는 경제성장이 필수적인 전제가 된다. 보편적 복지를 계속해서 제공하기 위해서는 경제가 계속해서 성장해 나가야 되는 것이다. 다시 말해서 성장과 복지가 상생과 보완의 관계에 있어야 된다는 뜻이다. 이는 우리가 통상적으로 성장과 복지는 대립관계라고 알고 있는 것과는 배치된다. 성장과 복지의 상충은 분배우선주의자, 복지확대주의자들에게는 심각한 딜레마를 안기는 것이다.

딜레마를 빠져 나오는 길은 서유럽, 특히 북유럽의 사회민주주의자들이 이미 제시했으므로 한국의 분배우선주의자들은 시행착오의 비용을 지불하지 말고 북유럽사회민주주의를 절차탁마할 것을 권유한다. 기업의 사유재산권을 인정하고 기업의 혁신, 일자리 창출, 성장주역의 순기능을 수용해서 기업으로 하여금 돈을 벌게 하여 조세징수의 샘물이 마르지 않고 계속 솟아 오르게 하는 것이다. 한국의 좌파들은 소득주도성장이라는 이정표를 만들어서 아무도 가지 않은 길을 갈려고 했다. 소득주도성장은 한 마디로 정리하면 분배를 통해서 성장을 이루겠다는 것이다. 그 뜻은 가상하나 이루어질 수 없는 꿈이라는 것이 이미 드러나고 있으니 더 늦기 전에 버리고 북유럽의 사회민주주의를 본받았으면 좋겠다.

성장과 분배의 상생과 조화는 보수우파에게도 극복해야 할 도전이다. 성장의 낙수효과는 더 이상 국민들에게 어필하지 않고 있고 기업의 기를 북돋우어서 일자리를 만들어 내는 것이 최상의 복지정책이라는 주장도 틀린 것은 아니지만 그것만으로는 국민들의 마음을 사기에 턱없이 부족하다. 정규직 일자리보다는 비정규직 일자리가 더많이 늘어나는 현실적 제약앞에서 일자리가 복지라는 당연한 주장조차 빛이 바래지는 것이다.

흔히 보수우파는 성장을 통해서 절대빈곤이 줄어들면 되는 것이지 상대빈곤까지 복지를 통해서 해결할려고 해서는 안된다고 주장한다. 이 주장이 현실적인 의미를 갖기 위해서는 먼저 절대빈곤의 정의를 분명히 해야 한다. 최소한의 의식주가 해결되는 수준은 절대빈곤의 최저치가 될 것이고 교육, 의료, 스마트폰 통신비용 등을 추가하면 계속 올라갈 것이다. 절대빈곤층의 범위가 정해지면 이들을 대상으로 해서 집중적으로 복지예산을 배분하면 될 것이다. 이 접근법이 책상머리에서는 그려질 수 있는데 이미 보편적 복지를 향해서 나아가고 있는 한국의 현실을 전제로 해서 그 가능성과 타당성을 가늠해 볼려니까 너무 엄청난 일이라서 엄두가 안난다.

이해관계자상생모형은 보수우파를 성장과 분배의 딜레마에서 헤어 나오게 하는 구원자와 같다. 자유시장경제의 녹쓴 부분을 닦아 내고 헐거워진 나사를 조여서 성장과 공정분배를 동시에 이룩하는 고성능 자유시장경제로 다시 태어나게 해주는 것이다.

이해관계자상생모형은 진보좌파들이 염원하는 보편적 복지를 지속가능하게 하는 처방이기도 하다. 시장친화적 정책으로 성장을 견인하여 좌파들이 필요로 하는 견실한 세원(稅源)을 마련함으로써 보편적 복지에 필요한 복지예산의 충당을 가능하게 해주는 것이다.

보수와 진보, 우파와 좌파가 이해관계자상생모형을 받아들이면 양 진영의 차이는 복지지출의 수준과 범위에서 주로 드러날 것이다. 보수우파는 필요한 사람에게 복지를 집중하자는 접근을 할 것이고 진보좌파는 모든 국민을 대상으로 하는 보편적 복지를 선호할 것이다. 이러한 차이에도 불구하고 양 진영은 성장의 필요성과 기업환경의 개선에서 접점을 마련할 수 있다. 그러니 선거에서 어느 진영이 이기고 집권하던지 간에 시장친화적인 정책기조는 큰 변화가 없을 것이고 복지와 재분배정책에서는 집권세력의 색깔이 칠해지게 될 것이다. 이 정도의 정책변동은 민주주의와 선거제도를 지키기 위한 비용으로써 감내할 수 있을 것이다.

終

한국적 제3의 길:
우파는 복지수용, 좌파는 시장경제 인정해야

글을 시작할 때 자신이 좌파일지도 모른다고 생각했다. 분배에 관심이 많으니까, 자본주의욕망을 비판하니까, 쓰고 나니까 역시 우파다. 자본주의에 대한 애정을 버리지 못하니까, 자본주의를 진화시켜야 된다고 생각하니까, 사회주의는 자본주의의 대안이 될 수 없다고 굳게 믿고 있으니까.

우파라도 중도우파이다. 자본주의를 인정하되 끊임없는 자기 개혁이 필요하다고 주장하니까. 중도좌파까지는 아닌 것 같다. 내가 해석하는 중도좌파는 분배와 평등을 위해서 자본주의를 이용하자는 쪽인데 아직 거기까지 간 것은 아닌것 같다. 중도우파면 어떻고 중도좌파면 어떤가? 우에서 좌로 가다 보면 중도우파가 되고 좌에서 우로 오다 보면 중도좌파가 되는 것 아닌가?

문득 강남좌파라고 비난받을지 모르겠다는 걱정이 생긴다. 강남좌파는 강남에 거주하는 부유층 내지는 중산층 사람이 자본주의를 반대하고 비난하는 경우에 보수우파인사들이 비아냥과 비웃음을 섞어서 부르는 칭호이다. 원래는 강남

거주인에 국한해서 지칭되었으나 굳이 지리적으로 한정하지 않고 어디에 살든 상관없이 그러한 행동과 사고를 지닌 사람들을 강남좌파라고 부르게 되었다. 그들은 공통적으로 교육수준이 높고 고소득 전문직인 경우가 흔하다. 자유시장경제의 혜택을 누리고 있으면서도 말과 행동은 자유시장경제의 반대편에 서서 비판을 일삼으니까 이중적 인격자로 보이기도 한다. 비난을 받는 사람 중에는 입으로는 정의, 공정, 사회적 연대를 외치면서도 정작 자기의 이익이 걸린 사안을 맞닥뜨리면 편법과 불법을 삼가하지 않는 내로남불의 행태를 보이는 경우도 있다.

좌파들은 부유한 사람, 교육많이 받은 전문직, 지식인이라고 해서 좌파가 되지 말란 법이 어디 있느냐고 반문하고 나아가서 좌파는 가난하게 살아야만 되느냐고 항변한다. 이점에 대해서 오해없는 논의를 하기 위해서는 좌파의 정의부터 시작해야 한다. 나는 좌파를 정의하기를 "자유시장경제의 순기능보다도 역기능이 더욱 크다고 믿고 불평등과 불공정의 역기능을 줄이기 위해서 개인자유의 희생위에서 공동체적 유대를 강화하고 정부가 주도적인 역할을 해야 한다는 신념을 가진 사람"으로 한다. 좌우파의 갈림길은 자유시장경제를 인정하느냐, 부정하느냐이다.

강남좌파가 지녀야 할 최소한의 도덕률은 자기탐욕을 절제하는 것이다. 자본가의 탐욕을 매도하면서 자신의 탐욕에 관대한 것은 자가당착이다. 자식을 출세시키겠다는 탐욕에 젖어서 자신은 반미주의자이면서도 자녀를 미국에 유학 보내어 미국적 가치와 관습을 배우게 하는 것이야 말로 이중적 잣대이다. 미국의 앞선 지식과 기술만 익히고 그 가치와 사상은 배척한다는 변명은 손바닥으로 하늘을 가리는 격이다. 지식과 기술은 가치와 사상의 영향을 받을 수밖에 없다.

시장경제를 비난하면서도 시장경제에 편승해서 잘 살아 보겠다는 것을 굳이 탓할 수는 없지만 그래도 좌파의 양심이 있다면 그 돈을 공동체를 위해서 우파보다도 더 많이 써야 한다. 개같이 벌더라도 쓸때는 정승같아야 한다는 옛말이 있는데 과거에 보수우파가 개같이 벌어 놓은 돈을 좌파들은 정승같이 쓰면서도 고마워할 줄은 모르고 적폐, 부패, 친일의 낙인을 찍기만 한다.

우파는 자유시장경제를 고쳐서 쓰자는 쪽이고 좌파는 폐기처분하자는 쪽이다. 고치는 범위와 수준이 천차만별이니까 우파도 여러 갈레일 수밖에 없다. 좌우 스펙트럼의 오른쪽으로 갈수록 이미 정부가 시장에 과도하게 개입하고 있다고 진단한다. 즉 지나치게 고쳤으니까 시장에 자유를 더 주어야 한다고 주장한다. 규제는 줄이고 세금은 낮추고 복지는 줄이자는 쪽이다. 이들의 눈에는 한국의 현 상황은 국가주도경제를 향해서 질주하고 있으므로 방치하면 자유시장경제가 종언을 고할 것으로 보인다.

우파 중에서 왼쪽으로 와 있는 사람들은 한국에서 복지증대가 필요하고 불평등완화를 위해서도 정부역할이 필요하다고 본다. 기회균등과 공정경쟁을 위한 정부간섭도 필요하다고 본다. 이들 중에는 기업규제는 대폭 철폐해야 한다고 주장하는 목소리가 있다. 이들이야 말로 자유시장경제를 고쳐서 활용하자는 실용적인 노선을 따른다고 생각한다.

좌파는 체질적으로 자유시장경제에 대해서 반감을 가지고 특히 그 주역인 대기업에 대해서는 기회있는 데로 규제하고 간섭해서 길을 들여야 한다고 생각하고 행동에 옮긴다. 이윤에 눈이 먼 기업을 그대로 두고서는 불평등과 불공정을 해결할 수 없다고 생각한다. 자유시장경제를 부정하는 좌파가 그 체제 내에서 부를 축적하고 풍족한 생활을 누린다면 겉과 속이 다르다는 비판에서 자유로울 수 없다. 그러함에도 불구하고 강남좌파가 자신의 부를 좌파적 양심에 맞게 쓴다면 어느 정도의 면죄부는 받을 수 있을 것이다. 예컨대 재산과 재능의 기부를 통해서 소외된 계층을 포용하고 공동선을 함양하는데 앞장서는 것이다.

나를 회색지대에 위치한다고 곱지 않은 시선으로 바라보는 사람도 있을 수 있다. 자본주의의 욕망을 비판하고 기업의 주주이익극대화를 온전히 수용하지 못하는 점에 대해서 우파로부터 공격당할 수 있다. 동시에 좌파로부터는 더 강한 매도를 당할 수도 있을 것이다. 왜냐하면 좌파는 자본주의의 모순을 완화하는 소금의 역할에 머무는 것이 바람직하고 역사의 주역이 되는 것은 바람직하지 않다고 주장했기 때문이다.

좌우의 협공을 받으면서 나의 생각과 주장이 아무런 영향을 주지 못한다면 나로서는 매우 서운한 일이다. 나는 우파가 불평등완화를 강조하는 좌파의 시각을 받아들여서 시장자율적인 분배개선을 실천하고 좌파는 시장이 발휘하는 효율과 생산능력을 받아들여서 그 바탕위에서 복지를 실천하는 좌우합작이 최선이라고 생각한다. 그럼으로써 오늘날 한국사회가 당면하고 있는 경제활력회복과 불평등완화의 두 마리 토끼를 손에 넣을 수 있다고 믿는다.

좌우합작이 성공하기 위해서는 좌는 시장알레르기를 버리고 우는 복지알레르기를 버려야 한다. 좌는 국가근본주의에서 탈피하고 우는 시장근본주의에서 벗어나야 한다.

복지는 우가 시작했지만 좌가 발전시켰다. 그런데 성장은 우가 시작했음에도 불구하고 좌가 내실화하지 못하고 뒷걸음질치게 만들었다. 성장과 복지는 수레의 두 바퀴이다. 그런데 정권이 바뀔 때마다 성장우선, 복지우선으로 왔다 갔다 하면 수레가 한 바퀴로 굴러가는 것과 같다. 한 바퀴 수레는 부서지게 되어 있다.

분배도 시장 내에서 평등하게 이루어지는 것이 바람직하다. 시장에서는 불평등한데 국가가 세금을 걷어서 사후적으로 재분배하는 것은 비효율과 고비용의 부작용이 크다. 자본가들은 외부의 압력으로 세금 많이 내고 복지부담을 떠 안을 바에는 아예 자발적으로 이해관계자상생을 도모해서 한국이 더욱 평등한 사회로 가는 길에 앞장서는 것이 좋겠다는 생각을 지울 수가 없다.

보수는 진보의 복지철학을 수용하고 진보는 보수의 효율가치를 인정하는 좌우합작, 좌우수렴을 나는 한국적 제3의 길이라고 부르고 싶다. 원래 제3의 길은 유럽정치에서 등장한 화두이었다. 복지국가와 사회민주주의의 역사가 오랜 유럽에서 사회민주주의의 재건과 발전을 위한 새로운 노선으로서 제시된 것이다.

복지국가가 과중한 재정부담, 근로의욕의 저하, 국가경쟁력의 약화 등의 문제에 봉착하고 국민들의 정치적 지지기반이 잠식되는 위기상황에 놓이게 되면서 새로운 활로를 모색하지 않을 수 없었다. 보수우파는 개인의 선택과 창의를 통한 효율의 복원을 주창하면서 공격해 오는 마당에 진보좌파인 사회민주주의는 평등과 연대라는 본래의 가치를 고수하면서도 시장의 역동성을 일정부분 받아 들이지 않을 수 없는 배경하에서 탄생한 것이 제3의 길이었다.

　이에 반해서 나는 한국의 보수우파가 직면하고 있는 도전을 극복하기 위해서는 성장과 효율일변도의 정책노선에서 벗어나서 공정한 분배와 평등한 사회를 지향하는 좌파적 가치를 일정부분 수용할 필요성이 있고 구체적 형태로서 이해관계자상생모형이 바람직하다고 생각한다. 유럽형 제3의 길은 좌파가 자신의 생존과 집권을 위해서 변신의 노력을 기울인 길이다. 이에 반해서 한국적 제3의 길은 우파가 자신의 생존과 재집권을 위해서 걸어가야 할 길이다.

　대한민국 정부수립이 1948년이었으니까 다음 대선이 있는 2022년이 되면 74년이 흘러가는 것이다. 그동안 진보좌파정부는 김대중, 노무현, 문재인 대통령의 15년간인데 김대중정부의 경우에는 외환위기수습이 태생적 책무이었기 때문에 좌파적 정책을 펴는 데에는 한계가 있었다. 그러므로 정책기조면에서 좌파정부가 집권한 기간은 10년 밖에 안되고 나머지 64년간은 우파정권이 집권하였다.

　박근혜탄핵, 대선패배, 총선패배의 거센 3각파도가 덮치면서 한국의 보수우파는 침몰하고 있다. 일부 우파인사들은 좌파정권의 실패가 가져다 주는 반사이익을 고대하고 있지만 그것은 역사에 책임지는 자세가 아니다. 국민들의 지지를 회복하기 위해서 요구되는 변화와 혁신을 모색하고 실천에 옮기는 것이 올바른 길이다.

　저성장과 불평등의 확대가 글로벌 경제의 뉴노멀이 되고 있고 한국 역시 예외가 아닌 패러다임 전환의 시대에 구식 보수우파를 고집하다가는 주류세력에서 영원히 밀려날 수도 있다. 구식 보수우파는 성장, 효율, 정부불간섭만을 고장난 녹음기처럼 되풀이하는 사람들이라고 나는 정의한다. 그들은 기업에 조금이라도 부담이 되는 얘기가 나오면 반대한다. 그들의 주장은 단순하다. 세금깎고 규제없애고 임금억제하면 성장률 올라가고 좋은 일자리 생겨서 성장과 분배의 선순환이 이루어진다는 것이다. 그들에게 복지는 적을 수록 좋은 불필요한 악일 뿐이다.

　코로나 대유행으로 세계경제가 동반 대불황에 빠져들고 있다. 한국도 예외일 수 없다. 문재인정부는 재정투입일변도정책으로 단기적인 구제와 경기부양에 올인하는 것은 물론이고 장기적인 성장을 위해서 한국형 뉴딜을 내걸었는데 그 역시 재정투입이 핵심정책수단이다. 보편적 복지의 확대를 위해서도 막대한 재정투입이 불가피하다.

보수우파는 대규모 재정투입이 초래할 국가부채의 급등을 경고하면서 규제개혁을 통한 기업활력의 제고만이 한국경제를 살리는 길이라고 주장한다. 그들은 법인세인하를 요구하고 인천국제공항공사의 비정규직 직원의 정규직 전환이 불공정하다고 비판하며 복지확대에 대해서도 포퓰리즘이라고 매도한다.

그런데 국민들이 보기에 보수우파는 대안을 제시하지 못한다. 재정건전성을 헤치면 안된다는 점은 동의하겠는데 지금은 재정투입이 불가피한 상황아니냐는 반문에 대해서 시원한 대답을 못한다. 막무가내식의 공기업 정규직 전환이 옳지 않다는 지적은 공감하겠는데 그렇다면 비정규직문제를 어떻게 해결할 것인지 청사진을 제시하라고 하면 벙어리이다. 심지어는 비정규직도 시장이 필요해서 발생한 현상이기 때문에 인위적으로 해결할려고 해서는 안된다는 의견도 있다. 플랫폼경제와 공유경제의 확산으로 새로운 고용형태의 근로자가 급증하고 있고 많은 이들이 노동보호의 사각지대에 있는데 깨어 있는 보수우파라면 이들에 대한 관심과 대책을 내놓아야 한다.

이제는 보수우파도 변해야 할 때이다. 불평등의 확대, 고용형태의 변화, 계속 발생하는 경제위기, 다자주의의 약화, 세계화의 후퇴, 신냉전 등 국제정치경제의 지형에 지각변동이 일어나고 있다. 눈을 국내로 돌리면 진보좌파세력이 주류의 자리를 차지하였고 많은 국민들이 지지를 보내고 있다. 구식 보수우파가 보기에는 이해할 수 없는 현상이 벌어지고 있는 것이다. 그런데도 시장근본주의, 시장만능주의의 시대착오적인 이념에 젖어서 복지, 평등, 연대 등 시대가 필요로 하는 아젠다에 대해서는 주도적으로 비전과 대책을 내놓지 않고 방어적·수세적 자세로 일관하고 있다. 심지어는 국민은 그 눈높이에 적합한 정부를 갖는다는 말로 체념하는 허무개그적 패배의식과 자학에 젖어 있기도 하다.

보수우파는 구식을 정리하고 신보수로 거듭 태어나야 한다. 신보수는 개인의 자유와 창의가 마음껏 꽃피게 하는 자유시장경제의 핵심가치를 지키고 창달하는 태생적 사명에 충실해야 한다. 그러면서 거기에 머물지 않고 시장의 효율이 파생시키는 어두운 면을 살피고 그늘에서 고통받는 국민들을 포용해야 한다. 그들이 영원한 패배자로 남지 않고 다시 재생할 수 있도록 손을 잡고 이끌어 주는 따뜻한 반려자가 되어야 한다.

구식 보수체제하의 기업은 세금을 납부해서 복지예산을 충당해 주는 것이 사회적 역할이라고 여겼다. 그러나 내가 이 글에서 주장한 이해관계자상생모형 은 이제는 복지와 평등을 좌파정부의 전유물로 내주지 말고 기업이 나서서 큰 역할을 담당하자는 것이다. 근로자, 소비자, 협력업체, 공동체사회와 연대해서 그들에게 정당한 보수와 가치가 배분되게 하고 기업과 사회가 동반성장하는 선 순환 생태계를 만들어 가자는 것이다.

유럽의 사회민주주의는 복지국가를 이룩하는 데에는 성과를 거두었으나 국 가경쟁력을 훼손하는 한계에 봉착한 나머지 정치적 위기를 맞이하였다. 위기를 극복하기 위해서 자유시장경제의 효율과 혁신능력을 수용하는 제3의 길을 채 택하였다. 이 과정에서 사회주의의 정체성을 상실한다는 내부비판이 치열하였 으나 이를 극복할 수 있었던 것은 변화없이는 낙오된다는 진실에 충실하였기 때문이다.

한국의 보수우파는 한강의 기적을 이루고 자랑스러운 산업강국을 건설하는 데에는 성공하였으나 종합적 삶의 질을 선진국 수준으로 고양시키는 데에는 미 흡한 점이 많다. 그리고 지금 일찍이 경험하지 못한 정치적 위기에 빠져 있다. 위기를 극복하기 위해서는 국민들의 삶의 질을 가시적으로 격상시키는 비전과 실천계획을 제시해야 한다. 이를 위해서는 공정, 평등, 복지, 연대의 좌파적 가 치를 일정부분 받아들여야 한다. 이것이 한국적 제3의 길이다.

물론 한국의 좌파가 유럽의 사회민주주의식 변신을 하면 더할 나위없이 바 람직하다. 유럽 복지국가의 실패를 반면교사로 삼아서 현금살포식 시혜를 지양 하고 생산적 복지, 근로지향형 복지, 수요맞춤형 복지, 유연 안정성 등 창조적 복지모형을 개발하면서 자유시장체제의 효율과 혁신기능을 포용하는 길로 나 가야 한다.

교조적 보수우파는 중도우파로 이동하고 교조적 진보좌파는 중도좌파를 향 해서 이동하여 서로가 공유할 수 있는 이념, 가치, 정책을 넓혀가야 한다. 그래야만 현재 전개되고 있는 극단적인 이념대립, 진영논리를 벗어날 수 있고 정책의 연속성과 일관성이 확보되어서 안으로는 국민통합을 이루고 밖으로는 국가 위상을 높여 나갈 수 있다.

제2부

관변 경제학자의 성장정책 체험기

序

들어가며

　나의 직장생활은 이른바 경제전문가로서의 외길이었다. 1970년에 서울대학교 상과대학 경제과를 졸업하였고 행정고시 14회에 합격하여 1974년부터 1977년까지 사무관으로 재무부에서 근무하였다. 1979년에 유학을 떠나서 1983년 미국 조지워싱턴대학에서 경제학박사 학위를 취득한 후에 귀국, 2011년에 은퇴할 때까지 산업연구원(KIET), 대외경제정책연구원(KIEP), 국제무역연구원(KITA)에서 반생을 보냈다. 중간에 근 3년 동안 OECD대사를 역임했는데 이것도 외도가 아닌 것이 OECD는 경제협력개발기구로 그 역시 경제전문가의 활동 영역에서 벗어나지 않는다.

　사실 나 같은 사람을 '어용 경제학자' 또는 '관변 경제학자'라고 부르면서 비판적 내지는 부정적으로 보는 세평가도 많았다. 경제학자로서의 소신을 버리고 정부의 눈치를 본다는 뜻이었을 것이다. 특히 박정희, 전두환, 노태우 대통령의 권위주의 통치시절에는 '독재자를 위해서 봉사하는 사람'이라는 뜻으로 이른바 민주화 운동권 사람들이 이 호칭을 즐겨 썼다.

물론 이런 세평에 억울한 생각이 드는 순간도 많았다. 현역으로 일할 때의 대통령은 전두환, 노태우, 김영삼, 김대중, 노무현, 이명박이었다. '민주화 이전' 정부와 '민주화 이후' 정부에서도 나는 경제관과 정책노선을 달리 하지 않았고 정권의 입맛에 맞추어 말을 바꾸지도 않았다. 학교와 사회에서 배운 경제학 지식을 한국경제에 적용해서 분석하고, 정책대안을 제시하였을 뿐이다. 그러니 자신이 "어용 경제학자"라고 불리는 것에 동의하지 않는다.

그동안 경제정책의 여러 분야에 관심을 가지고 연구하였다. 1983년부터 1997년까지 15년을 산업연구원(부원장)에서 보냈는데 주된 연구 분야는 산업정책이었다. 산업정책은 산업의 구조를 개선하기 위해서 정부가 시장의 자원배분 과정에 개입하는 경제정책이다. 그 정책수단으로서는 금융, 기술, 노동, 교육, 공정거래, 산업조직, 무역통상, 규제 등 경제학의 거의 모든 분야를 포함하기 때문에 어쩔 수 없이 넓게, 또는 얕게 경험이 쌓이고 지식이 축적되었다.

산업연구원 시절에 2회에 걸쳐서 4년 정도 상공부장관의 자문관으로 파견 나가 있으면서 산업정책의 현장을 좀더 가까이에서 경험할 수 있는 기회를 가졌다. 그런데 이 과정에서 연구원에서 건의했던 내용이 정책현장에서 변형, 수정, 왜곡, 조정되는 배경에는 정치적인 고려와 권한 다툼이 크게 작용한다는 사실을 목격할 수 있었다.

대외경제정책연구원에서는 7년 정도 원장으로서 일했다. 내가 깊이 알지 못했던 국제통상에 대해서 전문가들과 토론하면서 많은 것을 배웠고, 통상협상이 어떻게 이루어지는지에 대해서도 가까이에서 관찰할 수 있었다. 여기에 더해서 국제금융과 해외지역경제 및 지역경제통합에 대해서도 지식과 경험을 쌓을 수 있었다.

'직업적 국책연구원' 생활에서 3년 정도 외도를 했는데 2001년 말부터 2004년 7월까지 경제협력개발기구(OECD)에서 한국을 대표하는 대사로서 일했다.

OECD는 국제적 종합경제연구소이며 국제적 경제정책 토의기구이다. 그곳에서 3년 가까이 일하면서 나는 글로벌 경제이슈와 주요국의 경제정책에 대한 생생한 지식을 얻고 안목을 넓혀 갈 수 있었다.

마지막 현역생활은 무역협회의 국제무역연구소에서 3년 6개월 정도 근무하는 것으로 그 막을 내렸다. 국제무역연구원은 학문적인 연구보다 좀더 실용적인 연구를 수행하였다. 그곳에서 무역에 종사하는 기업들에 대해서 깊이 있는 이해를 할 수 있었다.

현역에서 은퇴 후 2년 정도 박근혜 후보의 싱크탱크이었던 국가미래연구원에서 주로 '일자리 만들기'라는 과제에 대해서 많은 생각을 하고, 정책대안을 제시해 보려고 노력하였고 여러 분야의 교수들과 토론하는 기회를 가질 수 있었다.

이제 그동안 내가 직접, 또는 간접으로 관여했던 경제정책이슈들을 선정하여 많은 세월이 지난 지금 시점에서 되돌아보면서 보람을 느꼈던 점, 아쉬웠던 점, 부끄러웠던 점, 현역에서 종사하는 사람들에게 전하고 싶은 점 등을 정리하는 글을 써 보려고 한다.

다만 이 글은 본인의 생각과 체험을 바탕으로 한 것이어서 사실의 오류나 부적절한 표현이 있을 수 있을 것으로 생각된다. 그런 대목에 대해서는 올바른 내용으로 바로잡을 수 있도록 도와주시고, 아울러 보다 깊이 있는 정책 입안(立案) 기록을 위해 많은 조언과 성원도 함께 부탁드린다.

1

관치금융과 금융자율화

1961년 은행 국유화로 정부가 직접 금융배분

공직생활의 첫발을 내디딘 것은 1974년으로 1977년까지 재무무에서 근무했다. 당시는 정부가 금융을 마음대로 주무르던 관치금융시대의 연속이었다. 특히 이때가 역사상 관치금융의 전성기라고 해도 지나친 말은 아닐 것이다. 1961년에 시중은행을 국유화하였다가 1980년대 초에 다시 민영화하였으니까 그 당시 은행들은 정부의 장악 하에 들어있었다. 그러니 관치는 어찌 보면 당연한 것이었다.

물론 포항제철처럼 국유기업이면서도 경영자율화를 보장한 경우도 있었으니까 국유은행이라고 해서 반드시 관치를 해야만 하는 것은 아닐 수도 있었지만 은행을 국유화한 이유를 살펴보면 관치하기 위해서 국유화하였던 것으로 보인다.

민간은행을 정부가 장악하였다면 시시비비를 가려야 마땅하겠지만 정부소유은행을 관치를 했다고 해서 잘못 된 것이라고 매도하기는 무언가 석연치가 않다. 정작 따져야 보아야 할 것은 어떤 연고로 은행들을 국유화했는가? 그 배경을 살펴보고 관치의 내용이 무엇이었는지를 점검해 보는 것이다.

국유화이전에 은행들의 소유주는 재벌대기업들이었다. 그런데 5.16군사정변으로 군사정부가 들어서면서 이들을 부정축재자로 단죄하려고 했다. 결국 군사정부의 입장에서는 은행을 범법용의자의 수중에 계속 남겨둔다는 것은 앞뒤가 맞지 않는 것이었다.

그러나 더 중요한 이유는 경제개발에 필요한 금융자금의 배분을 탐욕적인 은행가들에게 맡길 수 없다는 것이었다. 당시의 금융자금은 워낙 희소가치가 높아서 그 배분을 담당하는 은행가들은 이른바 금융지대(金融地代)를 추구할 수밖에 없었다. 서민들에게 은행은 언감생심 넘볼 생각조차 할 수 없을 정도로 그 문턱이 높았고 기업들도 은행돈을 빌릴 수 있다는 사실 자체만으로도 엄청난 특혜를 누리는 것이었다. 은행들은 충분한 담보를 잡고 돈을 빌려주면서도 요새말로 하면 수퍼 갑(甲)행세를 할 수 있었다. 이런 상황에서 은행가들이 국가기간산업과 전략산업부문에 우선적으로 대출한다는 것은 연목구어(緣木求魚)라고 해도 지나친 말이 아니었다.

"은행은 국민경제 발전에 관심 없고, 돈 장사에만 몰두하는 이기적인 조직"

당시 은행에 대한 시각은 '국민경제발전에는 관심이 없고 그저 돈 장사에만 몰두하는 이기적인 조직'으로 여겨졌다. 이러한 배경 하에서 1961년 군사정부는 은행을 국유화했고, 이후 은행은 국가기간산업과 전략산업건설에 소요되는 자금을 공급해 주는 정책금융의 도구로 활용되었던 것이다.

1974년에 재무부생활을 처음 시작했을 때 배치된 부서는 금융제도심의관실이었다. 이름이 말해주듯 금융제도를 발전시키는 정책방안을 고민하기 위해서 만들어진 이선(二線)조직이었다. 일선(一線)조직은 관치금융에 몰두하고 있는 까닭에 조직이기심에서 자유로운 이선조직을 만들어 금융제도를 진일보시키겠다는 취지였다. 관치금융을 하면서도 그 폐해를 다소나마 인식하는 양심이 있었다고나 할까.

폭넓은 의견을 모으기 위해 민관으로 구성된 금융제도심의위원회를 발족시켰다. 여기에는 금융학자, 은행가, 그리고 재무부간부들이 위원으로 참여해서 정기적으로 회의를 열어서 토의하였다. 나는 그 위원회의 사무국역할을 담당하는 실무자였다.

논의주제는 한국은행 독립, 기업신용평가 강화, 금리 자유화, 은행 민영화 등이었다. 학자들과 은행인사들의 의견은 대체로 이 모든 과제에 대해서 적극적으로 개선해 나가자는 쪽이었다. 당시는 국제적인 이론의 흐름도 McKinnon, Gurley, Shaw 등의 석학들이 금융억압의 폐해를 강조하고 금융자율화가 경제성장을 촉진한다는 연구결과를 발표해서 많은 주목을 받던 때였다.

재무부 관료들 "금리·환율 결정을 시장에 맡기는 건 필요하지도 않고 바람직하지도 않다"

당시 토의과정을 가까이에서 관찰한 바로는 학자, 전문가들의 금융자율화 주장과 금융현실 사이에는 커다란 격차가 있는 것으로 느껴졌다. 재무부의 현업부서에서는 이런 위원회의 논의방향과 주장이 현실을 무시하는 탁상공론이라고 평가절하 하는 분위기였다.

당시 금리와 환율결정은 재무부의 몫이었다. 어느 날인가 금리를 인하하는 보도자료가 배포되기 전에 본 적이 있었는데 인하의 배경과 인하폭이 재무부 실무자에 의해서 작성되었다. 물론 사전에 청와대와 협의를 거쳤을 것이다. 환율도 당시에는 고정환율제도이었는데 평가절하 결정이 재무부에서 이루어졌다.

재무부공무원들은 자신들이 최고의 엘리트라고 자부하고 있었고 특히 금융정책을 담당하는 공무원들이 그랬다. 그들에게는 금리와 환율을 시장에 맡긴다는 것은 필요하지도 않았고 바람직하지도 않았다. 금융시장이 기본적으로 초과수요상태에 있는 상황에서 금리자유화는 시기상조이었고 고정환율제도는 당시 국제적 규범이었다. 한국은행의 독립성을 보장해서 금리결정을 하게 했어야 한다고 반문할 수도 있지만 재무부의 엘리트관리들이 볼 때에는 국민경제에 중차

대한 금융정책을 애국심이 의심되는 한국은행에 맡길 수는 없는 노릇이었다.

재무부 금융정책과, 금리·통화량은 물론 은행인사까지도 영향력 발휘

금융제도심의관실에서 이재1과로 자리를 옮긴 다음에 맡은 업무는 국민투자기금이었다. 그때 나의 업무파트너는 한국은행의 기금부장이었다. 아마 연배가 거의 쉰 살 근처는 되었을 터이니 나보다 스무 살 정도 연상이었다. 그분은 나의 대학선배이기도 해서 공식적으로는 내가 위인 상하관계이었고 사적으로는 그분이 위인 상하관계의 이중적 관계가 형성되었다.

그 당시 나는 주택은행업무도 겸하고 있었다. 매달 열리는 국민주택금융운용위원회에 나가보면 은행장이 회의를 주재하고 은행임원들과 건설부 국장 등이 참석하였다. 이제 갓 사회생활을 시작한 사회초년병이 인생의 대선배들과 속된 말로 '같이 놀았던 것'이다.

내가 근무하던 부서 옆에는 금융정책과가 있었다. 이재국의 꽃이었고 관치금융의 핵심이었다. 정책적으로는 거시경제를 관리하는 통화재정 정책의 주무 부서였고 관리적으로는 은행을 좌지우지하는 부서이었다. 지금의 금융통화운영위원회가 수행하는 금리결정은 물론이고 통화증가율도 실질적으로 결정하였다. 내가 직접 경험하지는 못하였지만 추측컨대 은행장을 비롯한 주요 인사에도 크고 작은 영향력을 미쳤을 것이다.

그 당시는 부실기업정리역시 재무부에서 주관하였는데 한번은 정리대상이 되는 굴지의 재벌회장이 이재국장실에 찾아와서 고성을 지르면서 항의하는 소리가 밖으로까지 들린 적도 있었다.

1975년에 박정희정부는 서정쇄신을 발표하였다. 공무원들의 부정부패를 일소하겠다면서 서슬 퍼런 칼을 빼 들었다. 당시 재무부 청사는 광화문에 있었는데 공무원들에게 점심때 청사 밖으로 나가지 말라고 해서 모두들 구내식당에서 요기를 때우곤 했다. 나에게 가끔 와서 같은 과의 10명 정도 되는 직원들에게 주스 한잔씩 돌리던 한국은행직원도 주스 접대를 그만 두어야 하는 엄정한 상황이었다.

서정쇄신(庶政刷新)으로 은행원 봉급 삭감됐는데 가족들 '재무부에 항의'

그때 은행직원들의 보수를 삭감하는 조치가 내려졌다. 당시 은행에서는 정해진 봉급 이외에 여러 가지 명목으로 보수를 지급하는 관행이 퍼져 있었다. 대학 졸업 후에 한국은행에 입사했던 친구는 자기가 한 달에 받는 보수의 총액을 정확히 잘 알지 못한다고 말하기도 했다. 정부에서는 이러한 조직이기적인 관행을 시정하겠다고 나섰고, 그 결과 은행직원들의 봉급이 상당부분 삭감되는 일이 벌어졌다.

그때 나는 항의전화를 많이 받았다. 자기 남편이 은행에 근무하는데 난데없이 월급이 깎여서 매달 불입해야 하는 곗돈을 줄 수가 없어서 계가 깨어지게 되었다던가, 아이들 학원비용을 감당할 수가 없다는 호소 섞인 항의를 받으면서 나와 동료들은 그 일은 우리 부서의 소관이 아니라고 하면, 항의하는 쪽에서는 재무부가 하는 일을 왜 모른다고 발뺌하느냐고 따져 묻곤 했다. 일반국민들도 관치금융의 본산이 재무부라고 인식하고 있었던 것이다.

1983년에 산업연구원에 입사해서 처음 담당했던 분야가 금융산업이었다. 당시 원장께서 금융도 산업이니까 산업연구원에서 금융산업발전 방안을 연구해야 한다고 하면서 기꺼이 채용해 주셨다. 어느 날 모 일간지에서 금융산업 발전에 대한 좌담토론이 있었는데 나는 금리를 자율화해야 자원이 효율적으로 배분된다고 주장하였다. 미국유학중에 배운 데로 읊조렸던 것이다.

산업연구원 입사 후 '금리자유화' 주장 … 뒤늦게 '한국은 자금 초과수요로 현실과 괴리' 인식

연구원생활을 하면서 한국경제의 현실을 숙지하다보니 금리자유화가 언제 어디에서나 옳은 것이 아니었다. 금리를 자유화하면 자금의 초과수요가 존재하는 한국에서는 금리가 상당 수준 올라 갈 수밖에 없고 한국수출기업의 비용부담이 늘어나서 선진국기업과의 경쟁이 불리해진다는 점을 알게 되었다.

금리자유화시도가 현실의 벽을 넘지 못하고 단명에 그친 예는 일찍이 1960년대로 거슬러 올라간다. 1964년에 은행정기예금 금리는 연 15%이었다. 당시 물가상승률이 두 자리 숫자이었던 점을 감안하면 연 15%는 정책적으로 낮게 정해진 수준이었다. 저축을 늘리기 위해서 금리를 현실화해야 한다는 주장이 관철되어서 1966년도의 정기예금금리는 30%에 도달했다.

최근 아르헨티나가 자본해외 유출을 막기 위해서 금리를 45%로 올렸다는 기사를 보고 놀란 적이 있는데 당시의 한국이 그랬다. 그때 나는 서울로 유학온 지방출신 고등학생이었는데 부모님들이 부쳐주는 하숙비와 용돈, 학비 등을 아껴서 정기예금에 넣어 놓으면 그 이자가 쏠쏠했던 기억이 남아있다.

금리자유화 1988년 시동 걸었으나 중단, 1991년부터 3단계추진 방안 실행

기업들이 연 30%의 금리부담을 견딜 수가 없으니까 수출금융 등 정책대출 금리는 훨씬 낮은 수준에서 정해졌고 은행은 역마진으로 수익이 악화될 수밖에 없었다. 결국 금리현실화는 오래 지속되지 못하고 다시 통제된 저금리로 환원되었다.

금리자유화는 1988년에 다시 추진되었으나 물가급등으로 인한 금리상승을 견디지 못하고 몇 개월 후에 중단되었다. 1991년에 다시 금리자유화 3단계 계획이 발표되었고 1995년까지 지속적으로 실천에 옮겨졌다. 경상수지흑자전환, 물가안정, 자금의 초과수요완화 등 금리자유화의 여건이 어느 정도 갖추어졌기 때문이었다.

1980년대 초에 은행들이 민영화되었으나 은행경영에 대한 정부간섭은 별로 줄어 들지 않아서 민유화(民有化)에 그쳤다는 비판이 무성하였다. 소유권만 민간으로 넘어 가고 정부개입은 계속되는 무늬만 민영화이었다.

민영화 이후의 관치금융은 이전의 관치금융에 비해서 그 폐해가 두드러졌다. 이전의 관치금융은 국가전략산업에 희소한 자금을 공급해 준다는 명분이 있었고 실제로도 정책금융의 역할을 수행하였다. 수출금융, 중소기업금융, 설비금융 등이 제도적으로 확립된 원칙과 기준에 따라서 공급되었다.

1980년대 초 은행 민영화했으나 정부 규제와 간섭으로 '정책금융 순기능'까지 실종

민영화 이후에는 제도적 정책금융 기능이 약화되고 대신 비공식적 관계로 맺어지는 금융거래가 늘어났고 부실대출도 늘어났다. 은행의 인사권을 여전히 정부가 쥐고 있는 상황에서 정경유착은 불가피하였다. 민영화를 통해서 은행의 자율과 창의를 고취하고 경쟁의 효율을 증대한다는 순기능은 정부의 여전한 간섭과 규제 때문에 억제되었다. 대신 민영화 이전의 관치금융이 수행하였던 정책금융의 순기능은 약화되었다. 다시 말해서 은행민영화 이후에 금융산업이 제대로 발전한 것도 아니면서, 관치금융시대에 은행이 담당하였던 공익적 역할은 실종되었다. 두 마리 토끼를 다 놓친 셈이었다.

1998년에 외환위기가 닥치고 감추어져 있던 은행부실채권이 백일하에 드러났다. 모든 시중은행들이 공적자금의 수혈 없이는 문을 닫아야 하는 최악의 상황이 벌어졌다. 관치금융이 은행위기의 주범으로 지목되었고 이제야 말로 금융산업이 독자적인 산업으로서 도약할 때라는 분위기가 마련되었다. 정부의 산업정책에 부응하여 피동적으로 대출하고, 정부의 간섭과 보호막 속에서 안주하던 폐습에서 탈피해서 부가가치와 좋은 일자리를 만들어내는 금융산업으로 우뚝 서야 한다는 것이었다.

'관치금융'은 구시대유물 됐지만 '진정한 민치금융'은 아직 멀어

자율의 범위가 넓어진 은행들은 위험부담이 높은 기업금융을 회피하고 대출금회수가 거의 확실한 주택담보대출에 열을 올리기 시작하였다. 기업이 흥할 때는 대출받아 가라고 선심을 베풀다가 조금이라도 기업이 어려워지는 징후가 보이면 득달같이 대출금을 상환하라고 재촉을 해서 경영난을 가중시키곤 했다. 흑자도산이라는 말이 유행하였고 은행은 "날씨가 개일 때 우산팔고, 비 올 때 우산을 걷어가는 이기적인 조직"이라는 비아냥까지 들었다.

외환위기 이후 벌써 20여 년이 흘렀지만 금융산업의 현실은 20년 전의 의욕에 한참 못 미친다. 글로벌 투자은행의 꿈도 이루지 못했고 좋은 일자리도 많이 만들지 못했다. 아직도 정부가 은행장 인사에 관여하는 관치금융의 잔재도 남아있다.

경제개발단계에서 일정한 역할을 수행했던 관치금융은 이제 흘러간 이야기가 되었지만 이를 대신하는 진정한 민치금융은 아직 실현되지 못하고 있다.

2

중화학공업의 돈줄, 국민투자기금

투자재원 마련 위해 74년 법 제정 통해 기금 형태의 강제저축 동원

재무무 금융제도심의관실에서 이재1과로 옮긴 것은 1975년이다. 이때부터 근 2년간 근무했다. 담당업무는 국민투자기금운용이었다. 국민투자기금(이하 기금)은 당시 박정희 대통령의 꿈이었던 중화학공장을 짓는데 소요되는 설비자금을 원활하게 공급하기 위해서 1974년에 시행된 국민투자기금법에 의해서 조성된 기금이었다. 박대통령은 부족한 내자를 동원하는 방법을 마련할 것을 재무부에 지시하였고 관료들은 고민 끝에 국민저축을 중화학공업 투자용도로 강제 동원하는 방법을 기금조성에서 찾아냈던 것이다.

기금의 재원은 은행저축성예금, 생명 및 손해보험, 우편저축, 공무원연금, 불특정금전신탁 등이었는데 이 저축자금의 일정비율을 강제로 떼어 내어서 기금에 예탁시키고 해당 금융기관에게는 정부가 지급보증하는 국민투자채권을 지급하였다. 국민투자채권의 금리는 금융기관의 자금조달금리보다도 낮았기 때문에 그 차이를 정부가 재정으로 이차보전을 해 주었다. 이렇게 해서 조성된 기금은 철강, 조선, 석유화학, 기계, 비철금속 등에 시중금리보다도 매우 낮은 저금리로 장기대출되었다.

기금업무를 맡고 나서 동법률의 제정과정을 엿볼 수 있는 자료들을 공부하다 보니 그동안 기금설치에 대한 찬반논쟁이 매우 치열했음을 알 수 있었다.

우선 대부분의 경제학자들은 반대 입장이었다. 그렇지 않아도 관치금융의 폐해가 심각한데 기금은 '업친데 덥친'격으로 금융자율성을 근본부터 훼손한다고 비판했다.

"한국은행은 재무부 남대문 출장소, 시중은행은 재무부 금고지기" 학자들 비판

내가 이전에 재무부 금융제도심의관실에서 금융제도심의위원회업무를 담당할 때 들었던 금융학자들의 주장이 그대로 옮겨져 있었다. 회의에 참석한 내로라하는 금융학자들은 "한국은행은 재무부 남대문 출장소이고, 시중은행은 재무부의 금고지기로 전락했다"고 개탄하면서 금융자율화를 하루 빨리 추진해야 금융산업이 발전해서 경제의 혈액순환이 원활해진다고 열변을 토하곤 했다.

그런 판국인데 정부는 한 술 더 떠서 은행예금의 20%를 강제로 떼어 내어서 정부가 키우고자 하는 특정 중화학기업에 장기저리융자를 해 준다고 하니 이는 관치를 넘어선 '특혜금융'이면서 시장원리를 무시하는 처사라는 것이 주장이 설득력을 가진 형국이었다.

이에 대응하는 정부의 설명은 길었지만 요약하면 다음과 같았다.

"의류 등의 노동집약제품의 수출이 한계에 부딪히고 있기 때문에 기술집약적-자본집약적 중화학공업을 미래 먹거리 산업으로 육성해야 한다. 엄청난 내자와 외자가 필요한데 외자는 차관 등으로 조달한다고 하더라도 국내저축 자체가 턱없이 부족한데다가 그것마저 위험이 크고 회임기간이 긴 중화학공업 설비투자는 기피한다. 그러니 저축의 일정부분을 강제로 중화학부문에 할당할 수밖에 없다."

사실 당시의 국내 금융시장은 후진적이었다. 시중은행의 문턱은 너무 높아서 일반국민들이 돈을 빌린다는 것은 거의 불가능하였기 때문에 계(契)에 가입해서 목돈을 장만하여 집과 가구를 구입하는 것이 현실이었다. 기업 역시 담보를 잡히고 대출을 받아서 운영자금으로 썼는데 은행대출자금이 부족하다보니 고금리로 사채자금을 끌어다 쓰는 경우가 허다하였다. 주식시장과 회사채시장은 거의 존재하지 않았다고 해도 지나친 말이 아닐 정도였다.

이런 상황에서 중화학공업을 일으키기 위한 투자자금을 금융시장에서 순리로 조달한다는 것은 연목구어(緣木求魚)나 마찬가지였다.

아무튼 당시는 유신체제(維新體制)였다. 국회가 유명무실해졌으니 정부가 원하는 대로 입법을 성사시키는 것이 용이했다. 정상적 상황이라면 사유재산 침해로 위헌소송이 제기될 수도 있는 사안이지만 그때는 누구도 작은 목소리라도 반론은 있을 수 없었다.

세부 대출집행계획은 상공부가 만들어 재무부에 제출, "당시는 이해 못해"

나는 매년 반복되는 기금운용계획 작성의 실무자이었다. 운용계획은 당시 상공부에서 안을 만들어서 내게로 보냈는데 그 내용을 보면 주요 기업별로 기금 대출규모가 적시되어 있었다. 현대 미포조선, 대우 옥포조선, 포항제철, 고려아연, 한국중공업 등 중화학산업의 대표기업들이 모두 포함되어 있었다.

나는 처음에 매우 의아했다. 기업에 대한 대출업무는 은행이 담당하는 것이 당연함에도 불구하고 그 일을 상공부가 하고 있는 것은 온당하지 않다고 생각했다. 시중은행의 심사기능이 취약하다면 산업금융을 전담하는 국책은행인 산업은행에 맡겨서 기업에 대한 대출심사를 맡기는 것이 답이라고 여겼다. 그러나 이는 순진한 책상머리 생각에 불과하다는 것이 곧 드러났다.

중화학공업육성의 권한은 청와대 제2경제수석비서관과 상공부의 수중에 집중되어 있었고 재무부는 지원 부서에 불과했다. 좀 심하게 말하면 재무부는 돈이나 마련해서 가져오면 된다는 인식이었다. 재무부가 원래 나라곳간지기이기 때문에 매사에 보수적이고 소극적이어서 산업에 대한 지금지원에 대해서 '된다'

는 의견보다는 '안 된다'는 의견을 더 많이 낸다는 부정적 인식이 대통령을 비롯한 청와대에 깔려 있었던 것이다. 산업은행도 재무부소관기관이기 때문에 소외된 것으로 보였다.

중화학육성을 위해서는 정부개입이 불가피하다는 인식은 중화학공업육성정책과정에서 경제기획원과 한국개발연구원(KDI)도 철저히 소외되는 결과를 낳았다. 미국에서 자유시장경제 질서를 옹호하는 신고전주의 경제학을 공부한 박사들이 지배하는 한국개발연구원과 역시 자유주의적 경제체제를 선호하는 경제기획원 관료들이 볼 때에는 정부가 산업을 정하고 기업도 선정해서 금융을 비롯한 지원을 몰아주는 중화학육성시책은 도저히 받아들일 수 없는 것이었다. 그들이 볼 때에는 자원배분을 왜곡시키고 시장효율을 떨어뜨려서 국민부담을 가중시키는 시장역행적 행위에 해당하는 것이었다.

이러한 상황에서 재무부는 상공부의 안에 거의 손도 대지 않고 기금운용계획을 국무회의에 상정시키는 심부름역할을 할 뿐이었으니 실무자인 나는 서류준비를 하는 역할정도에 그쳤음은 물론이다..

기금의 지원대상사업 중에 국산기계구입이 있었다. 일본을 비롯한 선진국으로부터의 과도한 기계류수입을 완화하기 위해서는 국산기계의 수요를 창출해 주어야 한다는 목적에 따라서 국산기계를 구입하는 기업들에게 기금을 지원해 주는 것이었다.

이 사업은 특히 중소기업들에게 인기가 높아서 매년 수백 건에 달하는 신청이 쇄도하였다. 처음에는 이 역시 상공부에서 융자대상자를 선정해서 재무부로 보내왔는데 나는 '이것은 아니다' 싶어서 은행에 맡기자고 했다.

그런데 당시 시중은행은 융자적격기업을 가려 낼만한 심사능력이 없었다. 산업은행이면 할 수도 있었다. 그러나 기금의 운용은 한국은행에 위탁하도록 기금법시행령에 명시되어 있었다.

그래서 한국은행에서 융자적격기업을 선정하라고 했지만 한국은행 역시 심사능력이 없기는 시중은행과 다름없었다. 나중에 보니 융자신청 서류를 제출하는 선착순으로 우선순위를 정해서 심사를 하는 웃지 못 할 일이 벌어지고 있었다.

한 가지 더 특이한 사항은 기금이 중화학공업 이외에 식량증산 사업도 지원하고 있었다는 점이다. 농어촌 출신 국회의원들이 압력을 넣고, 정부도 농업을 푸대접한다는 비판이 부담이 되어서 받아들인 것이라는 설명을 들은바 있다. 국무회의에서는 농림부장관이 항상 식량증산자금을 증액해 달라고 요청했고 상공부는 중화학공업 지원을 한 푼도 깎을 수 없다고 버티니까 결국 기금의 지원규모를 늘려야 한다는 압박이 재무부로 돌아왔던 것이다. 그러나 근본적으로는 국가전체의 금융저축이 늘어나야 기금규모도 따라서 늘어나는 것이인데 그렇지 못하기 때문에 재무부로서도 별다른 뾰족한 수가 없었다.

실제 대출은 차입기업 거래은행 통해 지원, 감독도 맡겨

기금운용계획이 결정되면 실제 대출은 차입기업의 거래은행을 통해서 이루어졌다. 거래은행은 공장건설의 진척도(기성고라고 불리었다)에 따라서 대출금을 인출해 주고 자금이 원래 용도에 적합하게 사용되는지 확인, 감독하며 대출금 상환에 대한 책임도 졌다.

한 번은 모 기업이 기금을 원래 대출용도를 벗어나서 다른 용도에 유용한다는 보고가 거래은행을 통해서 나에게로 올라왔다. 한국은행의 기금담당자와 나는 현지 확인을 나가서 일부 유용되었다는 사실을 확인하고 대출금을 회수조치하는 한편 과징금을 부과하기도 했다.

기금의 특혜적 성격이 강하다 보니 가능한 한 최대의 대출금을 확보해 놓고 목적 외로 유용하려는 유혹이 강한 것이 사실이었다. 예방차원에서 공장건설 현장의 사진을 진척단계별로 촬영해서 보관하고 거래은행은 반드시 현장 확인 후에 대출금을 인출해 주도록 하는 조치를 취하였다.

문제는 기금으로 소요내자를 충당하더라도 소요외자가 확보되지 않으면 공장건설은 차질을 빚을 수밖에 없었다는 점이다. 기금의 주요 지원기업 중에 현대양행(한국중공업을 거쳐서 현재의 두산중공업)이 있었다. 종합기계공장이었는데 발전설비, 선박엔진, 플랜트설비 등을 국내 생산하여 중화학산업에 공급함으로써 동 산업의 전체적인 부가가치율을 높이자는 취지이었다.

'흰 코끼리'라던 현대양행의 종합기계공장 국제차관 세계은행이 승인

그런데 세계은행에서는 한국의 기술수준에 비추어 볼 때에 투자타당성이 낮다고 평가하면서 'white elephant'(흰 코끼리: 돈만 많이 들고 더 이상 쓸모는 없는 것이라는 비유어)라고 비판하였다. 즉 공장을 지어 보았자 덩치만 컸지 채산성이 맞지 않는 무용지물이 될 것이라는 혹평에 가까운 비난이었다.

세계은행은 한국에 대한 국제차관을 조달하는데 중요한 역할을 하였을 뿐만 아니라 현대양행에 대해서는 직접 차관을 제공하는 교섭이 진행중이었는데 이러한 부정적 평가는 해외차관을 어렵게 만들고 종합기계공장 건설을 무산시킬 수도 있었다. 상공부는 세계은행의 우려를 해소시키는 자료를 만들어서 세계은행 담당자의 설득에 나섰다.

해명의 요지는 대충 이런 것이었다.

"중화학공업육성이 국가최고지도자의 강력한 의지의 산물이고 계획의 차질 없는 실천을 위해서 청와대에 중화학 전담 경제수석비서관을 따로 두었으며, 이미 10여 년 전부터 공업고등학교와 이공계대학을 확장하고, 과학기술연구소를 설치하는 등 기술발전을 위한 준비를 해 왔다. 발전설비의 수요확보를 위해서는 한국전력의 원자력발전소와 화력발전소에 필요한 설비를 현대양행이 독점공급할 것이고 미국의 GE(General Electric Company)와도 납품계약이 추진중에 있다." 이러한 설득 노력들이 주효하여서 마침내 세계은행은 차관을 승인하게 되었다.

소련·인도 등 중화학육성 정책 대부분 실패, 유일한 성공사례 '일본'

중화학공업육성정책은 정통 경제학이 찬성하지 않는, 또는 거의 금기시하는 이단적인 경제정책이었다. 1973년에 중화학선언이 나왔을 때 한국은 자본도 기술도 부족하였다. 한국은 중화학제품의 대부분을 수입하고 있었고 세계시장은 선진국들이 이미 선점하고 있었다. 중화학은 누가 보아도 비교열위산업이었다.

비교열위산업에 희소한 자원을 투입하는 것은 비효율적인 자원배분의 전형적인 예이었고 역사적으로도 대부분 실패하였다.

제2차 세계대전 이후의 소련과 인도가 실패의 대표적인 경우이었다. 비슷한 시기의 남미 또한 비교우위가 없는 산업을 수입 대체하려고 시도하다가 경제가 총체적 난국에 빠지는 실패를 경험하였다.

거의 유일한 성공사례는 일본이었다. 제2차 세계대전 전부터 중화학을 시작하여 전쟁을 수행하기 위한 무기들을 대부분 자체 생산할 수 있었고 패전 후에는 중화학제품을 수출하여 고도성장을 이루었다. 그러나 일본은 명치유신(明治維新) 이후인 1870년대부터 공업화를 시작했으니까 중화학산업의 기초가 훨씬 더 탄탄히 준비되어 있었음을 감안해야 할 것이다. 또한 유능한 관료들이 민간과의 협력 체제를 구축하여 실패의 소지를 최소화할 수 있었다.

한국은 차관과 국내저축의 강제동원으로 자본부족을 메꾸고 기술은 온갖 방법을 동원하여 습득하였다. 기계를 수입할 때 기술이 같이 들어오고, 외국기계를 분해하여 기술을 모방하고, 심지어는 기업의 직원들이 산업스파이노릇을 할 때도 있었다. 동시에 국내에서 기술인력을 양성하고 정부주도로 연구개발투자를 늘려서 모방기술을 우리의 것으로 소화하고 개량하면서 점차 수준을 높여갔다.

중화학육성 '동태적 비교우위 가설' 믿고 밀어붙여 … 대표적 간판기업으로 성장

무역이론의 부존요소가설에 의하면 노동력이 풍부한 국가는 노동집약제품을 수출하고 자본이 풍부한 국가는 자본집약적인 제품을 수출한다. 한국도 1960년대와 70년대 초기에 걸쳐서 노동집약적인 봉제 의류 등을 수출하였다. 즉 정태적 비교우위(static comparative advantage)산업에 특화하였다.

그러나 중화학공업육성은 동태적 비교우위(dynamic comparative advantage) 가설을 믿고 추진되었다. 즉 자본과 기술이 부족한 현실을 정부의 정책으로 극복하려고 한 것이다. 인위적으로 자본을 축적하고 기술을 획득해서 시장에 존재하지 않는 비교우위를 창출해 나갔던 것이다.

국민투자기금은 장기설비금융제도가 거의 전무하던 1974년 무렵에 궁여지책으로 도입한 것이다. 은행예금 등은 대부분 기업의 운영자금으로 대출되고 있었고 중화학업체의 설비자금으로 대출되기를 기대할 수는 없었다. 담보잡고 단기로 운용하면 고금리를 받을 수 있는데 성공여부가 불확실한 중화학업체에 5~10년씩 빌려줄 이유가 없었다. 그래서 정부가 법으로 기금에 강제예탁하게 해서 중화학업체에 대출해 준 것이다.

1970년대와 80년대에 건설된 중화학업체 중에서 기금의 지원을 받지 않은 기업은 거의 없었다. 그 기업들이 한국의 대표기업으로 성장해서 수출의 역군이 되고 일자리를 만들어 왔으니 국민세금으로 이차보전해준 보람이 있었다고 나는 평가한다.

한국 중화학육성, 제2차 세계대전 이후 세계경제발전사에서 눈에 띄는 성공사례

국민투자기금으로 상징되는 한국의 중화학공업육성은 제2차 세계대전 이후의 세계의 경제발전사에서 눈에 띄는 성공사례라고 해도 지나치지 않는다. 내가 OECD에 있을 때 당시 존스톤 사무총장이 말하기를 "신흥공업국 중에서 한국처럼 중화학공업을 육성하여 산업구조를 고도화한 예를 다른 나라에서는 찾아보기 어렵다"고 했다. 나는 OECD의 개발센터회의에 가서 한국이 중화학공업을 육성하는 과정에서 정부가 시장의 부족한 부분을 메꾸어 주고 기업가들은 혁신가로서 실제 주역을 담당하는 협업관계에 대해서 발표하였다.

회의에 참석한 여러 나라의 전문가들이 나의 발표에 대해서 관심을 나타내었고 질문도 하였다. 내가 보기에 다른 나라의 성공사례를 배워서 자기 나라의 실정에 맞게 변형시켜 또 다른 성공사례를 만들어 내기는 말은 쉽지만 실천은 어렵다. 많은 개도국들이 한국의 개발경험을 배우고 싶다고 말하지만 실제로 잘 배우고 소화해서 성공을 거둔 나라는 흔하지 않다. 한국 또한 선진국들의 최선의 관행(best practice)을 공부하고 배워야한다고 하면서도 실제로 제대로 실천에 옮긴 경우는 드물다.

중화학공업육성 비판론, "재벌독점체제 구축과 산업의 비정상적 불균형 구조 초래"

중화학공업육성에 대한 비판 역시 거세다. 국제분업 원리를 무시한 자원배분을 억지로 밀어붙인 결과 국제수지악화, 물가상승, 과잉중복투자, 은행부실을 야기했다는 것이다. 박정희 대통령 사후에 중화학투자조정을 하지 않았더라면 한국경제는 심각한 위기를 피할 수 없었을 것이라는 평가도 있다.

비판의견 중에는 한국경제가 재벌이 독점하는 비정상적이고 불균형적인 구조를 갖게 된 단초가 중화학육성이라는 견해가 있다. 그들은 중화학에 투입한 막대한 자원을 중소기업과 농어업에 투입하였더라면 지금 한국경제가 안고 있는 재벌대기업 편중적 문제점은 없을 것이고 균형잡힌 경제구조가 정착되었을 것이라고 주장한다.

중화학공업육성을 위해서 단기적으로 상당한 비용을 치른 것은 사실이다. 수출산업화단계에 도달할 때까지 생산설비와 중간재의 수입으로 국제수지적자가 확대되었고 일부 산업에서는 과잉중복투자가 발생하기도 했다. 그러나 기술의 축적과 학습효과의 누적으로 점차 국제경쟁력을 확보해 나갔고 결국 한국의 수출주도성장을 견인하는 효자산업으로 탈바꿈할 수 있었다. 1980년대 초의 중화학투자조정은 정책의 근본을 바꾸었다기 보다는 부분적으로 발생한 문제의 해결책이었다고 본다.

만약에 한정된 자원을 중소기업육성에 집중 투자하였더라면 한국에 수많은 글로벌 강소기업이 생겨나서 오늘날의 독일과 같은 제조업강국이 될 수도 있었고 재벌의 경제력집중이 야기하는 사회경제적 갈등을 예방할 수도 있었다는 비판은 귀담아 들을 만하다. 비판자의 바람대로 이루어졌으면 좋았겠지만 일어나지도 않은 일을 가정해서 확실히 일어난 일을 뒤엎으려고 하는 모양새가 되고 만다. 역사에는 가정이 성립하지 않는다는 말도 있지 않은가?

기업이 핵심산업 정해 집중투자 … 정부는 기술과 금융의 융합생태계 조성 지원 바람직

노무현정부 이후 역대정부들은 미래먹거리산업을 키워야 한다고 하면서 유망산업리스트를 제시하곤 했다. 그러나 그 성과가 나타나고 있다고 국민들은 실감하지 못한다.

2018년 무렵에 한국경제의 실상은 반도체 착시 속에 가려져 있었다. 기획재정부자료에 의하면 2018년 상반기에 총수출은 6.6% 증가하였으나 반도체를 제외하면 0.0% 증가에 그쳤고 설비투자역시 전체적으로는 4.8% 증가하였으나 반도체를 제외하면 1.4% 감소하였다. 이는 미래유망산업을 발견하고 적절한 선행투자를 하지 못하고 있음을 증명하는 것이며 정부와 기업 모두에게 책임이 있다.

중화학 육성 때처럼 정부가 유망산업을 콕 집어내는 'picking the winner'는 오늘 날처럼 산업지형의 변화속도가 빠르고 융·복합으로 말미암아 산업간 경계가 허물어지는 때에는 성공하기 어렵다. 비유하자면 움직이는 골대임에도 불구하고 고정된 골대를 상정해서 같은 방향으로만 공을 차는 셈이 되는 것이다.

목표산업의 선정은 이제는 민간의 몫이다. 한국의 민간기업, 특히 글로벌 대기업들은 산업현장과 시장에서 시시각각 일어나는 변화에 대한 정보수집과 분석능력이 정부와 국책연구소를 능가한다. 정부가 산업을 특정해서 자원을 몰아주는 방식으로는 상황변화에 기민하게 대응할 수 없다.

기업별로 핵심역량과 부합하는 미래먹거리를 정해서 경영자원을 투입하는 것이 상책이다. 최근 S재벌이 앞으로 반도체, 자동차전장부품, 인공지능, 바이오 등에 집중 투자하겠다고 발표한 것이 좋은 예이다.

국민투자기금 같은 정책금융 역시 그 필요성이 거의 없어졌다. 대기업은 국내외 금융시장에서 자체적으로 소요자금을 조달할 수 있다. 중소기업금융과 창업금융의 경우에는 리스크가 높고 담보여력이 부족한 현실을 고려할 때 정책금융을 일거에 폐지하는 것은 어렵다. 그러나 나아갈 방향은 은행과 벤처금융, 자본시장에서 기술이라는 무형자산을 평가하는 역량을 키우는 것이다. 실리콘벨

리의 성공요인은 유망기술을 가진 벤처기업을 평가해서 창업초기부터 단계별로 다양한 유형의 벤처투자가 이루어지기 때문이다. 정부가 해야 할 일은 기술과 금융의 융합생태계를 조성하는 마중물 역할이다.

과감한 규제혁신 통해 기업가정신 발휘할 여건조성이 정부할 일

미래먹거리 준비에 있어서 규제혁신의 중요성은 새삼 강조할 필요가 없다. 문제는 실천이다. 중화학육성당시에도 진입규제, 영업규제가 무성하였다. 그러나 그 규제는 신규진입을 제한하여 경쟁을 저해하는 부작용은 있었지만 기존기업의 시장지배를 허용하여 국내시장에서의 규모의 경제효과를 거두고 대신 수출시장에서 마음껏 경쟁하도록 유도하는 순기능이 있었다. 또한 기업의 경영에 대한 간섭은 최소화해서 기업가정신이 꽃피도록 여건을 조성해 주기도 했다.

오늘날처럼 변화의 속도가 빠르고 세계화된 시장에서는 진입규제는 득보다도 실이 훨씬 크다. 단순히 기득권을 보호해 주고 지대추구행위를 조장할 뿐이다.

지금 한국에서 규제혁신이 어려운 이유는 기득권의 반발과 이념편향이다. 기득권의 반발은 정치지도자의 결단으로 제압해야 한다. 이념편향은 집권세력이 특정이념의 포로가 되어 있는 경우에는 그 해결이 참으로 어렵다고 할 수밖에 없다. 반기업정서, 반경쟁정서, 복지우선정서 등이 이념의 탈을 쓰고 정당화 되는 상황에서 이를 극복하는 길은 국민후생을 앞세우는 실용의 정신으로 전환하든가 또는 반시장적 이념의 폐해가 극에 달해서 국민적 저항을 불러일으키는 사태까지 가는 것이다.

중화학공업육성이 오늘에 주는 유효한 교훈, "인재양성과 범정부적 추진력"

중화학육성이 오늘날에도 유효한 교훈을 주는 분야는 인재양성과 범정부적 추진력이다.

내가 중학교를 졸업하던 1963년 무렵에 공업전문학교가 신설되었다. 학우들 중에서 공부 잘하고 가정이 어려운 몇몇이 공업전문학교로 진학하여 나중에 중화학업체에 취직하고 신(新)중산층의 생활을 하는 것을 지켜보았다. 고등학교 졸업반 때에는 이과(理科)와 문과(文科)로 나누는데 이과지망생(대부분이 공대지망생)이 너무 많아서 선생님들이 "야 이놈들아, 출세하려면 법대, 상대를 가야 해"하시면서 문과지망을 독려하셨다. 공대를 나오면 취직이 잘 된다는 실용적인 계산도 물론 있었지만 산업입국의 밑거름이 되겠다는 사명감과 애국심도 있었다. 지금 4차산업혁명이 필요로 하는 인재를 길러내고 있는가? 10년 앞을 내다보고 미리 길러야 하는데도 불구하고 10년 전의 교육을 답습하고 있다고 보여진다.

"미래먹거리산업 키우려면 일관성 있는 노동·금융·기술·교육·규제 정책 패키지를 만들어 초지일관하는 강력한 리더십으로 이끌어 나가야 한다"

미래먹거리산업을 키우려면 노동·금융·기술·교육·규제 정책이 수미일관하는 정책패키지를 이루어서 강력한 리더십이 이끌어 나가야 한다. 40여 년 전의 중화학공업육성이 시행착오를 겪으면서도 결국 성공할 수 있었던 것은 일사불란한 추진체계를 갖추고 정책수립 – 실천 – 평가 – 정책개선의 과정이 연속적으로 이루어졌기 때문이다.

노무현정부 이후의 역대정부가 미래먹거리산업육성계획을 수립하였으면서도 거의 효과가 없는 것은 바로 이러한 추진체계가 결여되었기 때문이다. 계획을 수립한 부처에서만 관심이 있을 뿐이고 노동, 교육, 기술, 금융 등 산업정책의 수단들이 저마다의 목표를 가지고 따로 놀고 있다. 성과가 없는 것이 당연하다.

지금 소득주도성장의 한계가 터져 나오고 성장담론이 없다는 비판이 무성하다. 설령 성장담론이 등장하고 미래먹거리산업이 조명을 받는다고 하더라도 그 성공을 위한 범정부적 추진체계를 구축해서 구체적이고 실용적인 정책들이 상호 일관성을 유지하면서 실천되지 않으면 이 역시 공염불에 그칠 공산이 크다.

3

대외개방:
급진노선과 점진노선의 싸움

5共정부 경제정책기조 '안정·개방·자율화'로 선회

1983년에 산업연구원에 들어갔는데 그 무렵 언론에서는 개방논쟁이 불붙고 있었다. 산업연구원이 논쟁의 당사자이기도 했기 때문에 자연스럽게 관심을 갖고 관찰하게 되었다.

당시 전두환정부는 경제정책기조를 '안정·개방·자율화'의 방향으로 선회하고 있었다. 이전 박정희정부의 경제정책기조이었던 '성장우선·고물가·정부개입·보호무역'의 패러다임을 깨뜨리지 않고는 지속적 성장을 담보할 수 없다는 판단이 깔려 있었다.

대외개방은 청와대 경제수석, 경제기획원, 한국개발연구원(KDI)이 중심이 되어서 추진되고 있었다. 한국이 수출주도 성장전략으로 성공한 반면에 수입문호는 여전히 좁아서 수입만 놓고 보면 자유무역이라기보다 보호무역에 가깝고, 좋게 말해도 '관리무역'정도의 수준에 머물러 있다는 것이 그들의 인식이었고 사실도 그랬다.

개방론자들은 수입자유화를 통해서 한국기업이 국내시장에서 외국기업과의 경쟁을 피할 수 없게 만들면, 그들은 경쟁에서 살아남기 위해서 기술을 개발하고 수요자서비스를 개선하고 비용절감노력을 경주해야만 하기 때문에 기업이 강해지고 산업의 경쟁력도 커지고 경제의 체질이 튼튼해진다고 주장하였다. 수입을 계속 제한하면 국내기업은 온실 속에서 안주하게 되고 경영혁신노력을 기울이지 않아도 이익을 내는 지대(地代)추구행위(rent-seeking)에 매달리게 된다는 것이었다.

개방론자들이 보기에 개방에 반대하는 사람들이 겉으로 내거는 이유는 아직도 유치산업단계에 있거나 경쟁력이 충분하지 않은 국내기업들을 보호해서 경쟁력을 더 키운 이후에 개방해야 한다는 것이지만 속으로는 손쉬운 지대추구를 빼앗기기 싫어서 개방을 반대하고 있었다. 한마디로 말해서 기득권을 놓치기 싫어서 개방을 반대한다고 비난하였다.

KDI의 급진적 개방 주장, "대다수 상품 비관세장벽 없애고, 관세율도 대폭 인하"

상공부·산업연구원 신중론, "무역수지·산업경쟁력·개방피해 감안, 폭과 속도 조절"

그 당시 나온 KDI 보고서는 급진적인 개방을 주장하였다. 소수의 유치산업만 제외하고 예외 없이 모든 품목에 대해서 비관세장벽을 없애고 관세율도 일정기간 내에 낮은 수준으로 가져가자는 것이었다.

수입자유화에 대해서 신중한 입장을 취하는 쪽은 산업계와 그 입장을 잘 이해한다고 생각하는 상공부였다. 그리고 산업연구원 역시 산업현장과 가깝고 상공부산하기관이어서인지 신중한 쪽이었다. 산업연구원에서 나온 보고서를 보니까 한국산업의 현 상황을 진단하고 수입개방은 무역수지, 교역파트너와의 상호주의, 국내산업의 경쟁력, 개방피해대비책 등을 종합적으로 감안해서 그 폭과 속도를 결정해야 한다는 식이었다.

널리 알려진 일화이지만 KDI의 모 박사가 쌀을 포함한 농산물의 전면개방을 주장하다가 농민으로부터 인분세례를 받기도 했다. 쌀은 항구적인 비교열위산업이니까 비싼 국산 쌀 먹지 말고 수입 쌀을 먹는 것이 소비자에게도 좋고, 또 농업에 지원되는 막대한 자원을 더 생산적인 부문으로 전용하는 것이 국민경제 전체를 위해서 이익이라는 주장은 많은 경제학자들이 공감하고 있었다.

그렇지만 농업전문가들의 주장은 달랐다. 그들이 농산물수입제한이 옳다고 주장할 때 흔히 원용한 이론은 농업의 비교역적 기능이었다. 쌀을 예로 들어 보자. 한국 쌀값이 캘리포니아 쌀값보다도 월등히 비싼 것은 사실이다. 쌀을 전면 수입개방해서 값싼 외국쌀이 밀려들어오면 농지는 황폐화되던가 난개발되어서 환경재앙이 일어나고 농민들은 생의 터전을 잃고 실업자가 되는데 고령화된 농민들을 재교육시켜서 다른 일자리를 갖게 해 준다는 것이 현실적으로 어렵다. 즉 농업은 환경보존, 공동체사회유지 등의 공익적 기능을 갖고 있으므로 이러한 가치를 포함하면 농업보호의 이익이 비용을 능가할 수도 있다는 셈법이었다.

농업의 비교역적 기능을 강조하는 전문가들은 유럽연합(EU)이 공동농업정책으로 농업을 보호해서 비교역적 기능을 성공적으로 살리고 있다고 인용하기도 했다. 나중에 파리에 근무하면서 유럽을 여행하는 기회가 많았는데 아름답게 보존된 농촌환경과 비옥한 경작지를 보면서 "만약에 유럽이 농업을 전면 개방했으면 이 풍경이 어떻게 변했을까?"하는 생각에 빠지기도 했다.

개방논쟁은 농업 이외의 분야에서도 끝없이 이어졌다. 이론과 현실이 뒤섞이고 명분과 이해관계가 얽히면서 나중에는 정부 내의 권한다툼의 양상으로까지 비화되었다. 이참에 개방을 밀어붙여야 한다고 결심한 정부는 심지어 평생 외교관의 길을 걸어온 외무부 차관을 상공부장관으로 앉혀서 상공부가 개방의 걸림돌이 되어서는 안 된다는 의지를 보이기도 했다.

찬반논쟁의 곁가지를 쳐내고 문제의 핵심을 들여다보면, 급진파는 과보호를 없애야만 한국산업이 더욱 강력해지는데도 불구하고 일시적인 피해가 발생하고 기득권층의 저항이 드세다고 해서 양보하다 보면 개방의 동력이 상실되기 때문에 속도감이 중요하다는 것이었다. 물론 그들도 예시제를 채택하여 기업과 농어민들에게 대비할 시간적 여유를 주고 피해보상책을 준비해야 한다고 했지만 그건 어디까지나 보완책일 뿐이었다.

1983년 수입자유화 5개년계획 수립, '개방 원칙 지키면서 현실 감안한 타협안'

온건파는 국내 산업별로 형편이 다르기 때문에 무차별적으로 시간을 정해서 획일적으로 개방하는 것은 불가하며 충격이 너무 크지 않도록 충분한 시간과 보완대책이 필요하다는 입장이었다.

결국 1983년에 수입자유화5개년계획이 수립되었다. 급진파와 온건파의 어느 쪽도 일방적인 승리를 거두었다고 할 수는 없었고 개방의 방향성과 원칙을 지키면서 현실을 감안한 타협의 산물이었다고 보는 것이 맞다. 경제정책이 전쟁이 아닌데 반대파를 완전히 패배시킨다는 것은 바람직하지도 않고 가능하지도 않다. 경제정책의 결정을 전쟁으로 착각하고 비용을 얼마든지 치러도 좋으니 이겨야 한다는 극단적인 주장은 경계해야 한다. 지금 문재인정부가 이러한 극단론에 서 있는 것은 아닌지 걱정이 된다.

개방과 관련된 이야기를 좀더 해보려고 한다. 산업연구원의 전자산업실장으로 일할 무렵에 어느 연구원이 산업연구원의 기관지에 게재할 원고를 가져 왔다. 실장인 내가 결재를 해야 제출할 수 있었다. 내용을 보니 개인용 컴퓨터(PC)의 수입을 절대 허용하지 말아야 한다는 것이었다. 이제 막 국내에서 생산이 시작되는 유치산업단계인데 수입을 허용하면 국내시장을 외제가 독식하게 될 것은 분명하고 국내업계는 전부 고사할 것이며 앞으로 도래할 정보화 사회의 이익은 선진국 기업들만 누리게 된다는 주장이었다. 그는 자기 주장을 정당화하기 위해서 남미에서 탄생하고 한국에서도 인기를 끌고 있던 종속이론을 여기 저기 인용하고 있었다.

결론만 놓고 보면 전적으로 틀렸다고만 할 수는 없는 노릇이었다. 그러나 결론의 도출과정이 조잡하였다. 객관적 분석에 기초하여 타당한 결론을 이끌어 내는 것이 아니라 종속이론의 입장에 서서 일방적인 주장을 펴는 것이었다.

그때 국내 대기업들과 몇몇 독립기업들은 PC의 조립생산에 착수하고 있었다. 반도체를 비롯한 대부분의 부품들은 수입을 하는 단순조립 단계이었다. 소프트웨어 역시 수입하였으니 껍데기만 국산이고 내용은 외산이었다. 즉 국내기업은 저임금만 지불하고 대부분의 부가가치는 해외로 유출되고 있었다. 이러한 상황에서 무작정 수입을 막아 놓으면 국내기업은 조립 하청기지의 위치에 안주하려는 유혹에 빠지기 십상이었다. 그렇다고 전면적인 수입개방을 하면 국내기업은 파산하고 PC산업발전의 싹을 잘라 내어 버릴 염려도 있었다.

그 무렵에 한국은 수입개방의 폭과 속도를 놓고 현실적인 선택을 하였다. 개방예시제를 도입하여 일정기간 수입을 억제하여 경쟁력을 키울 수 있는 시간적 여유를 주면서 만약 그 기간이내에 경쟁력을 키우지 못하면 수입개방의 경쟁압력을 견디기 힘들 것이라는 경고를 사전에 보내어서 경쟁력강화 노력의 유인을 제공하는 것이었다.

그 글을 쓴 연구원에게 이러한 설명을 하면서 종속이론에 매몰되지 말고 산업전문가적인 분석적 글을 다시 써서 가져 오라고 '설득 반, 지시 반'의 지침을 주었다.

'저유가·저금리·저원貨 가치' 등 3저 호황… 美 원貨 평가절상 압력

그 이후 1986년에 한국경제에게 3저의 행운이 찾아왔다. 저유가, 저금리, 저원화가치가 동시에 실현된 것이다. 모두 우리의 노력이나 의사와는 상관없이 해외요인에 의해서 일어난 일들이었으나 원유를 전부 수입하고 해외 빚이 많고 수출의존도가 높은 한국경제에는 막대한 이익을 안겨주는 경사이었다.

3저 덕분으로 한국은 무역수지와 경상수지가 흑자로 반전하였다. 당시 흑자라는 단어는 국민들에게 전혀 현실감을 안겨 주지 않는 생소한 것이었다. 만성적 적자구조라는 말만 들어왔기 때문이었다. 얼마 후 미국이 원화의 평가절상

압력을 행사한다는 말이 들려오기 시작했다. 이 말은 더 현실감이 결여되었다. 원화는 언제나 평가절하하는 통화라는 고정관념이 박혀 있는데 평가절상이라니 이 무슨 생뚱맞은 소리인가?

미국의 국제경제연구소(지금은 피터슨 국제경제연구소)의 버그스텐 소장이 산업연구원 초청으로 한국에 와서는 원화가치를 시장가격에 부합되게 자유로이 결정해야 한다는 발언을 했다. 경상수지흑자가 늘어나니까 평가절상하라는 말이었다. 한국은 경상수지가 전체적으로 적자일 때에도 미국과의 무역에서는 흑자를 내고 있었는데 이제 총경상수지도 흑자로 돌아섰으니까 절상하라는 뜻이었다.

나는 미국의 요구가 부당하다고 생각했다. 한국의 국제경쟁력이 강해져서 흑자가 나는 것이 아니고 3저라는 외부적인 호재 때문에 흑자가 나는 것이니까 외부의 호재가 사라지면 또 다시 적자로 돌아갈 것이라고 생각했다. 우여곡절을 겪은 후에 원화는 결국 절상되기 시작했고 3저 효과도 사그라들기 시작해서 3년 후에는 경상수지가 다시 적자로 돌아섰다. 그 이후에 경상수지가 또 다시 흑자로 반전된 것은 1998년 외환위기 때 원화가 대폭 평가절하되었던 때이었다.

3저 이후에 경상수지흑자로 들어오는 외환을 어떤 용도에 사용할 것인가를 두고 논의가 분분하였다. 곳간에 쌓아서 외환보유고를 늘릴 것인가, 해외에 투자할 것인가, 아니면 연구개발투자와 설비투자를 늘려서 생산성을 높일 것인가를 놓고 경제부총리주재로 회의가 열리기도 했다. 당시의 한국경제 현실에 비추어 보면 생산적 투자를 늘려서 수출경쟁력을 키우는 것이 최상책이라는 생각이 들었다. 투자에 필요한 기계설비의 수입을 늘려서 무역수지흑자를 줄이고 평가절상압력을 완화하는 효과도 기대할 수 있었다. 결국은 외환보유고도 늘리고 국내투자에도 활용하는 방향으로 진행이 된 것으로 기억한다.

미국개방 압력으로 "국내시장 다국적기업이 장악하면 …" 걱정했으나 기우에 그쳐

미국과의 무역수지흑자가 지속되면서 미국의 통상압력도 점점 강해졌다. 수입개방은 물론이고 투자개방 압력도 가해졌다. 미국기업의 한국에 대한 직접투자를 대폭 자유화하라는 것이었다. 한국정부도 어느 정도의 양보는 해야 할 입장이었고 또 그런 방향으로 움직이고 있었다.

나는 걱정이 앞섰다. 글로벌 경쟁력을 갖춘 미국의 다국적기업이 한국에 공장을 세워서 제품을 팔기 시작하면 한국시장은 그들이 독식하게 될 것이고 한국기업들은 고사할 것이라고 염려하였다. 애국심에 불탄 나는 어느 날 상공부의 통상담당차관보에게 전화를 걸어서 그런 우려를 쏟아냈었다. 차관보는 미국기업들이 그 정도로 한국에 투자할 것이라고 확신하느냐고 반문하면서 자기 생각에는 지나친 기우(杞憂)라는 반응을 보였다. 시간이 지나면서 차관보가 옳았고 나는 틀렸음이 드러났다. 미국기업들의 공격적 투자는 이루어지지 않았고 오히려 투자가 너무 적게 이루어져서 여러 가지 투자유치시책을 강구해야만 하는 일이 벌어졌던 것이다. 외국인투자를 유치하기 위해서는 문호개방과 국내 투자환경의 개선이 동시에 이루어져야 한다는 점을 일깨워주는 사례이었다.

외환위기 개혁과제로 '투자시장 개방'추진 … 기업은 국적보다 소재지가 중요

1997년에 외환위기가 터졌다. 위기의 원인이 국내 경제제도와 관행의 후진성에 있다는 평가가 공유되었고 과감한 개혁이 추진되었다. 개혁과제 중에는 수입개방과 투자개방의 확대가 포함되어 있었다. 찬반논쟁이 뜨겁게 타올랐다. 특히 투자개방을 놓고 찬성하는 측은 외국인투자가 일자리를 만들고 기술이전이 이루어지며 외환유입도 늘린다고 하였다. 반대하는 측은 10년 전에 내가 걱정하였던 것처럼 선진국 기업들이 국내기업을 시장에서 몰아낼 것이라고 했다. 대통령이 텔레비전에 나와서 외국에 나가 있는 한국기업보다도 한국에 들어온 외국기업이 국민경제에 더욱 큰 혜택을 준다고 하면서 설득에 나설 정도이었다. 기업의 국적이 중요한 것이 아니고 정작 중요한 것은 기업의 소재지라는 뜻이었다.

염려하고 걱정하는 사람들의 머릿속에는 중남미의 현실과 종속이론이 크든

작든 자리잡고 있었다. 그러나 한국은 미국기업들이 시장을 독점하는 중남미와는 달랐다. 국내 대기업들이 호락호락하지 않았던 것이다. 많은 선진국기업들이 국내기업을 인수 합병하여 진출하였지만 국내시장을 석권하지는 못했다. 국내외기업이 경쟁하는 생태계의 조성은 국내기업들에게 자극을 주어서 혁신을 촉진하기도 했다.

제조업뿐만 아니라 서비스시장개방에서도 비슷한 일이 일어났다. 한 예로써 금융개방을 놓고 찬반논쟁이 뜨거웠다. 외국은행의 국내진출을 반대하는 측은 앞서가는 금융기법을 구비한 외국은행들이 진출하면 국내은행들은 큰 타격을 받을 것이라고 했다. 외국은행이 신용도도 더 높기 때문에 예금자들이 대거 그들에게로 옮겨 갈 것이고 대출에 있어서도 신용평가기술이 월등한 외국은행이 담보위주의 대출관행을 고수하는 국내은행을 잠식할 것이라는 우려가 많았다. 그러나 지나놓고 보면 지나친 기우였음이 드러났다. 오히려 좀더 과감하게 개방하였더라면 국내은행들이 바짝 긴장하고 정신을 차리지 않았을까 하는 아쉬움도 있다.

한국, 실용적인 전략에 기초해 개방 순서와 속도를 비교적 성공적으로 결정

나의 경험에 비추어 보면 대외개방은 대내적으로 산업기반이 갖추어지고 어느 정도의 자생력이 생겼을 때에 이루어지는 것이 바람직하다. 그 전에 너무 서둘러서 문을 열어버리면 국내기업들이 충격을 이기지 못하고 경쟁에서 패배하는 상황이 일어날 수 있다. 그렇다고 개방을 너무 늦추면 국내기업들이 국내시장에 안주하여 온실 속의 화초처럼 나약해져서 막상 개방이 되었을 때의 충격에 대한 내구성을 확보할 기회를 놓치게 된다.

한국의 경우에는 이러한 실용적인 전략에 기초해서 개방의 순서와 속도를 비교적 성공적으로 결정하였다고 생각된다. 이러한 과정에서 급진적 개방론자와 국내산업보호론자 간에 격렬한 논쟁이 벌어지기도 했지만 극단적인 두 진영 간의 중간 어느 지점에서 이상과 현실을 조화시키면서 신중하면서도 지속적인 대외개방을 전개하여 왔다고 평가할 수 있다.

4

반도체산업은 민간주도로 꽃피었다

반도체가 뭔지도 모르는데 '전자정보산업 연구부서'인 産業硏 3실장 맡아

  산업연구원에 들어간 후에 처음에는 동향분석실에서 금융산업을 연구하였으나 얼마 지나지 않아서 산업3실장으로 전보되었다.

  산업3실은 전자정보산업을 연구하는 부서이었다. 거시금융을 공부한 나의 전공과는 아무런 상관이 없었을 뿐만 아니라 전자산업의 기술적 성격에 대한 지식도 전무하였다. 반도체가 어디에 쓰이는지도 모르는 깜깜이 무식쟁이였고, 반도체가 어떻게 생겼는지 본적도 없는 사람을 전자실장으로 임명하였던 것이다. 다른 산업실의 실장으로 임명된 박사들도 각자의 전공과는 동떨어진 보직을 맡았다. 미국에서 전자산업, 경공업, 중공업 등으로 경제학박사 학위를 받은 사람을 구하기란 하늘의 별따기이었을 것이다.

  그러나 일단 책임이 주어진 이상 최선을 다 할 수밖에 없었다. 오랜 동안 전자산업을 연구해온 연구원들로부터 배우고 전자기술을 전공한 연구원으로 부터는 반도체의 기초원리부터 학습을 받았다.

그 당시 한국 전자산업이 당면한 구조적인 문제는 가정용 전자제품의 비중이 너무 크고, 산업용 전자의 비중이 왜소하다는 점이었다. 라디오와 텔레비전이 주종이었고 그 무렵에 태동하기 시작한 정보화사회의 핵심인 컴퓨터는 개인용 컴퓨터를 중심으로 이제 막 단순조립형태의 국내생산이 시작되고 있었다.

전자기술개발 촉진위해 1976년 한국전자기술연구소 설립, 민간기술개발을 지원

정보화 사회의 꽃이라고 불리는 반도체는 1960년대에 선진국기업의 하청공장으로 단순조립생산을 해서 수출하는 저임금활용형 산업으로서 어느 정도 생산기반을 확보하고 있었다.

1970년대 들어와서는 단순조립을 탈피하고 웨이퍼 가공단계로 진입하여 반도체기술의 업그레이드가 이루어졌다. 정부도 반도체를 비롯한 전자기술개발의 시급성을 깨닫고 1976년에 한국전자기술연구소를 설립하여 민간의 기술개발을 지원하기 시작하였다.

그럼에도 불구하고 1984년에 국내에서 생산된 반도체의 94.3%는 단순조립제품이고 부가가치가 높은 웨이퍼가공 제품은 5.7%에 불과하였으니 문자 그대로 반도체후진국이었다.

그로부터 불과 30여 년이 지난 지금 한국은 반도체산업의 세계최강자로 부상하였고, 특히 메모리반도체 분야에서는 다른 나라의 추종을 불허하고 있는 실정이다.

삼성이 신청한 공장 건설용 외자 도입 심의, 정부는 '부정적'

그렇다면 이 같은 비약적인 반도체산업의 발전은 중화학육성의 경우처럼 정부주도이었는가?, 아니면 민간주도이었는가?

나의 경험에 비추어 볼 때 주저 없이 민간주도라고 단정하고 싶다.

정확한 연도는 기억이 나지 않지만 아마도 1985년 무렵이었다. 경제기획원에서 반도체관련회의를 하는데 오라고 해서 갔더니 삼성전자에서 반도체공장 건설에 소요되는 외자를 도입하는 안건이었다. 당시는 거액의 해외차관을 들여오기 위해서는 정부의 승인이 필요하던 때이었다. 회의분위기를 보니 정부쪽에서는 결코 호의적이지 않았다. 아직도 기억에 남아있는 정부측의 의견은 대체로 다음과 같았다.

"반도체산업은 미국, 일본이 세계시장을 이미 독과점하고 있는데 이름도 알려지지 않은 한국기업이 뚫고 들어 갈 수 있겠는가?

반도체산업은 첨단기술산업이고 막대한 연구개발투자를 계속해야 하는데 축적된 기술도 없고 인력도 없는 한국기업이 감당할 수 있겠는가?

반도체산업은 제품주기가 3 – 4년마다 바뀌고 그때마다 막대한 설비투자를 쏟아부어야 하는데 한국기업이 그럴 돈이 있는가?"

정부 "기업이 차관 상환 못하면, 국민세금으로 갚아야 하는데 그 리스크가 너무 크다"

결론적으로 리스크가 너무 크고, 차입기업이 차관을 상환하지 못하면 결국 국민세금으로 갚아야 하는데 정부가 민간기업을 위해서 그런 리스크를 짊어질 수 없다는 입장이었다.

기업측에서는 사업타당성을 열심히 설명하면서 정부를 설득하려고 노력하였다. 이미 1983년에 해당그룹의 회장이 반도체 진출을 천명하고, 공장건설에 착수하였기 때문에 무슨 일이 있어도 외자도입 승인을 얻어내야만 하는 입장이었을 것이다.

그날 회의에서는 결론이 나지 않았다. 나는 가부(可否)의견을 개진할 입장은 아니었고, 다만 '세계반도체 경기 사이클이 저점을 지나서 회복단계에 들어갈 것으로 전망되기 때문에 반도체가격이 올라갈 것이고, 또 기술은 모든 것을 자체개발할 필요도 없고, 선진기업과의 기술제휴 등의 길이 열려 있을 것'이라고 언급했던 기억이 난다.

그리고 정부가 지급보증을 하는 것이 아니고, 승인사항이기 때문에 투자실패의 경우에 정부가 직접적으로 채무변제부담을 짊어지지 않으니까 기업의 도덕적 해이는 경감될 것이라는 일반론적인 얘기를 하였다.

중화학육성 때는 '기업이 위험 회피', 반도체 사업은 '정부가 위험회피'

내가 듣기에는 정부입장이 상식적으로 타당한 것으로 생각됐다. 다윗이 골리앗과 싸워보겠다고 나서는데 누가 보아도 무모해 보였던 것이다. 그 후에 어떻게 진행이 되었는지는 직접 목격하지 못했다. 여하튼 해당기업이 계획대로 투자를 실행한 것을 보면 정부를 설득해 낸 것으로 보인다.

해당기업은 64KD RAM 이라는 메모리부터 시작해서 빠른 속도로 선발기업들을 추격하더니 경쟁자들을 앞서기 시작해서 지금은 메모리반도체의 세계 선두를 달리고 있다.

정부는 위험회피형이었고 기업은 위험감수형이었다. 중화학육성 때와는 정부와 기업의 입장이 뒤바뀐 셈이다. 중화학 때는 기업이 위험회피형이었고 정부는 위험감수형이었다. 이 뒤바뀐 입장을 어떻게 설명할 수 있을까?

중화학은 국가최고지도자의 결정으로 시작되었고 최고의 국정아젠다로 추진되었다. 70년대 초의 민간기업의 역량은 중화학을 주도적으로 떠맡기에는 역부족이었다. 민간은 정부의 전방위적인 지원이 보장되고 실패할 경우의 리스크도 정부가 떠안을 것이라는 묵시적 믿음을 가지고 참여하였다. 물론 일단 참여한 다음에는 그 성공을 위해서 전력투구하는 기업가정신을 발휘하였다.

반도체의 경우에는 한국을 대표하는 재벌대기업들의 역량이 상당한 수준에 올라있었다. 그들은 국제경제의 흐름을 알고 있었고 자신의 핵심역량의 강점과 약점을 파악하고 있었다. 이러한 일반적인 환경 하에서 반도체의 핵심적 가치를 인지하는 기업가가 정부의 입김 없이 스스로 그 사업에 뛰어 드는 결단을 내린 것이다.

반면에 그 당시 정부는 자유시장경제 체제를 뿌리 내리기 위해서 이전 정부와는 확연히 구별되는 경제정책을 시행하고 있었다. 경제안정을 위해서 예산을 동결하고 금리자유화와 수입자유화를 실천에 옮겼다. 반면에 특정산업을 육성하는 산업정책에 대해서는 부정적이었다.

반도체산업의 유망한 미래를 내다 본 기업은 삼성전자만이 아니었다. 현대전자와 금성반도체도 비슷한 시기에 뛰어 들었다. 30여 년이 흘러간 현재 이들의 성과는 명암이 엇갈리는 결과를 가져왔다. 민간주도로 꽃을 피운 반도체산업이지만 개별기업의 성과가 엇갈리는 것은 경쟁시장의 자연스럽고 당연한 특성임에 틀림없다.

신문칼럼에 '비메모리 진출' 주장…"30년 전 선무당의 주제넘는 비판" 반성

삼성전자가 64KD RAM에 이어서 256KD RAM도 성공적으로 개발하였을 즈음에 나는 어느 신문칼럼을 통해서 한국의 반도체산업이 비약적 발전을 하였지만 메모리반도체에 집중되어 있고 비메모리 반도체는 거의 손도 못 대고 있는 현실을 꼬집었다. 메모리는 후발주자의 추격이 용이하지만 비메모리는 추격이 어렵고 부가가치가 높기 때문에 비메모리로 진출해야 한다고 주장하였던 것이다.

지금 생각해 보니 기업현실을 알지도 못하면서 주제넘은 얘기를 한 것이다. 그런 일은 기업가에게 맡기는 것이 옳다고 생각한다. 물론 한국의 반도체산업이 아직도 메모리에 편중되어 있는 구조는 문제점으로 지적될 수 있고 이제는 비메모리 분야로의 진출이 바람직하다는 의견개진은 지금쯤은 할 수도 있을 것이다. 그러나 거의 30년 전 그 당시에 반도체산업에 대한 선무당이었던 내가 그런 주제넘은 비판을 한 것은 지적 오만의 산물이었다고 반성한다.

지금도 우리 사회가 '현실에서 고생하는 링 안의 사람들'보다도 장외에서 책임 없이 떠드는 사람들의 목소리가 더욱 크게 울려 퍼지는 선비사회에 머물러 있다는 생각이 든다.

1970년도에 학군(ROTC)으로 육군 소위 계급장을 달고 전방사단사령부 작전과에서 근무한 적이 있다. 당시 부대장은 지휘소훈련(CPX)을 하는데 나한테 지하벙커에서 작전계획을 사단장 앞에서 브리핑하라고 했다. 내가 브리핑을 시작하기도 전에 사단장은 "전투경험도 없고, 지휘경험도 없는 새파란 소위에게 어떻게 작전계획 브리핑을 시키느냐"고 야단을 쳤다. 경제현상을 놓고 현장을 모르는 관료들과 경제전문가들이 정책을 수립하고 시시비비를 가리려고 덤비는 것을 보면서 48년 전의 내 모습이 떠오른다.

규제정책 입안할 때 기업입장 고려하는 역지사지(易地思之) 태도 견지해야

관료들과 경제전문가 중에도 부단히 경제현장의 동향에 관심을 갖고 현장사람들과 소통하면서 공부하는 사람들도 있다. 기업을 규제하는 정책을 입안할 때에도 역지사지(易地思之)의 태도를 견지하면서 시행착오를 최소화하려고 노력하는 사람들이 그런 부류의 하나다. 그러나 그렇지 못한 사람들이 더 많은 것 또한 사실이다. 경제현실에 대해서 당위성만 강조하면서 현장과 동떨어진 비판을 하는 것을 보면서 젊은 시절의 나의 모습을 떠 올리면서 씁쓸해 하곤 한다.

오랫동안 일했던 국책연구원으로 눈을 돌려 보자. 정책연구 보고서는 대부분 약관의 박사들이 집필한다. 외국에서 공부하고 돌아온 지 얼마 안 되어서 한국경제의 걸어온 길과 현재의 실상을 익히 알지 못한다. 그래서 그런지 분석은 훌륭하지만 정책건의는 설익거나 이상적이다. 미국의 유수한 연구소들에서 50대, 60대의 경험 많은 전문가들이 포진해서 정책 입안자들이 실용적으로 활용할 수 있는 처방을 내어 놓는 것과는 대조적이다.

정치가들이 '이념적 가치관으로 경제를 재단(裁斷)하려 할 때' 가장 큰 폐해 가져와

현실과 동떨어진 정책수립 중에서 가장 폐해가 큰 것은 이념적 가치를 굳게 믿는 정치가들이 집권하여 경제를 재단(裁斷)하려고 하는 경우이다. 극우가 집권하여 자유방임주의를 실천하다가 경제위기, 금융위기를 불러온 역사적 사례는 허다하다. 1929년의 대공황과 2008년의 대불황이 가장 눈에 띄는 예이다. 극좌가 집권하여 평등사회를 표방하고 분배를 우선시하다가 경제를 위기에 빠뜨리고 선한 의도와는 반대로 서민층들의 고통을 가중시킨다. 소련과 등소평(鄧小平, 덩샤오핑) 이전의 중국, 1979년 마거릿 대처 집권 이전의 영국, 최근의 베네수엘라와 브라질 등 그 예는 차고 넘친다. 한국에서는 그런 불행한 일이 일어나지 않기를 바랄 뿐이다.

5

개혁개방 초기의 중국을 가다

한·중수교 7년 전 UNIDO 주최 베이징(北京)세미나에 처음 중국방문

산업연구원에 근무하던 1985년에 중국을 방문하는 기회가 찾아왔다. 한중수교가 1992년에 이루어졌으니 그보다 7년 전에 미수교국에 출장을 가게 된 것이다. 유엔산업개발기구(UNIDO) 주최로 북경에서 중국의 산업발전을 주제로 한 세미나가 열렸는데 거기에 초청된 것이다.

당시 우리 머리 속의 중국은 아직도 중공이었고 죽의 장막이었다. 등소평이 개혁개방을 시작한 지 8년이 지났지만 중국에 대한 고정관념은 전혀 바뀌지 않았던 것이다.

가족들은 가지 말라고 했다. 중국영토에 들어가는 즉시 한국과의 모든 통신은 깜깜이가 되고 더욱이 북한사람들이 북경에 많이 있다는 것을 알고는 매우 불안해했다. 나 역시 불안하기는 마찬가지였으나 이 천재일우(千載一遇)의 기회를 놓칠 수 없다는 욕망이 훨씬 더 강했다.

비행기를 타고 홍콩으로 가서 이틀 정도 기다려서 중국비자를 받았다. 여권에 기재하여 주는 것이 아니고 종이쪽지에 '중화인민공화국 입국허가증'이라고 적어서 주었다. 그 쪽지를 찢어 버리면 중국에 갔다 왔다는 흔적도 남아있지 않는 것이었다. 한국 출입국기록에는 홍콩에 갔다 온 기록만 남는 것이었다.

북경에서 가장 많이 받았던 질문 "남한사람들 어떻게 살아가느냐?"

두근거리는 가슴을 누르면서 중국 국적항공기에 탑승하였다. 비행기는 낡았고 좌석이 단단히 고정이 안 되고 흔들렸으며 안전벨트도 견고하게 고정이 안 되었다. 중국영토로 들어가는 순간부터 내가 다시 나올 수 있을까 하는 걱정이 꼬리를 물고 따라 다녔다.

북경공항은 영낙없이 낡고 초라한 시골공항이었다. 입국도장도 여권에 찍지 않고 비자종이쪽지에 찍어 주었다. 마중 나온 중국사람을 대하니 꿈인지 생시인지 분간이 가지 않을 정도로 긴장이 되었는데 차 속에서 그는 남한사람들의 사는 모습에 대해서 질문을 계속하였다. 아파트는 몇 평에 사느냐, 자가용은 있느냐, 한 달 월급은 얼마나 되느냐 등.

나는 "불과 몇 년 전만 하더라도 공산주의사회에서 물질적 욕망을 억제당하면서 살아가던 사람이지만 욕망이라는 인간본성은 건재하고 있구나!" 하는 생각이 들었다. 북경에 머무는 일주일 동안 내가 가장 많이 받았던 질문역시 남한사람들이 어떻게 살아가느냐 하는 것이었다. 햇수로는 30년 동안 공산주의치하에 있었지만 물질적 욕망이 생생하게 살아있는 중국사람들을 보면서 자본주의가 성공할 수 있겠구나 하는 생각이 들었다.

중국, "문호를 개방했는데 왜 외국인투자가 들어오지 않는지 모르겠다" 푸념

시내로 들어가면서 눈에 들어오는 것은 거리를 가득 메운 자전거행렬이었다. 칙칙한 색깔의 인민복을 입은 시민들이 거리를 가득 매우고 있었다. 건물들 역시 칙칙한 회색 빛깔의 낡은 아파트가 대부분이었다. 사무실빌딩은 거의

눈에 띄지 않았고 간판 역시 거의 없었다. 경제활동이 활발하지 않다는 징표
이었다.

호텔은 외국인이 투자해서 지은 호텔이어서 전혀 불편함이 없었고 음식 역
시 생소하지 않았다. 하기야 우리는 어릴 때부터 중국음식과 친밀하게 지내지
않았던가.

회의에는 중국에서 많은 사람들이 참석하였다. 대학교수도 있었지만 대부분
정부기관이나 연구소에서 온 사람들이었다. 청중들 중에는 중국에 투자하고 있
는 외국기업에서 온 사람들이 많았다.

중국 발표자들은 개혁개방정책을 열심히 설명하였다. 외국인투자자들에게
문호를 열었고 조세감면 등의 인센티브혜택도 충분히 준비하였다고 하였다. 그
러면서 문호를 활짝 열어 놓았는데 어인 연고로 외국인투자가 많이 들어오지
않는지 의문이라고 했다.

일본기업인, "되는 것도 없고, 안 되는 것도 없는 공직자 태도 문제"

해답의 실마리는 청중석에 있던 일본기업인으로부터 나왔다. 그 기업은 개혁
개방초기에 중국에 투자하였는데 그의 불만은 한마디로 요약하면 무엇 하나 제
대로 풀리는 일이 없다는 것이었다. 되는 것도 없고 안 되는 것도 없다는 의미
로 해석되었다.

돈을 들여오고 공장을 짓고 종업원을 고용하고 임금을 결정하고 원자재를
구입하는 등 회사경영의 모든 일들을 해결하기 위해서는 관청에 가서 승인을
받아야 하는데 분명하고 예측가능한 기준이 없어서 일선공무원들이 재량껏 결
정한다는 것이었다. 즉 사회주의적 시장경제라고 하는데 시장이 존재하지 않으
니 어떻게 경영을 할 수 있겠느냐는 하소연이었다. 중국측 참석자들은 열심히
듣고 메모하면서 나중에 개별적으로 찾아오면 최선을 다해서 해결해 주겠다는
답변을 했다.

"개혁 · 개방은 동전의 양면, 기업 이익 남게 해줘야 투자 들어와" 조언

중국은 사회주의경제에서 시장경제로 이행한 최초의 체제이행국가라고 해도 지나친 말이 아니다. 1976년 모택동사후에 권력투쟁과정을 거쳐서 등소평이 집권한 이후부터 본격적인 개혁개방을 시작한데 반해서 동유럽 사회주의국가들은 1991년 소련붕괴 이후에 개혁개방을 시작하였다. 러시아와 동유럽국가들의 체제이행에 대해서는 서방 경제학자들과 세계은행 등의 국제기구에서 풍부한 정책권유를 쏟아 내었다. 급진개혁(빅뱅)과 점진개혁, 개혁의 순서, 가격과 무역 및 금융자유화의 방향, 거시경제 안정화 방안 등에 대한 연구와 정책권고가 다양하게 이루어져서 어찌 보면 중구난방의 혼란상을 보이기도 했다.

그러나 중국의 경우에는 상당한 기간 동안에 중국인들이 스스로 개혁개방노선을 암중모색하고 시행착오를 거듭하면서 갈 길을 찾아나갔다. 그러니 내가 갔던 회의에서 그러한 불평이 나올 수밖에 없었다.

회의에서 받은 인상은 중국은 대외개방을 해 놓으면 외국기업들이 몰려 올 것으로 착각한 것 같았다. 문을 열어 놓으면 손님들이 기다리고 있다가 기쁜 표정으로 들어온다고 잔뜩 기대하였는데 기대가 실망으로 바뀌었고 또 투자승인을 해 주어도 공장짓고 물건만들어 내기까지 너무 오랜 시간이 걸리는 사실에도 좌절하고 있는 것으로 보였다.

저녁 식사 때 나는 중국의 공무원들에게 다음과 같이 말했다.

개혁과 개방은 동전의 양면이고 수레의 두 바퀴이다. 수미일관(首尾一貫)으로 같이 가야 하는 공동운명체이다. 개방으로 대문을 활짝 열어 놓아도 기업이 자유롭게 활동해서 이익을 남기게 해 주는 개혁이 되어야 투자가 들어온다.

'사회주의적 시장경제'는 "공산당 지배이념과 국가목표 달성 위한 기업활동"

그런데 내가 궁금한 점이 있었다. 사회주의적 시장경제를 표방하는데 사회주의적이라는 수식어의 뜻이 무엇인가? 사유재산을 제한하는 것인가? 이익이 나도 해외송금을 제한하는 것인가? 노동자의 권리를 최대한 보장해 준다는 것인가?

그들의 답변인즉 중국은 공산당이 다스리는 국가이기 때문에 모든 기업들은 공산당의 지시에 따라야 한다는 의미라고 했다. 그때에는 그 구체적인 의미를 깨닫지 못했지만 지금까지 중국경제가 걸어온 길을 보면 그 뜻이 보다 분명해 진다. 중국의 공산당 일당 지배체제에 위협이 되는 일체의 기업행위는 제한되고, 중국이 현대적 사회주의국가로 부상하기 위해서 필요한 경우에는 언제든지 정부가 개입할 수 있고 통제할 수 있는 것이다.

기업이 독자적인 이윤기구로 인정되는 것이 아니라 공산당의 지배이념과 국가목표를 달성하기 위해서 필요한 종속적 수단으로만 인정된다. 지금도 중국기업, 외국기업을 불문하고 정부의 눈 밖에 나면 기업의 존폐마저 위기에 처하는 것이 엄연한 현실인 것이다.

그때 내가 가졌던 중국에 대한 선입견은 온통 부정적이었다. 우선 중국이 아니라 중공이 더욱 익숙한 이름이었다. 한국전쟁 때 압록강을 넘어서 쳐들어 왔고, 숱한 양민들을 학살했고, 문화혁명으로 역사를 파괴했고, 죽의 장막에 갇힌 어둠의 나라이었다. 그런데 며칠 동안 중국사람들을 대해보니 나와 똑같은 사람이었다. 남한사람들이 잘 산다면서 부러워하는 마음을 감추지 않고 드러내었고, 북한에 대한 쓴 소리를 숨기지 않고 표현했다. 모택동체제에서 벗어난 것을 홀가분하게 여기고 앞날에 대한 기대와 희망을 숨기지 않았다.

회의 참석자들에게 만리장성, 자금성 등을 구경시켜 주었는데 말로만 듣던 거대한 건축물들을 보니 감개가 무량했다. 만리장성에 있는 화장실이 완전 재래식이어서 충격을 받았던 기억이 남아있다.

칭화대 "1960년대에 반도체연구소 설립" … 중국 반도체 굴기(崛起) 시발?

칭화대학교(淸華大學校)를 견학시켜 주기도 했다. 북경대와 쌍벽을 이루는 명문 대학인데 특히 공대(工大)가 유명하다고 했다. 공대 안에 있는 반도체연구소를 보여 주었는데 아마도 군사용으로 활용되지 않나 싶었다. 그 연구소가 1960년대에 세워졌다는 설명을 들으니까 기초기술의 축적이 상당하리라는 생각이 들었다. 만약에 이러한 기술들이 상업적으로 응용되면 첨단기술산업 발전도 가능하지 싶었다. 지금 중국이 반도체 굴기(崛起)에 막대한 돈을 쓰고 있다고 하는데 그 기술적 원천이 30년 전에 보았던 반도체연구소가 아닌가 하는 생각이 든다.

사회주의시절의 사회문화적인 편린(片鱗)을 엿볼 수 있는 기회도 있었다. 회의기간 중에 저녁모임에 가면 회의지원 업무를 담당하는 젊은이들이 전부 같이 와서 식사를 하였다. 그 숫자가 회의참석자들과 비슷하게 보였다. 신분과 지위의 구별 없이 평등하게 같이 식사하러 다니는구나 하고 생각했는데 물론 그런 이유도 있지만 또 회의비용으로 모든 사람들이 좋은 음식을 먹기 위한 이유도 있다는 것을 나중에 알았다. 회의비용은 전액 외국돈이었으니까 이 설명도 전혀 틀린 것은 아니었을 것이다.

칭화대학의 경제학 교수와 어울리는 일이 잦았다. 그는 문화대혁명 때 시골로 쫓겨 가는 하방(下放)을 당했는데 그때 겪었던 고초를 이야기하면서 진저리를 치곤했다. 한 번은 그와 같이 승용차를 타고 경제연구소에 가는데 정문이 닫혀 있었다. 나는 당연히 기사가 내려서 얘기를 하고 문이 열리게 할 줄 알았는데 기사는 가만히 앉아 있고 교수가 내려서 문을 여는 것이었다. 이것도 사회주의의 평등인가 싶었다.

개혁개방 후에도 마르크스경제학 강좌 그대로 유지하면서 자본주의경제학 강좌 신설

그에게 모택동시절에는 대학에서 주로 무얼 가르쳤느냐고 물었더니 마르크스경제학만 가르쳤다고 했다. 그러면 개혁개방 이후에는 자본주의경제학을 가르치느냐고 물었더니 그렇다고 하면서 미국에서 공부한 경제학자들이 들어오기 시작한다고 했다. 마르크스경제학은 가르치지 않느냐고 물었더니 북경대학의 경우에는 이전의 경제학과는 그대로 두고, 과(科)를 신설해서 자본주의경제학을 가르친다는 것이었다. 학생유치와 연구비유치를 두고 두 과가 경쟁한다는 것이었다. 한국에서 대학정원을 조정하려고 해도 정원이 줄어드는 과의 저항 때문에 여의치가 않은데 중국은 현명하게 대처하는구나 하는 생각이 들었다. 실용적인 해결책으로 보였다.

일주일간에 걸친 일정을 무사히 끝내고 다시 홍콩으로 나와서 서울로 돌아오니 안도감이 밀려왔다. 내 여권에는 중국을 갔다 왔다는 흔적이 전혀 남아있지 않았기 때문에 내가 미수교국인 중국을 방문했다는 공식기록은 남아있지 않다 그 후 중국경제의 눈부신 발전상을 보면서 그때 개방을 했는데도 불구하고 외국인투자가 미흡하다는 실망감을 표시하던 관리들이 경제특구의 운영 등 개혁을 성공적으로 추진하고 있구나 하는 생각이 들었다.

북한의 경제 노선 "대외개방과 대내개혁 함께 추진해야 성공가능성"

앞으로 만약에 북한이 진정으로 경제제일주의를 채택한다면 중국의 경험을 참고할 수 있을 것이다. 대외개방만으로는 성공할 수 없고 대내개혁이 같이 가주어야 성공할 수 있다는 사실을 알아야 한다. 그리고 남한이 북한을 도와주는데 있어서도 대내개혁이 실천되어야만 북한 동포들의 굶주림을 해결해 줄 수 있다는 점을 잊어서는 안 된다. 경제체제의 근본적인 수술이 없는 상태에서 남북경제공동체의 미명하에 북한을 지원해 보았자 그 혜택은 북한집권층의 호주머니 속으로 들어갈 뿐이고 오직 북한정권의 환심을 사기위한 퍼주기라는 비난으로부터 자유로울 수가 없다.

6

대우조선을 살릴 것인가? 죽일 것인가?

'대우조선 정상화방안' 연구검토 작업반에 참여

1989년에 대우조선이 부실화되었다. 부채가 과도하게 늘어나서 자력으로 정상화되기 어려운 지경에 이르렀던 것이다. 정부에서는 대우조선정상화방안을 연구검토하는 작업반을 구성하였는데 나도 참여하게 되었다. 당시 나는 산업연구원소속이었는데 상공부장관 자문관으로 파견나가 있다가 작업반에 참여하라는 요청을 받았다.

작업반에는 나 이외에 공무원, 은행직원, 회계사 등이 있었다. 작업반의 업무처리방향에 대해서 상부로부터 구체적인 지침이나 언질은 없었던 것으로 기억하고 있다. 당시 부총리겸 경제기획원장관이 경제학 교수출신이었는데 그는 대기업의 구제, 즉 대마불사에 대해서 부정적인 입장을 가지고 있었다. 작업반설치 이전에 공무원들이 개조식으로 대우조선처리에 대한 보고서를 올렸는데 개조식 형식의 보고서를 읽다 보면 부지불식간에 공무원들의 숨은 의도의 영향을 받게 되는 것이 싫어서 완전한 문장으로 풀어쓴 서술형으로 보고서를 다시 올리라는 지시를 했다는 말이 돌았다. 이런 저런 이유 때문에 작업반 구성원들사이에서는 모든 가능성을 열어두고 결론을 내어야 한다는 분위기가 강했다.

그때까지 여러 차례의 부실기업정리가 있었지만 대기업을 파산시킨 전례는 없었다. 부실기업정리에 일반적으로 적용되는 공식같은 것이 있었는데 우선 자구노력을 선행하고 정부지원을 병행하면서 때로는 다른 기업에 인수합병시키는 방식이었다. 자구노력에는 인원감축, 자산매각, 계열기업매각, 대주주의 출연, 유상증자 등이 포함되었고 정부지원속에는 부채탕감, 출자전환, 산업은행의 추가출자와 대출, 시중은행의 추가대출 등이 들어있었다. 때로는 부실경영의 책임을 물어서 다른 재벌에게 인수시키기도 했는데 이 경우에는 정부지원이 당근으로 같이 제공되는 것이 상례였다.

작업반에서는 대우조선부실화의 원인규명부터 착수했는데 간단한 일이 아니었다. 세계해운시황의 불황에 따른 선박수주의 부진 때문이라는 외부요인설과 회사경영상의 난맥 때문이라는 내부요인설이 맞섰다. 외부요인설은 객관적 사실에 근거한 것이므로 부정하기 어려웠으나 내부요인설에 대해서는 회사측 입장과 정부측 입장이 대립하였다.

정부 "경영부실 탓", 회사 "정부가 자금지원 약속 지키지 않았다"

정부측은 유독 대우조선의 경영난이 여타 조선소에 비해서 심각하다는 점을 강조하였다. 삼성조선이나 현대조선은 세계해운시장의 불황에도 불구하고 경영상태가 대우조선보다는 양호하다는 사실은 대우조선의 경영진에 문제가 있음을 증명하는 것이라고 했다. 나중에는 대우그룹회장이 거제도에 있는 대우옥포조선소에 직접 가서 현장을 확인하는 일수가 일년에 며칠에 그쳤다는 점까지 들추어 내기도 했다.

회사측에서는 정부책임론을 들고 나왔다. 대우그룹이 조선공사로부터 옥포조선소를 인수한 것도 정부의 강요에 의한 것이었고 인수조건의 핵심이었던 자금지원약속을 정부가 지키지 않은 것이 부실의 근본원인이라고 주장하였다.

정부와 재벌이 정면충돌하는 양상으로 전개되면서 공무원들의 고심이 깊어지는 것으로 보였다. 저녁자리에서 그들이 하는 이야기를 들어보면 자칫 고래싸움에 새우 등 터지는 어려움을 겪게 될지도 모른다는 것이었다. 재벌회장은 장관목도 붙였다 뗐다 하는 무소불위의 권력을 행사할 수 있는데 자기들 같은 실무급은 무슨 불똥이 튈지도 모른다면서 신세 한탄을 하곤 했다.

자구노력의 일환으로 대우 계열회사 중에서 팔아서 돈이 될만한 업체를 파악하는 작업이 이루어졌다. 은행과 회계법인에서 나온 전문가들이 그 일을 했는데 결과가 충격적이었다. 매각대금으로 대우조선의 재무구조개선에 도움이 될만한 가치를 지닌 기업이 대우전자를 필두로 해서 몇 개에 불과한 것으로 밝혀졌던 것이다. 수십 개의 계열회사 대부분은 재무구조가 열악하였던 것이었다.

대마불사 관행 반복하면 재벌 도덕적 해이 … "이번엔 과감히 정리" 의견도

내가 맡은 일은 조선산업의 전망이었다. 세계해운시장이 회복되면 선박수주가 늘어날 것이고 수주가격도 올라가서 대우조선의 경영이 호전될 수 있었기 때문에 대단히 중요한 작업이었다. 나는 산업연구원의 조선산업전문가의 도움을 받아서 일을 진척시켜 나갔다.

세계해운산업은 뚜렷한 경기사이클을 보여주고 있었다. 세계경기의 움직임과 일정한 시차를 두고 후행적으로 움직였다. 석유파동과 같은 커다란 충격이 오면 그 영향을 오랫동안 받곤 했다. 해운산업은 다시 일정한 시차를 가지고 조선산업에 영향을 미쳤다. 해운경기가 나빠지면 선박발주가 줄어들고 가격도 하락했다. 조선소들은 이미 수주한 선박을 건조하면서 어려운 시기가 지나가고 회복의 시기가 도래하기를 고대하곤 했다.

정확한 기억은 나지 않는데 4-5년이 지나면 해운물동량이 회복되고 선박수주도 따라서 회복될 것이라는 전망이 유력했다. 그 전망이 맞다면 대우조선의 경영도 호전될 가능성이 높았다.

전망이 중요했던 이유중의 하나는 대우조선의 도크를 묻어 버리자는 극단적인 의견도 있었기 때문이다. 만약에 조선산업의 전망이 계속해서 불투명하다면 도크 한두개를 묻어 버리는 방안도 고려될 수 있었다. 이러한 주장은 시장규율을 확립해야 한다는 당위성을 강조하였다. 부실기업을 구제하지 말고 망하게 해야 재벌이 정신을 차린다는 것이었다. 대마불사의 관행을 반복하다보면 재벌역시 반복적으로 부실기업을 만들어 내는 도덕적 해이에서 결코 빠져 나올 수 없다는 정의감의 발로이었다. 속된 말로 이번에 본때를 보여야 한다는 결기의 표현이었다.

그러나 조선경기의 회복이 확실하다면 도크를 보존하고 회사를 살려서 호황을 기다릴 필요가 있었다. 호황이 몇 년 계속되면 부실을 털어내고 막대한 수익을 창출해 낼 수 있었다. 고용을 유지하고 지역경제를 살리는 효과도 있을 것이었다.

치열한 내부토의 끝에 대우조선을 살리는 방향으로 가닥이 잡혀졌다. 그러면서 자구노력을 최대화하고 정부지원을 최소화한다는 원칙도 세워졌다. 작업반은 보고서를 서술형 문체로 써서 상부에 보고했고 최종결정의 골격은 작업반의 보고서를 반영해서 만들어졌다. 반원들은 뿌듯한 성취감을 안고 회식에서 소주잔을 기울였다. 대우조선은 그후에 조선산업의 호황기에 편승해서 부실을 털어내고 수익을 창출하였다. 그때 도크를 묻어 버리지 않은 것은 잘한 결정이었고 천만다행이었다.

외환위기의 近因 중 하나, 정부가 '부실대기업 부도처리 방침' 천명

1997년에 외환위기가 터졌다. 국내외의 복합적인 악재가 한꺼번에 밀려오는 퍼팩트스톰(perfect storm)이었다. 그런데 직접적인 근인(近因) 중의 하나는 부실대기업을 부도나게 방치하겠다는 정책당국의 천명이었다고 생각한다. 대마불사의 믿음을 깨고 시장규율을 확립하겠다는 원칙이 고위공무원의 입에서 나왔던 것이다. 심지어는 은행도 망하게 할 수 있다는 말까지 나왔다. 대기업을 부도내면 당연히 은행도 부실화될 수밖에 없는데 은행도 대마불사의 대상이 아니라는 것이었다. 이미 몇몇 대기업이 부도위기에 몰려서 외국투자자들의 불안심리가 고조되고 있는 형국에서 나온 극단적인 발언은 불에 기름을 붓듯이 사태를 악화시켜서 외화유출이 가속화되었다고 생각한다.

정부주도 경제운용을 시장주도로 전환시킨다는 원칙은 옳고 방향은 그렇게 가야 했다. 그러나 옳은 목표에 도달하는 과정은 연착륙일 수도 있고 경착륙일 수도 있다. 연착륙은 시간이 걸리고 때로는 돌아가기도 해야 하고 현실과 타협하기도 해야 하지만 치러야 할 비용을 줄일 수 있다. 경착륙은 적폐를 속시원하게 부수고 이왕 치러야 할 비용이라면 빨리 치르는 한이 있더라도 과감하게 목표를 향해서 나아갈려고 하는데 의도와는 다르게 엄청난 비용과 혼란을 야기하게 된다.

역사에 나타난 경착륙의 전례를 몇 가지 살펴보자. 프랑스대혁명이 왕정을 타도하고 공화정으로 정착하는데 근 100년의 세월이 걸렸고 그동안 숱한 희생이 뒤따랐다. 모택동의 영구혁명아집은 문화혁명이라는 재앙을 낳았다. 소련붕괴 이후에 급진적으로 시장경제를 구축하겠다는 시도는 혼란을 야기시켜서 오히려 시장경제의 도래를 지연시킨 반면에 점진적 노선을 채택한 중국에서 기업가정신이 융성하고 있다.

1997년의 외환위기는 시장주도경제로 가는 길목에서 경착륙한 것이었다. 부실기업을 감지, 판별, 평가하여 질서있는 구조조정이 이루어지게 하는 제도적인 시장인프라가 결핍되어 있는 현실을 무시하고 대마불사는 안된다는 무모한 결단이 불러온 재앙이었다.

외환위기를 겪으면서 수많은 국민들이 실업의 고통과 삶의 기반이 파괴되는 아픔을 겪었다. 그 이후에 생긴 비정규직이라는 괴물은 지금도 노동시장을 왜곡하고 젊은이들에게 좌절을 안겨주고 있다. 물론 위장된 축복이라는 말이 상징하듯이 위기를 맞지 않았으면 불가능했을 개혁을 밀어붙일 수 있는 동력을 제공했다는 평가도 틀린 말은 아니다. 그렇지만 개혁의 추동력을 얻기 위해서 일부러 위기를 불러온 것은 아니기 때문에 위장된 축복은 어디까지나 결과론일 뿐이다.

지금 다시 경영난에 빠진 대우해양조선, 해법은 무엇인가?

대우해양조선은 지금 다시 경영난에 빠져들고 있다. 이번에는 세계해운시장의 불황에 따른 선박수주격감 이외에 중국의 추격이라는 새로운 원인까지 겹쳤다. 거기에다가 호황기에 고부가가치기술개발을 소홀히 한 경영실패까지 가세한 복합위기라는 점에서 30년전의 위기와는 차별화된다. 위기의 원인이 다르기 때문에 대응도 달라져야 한다. 조선호황기가 다시 도래할 때까지 정부지원으로 연명하는 것은 중국의 추격이라는 새로운 변수를 간과하는 것이다.

그렇다고 해서 도크를 파묻는 극단적인 처방이 합당한 것도 아니다. 비록 중국의 도전을 받고 있다고 하더라도 세계조선경기가 회복기에 들어가면 상당한 수준의 수주증가가 가능하기 때문이다.

아마도 두 극단적 방안의 중간 어디쯤에서 해결점을 찾아야 할 것이다. 자구노력과 정부지원으로 시간을 벌면서 건조능력의 감축을 단행하고 중국과의 경쟁에서 우위를 차지하는 고부가가치선박과 해양구조물에 핵심역량을 집중하는 것이 30년전의 대우조선부실해결에서 찾을 수 있는 교훈이 될 것이다.

7

재벌의 업종전문화:

호랑이 그리려다 고양이가 되었다

김영삼(YS)정부 재벌개혁 과제 중의 하나로 등장

　1993년에 김영삼 대통령이 취임하면서 국정전반에 걸쳐서 개혁바람이 세차게 불었다. 금융실명제를 전광석화처럼 해 치웠고 전직 대통령들을 국가내란죄로 구속하였으며 군조직 내의 사조직인 하나회를 척결하였다.

　경제부문의 개혁과제 중의 하나가 재벌의 업종전문화이었다. 재벌하면 문어발이라고 응답하는 퀴즈가 나올 정도로 재벌은 무분별한 비관련다각화를 통해서 몸집부풀리기에 몰두하고 있다는 비난을 받고 있었다. 물론 이러한 비난은 새삼스러운 것이 아니고 박정희정부이래의 해묵은 역사를 가지고 있었고, 재벌개혁은 대통령선거 때마다 등장하는 단골메뉴였다.

　역대 정부 역시 나름대로의 경제력집중억제정책을 수립하였다. 박정희정부

의 여신관리제도, 전두환정부의 출자총액제한제도, 노태우정부의 부동산투기억
제와 주력업체 선정 등이 시행되었지만 재벌의 왕성한 식욕을 억누르기에는 역
부족이었다.

YS, 정주영 회장 대선 출마 목격하면서 "돈과 권력의 분리" 절감

김영삼 대통령은 현대그룹창업주인 정주영 회장이 대선에 출마하여 자기와
경쟁하는 것을 목격하면서 돈과 권력은 분리되어야 한다고 말했다. 국민들 역
시 재벌이 지나치게 비대해지면 경제력집중현상이 심화되고 거기에 비례해서
정치적 영향력 또한 커질 수밖에 없다고 여기고 있었다. 더욱이 정치권력과 경
제권력이 유착된 한국의 현실에서는 재벌이 정치권력을 이용해서 몸집을 계속
불려 나가는 것이 더욱 용이하기 때문에 두 권력 간의 단절이 필요하다는 공감
대가 형성되고 있었다.

재벌의 비관련다각화는 국제경쟁력에도 부정적 영향을 미친다는 우려가 팽
배하였다. 핵심역량에 집중해서 한 우물을 파야만 그 분야에서 세계일류기업으
로 도약할 수 있다는 주장이 설득력을 얻고 있었다.

나 역시 예외가 아니었다. 1993년 5월 내외경제신문에 "재벌은 한 우물을 파
야 한다"라는 칼럼을 기고하였는데 그 일부분을 인용한다. "질적인 기업혁신은
최고경영자부터 생산직 근로자에 이르기까지 오직 한 우물을 파겠다는 각오로
전문화하는 노력이 없이는 이루어지기 힘들다."

1994년 7월에는 조선일보에 "재벌은 일류상품을 만들어야 한다"라는 제목으
로 기고하였는데 그 내용을 요약해보면 다음과 같다.

"파리공항에서 시내로 들어가는 길옆에 소니, 르노 등과 함께 한국 굴지의
재벌인 삼성의 광고판이 서 있다. 소니는 가전제품, 르노는 자동차가 금방 떠오
르는데 삼성은 대표상품이 연상되지 않는다. 국가경쟁력은 일류상품이 모여서
구성되는데 한국은 세계에 내세울 만한 일류상품이 보이지 않는다." 결국 전문
화해야만 일류상품을 만들어 낼 수 있다는 뜻이었다.

1993년 초 상공부에 설치된 업종전문화작업반에 참여

재벌의 전문화방안을 고안하기 위해서 1993년 초에 상공부에 업종전문화작업반이 설치되었다. 공무원, 교수, 국책연구소와 기업연구소 등에서 참여하였는데 나도 참여하게 되었다.

회의초기에는 난상토론이 벌어졌다. 민간기업이 어느 정도의 다각화를 할 것인지는 기업의 고유한 경영사항이기 때문에 정부가 나설 일이 아니라는 주장과 한국재벌의 과도한 문어발식 확장은 세계에서도 유례를 찾아보기 힘들고, 그 폐해가 크기 때문에 정부가 개입하여서라도 반드시 바로잡아야 한다는 주장이 팽팽히 맞섰다.

논쟁으로 세월을 지새울 수는 없는 노릇이고 더욱이 업종전문화작업반에서 전문화는 정부가 개입할 일이 아니라고 결론을 낼 수는 없는 노릇이어서 논의를 구체화하기로 하였다.

업종전문화의 필요성, 과도한 비관련다각화의 원인, 업종전문화를 위한 정책으로 나누어서 작업을 진행하기로 하고 전문가들을 초청해서 얘기도 들으면서 논의를 진전시켜 나가기로 했다.

그러나 작업반의 설치목적이 업종전문화의 방법을 강구하는 것이었으므로 업종전문화의 필요성이나 다각화의 배경에 관한 논의는 부수적인 것이었다.

세 가지 실천방안 검토: '재벌해체', '비주력업종의 처분', '재벌의 소유와 경영의 분리'

브레인스토밍과정을 거치면서 업종전문화를 달성하는 방법은 세 가지로 정리되었다. 재벌해체, 비주력업종의 처분, 재벌의 소유와 경영의 분리이었다.

재벌을 해체하면 계열기업들이 각각 독립기업으로 홀로 서게 되기 때문에 자연스럽게 업종전문화가 이루어지는 것이었다. 재벌을 해체하는 방법으로서는 순환출자를 완전히 해소하거나 기업분할명령제도를 도입하는 것이 검토되었다.

순환출자를 해소하면 재벌소유주가 소수의 주식보유만으로 재벌을 소유하고 지배하는 것이 어려워지므로 계열기업을 처분해서 핵심 주력 기업만을 소유하려고 할 것이므로 업종전문화를 달성할 수 있었다.

그러나 이 방법은 현실적으로 난관이 많았다. 순환출자해소를 위해서 재벌들이 동시에 보유주식을 매각하려고 할 때 누가 그 주식을 살 수 있는 자금력이 있겠느냐는 의문이었다. 많은 기업들이 외국인에게 팔려 나갈 수도 있었다. 또 대다수 국민들에게 소액주주형태로 매각할 수 있다는 의견도 있었지만 그 실효성에 대한 회의론도 만만치가 않았다.

기업분할명령제도는 1911년에 미국에서 스탠다드석유를 분할할 때 적용되었고 1984년에는 미국의 통신회사인 AT&T를 장거리전화와 시내전화사업으로 분할할 때에도 적용된 전례가 있었다. 그런데 엄밀히 따지면 이 제도는 시장을 독점하고 있는 거대공룡기업을 쪼개서 몇 개의 기업으로 나누어서 경쟁을 촉진할 목적으로 적용되는 것이지 한국의 재벌처럼 수십 개의 계열기업이 모여 있는 경우에는 적용하기 어려운 측면이 있었다. 또한 글로벌경쟁에서는 기업규모가 중요한 경쟁력요소인데 인위적으로 기업규모를 줄이는 것은 시대에 맞지 않는다는 반론도 있었다.

재벌해체의 거의 유일한 예는 제2차 세계대전 후의 일본이었다. 그것도 일본이 주도한 것이 아니라 점령군이었던 맥아더사령부가 주도한 것이었다. 일본 군국주의가 전쟁을 일으켰는데 재벌이 군국주의와 결탁하여 군수산업을 일으키고 전쟁자금을 공급하였으므로 전범에 준하는 범죄집단으로 낙인찍어서 해체한 것이었다.

비주력업종의 처분은 주력업종만 남겨놓고 여타 업종은 처분하게 하자는 것이었다. 처분방법은 주식공개매각, 인수합병, 기업의 맞교환 등 여러 가지가 있을 수 있는데 그 선택은 기업에게 맡길 수 있다는 의견이 나왔다. 이 방법은 한국의 현실에서 독과점을 오히려 강화시키는 문제점이 있었다. A재벌이 자동차와 석유화학을 영위하는데 석유화학을 처분하면 아마 석유화학을 주력업종으로 하는 재벌이 인수할 것이고 결과적으로 석유화학의 시장독과점은 심화되게 되는 것이다. 이 방법을 시행하면 한국의 주요 산업은 각각 한두 개 재벌기업의 수중으로 집중될 것이었다.

소유와 경영의 분리는 업종전문화와 직접적으로 관련되지는 않는 과제이었다. 소유경영인이 물러나고 전문경영인이 들어온다고 해서 비관련다각화가 해소되거나 진정된다는 확신은 없었다. 그런데 전문경영인의 평가기준이 선진국처럼 이익극대화로 정착되면 소유경영인들이 외형극대화를 추구하면서 문어발을 계속 늘려나가는 행태는 시정될 수 있다는 주장도 일리는 있었다.

소유와 경영을 분리하는 수단으로서는 미국처럼 시장경쟁 압력에 맡기는 방법과 제2차 세계대전 이후의 일본처럼 인위적으로 소유주를 경영일선에서 퇴장시키는 방법이 있었는데 후자는 경제비상조치를 필요로 하는 극단적인 것이었고 자칫 위헌소지도 배제할 수 없었다.

"채찍보다 당근"을 채택⋯ 선정된 주력기업의 금융규제 예외 인정해 유인

작업반에서 결론 없는 논의로 시간을 무한정 보낼 수는 없었다. 상부에서 명확한 지침이 내려 왔다면 작업반에서는 구체적인 실행방법을 강구하면 되었겠지만 그러한 지침은 없었다. 가령 금융실명제의 경우에는 대통령이 실명제실시를 결정해 놓고 실무 작업반에서는 차질 없이 실천에 옮기는 실행계획을 작성한다는 책임범위가 명확하였다. 그러나 업종전문화작업에서는 작업반이 알아서 하라는 식이었다.

실무자들로 구성된 작업반에서 재벌해체 또는 그에 버금가는 과격하고 급진적인 해법을 제시하기에는 태생적인 한계가 있었다. 작업반은 혁명적인 기구가 아니라 체제 내에서 합리적인 해결방법을 모색할 수밖에 없었던 것이다.

작업반에서는 결국 채찍보다는 당근을 사용하여 재벌들이 자율적으로 업종전문화노력을 경주하도록 유인을 제공하자는데 의견이 모아졌다. 그 구체적 내용을 보면 대략 다음과 같았다.

30대 기업집단을 대상으로 해서 10대까지는 3개, 11대부터 30대까지는 2개의 주력업종을 자율적으로 선정할 수 있다. 주력업종 내에서 전업률이 70%이상이고 매출액기준으로 해당기업의 비중이 10% 이상인 기업을 주력기업으로 선정할 수 있다. 주력기업에 대해서는 공정거래법상의 출자총액규제를 풀어주고 여신관리규정상의 은행대출규제도 풀어준다. 또한 주력기업이 투자와 부동산취득을 할 때 일정한 경우에는 자구노력을 면제해 주고 주거래은행의 사전승인도 면제해 준다.

결국 주력기업에 대해서는 재벌에 대한 금융규제의 예외를 인정함으로써 그들이 자유롭게 대출을 받아서 투자를 할 수 있게 하면 주력기업의 그룹 내 비중이 높아지고 경쟁력이 강화되어서 업종전문화의 효과를 기대할 수 있다는 것이었다.

청와대 호평 속 업종전문화 정책 공식 발표 … 언론의 반응은 "부정적"

이러한 내용의 보고서를 만들어서 청와대의 담당비서관에게 대면보고를 하니까 그는 대단히 잘된 보고서라고 평가하였다. 그 비서관은 시장경쟁에 대한 강한 신념을 갖고 있었는데 업종전문화를 위해서 정부가 물리적으로 강력하게 개입하는 대신에 유인을 제공해서 재벌들이 자율적으로 반응하게 하겠다는 점이 마음에 든 모양이었다.

며칠 후 상공부 차관보가 기자들 앞에서 작업반의 논의내용을 발표하였다. 언론의 반응은 한마디로 실망했다는 것이었다. 재벌의 문어발경영을 차단하기 위해서 무언가 강력하고 속 시원한 대책이 나올 것이라고 기대하고 있었는데 반대로 기왕에 있던 규제까지 풀어 주겠다니까 그럴 수밖에 없었다. 일부 언론에서는 업종전문화정책이 아니라 업종다각화정책이라고 혹평하기도 했다.

작업반에서는 대책의 의미를 올바르게 홍보할 필요가 있다고 판단해서 보도자료를 만들었다. 국민들이 알기 쉽게 비유적으로 설명했는데 자녀를 키우면서 "이것 하지 말거라, 저것 하지 말거라" 식의 규제일변도만 가지고는 자녀가 성공할 수 없으니까, 자녀의 소질과 잠재적 능력을 발견해서 그걸 키워나가도록 뒷바라지를 잘하는 것이 부모된 도리라고 했다.

영위업종·계열기업 숫자로 보면 '실패한 정책'… 3년 남짓 운영되다 1997년에 폐지

업종전문화정책은 소기의 성과를 거두었을까? 조세연구원의 이기영 박사는 1996년 발간된 '업종전문화시책의 현황 평가 및 향후 금융지원정책 방향'에서 다음과 같이 언급하고 있다.

"업종전문화시책의 종합적인 공과를 객관적으로 평가하기는 어렵다. 왜냐하면 이 정책이 업종전문화를 통한 경쟁력강화에 도움이 되었는지를 보아야 하나 간단한 지표로 수량화하여 평가할 수 있는 대상은 아니며 설령 지표화된 척도가 있다고 하더라도 업종전문화시책 이외의 정책과 제도의 복합적인 결과로 보아야하기 때문이다. 그러나 적어도 영위업종수와 계열기업의 숫자만 놓고 볼 때에는 문어발식 다각화 행태에는 변화가 없었다고 할 수 있다. 1993 – 1995 기간 동안에 30대 기업집단의 총계열회사수는 604개에서 623개로 늘었고 평균 영위업종수는 18.3개에서 18.5개로 늘었다."

이기영 박사는 또한 주력기업에 대한 금융제재완화로 투자가 지속적으로 늘어나고 성장률도 높아지고 있으나 편중여신, 부채비율증가, 수익성 악화 등의 부작용이 나타나고 있다고 덧붙였다.

업종전문화시책은 1997년에 폐지되었다. 3년 남짓 운영되었는데 재벌에 대한 여신관리와 출자총액제한 등의 규제가 완화됨에 따라서 지원수단이 없어졌다는 것이 그 이유이었다. 정책수명이 단명에 그쳤기 때문에 업종전문화정책이 가시적인 성과를 이룩하였다고 평가하기는 어렵다.

채찍만 휘두르는 현 정부 재벌정책, "기업가정신 추락과 투자감소만 초래했다"

그러나 업종전문화의 취지는 사라지지 않고 현실로 나타나고 있는 것으로 보인다. 지금 S그룹하면 반도체를 연상하고, H그룹하면 자동차를 떠올릴 정도로 재벌의 대표상품이 세계에 알려지게 되었다. 계열기업수와 영위업종수를 보면 여전히 다각화되어 있지만 대표상품의 비중이 대폭 높아졌기 때문에 실질적 업종전문화가 이루어졌다고 볼 수도 있다.

이러한 변화는 정부의 규제 또는 지원 때문이라기보다는 글로벌경쟁에서 살아남으려는 재벌의 자율적 노력의 결과로 보여진다. 앞으로 10년 혹은 20년 후에는 한국의 재벌들이 어떠한 모습을 띠고 있을지 정확히는 알 수 없으나 결국은 글로벌경쟁에 노출시켜서 스스로 변화하게 하는 것이 바람직하지 않을까?

현 정부는 한국재벌이 역사적으로 주어진 국내외상황에 적응하면서 진화해온 과정을 깊이 있게 성찰하지 아니하고 과거의 잘못된 행태와 현재의 문제해결에만 집착하여 편향적인 대책에 매달리고 있다. 역대정부는 당근과 채찍을 병행하였으나 현 정부는 채찍만 휘두르고 있고, 그 결과는 기업가정신의 추락과 투자감소로 나타나고 있다. 경쟁력 있는 기업생태계는 대기업과 중소기업이 모두 경쟁력을 구비하고 기술창업이 활발해질 때 비로소 갖추어지는 것이라고 본다.

8

삼성에 상용차를 허용할 것인가?

상용차 생산 현장실사 후 보고서를 제출할 것

1991년에 나는 상공부장관 자문관으로 파견나가 있었다. 하루는 차관이 불러서 일거리를 주었다. 삼성의 상용차생산 허용 여부에 대한 결정을 해야 하는데 현지실사를 나가서 현장을 둘러보고 보고서를 제출해 달라는 것이었다.

그 무렵 삼성에서 상용차생산을 위해서 일본의 닛산으로부터 기술도입을 하겠다고 상공부에 인가신청을 하였다. 재벌에서 기존 기업과 경쟁을 하는 새로운 사업을 시작하겠다고 하면 논란거리가 되기 십상인데 특히 상용차생산은 논쟁을 불러일으킬 수밖에 없었다. 현대, 대우, 기아의 3사가 분할하고 있는 자동차시장에 삼성이라고 하는 강력한 경쟁자가 등장한다는 점, 삼성이 또 하나의 굵직한 문어발을 달려고 한다는 점 등 정치권과 언론의 관심을 끌기에 충분한 호재였다.

경제학자들은 대부분 원칙적으로 찬성하거나 원론적으로 정부가 관여할 문제가 아니라고 선을 그었다. 독과점상태에 있는 국내 자동차시장의 구조를 더욱 경쟁적으로 개선할 수 있는 기회이고 또 민간기업이 자동차시장에 신규 진입하겠다는데 정부가 가타부타하는 것은 과도한 시장개입이라는 것이었다.

그러나 일부 전문가들은 반대 내지는 유보적 입장을 표명하였다. 협소한 국내시장에서 기존3사가 이미 과당경쟁을 벌여서 규모의 경제를 실현하지 못하고 있는데 추가적인 진입이 이루어지면 자동차산업 전체의 경쟁력에 부정적 영향을 미친다는 것이었다.

당시 자동차공장은 연산 30만대는 되어야 규모의 경제수준이라고 알려져 있었는데 어느 메이커도 이 수준에 도달하지 못하고 있었다. 일각에서는 수출을 늘려서 국내시장의 한계를 극복해야 한다는 주장도 있었으나 수출경쟁력을 배양하기 위해서라도 국내시장에서의 일정규모 이상의 생산이 필요하다는 주장이 더 현실적으로 들렸다.

민감하고 정치적으로 휘발성이 강한 문제이니까 정부도 어느 쪽으로 결정을 내리든 부담을 느끼게 되어 있었다. 아마도 그 부담을 덜기 위해서 나에게 실사반의 책임을 맡기는 것이 아닌가 하는 의구심도 들었다.

실사반에는 상공부의 자동차담당 직원 2명과 자동차공업협회의 직원 1명이 참여하였다. 우리는 부평, 울산, 광주등지에 있는 자동차3사의 공장을 방문해서 상용차 생산현장을 보면서 상용차의 경쟁력을 점검하고 애로사항 및 삼성의 진입에 대한 의견을 청취하기로 하였다. 물론 출발 전에 자동차 특히 상용차에 대한 국내외현황자료를 학습하면서 예비지식을 쌓았다.

작업반이 맡은 일의 진행방향에 대해서 어떠한 사전 지침도 내려오지 않았다. 우리는 결론에 대해서 완전한 자유를 가지고 있었던 것이다.

일주일 현장 실사 후 다양한 의견 정리

나는 출발 전에 반원들에게 행동의 주의사항을 강조하였다. 업계의 이해관계가 대립하고 있으니까 업체로부터 향응은 물론 식사대접도 받을 수 없다는 점을 주입시켰다. 그러니 출장길이 힘들고 고될 수 있다는 점을 미리 알고 출발해야 한다는 실정도 공유하였다.

약 일주일동안 현장을 둘러보면서 다양한 의견을 청취하고 나니까 몇 가지 사항이 명백해졌다.

첫째, 상용차는 근본적으로 내수시장에서 주로 팔린다. 수출이 전혀 불가능한 것은 아니지만 선진국과의 경쟁력격차가 모든 면에서 매우 크다

둘째, 좁은 내수시장에서 경쟁해야 하므로 기존 업체들은 당연히 신규진입에 대해서 극렬히 반대한다. 상용차의 국내수요가 빨리 늘어나는 것도 아니기 때문에 신규업체가 들어오면 자기들의 국내시장을 빼앗아 간다는 피해의식이 강하다

셋째, 기존 업체들이 반대하는 명분으로써 강하게 내 세운 것은 상용차 국산화정책의 후퇴이다. 기존업체들은 그동안 정부의 국산화시책에 호응해서 시간과 돈을 투자해서 부품의 해외조달을 줄이고 국산화노력을 경주해 왔는데 삼성은 기술제휴선인 닛산으로부터 부품을 거의 대부분 수입하여 조립하는 수준이라는 것이다. 나는 질문하였다. 단순조립보다는 부품국산화율을 높인 기존 업체들이 경쟁에서 더욱 유리하지 않느냐고? 그들은 부품국산화는 자체브랜드를 키우고 능동적인 경영전략을 강화해서 장기적으로 가야 할 방향이기 때문에 바람직하지만 단기적인 채산성만 생각하면 단순조립이 더욱 유리하다고 대답했다. 삼성이 들어오면 그들의 국산화노력이 지체될 것이라고 우려했다. 나는 나중에 자동차전문가에게 물어보았는데 기존 업체들의 염려가 일리가 있다고 했다.

넷째, 기존 업체들의 우려는 상용차시장뿐만 아니라 궁극적으로는 승용차시장에 대한 것이었다. 삼성의 상용차진입은 승용차진입의 전초전이라는 것이었다. 삼성이 기껏해야 국내시장에서 팔 수밖에 없는 상용차생산을 위해서 비난을 무릅쓰고 뛰어들리는 없고 결국은 세계시장을 겨냥하는 승용차생산에 뛰어들 것이라는 것이었다. 처음부터 승용차를 생산하겠다고 나서면 국민여론의 향방이 어떻게 돌아갈지 불안하기 때문에 우선 상용차생산이라는 애드벌룬을 띄워서 여론을 탐색해 보려는 의도라고 했다.

기존 업체들, "과당경쟁 등으로 산업전체 발전에 부정적 영향"

삼성이 승용차생산을 하면 무슨 문제가 있느냐고 반문했더니 기존 업체들은
내수시장의 한계와 과당경쟁, 국산화의욕의 감퇴 등의 이유 때문에 자동차산업
전체의 발전에 부정적 영향을 미칠 것이라고 했다. 넓고 넓은 수출시장을 놔두
고 왜 좁은 국내시장 안에서의 경쟁만을 우려하느냐고 했더니, 그들은 "자동차
는 속성상 국내시장에서 학습효과와 규모의 경제를 달성하면서 경쟁력을 키운
다음에 수출시장으로 진출해야 한다"고 했다. 다시 전문가들에게 자문을 구해
보았더니 일리가 있다는 답변이었다.

시장규모가 엄청나게 큰 미국에서도 자동차의 주요 메이커는 3개정도이고
일본 역시 그러한데 한국처럼 조그만 시장에서는 이미 들어와 있는 기존3사도
과도하다는 것이었다. 나는 반문하기를 미국은 처음부터 3사체제로 출발한 것
이 아니고 많은 자동차회사들이 난립하여 경쟁하다가 인수합병을 통해서 과점
체제로 들어선 사실을 상기해야 한다고 했다.

삼성, "반도체의 삼성 저력, 상용차에서도 증명해 보이겠다"

우리는 삼성의 의견도 들었다. 그들은 한국 상용차산업이 우물 안 개구리신
세에서 정체되어 있다고 하면서 자기들은 수출시장을 염두에 두고 사업계획을
세우고 있다고 했다. 생산초기에는 부품국산화비율이 낮을 수밖에 없지만 협력
업체들과의 네트워크구축을 통해서 빠른 시일 내에 수직적 분업체계를 완성하
겠다고 했다. 반도체에서 삼성이 보여주고 있는 저력을 상용차에서도 증명해
보이겠다고 다짐하면서 승용차생산에 대해서는 말을 아꼈지만 강하게 부정하
지도 않았다. 모든 가능성을 열어두고 있는 것으로 보였다.

실사보고서: "신규진입 원칙적으로 허용, 경쟁촉진 필요 등 4개 항 정리"

우리는 실사를 마치고 보고서를 작성했다. 보고서의 요지는

첫째, 삼성의 상용차생산을 승용차생산과 연계시키지 말고 별개의 사안으로 검토한다.

둘째, 자동차산업에 대한 신규진입은 제한해야 할 이유가 분명한 때를 제외하고는 원칙적으로 허용해야 한다.

셋째, 상용차의 경우 규모의 경제가 승용차만큼 분명하지 않다.

넷째, 국내 상용차산업을 발전시키기 위해서는 경쟁의 촉진이 필요하고 경쟁의 제한은 바람직하지 않다.

보고서를 제출하고 나서 얼마 후에 나더러 기자실에 가서 보고서 내용을 설명해 달라고 요청이 왔다. 실사반의 보고서에 근거해서 삼성의 상용차진입을 허용하려고 하는데 민간인신분인 내가 먼저 언론에 띄우고 나면 공무원들이 정식으로 발표하는 수순이라고 짐작되었다. 나는 실사반의 보고서는 어디까지나 정부결정의 참고자료이므로 그것을 어떻게 활용할지는 정부가 결정할 일이라고 얘기하고 기자실발표를 하지 않았다. 얼마 후에 정부는 삼성의 상용차진입을 허용하기로 발표하였다.

당시는 공업발전법이 시행되기 전이었다. 동법은 1995년에 시행되었는데 그 이전에 있던 개별공업육성법들을 폐지하고 통합해서 새로이 제정된 단일법이었다. 공업발전법에서는 신규진입이 원칙적으로 허용되었지만 개별공업육성법에서는 기술도입이나 신규진입은 정부의 인허가를 받도록 되어 있어서 삼성이 닛산으로부터 상용차기술도입을 위해서는 정부인가가 있어야 했던 것이다.

삼성, 상용차는 물론 승용차도 생산…2000년에 상용차 파산, 승용차 르노에 매각

그 후 삼성은 상용차뿐만 아니라 승용차생산도 시작하였다. 그러나 상용차회

사는 2000년에 파산하였고 승용차회사는 같은 해에 르노에게 매각되었다. 당초의 의욕과는 달리 세계적인 자동차회사로 비약하지 못하였고 기존 회사들을 위협할 정도로 경쟁력을 키워서 자동차산업의 생태계를 격상시키지도 못했다. 자동차보다 약간 앞서서 뛰어들은 메모리반도체에서 선진국의 내로라하는 경쟁사들을 물리치고 세계1위의 기업으로 우뚝 선 쾌거에 비하면 초라하기 짝이 없는 결과이었다.

기업의 승패는 시장경쟁을 통해서 판가름나는 것일 뿐 공무원이나 학자, 전문가가 사전적으로 예상할 수 없는 것이다. 예상하더라도 그 예상이 적중할지, 또는 빗나갈지의 여부는 역시 시장에서 최종적으로 심판을 받는 것이다.

1995년에 공업발전법을 제정해서 공업부분의 정책적 진입장벽을 없앤 것은 잘한 일이었다. 신규진입 여부의 판단은 기업에 맡기고 그 성패의 판가름도 시장에 맡기자는 주장은 옳은 것이었다. 진입 여부를 정부가 결정하는 제도 하에서는 신규진입에 대해서 기존 기업이 기득권보호를 위해서 여러 가지 이유와 명분을 내걸고 반대하게 된다. 이는 시장경쟁의 효율을 저해할 뿐만 아니라 불필요한 갈등과 대립을 야기하여 사회적비용을 발생시킨다.

"진입 제한 없애자"건의 옳았다고 판단 … 아직도 장벽 허물지 못해 부정적 효과 너무 많아

지금도 서비스산업에서 인위적 진입장벽이 많이 남아있다. 의료기관은 의사면허를 가진 자만이 개설할 수 있고 의사의 숫자를 국가가 관리하고 있는 것이 한 예이다. 의사 아닌 자가 의료기관을 개설하고 의사를 고용하는 것을 허용하면 의료서비스의 질이 향상될 것이다. 약국도 약사면허를 가진 자만이 개설할 수 있다. 제도적으로 의사와 약사에게 독점을 허용하다 보니 의료산업의 발전과 국민편의제고를 위한 개선노력이 수포로 돌아가는 일이 되풀이되고 있다.

최근 논란이 되고 있는 자동차공유, 원격의료, 개인 및 공공정보 공유 등 좋은 일자리를 만들어 낼 수 있는 서비스산업들에서 이런 저런 이유로 진입장벽을 허물지 못하고 있다. 정부가 기득권자들이 여러 가지 그럴듯한 명분을 내걸고 반대한다고 해서 그들에게 끌려다니다가는 더 많은 청년들이 좋은 일자리를 얻을 수 있는 기회가 원천적으로 봉쇄당한다는 사실을 분명하게 깨달아야 한다.

9

'첨단산업발전법'제정의 무산

'88서울올림픽을 '경제발전 추동력'으로 활용하자 "공감대"

    1988년에 첨단산업을 발전시켜서 한국의 산업구조를 고도화하자는 논의가 본격화되었다. 서울올림픽개최와 직접적 연관이 있다고 말하면 견강부회가 될 수도 있겠다. 그런데 나는 개인적으로 연관을 짓고 싶었다. 서울올림픽이 한국의 국격(國格)을 한 단계 높이는 계기가 된다면 그 추동력을 경제에도 끌어와서 경제발전단계를 한 단계 높여야겠다고 생각했다.

    이런 얘기를 상공부의 간부들과 틈나는 데로 나누곤 했는데 그들 역시 동감을 표시하면서 은연중에 공감대가 형성되어 가고 있었다.

    공감대는 행동으로 구체화되었다. 1988년 9월 12일에 첨단기술산업심의회가 구성되었던 것이다. 상공부 차관을 위원장으로 하고 위원들은 산·관·학을 총 망라하였고 나는 사무국의 국장을 맡아서 회의운영을 책임졌다. 분과위원회는 총괄, 마이크로일렉트로닉스, 메카트로닉스, 항공, 신소재, 정밀화학, 생물산업,

광산업을 두었다. 나는 총괄분과의 간사를 겸임하면서 보고서작성을 주관하였다.

산·관·학 '첨단기술산업심의회' 구성 … 사무국장 맡아 실행계획 입안

총괄분과위와 각 산업별위원회는 근 6개월에 걸쳐서 각각 10회 이상의 회의를 열면서 토의를 계속하였고 마지막으로 공청회를 열어서 각계의 의견을 수렴한 끝에 그 결과를 보고서로 정리하였다. 그 중에서 총괄분과위원회가 작성한 보고서의 내용을 요약하면 다음과 같다.

첫째, 첨단기술산업은 기술집약도가 높고, 기술혁신의 속도가 빠르며, 높은 부가가치를 창출할 뿐만 아니라 입지 및 자원 절약적 산업으로 소득탄력성이 높아서 빠른 성장이 기대되고 관련산업에의 파급효과가 큰 산업을 말한다.

둘째, 이러한 정의에 부합하는 산업은 선진국에서는 대체로 마이크로일렉트로닉스, 옵토일렉트로닉스, 전기장치, 우주항공, 무기제조, 기초정밀화학, 신소재, 신에너지, 정보처리산업 등이다.

한국 적합첨단산업: 마이크로일렉트로닉스, 메가트로닉스, 항공, 신소재, 정밀화학 등 제시

셋째, 한국의 산업 및 기술발전 수준을 고려할 때 한국에 적합한 첨단기술산업은 마이크로일렉트로닉스, 메가트로닉스, 항공, 신소재, 정밀화학, 생물산업, 광산업으로 제시한다.

넷째, 한국은 민주화 이후의 임금급등, 원화절상, 후발개도국의 추격 등의 거센 도전에 직면하고 있으므로 새로운 미래 먹거리산업인 첨단기술산업을 발전시켜야 한다. 또 국내시장도 전면개방단계로 진입하는데 첨단기술산업을 시급히 육성하지 않으면 선진국들이 국내시장을 선점하게 된다.

넷째, 첨단기술산업이 필요로 하는 기술, 인력, 산업입지 등은 공공성과 외부경제효과를 감안할 때 시장기능에만 일임할 수 없고 정부의 적절한 역할이 요망된다.

　다섯째, 첨단기술산업의 육성이 재벌의 경제력집중심화로 이어지지 않도록
하기 위해 창업과 중소기업역량강화가 필요하다. 대기업은 정부지원보다는 규
제완화를 통해서 투자의욕을 고취하고 기업가정신을 자극해야 한다.

첨단산업의 특성을 고려한 종합적, 체계적 지원체계 마련 "시급"

　여섯째, 기존의 산업지원수단들은 대부분 중소기업과 성숙산업에 치중되어
있고 첨단산업에 대한 고려가 미흡하다. 그 예로써 1988년 정부의 기술개발자
금 중에서 첨단산업에 대한 지원은 전체의 22%에 불과하다. 미래 먹거리기술
과 산업에 대한 준비가 절대적으로 부족한 것이다.

　일곱째, 결론적으로 첨단산업의 특성을 고려한 종합적·체계적 지원체계가
마련되어야 한다. 그 체계는 첨단산업의 발전비전, 지원의 우선순위, 기술과 산
업의 유기적 연계, 기술인력과 기능인의 수급, 기금조성, 산업입지 등을 포함하
여야 한다.

　이상의 내용을 반영해서 상공부는 가칭 "첨단기술산업발전 촉진법"을 제정
하려고 하였다. 법의 초안이 작성되어서 부처 간 협의과정이 시작되었는데 예
상하지 못했던 암초에 걸리고 말았다. 과학기술부가 동법이 자기들 소관이기
때문에 법제정을 자기들이 주도해야 한다면서 과기부의 법 초안을 따로 만들
어서 상공부에 제동을 걸고 나선 것이었다. 과기부의 주장인 즉, 첨단기술산
업발전의 핵심이 기술발전이기 때문에 당연히 자기들이 주관해야 한다는 것
이었다.

'첨단기술산업발전 촉진법' 상공부 제정 움직임에 과학기술부가 "내 영역" 주장해 '霧散'

　두 부처 간의 다툼은 시간이 흘러도 조정, 해결되지 않았다. 나중에는 두 부
처의 외곽세력까지 나서서 일을 꼬이게 만들고 해결을 어렵게 했다. 경제단체

는 상공부를 지원하고 과학기술계는 과기부를 지원하는 모양새가 만들어졌다. 내가 알기로는 이런 상황에서는 부총리겸 경제기획원장관이 나서든가 국무총리가 나서서 조정을 해 주어야 하는데 그것도 이루어지지 않았다. 청와대 비서실도 해결하려고 팔을 걷고 나서지 않았다.

결국 첨단산업발전법 제정은 무산되었다. 법이 불필요해서가 아니라 너무 필요해서 두 부처가 서로 가지려고 밥그릇 싸움한 끝에 밥그릇이 깨어져 버렸다. 정부가 왜 존재하는지 물어보고 싶었다. 국가경제의 미래를 위해서 해야 할 일을 놓고 두 부처가 권한다툼을 벌리다가 끝내 조정되지 않은 채 사장되고 말았던 것이다.

만약에 동법이 제정되어서 1990년부터 첨단산업에 대한 종합적이고 체계적인 발전정책이 수립되고 추진되었더라면 상당한 성과가 있었을 것이라고 감히 말할 수 있다. 근 1년여에 걸쳐서 산업계, 과학기술계, 경제계의 전문가들과 실무자들이 머리를 맞대고 토의한 내용들이 기초가 되어서 정부의 지원정책이 마련될 수 있었다. 그 과정에서 정부는 전면에 나서지 않았고 뒤에서 토의의 장을 마련해 주는 역할에 만족했다.

밥그릇 싸움한 끝에 밥그릇을 깨버린 꼴⋯ 당시 '법제정 이뤘더라면' 아쉬움 많아

토의과정에서 기업들이 봉착하고 있지만 그들만의 힘으로는 해결할 수 없는 문제들이 많이 제기되었다. 정부는 기술인력의 양성, 기초기술의 개발, 모험자본의 형성 등 시장에서 해결되기 어려운 공공재적인 문제를 해결하려고 하였고 그것이 법제정의 기본취지이었다. 또한 대기업에 대해서는 지원보다는 규제완화가 더욱 절실하게 요구된다는 점에 대해서 민·관·학의 공감대가 형성되었다는 것은 법제정과 실천단계에서 규제개혁에 있어서도 상당한 성과를 기대할 수 있었다.

중화학공업육성 때는 정부가 앞장섰지만 첨단산업발전을 위해서는 기업이 앞장서고 정부는 뒤에서 밀어주면 된다는 당시로서는 첨단적인 인식의 공감대가 형성되어 있었다.

　만약에 동법이 제정되었더라면 지금 한국은 4차산업혁명을 에워싼 경쟁에서 보다 유리한 고지에 올라 있을 것이다. 18년 전 첨단산업발전법의 제정이 무산된 것을 지금도 아쉬워하는 이유가 바로 여기에 있다

10

정책연구의 보람:
에너지 과소비 원인을 규명하다

1991년 여름 전력예비율 위험수위 육박에 '갑론을박'

1991년 여름에 전력수요가 급증하였다. 날씨가 더워서 냉방수요가 늘어나기도 했지만 산업용전기수요의 급증이 주원인이었다. 전력수급에 빨간불이 켜졌고 전력예비율이 하락하여 위험선에 육박하곤 했다.

다급해진 정부는 모든 공공건물과 대형건물의 냉방가동을 중지시키는 강수를 두었다. 관광호텔에 투숙한 외국기업인들과 관광객들이 불만을 제기하니까 관광협회에서는 관광호텔에 한해서 예외조치해 줄 것을 요구하였으나 정부는 그럴 수 없다고 거부하였다. 그만큼 전력사정이 심각하였던 것이다.

상황이 이렇다 보니 전기소비가 무슨 이유 때문에 가파르게 증가하는지에 대해서 여론의 관심이 높아졌고 언론에서도 이런 저런 분석기사를 쏟아내었다. 여러 가지 원인 중에서 가장 중요하다고 지목된 것은 전기요금과 산업구조이었다.

우선 한국의 전기요금이 너무 저렴하기 때문에 가계와 산업계 모두 전기를 펑펑 낭비하는 습관이 몸에 배었다는 것이다. 정부가 가계와 산업계의 부담을 덜어주기 위해서 의도적으로 전기요금을 낮게 책정하다 보니 전기요금이 수요와 공급을 조절하는 가격기능을 상실했다는 지적이었고 어느 정도 사실이기도 했다.

다음으로는 한국의 산업구조가 에너지다소비업종에 편중되어 있다는 지적이었다. 생산과정에서 에너지를 많이 쓸 수밖에 없는 철강, 석유화학, 비철금속, 조선 등의 비중이 높다는 것이었다.

"차제에 한·일 간의 에너지효율성 비교분석을 해보아야 하겠다"

산업연구원 산업정책실장으로 재직하던 나는 이러한 논의에 대해서 부분적으로 동의하면서도 무언가 중요한 이유를 놓치고 있다는 생각을 갖게 되었다. 에너지다소비산업 여부를 막론하고 모든 산업에서의 에너지효율성이 낮을 것이라는 의심이 들었다. 근거 없는 의심이 아니라 한국이 일본에 비해서 산업전반의 에너지효율성이 현저히 떨어진다는 자료를 본 기억이 머릿속에 남아있었다. 지금이라면 즉시 인터넷 검색을 해서 관련자료를 쉽게 찾아보려고 하겠지만 그때는 쉬운 일이 아니었다.

연구원에게 사실 확인에 도움이 될만한 자료를 찾아보라고 하였지만 제대로 된 분석자료는 없었고 단순히 한국이 일본보다도 에너지를 많이 쓴다는 신문기사정도만 있었다.

나는 차제에 한·일 간의 에너지효율성 비교분석을 해야 하겠다고 마음먹었다. 올바른 정책은 정확한 사실규명에서 나온다는 상식을 믿었기 때문이었다. 에너지 효율성을 높이기 위해서 산업구조를 에너지절약산업으로 바꾸어야 한다는 정책처방과 모든 산업의 에너지효율성을 높여야 한다는 정책처방은 효과와 비용면에서 큰 차이가 날 수밖에 없기 때문에 이 분석은 매우 중요하다고 생각했다.

연구원 중에서 가장 우수한 사람을 불러서 연구목적과 취지를 설명해 주고 과제를 주었다. 시간이 흘러도 진행보고가 없어서 물었더니 필요한 통계를 구할 수가 없다는 것이었다. 산업별 생산통계와 부가가치통계, 불변가격으로 환산하기 위한 물가지수, 산업별 에너지수요통계가 한국과 일본 모두 시계열로 있어야 하고 서로 비교가능해야 하는데 연구자의 입맛에 맞추어서 작성된 통계를 구할 수가 없다는 것이었다.

그와 나는 머리를 맞대고 구할 수 있는 원 통계를 활용해서 연구목적에 맞는 형태로 전환하는 작업을 해나갔다. 상당한 시간과 노력을 투입해야 하는 노동이었다.

"한국제조업의 에너지이용 효율성분석 – 일본과의 비교를 중심으로" 보고서 완성

그렇게 해서 몇 달 후에 "한국제조업의 에너지이용 효율성분석 – 일본과의 비교를 중심으로 –"라는 제목의 보고서가 나올 수 있었다. 보고서의 내용을 요약하면 다음과 같았다.

- 한국에서 1980년대에 계속 낮아지는 추세를 보이던 GDP당 에너지투입 비율이 1989 – 90년에는 상승추세로 반전되어서 1990년에는 에너지소비가 전년대비 무려 13.6% 증가하였다. 제1차 석유파동 이후에 에너지소비 탄성치가 1에 못 미치는 수준에서 점점 낮아지다가 1989년 1.36, 1990년 1.51로 급증하였다
- 한국의 GDP당 에너지투입비율을 OECD국가들과 비교해 보면 대부분의 선진국들보다 절대적으로 높다. 일본과 비교하면 1987년 한국이 0.58인데 반해서 일본은 0.26으로 일본이 한국보다도 두 배 이상 에너지를 효율적으로 이용하고 있다
- 최근의 에너지수요 급증은 산업, 수송, 가정, 상업 등 모든 부문에서 일어나고 있지만 특히 산업부문의 에너지증가분이 1989 – 90년 기간 중 총에너지 소비증가의 55%를 차지하여 최근의 에너지수요변화를 주도하고 있다

- 수송, 가정, 상업부문의 에너지소비증가는 주로 승용차와 가전제품의 보급증가에 따른 소득효과에 의한 것이지만 산업부문에서는 산업생산증가 못지않게 에너지효율성의 저하가 주요 원인이다.
- 산업부문 에너지소비의 90% 이상을 차지하는 제조업의 부가가치에 대한 에너지투입비율(에너지원단위)은 1986년 0.5362에서 1989년 0.5637로 증가하였다.

"산업구조의 차이보다는 업종별 에너지효율성의 차이가 더욱 중요, 에너지절약 기술개발과 에너지절약 설비투자를 대폭 늘려야 한다" 결론

- 동 기간 중에 에너지다소비산업의 비중은 줄고 에너지소소비산업의 비중은 늘어났다는 점을 감안하면 최근 제조업 에너지소비급증은 에너지집약적 산업구조에 기인한다기 보다는 제조업 전반의 문제로 보인다.
- 한국과 일본의 제조업 에너지원단위를 비교하면 1989년에 한국이 일본의 2.06배이었다. 또한 1984-89년 기간 중에 일본은 계속 감소하였으나 한국은 증가하였다.
- 그 원인은 한국이 일본에 비해서 개별업종의 에너지효율성이 떨어지고 동시에 한국의 산업구조가 더 에너지 집약적이기 때문이다. 두 가지 요인 중에서 산업구조의 차이보다는 업종별 에너지효율성의 차이가 더욱 중요하다.
- 에너지절약시책이 효과를 내기 위해서는 에너지절약 기술개발과 에너지절약 설비투자가 대폭 늘어나야 하는데 한국은 두 가지 모두 매우 미흡하다.
- 일본처럼 정부예산지원으로 국가가 주도하는 에너지절약프로젝트를 추진할 필요가 있다.
- 에너지절약 설비투자자금 확충을 위해서 석유사업기금만으로는 한계가 있으므로 에너지이용합리화기금을 확충해 나가야 한다.

동자부장관, "정책방향 제시해준 좋은 보고서를 만들어줘 고맙다" 치하

보고서가 출판되고 나서 얼마 후에 동자부장관이 전화를 걸어서 좋은 보고서를 만들어 주어서 고맙다고 치하를 하였다. 에너지절약 정책의 방향을 정하는데 도움이 된다고 하면서 산업구조의 전환보다는 산업전반의 에너지효율성 개선을 위한 에너지절약기술개발과 에너지절약설비투자를 지원하는데 치중하겠다고 하였다.

얼마 전에 그 보고서를 작성한 연구원을 만났다. 그는 지금은 청와대에서 근무하고 있는데 그에게 그 당시 에너지보고서를 쓰느라고 고생 많지 않았느냐고 물었다. 그는 자기가 산업연구원에 입사한 이후에 보고서다운 보고서를 쓴 것은 그때가 처음이었다고 하면서 좀 힘은 들었지만 보람이 있었다고 웃으면서 그 당시를 회고하였다.

'국책연구원, 정책에 실질적으로 도움을 주는 조사연구가 중요' 절감

당시의 경험을 계기로 해서 나는 국책연구원에서 정책에 실질적으로 도움을 주는 조사연구가 중요하고 또 그러한 연구가 대단히 보람 있는 일이라는 것을 깨달았다. 나 자신이 좀더 실용적인 연구를 하게 되었을 뿐만 아니라 연구원의 책임자 시절에는 박사들에게 정책연구의 보람을 느끼게 해주려고 노력하였다. 정책연구의 보람은 연구결과가 정책수립과정에 투입되고 반영되는 정도와 비례한다. 보고서를 인쇄해서 볼 사람은 보라는 식으로 방치해 버리면 그 연구에 들인 시간과 노력은 헛된 것이 된다. 그저 연구자의 연구실적에 한줄 추가하는 의미만 있을 뿐이다.

나는 연구과제의 선정단계에서부터 시작해서 연구가 진행되는 동안에 관련 부처의 담당공무원들과 긴밀한 팀워크를 이루어 나갈 것을 요구하였다. 연구자들과 공무원들 간에 빈번한 상호교류와 격의 없는 소통이 이루어질수록 그 연구가 정책수요를 만족시키는 효과도 커진다는 점을 강조하였다.

　정책결정자들 역시 정책연구자들의 전문적인 의견을 존중하고 경청해야 한다. 그들이 전문가들의 객관적이고 충실한 의견을 한 켠으로 밀쳐 버리고 자신들의 주관적인 가치판단이 옳다고 맹신하면 예상하지 않았던 시행착오를 되풀이하고 국가전체를 위해서 불행한 결과가 나타날 가능성을 배제할 수 없다.

원전의 위험성만을 바라보는 외눈박이 가치에 매몰된 탈(脫)원전 정책

　현 정부가 밀어붙이고 있는 탈원전이 그 예이다. 에너지전문가들은 원자력발전의 경제성과 위험성, 재생에너지의 효용과 비용에 대해서 과학적인 분석을 내어 놓고 있는데 그에 따르면 탈원전 정책은 타당성이 결여되는 것으로 나타나고 있다. 그럼에도 불구하고 정부는 원전의 위험성만을 바라보는 외눈박이 가치에 매몰되어서 다른 의견에는 귀를 막고 있다. 백보를 양보해서 원전의 타당성이 충분히 입증되지 않았다고 하더라도 원전을 포기하는 정책결정과정이 일방적이고 졸속하다는 것은 명백하다.

　좋은 경제정책은 전문가들과 정책결정자들의 바람직한 분업이 이루어질 때에 꽃을 피운다. 전문가들은 현실문제에 대한 예리한 통찰과 엄밀한 분석으로 무장하고 정책편익과 비용에 대해서 객관적이고 신뢰할 수 있는 결과를 내어 놓아야 한다. 정책결정자들은 이를 바탕으로 해서 정치적 소통과정을 통하여 이해관계를 조정하고 사회적 합의를 이끌어 내어서 그 정책이 순조롭게 집행될 수 있도록 해야 하는 책무를 지는 것이다.

좋은 경제정책, 전문가와 정책결정자들의 바람직한 분업이 이뤄질 때 가능

　2014년에 네덜란드의 사회적합의기구인 사회경제위원회를 방문했을 때의 기억이 새롭다. 동 위원회는 국가적 과제에 대해서 사용자대표, 노동자대표, 공익대표들이 모여서 합의를 이끌어 내어서 정부와 의회에 제출하는 역할을 수행한다. 그런데 논의의 바탕이 되는 자료는 중앙은행에서 작성한다는 것이었다. 중앙은행이 가진 고도의 전문성과 객관성에 대해서 노사가 모두 신뢰하기 때문에

생산적이고 건설적인 토의가 이루어지고 노사가 합의에 도달할 수 있다는 것이
었다. 지금 한국의 사회적합의기구인 "경제사회발전노사정위원회"가 표류하고
있는 것은 노사가 모두 신뢰하는 객관적인 논의자료 없이 일방적인 주장만을
고집하기 때문이라고 생각된다.

11

IMF 외환위기 이야기:
① 위기를 예측하지 못하다

국가부도 위기 맞아 국제통화기금(IMF)에 구제금융 신청

1997년 11월 21일 한국정부는 국제통화기금(IMF)에 구제금융을 신청하였다. 공식용어로는 유동성조절자금(stand-by credit)을 신청한 것이다. 나라 곳간에 달러가 동이 나서 외국에서 아무것도 사올 수 없는 지경에 이르렀으니 달러를 긴급히 지원해 달라는 구조신호를 보낸 것이다.

기업이 원자재를 수입할 달러가 없으니 공장에서 기계 돌아가는 소리가 멈출 것이고, 원유수입이 끊겨서 국민들이 엄동설한에 추위에 떨게 생겼고, 식탁에 올라오는 중국으로부터의 값싼 수입식품이 귀해지니까 식품가격이 천정부지로 뛸 것이었다. 한마디로 말해서 대한민국이 부도위기에 빠진 것이다.

이미 1996년부터 한국경제는 어려워지고 있었다. 경기하강, 수출주종품목인 반도체가격 하락, 경상수지적자 확대와 외채증가, 기업의 채산성 악화 등으로 불안감이 확산되고 있었다. 그러나 외환위기로까지 번질 것이라고 보는 사람은 거의 없었다. 한국경제발전사는 어려움 극복과정의 연속이었기 때문에 정책당국자, 기업인, 경제전문가, 일반국민 모두 적절한 정책대응을 통해서 이번에도 별일 없이 지나가리라고 여기고 있었다.

재계서열 14위 한보그룹의 부도 … 청와대 "은행도 부도처리될 수 있다" 폭탄발언

1997년으로 들어가면서 경제는 호전되기는 커녕 예전에 볼 수 없었던 위기징후들이 나타나기 시작하였다. 1월 약 한달 동안 총파업이 있었고, 역시 1월에는 재계서열 14위인 한보그룹이 부도처리되었다. 한보그룹에 거액대출을 해준 은행들의 부실채권이 눈덩이처럼 불어나는 와중에서 은행도 부도처리될 수 있다는 청와대 당국자의 폭탄발언이 나왔다. 대마불사의 관행을 보아오던 외국투자가들은 병든 대마는 죽도록 내버려 두겠다는 정부의 태도를 보고 한국기업과 금융기관의 지불능력에 대해서 의문을 갖기 시작하였다.

대기업과 은행의 대마불사라는 적폐를 뿌리 뽑겠다는 정부의 결단은 위기상황에서는 적절하지 않은 것이었다. 마치 불이 났는데 그냥 타도록 방치함으로써 화재예방을 소홀히 한 도덕적 해이를 없애고, 다시는 부주의 때문에 화재가 발생하지 않도록 하겠다는 것과 같았다. 문제는 그 불이 건물 한두 채 태우고 끝나는 것이 아니고 도시전체를 화마로 뒤덮는 시스템 위기를 불러온다는 점을 간과한 것이었다.

3월에는 삼미그룹이 부도처리되어서 국내외 금융기관들의 불안감이 더욱 증폭되었다. 정부는 대기업의 연쇄부도를 방치하다가는 한국경제가 그 충격을 감당하기 어렵다고 판단하고 기업부도유예제도를 도입하여 4월에 진로그룹에 적용하고 5월에는 대농그룹에 적용하였다. 부도유예제도는 대기업부도를 지연시키는 대신에 거래은행의 부실채권을 악화시켜서 은행의 신뢰도는 저하될 수밖에 없었다.

한동안 소강상태를 보이던 금융, 외환시장은 7월에 접어들면서 재계 8위인 기아그룹이 부도유예협약을 체결하면서 다시 불안해졌고 태국을 비롯한 동남 아시아 여러 나라에서 외환위기가 발생하면서부터는 내우외환의 양상을 띠면 서 한국경제가 본격적으로 위기국면으로 치닫기 시작하였다.

구조적 문제있으나 외환위기가능성은 낮다

산업연구원 부원장이던 나는 1997년 8월에 여행사의 단체여행에 합류해서 여름휴가를 갔다. 그때만 해도 버스 속에서 자기소개를 하는 것이 관행이어서 내가 연구소에 근무한다는 사실을 다른 여행객들이 알게 되었다. 20명 정도 되는 여행객 속에는 기업을 경영하는 사람이 있었는데 이 분이 나에게 진지하게 질문을 하였다. 자기가 해외에서 돈을 빌려서 회사를 경영하여 왔는데 최근에 와서 돈 빌리기가 갈수록 어려워지고 높은 금리를 내라고 요구를 받고 있다는 것이었다. 수심이 가득 찬 표정으로 이러다가 큰 일 벌어지는 것이 아니냐고 물어왔다.

나는 별로 망설이지도 않고 대답하였다. 한국경제가 어려운 국면으로 들어가고 있는 것은 사실이지만 과거에도 그랬듯이 이번에도 극복할 수 있을 것이라고 했다. 내 머릿속에서 한국이 외국 빚을 갚지 못하는 지불불능 내지는 국가부도의 상황에 직면한다는 것은 일단 배제되어 있었다. 개별기업이 그런 위기에 빠질 수는 있겠으나 국가전체가 그런 위기를 맞이하지는 않을 것이라고 낙관하였다. 나에게 질문한 기업인은 반신반의하는 기색이었다.

1998년 7월에 나는 대외경제정책연구원(KIEP) 원장으로 자리를 옮겼다. 그해 국회 재경위원회의 국책연구소에 대한 국정감사는 외환위기의 책임소재를 규명해 내고야 말겠다는 의원들의 질타로 뜨겁게 달아올랐다. 의원들의 질문은 하나같이 왜 외환위기를 미리 예상하지 못하였는가에 모아졌다. 국정감사를 마친 후에 외환위기 당시의 한국경제에 대해서 내가 썼던 글을 다시 읽어 보았다. 나 자신은 어떤 진단을 하고 있었는지 되돌아보기 위해서였다.

1997년 4월 현대경제연구원 세미나에서 발표했던 글을 요약해보면 다음과 같다.

"한국경제위기론은 새삼스러운 것이 아니다. 1972년 기업부채 위기, 1974년 제1차 석유파동시의 외환위기, 1981년 외채위기, 1987년 노사위기가 있었으나 극복되었다. 지금의 위기는 경상수지적자 확대와 외채증가, 외환보유고 감소, 국회의 노동법 날치기 통과에 이은 총파업, 한보 부도 등 금융과 실물에 걸쳐서 동시에 발생하고 있다.

거시지표상으로 경상수지적자와 총외채가 급증하고 있는 점이 두드러진다. 경상수지적자의 GDP에 대한 비율이 IMF의 권고상한인 5%에 육박하고 있다. OECD 회원국이 된 지금은 국제수지 방어를 위해서 직접적인 외환관리를 하기 어렵다는 점을 유념해야 한다.

1996년의 총외채가 1천억 달러를 넘어서서 외채위기에 대한 우려가 있다. 원리금상환의 대GDP비율은 10% 정도이어서 IMF의 권고수준인 30%보다는 낮다.

일부에서는 한국이 멕시코와 같은 외환위기에 빠질지도 모른다고 하지만 외환관련지표, 외국자본유입의 유형, 실물경제기반, 정부의 위기관리능력 등을 종합적으로 고려할 때 한국이 외환위기에 빠질 가능성은 희박하다.

그렇다고 해서 반도체가격만 올라가면 국제수지가 개선될 것이라는 등의 낙관론은 금물이다. 세계적으로 글로벌경쟁이 펼쳐지는 급박한 상황에서 국내적으로는 대응이 지연되어서 국제경쟁력이 약화되고 있는 것이 위기의 본질이다. 경쟁력 강화를 위해서 규제개혁, 산업인력양성, 산업기술발전이 필요하다. 정부, 기업, 금융의 구조조정도 필요하다."

이처럼 나는 1997년 4월에 외환위기의 가능성이 희박하다고 장담하였다. 그런데 1997년 2월부터 뉴욕타임스, 헤럴드 트리뷴 등 외국신문들이 한국의 금융위기 가능성을 보도하기 시작하였다고 한다(이규성, 한국의 외환위기, p.7). 자괴감이 밀려왔다. 내가 비록 거시경제와 금융경제학을 전공하지는 않았고 또 연구원에서의 연구분야도 산업정책이라는 미시경제학이라는 점을 감안하더라도 코앞에 닥치고 있는 외환위기의 징후를 알아차리지 못하였던 것이다. 차라리 전공분야가 아니라서 모르겠다고 침묵을 지켰어야 했다는 후회도 들었다.

물론 변명의 여지가 전혀 없는 것은 아니었다. 한국경제위기의 본질이 국제경쟁력의 약화라고 진단하였고 광범위한 분야에 걸친 제도개혁을 하지 않으면 글로벌경쟁시대의 격랑을 헤쳐 나가지 못할 것이라고 경고하였는데 그렇게도 중요한 제도개혁을 소홀히 하였으니 외환위기를 피할 수 없었다고 변명할 수도 있겠다는 생각이 들었다.

그러나 그러한 자기변명은 치명적인 결함을 지니고 있었다. 외환위기가 눈앞에 다가 오는데 제도개혁의 당위성을 주장하는 것은 마치 발등에 떨어진 불부터 먼저 꺼야 하는 긴박한 상황에서 소방서를 짓고 소방차를 늘려야 한다는 주장과 같았다. 응급처방은 무시하고 장기적인 처방을 내린 셈이었다.

당시 상황에서 필요한 응급처방은 금리를 올리고 환율을 현실화해서 외자유출의 급한 불을 끄면서 부실기업에 대한 질서 있는 정리대책을 수립하여 한국경제에 대한 외국투자자들의 불안심리를 해소하는 것이었다. 그 바탕위에서 제도개혁의 로드맵을 작성하고 하나하나 실천에 옮겨서 외국투자자들의 신뢰를 회복하여야 했었다.

국제금융시장 동향에 깜깜 … 탁상에서 '구조적인 문제 심각' 진단했지만 극복 "낙관"

내가 외환위기를 예상하지 못한 연유에 대해서 곰곰 생각해 보았다. 나는 당시의 국제금융시장이 한국을 어떻게 바라보고 있는지에 대해서는 깜깜이었다. 채권자들이 한국의 실물기업과 금융기업에 빌려준 돈에 대해서 만기연장을 안해 주고 상환을 요구하며 신규차입은 거의 막혀 있던 시장의 현실을 몰랐다. 나는 그저 탁상에서 경제지표를 바라보면서 한국경제가 구조적인 문제는 심각하지만 외환위기로까지는 가지 않는다고 낙관하였다. 비유하자면 댐에 구멍이 뚫려서 조만간 붕괴의 위험이 있는데 당장 구멍을 막을 생각은 하지 아니하고 댐 전체를 전면적으로 보수 강화해야 한다고 했던 것이다.

나중에 정부는 외환위기를 조기에 경보하는 기구로 국제금융센터를 설립하여 외환위기경보모형을 만들고 뉴욕 등에 사무소를 두어서 현지정보를 수집분석하도록 하였다. 나는 그것을 보면서 중요한 것이 빠졌다고 생각했다. 위기징후가 감지되면 국제금융시장에서 돈을 빌리고 빌려주는 시장참여자들의 현장정보를 실시간으로 수집분석해서 거시모형의 경고신호와 통합해야만 좀더 정확한 위기경보가 가능하다고 생각했다.

2008년 세계금융위기가 엄습하였을 때 영국의 엘리자베스 여왕이 런던 정경대를 방문해서 명석한 경제학자들이 많은데 어찌하여 위기를 예측하지 못했는가 라는 질문을 던졌다. 영국학술원은 여왕의 하문에 대한 해답을 찾기 위해서 세미나를 열고 토의한 끝에 답변서를 제출하였다. 답변의 핵심을 보면 위기의 시기, 정도, 범위를 예측하는데 실패한 원인은 영국을 비롯한 세계의 수많은 명석한 사람들의 집합적 상상력이 모여서 시스템전반의 리스크를 파악하지 못했다는 것이다. 그러므로 학술원은 재무성, 내각, 영란은행, 금융감독청 등이 공조하여 전체를 살펴보는 능력을 구축하겠다고 했다.

금융위기 등 시스템리스크 대응은 각계 전문가와 시장참여자들의 집합적 지식 활용해야

결국 금융위기를 불러오는 시스템리스크에 적절히 대응하기 위해서는 각계 전문가와 시장참여자들의 집합적 지식을 활용해야만 되는 것이지 부분적·개별적 분야의 지식만 가지고는 또 다른 위기가 와도 예측에 실패하게 된다는 것이다.

2008년의 세계 금융위기는 불과 10년 전의 일인데 최근 다시 세계금융시장이 불안해지고 있고 특히 신흥개도국 경제에 대한 우려가 커지고 있다. 금융위기 이후에 미국과 유럽으로부터 천문학적인 통화가 시중에 풀려 나왔는데 이중 상당부분은 신흥개도국으로 흘러 들어갔다. 미국이 금리를 계속해서 인상하고 있는 와중에서 미국과 중국의 무역전쟁이 갈수록 격화되고 환율전쟁으로 비화될 소지가 커지고 있어서 신흥개도국으로부터의 자본이탈이 본격화되고 있다. 아르헨티나는 이미 IMF 구제금융을 신청하였고 터키, 남아공, 인도네시아 등의 금융외환시장도 출렁이고 있다.

한국은 위기의 안전지대인가?

미국경제의 회복세는 견조하지만 트럼프 대통령은 금융위기 이후에 강화되었던 금융규제와 감독을 완화하고 있다. 월가는 환영하고 있으나, 이 조치가 금융인들의 탐욕을 자극하여 또 다른 거품을 만들고 위기의 씨앗을 배태하는 것은 아닌지 걱정하는 목소리가 나오고 있다. Paul Volcker는 카터와 레이건 행정부에서 연방준비제도이사회 의장을 지냈고, 금융위기 이후에 대형은행이 자기자본으로 파생상품에 투자하는 것을 금지하는 Volcker rule을 만들었는데 이 조치가 규제완화의 물결에 편승해서 느슨해지는 것을 비판하면서 금융위기 재발가능성을 경고하고 있다.

한국은 위기의 안전지대인가? 그렇지 않다. 한국은 1997년에 fundamental(경제의 기초체력)이 튼튼하다고 방심하다가 일격을 당했고, 2008년에 금융의 최선진국인 미국에서 조차 위기가 들이닥치는 것을 목격하였으므로 항상 위기에 대한 경각심을 놓아서는 안 된다. 외환보유고가 4,100억 달러에 달하고, 외채의 수준과 구성이 건전하고 경상수지흑자가 지속되고 있어서 다른 신흥국과는 차별화된다고 안심해서는 안 된다.

"지금 위기 온다면 금융과 실물이 동시에 가라앉는 복합위기가 될 것"

현재 한국경제의 취약성은 금융외환시장보다는 실물경제에서 노정되고 있다. 성장률이 떨어지고 설비투자가 줄어들고 가계부채가 엄청나다. 수출은 늘고 있으나 반도체 등 몇 개 품목을 빼면 오히려 줄고 있다. 세계적인 반도체 호황은 언젠가는 끝날 것이다. 외환위기 직전인 1996년에도 반도체가격이 급락하여 경제전체가 충격을 받은 전례를 기억해야 한다. 한국의 모든 주력산업이 중국의 추격권 내에 들어있고 미래먹거리는 보이지 않는다. 정부는 성장보다는 분배와 복지확충을 우선하고 있으며 기업가정신은 땅에 떨어져 있다. 이러한 내우에 더해서 외부충격마저 겹친다면 한국경제는 위기를 비켜 갈 수 없을 것이다.

그리고 이번에 위기가 온다면 그 충격은 IMF위기보다도 크고 회복은 오래 걸릴 것이다. 1998년에는 주력산업과 기업들의 실물경쟁력이 건재하였다. 과잉부채를 털어내고 환율이 올라가면서 한국경제는 V자형의 회복세를 보였다. 그러나 이번에는 실물경쟁력이 흔들리고 있기 때문에 위기가 온다면 금융과 실물이 동시에 가라앉는 복합위기가 될 것이다.

범정부적인 정책의 융합과 공조가 이루어지도록 해야 한다

위기의 발생을 근원적으로 봉쇄하기 위해서는 실물경제의 국제경쟁력이 튼튼해져야 한다. 주력산업의 구조개혁과 미래먹거리 산업의 부상이 동시에 진행되어야 한다. 기업은 기업대로, 정부는 정부대로 해야 할 일을 머뭇거림 없이 해야 하지만, 특히 정부는 범정부적인 정책의 융합과 공조가 이루어지도록 해야 한다. 부처마다 4차산업혁명을 강조하지만 각자도생으로는 성과를 기대할 수 없다. 산업자원통상부, 과학기술정보통신부, 중소벤처기업부, 교육부, 노동부 등이 유기적으로 협력하지 않고는 정책의 풍요와 성과의 빈곤이 반복될 뿐이다.

금융시장의 위기조기경보시스템은 한 치의 오차도 없이 가동되어야 한다. 위급상황을 발견하고 신속하게 응급조치를 취할 수 있는 긴급출동태세를 상시 가동해야 한다. 20년 전의 실패를 되풀이 하지 않기 위해서는 경제통계의 분석과 국내외 금융시장의 현장정보가 통합되어야 하고 기획재정부, 한국은행, 금융위원회 등 관련기관의 공조가 치밀하게 이루어져야 한다.

12

IMF 외환위기 이야기:
② 대미(對美) 설득과 금융정책

1998년 3월 '미 의회 한국청문회' 사전로비 임무 띄고 訪美 … 새 정부
개혁의지에 관심

1998년 3월에 국회의원 3명이 워싱턴을 방문하는데 산업연구원 부원장이던
나도 보좌진으로 같이 갔다. 미국 의회에서 한국에 대한 구제금융 지원문제를
놓고 청문회가 열리는데 사전에 관련의원들을 만나서 한국에 대한 지원의 필요
성을 설득하는 것이 목적이었다. 같이 가는 의원들이 잘 아는 사이여서 크게
긴장되지는 않았다.

나의 임무는 한국정부의 경제개혁방향에 대해서 전문가로서의 의견을 나누
는 것이었는데 아직 경제개혁의 청사진이 그려지기 전이고 논의만 무성하던 때
이기 때문에 나의 개인적인 의견을 개진할 수밖에 없었다.

상원 재무위원장 등 한국지원과 관련이 있는 몇몇 상하원 의원들의 사무실로 방문을 했는데 그들의 관심사항은 주로 한국의 개혁의지에 관한 것이었다. 한국이 신속히 외환위기에서 벗어나 미국이 빌려준 돈을 상환하기 위해서는 그 관건이 되는 경제개혁을 주저하지 않고 감행해야 하는데 새로 들어선 한국정부가 과연 그럴 의지가 있는지를 물어왔던 것이다. 의원들과 나는 그 점에 대해서는 안심하여도 좋다고 대답하였다. 내 입장에서는 의례적인 대답이 아니고 스스로 진정 그렇게 생각하고 있었다.

"내 탓이야" "이대로 주저앉을 수 없다"··· 경제개혁 추진의 추동력 역할

내가 보기에 외환위기에 대한 대다수 한국 국민들의 태도는 "우리 잘못이야(It is our fault)"로 대표되는 자책론이었다. 외환위기가 발생하고 IMF에 구제금융을 신청한 이후에 한국국민들은 엄청난 정신적 쇼크에 빠졌다. 전혀 상상할 수도 없는 일이 일어났을 때 겪게 되는 심리적 공황상태였다. 제2차 세계대전 이후에 성공적으로 경제발전을 이룩한 몇몇 신흥개도국 중에서도 으뜸가는 모범생이라고 자부하고 있었는데 어느 날 갑자기 국가부도의 위기가 들이닥치니까 처음에는 받아들일 수가 없었다.

그러다 시간이 흐르면서 충격은 자괴감으로 바뀌어 갔다. 그러나 한국국민들은 충격과 자괴감에 빠져서 마냥 웅크리고 있지는 않았다. 위기를 미리 막아내지 못한 점에 대해서 스스로를 뒤돌아 보고 반성하게 되었으며 "이대로 주저앉을 수 없다. 다시 일어서야 한다"는 각오를 다졌다.

외환위기의 원인을 외부에서 찾지 않고 내부로 눈을 돌리는 "내 탓이야"의 태도는 광범위한 경제개혁을 밀어붙일 수 있는 추동력의 바탕이 되었다. 물론 구체적인 개혁내용에 대해서는 저항도 있었고, 논란도 격렬하였지만 전체적으로 보면 대규모의 국민적 소요사태 없이 비교적 평화스럽게 개혁이 진행되었던 것이다.

나는 이러한 관점에서 기회 있는 대로 한국국민들의 개혁의지를 강조하였다. 한번은 워싱턴DC의 프레스센터에서 발표를 하였는데, 위기에 대처하는 한국

국민들의 긍정적이고 협조적인 태도를 힘주어 설명하였다.

미 하원 청문회 … 의원 "왜 한국을 돕나?", 국무·국방장관 "동맹 돕는 것, 미국 이익에 부합"

미 의회 하원에서 열린 한국지원 청문회를 참관하였다. 연방준비제도이사회 의장, 재무장관, 국무장관, 국방장관이 참석해서 의원들의 질문에 답변하는 것을 지켜볼 수 있었다. 하원의원들은 미국 국민들 중에도 살기 어려운 사람들이 많은데 무슨 이유로 한국을 도와주어야 하느냐고 물었다. 내가 듣기에는 약간 동떨어진 질문 같았는데 나중에 배운 것은 하원의원들은 주로 자기 선거구에서 일어나는 일에 관심을 갖는다는 것이었다. 외교와 국방 등의 거시적 이슈에 대해서는 관심과 이해가 떨어진다는 것이었다.

국무장관과 국방장관은 한미동맹의 중요성, 동북아에서의 한국의 전략적 위상 등을 언급하면서 한국이 어려울 때 도와서 위기를 극복하게 해 주는 것이 미국의 이익과도 부합한다고 설명하였다. 재무장관과 Fed의장은 IMF가 한국에 빌려주는 구제금융의 성격에 대해서 설명하였다. 그 돈이 직접 미국 납세자들의 호주머니에서 나오는 것이 아니고, 또 돌려받지 못할 위험은 없다는 내용이었다. 아마도 미국국민들이 자기들 세금으로 구제금융을 제공하는데 돌려받지 못하면 어떡하나? 하는 의구심이 있어서 안심시키려고 하는 설명으로 들렸다.

청문회의 분위기는 진지하면서도 평화로웠다. 정책의 핵심은 제쳐두고 정파적 이해관계를 앞세우면서 거친 말이 오가고 소란스러운 광경이 종종 노출되는 한국 국회의 모습에 익숙한 눈에는 부럽게만 보였다.

IMF, 구제금융 지원조건 … "고금리와 재정긴축 정책으로 환율안정 도모해야"

최대 주주인 미국의 동의를 받은 IMF는 한국에 구제금융을 제공하는 대신

경제정책에 대한 여러 가지 요구사항을 제시하였다. 구제금융은 공식용어로 유동성조절자금(stand-by credit)인데 IMF는 이 자금을 지원할 때 요구하는 조건이 거의 표준화되어 있었다. 거시적으로는 재정과 통화의 긴축, 미시적으로는 시장경제원리를 창달하는 여러 가지 제도개혁이 포함되어 있었다.

표준화된 지원조건의 단점은 해당국가의 특수성을 충분히 고려하지 못한다는 것이었다. 2002년 즈음인가에 OECD에서 근무할 때 들은 이야기인데 한국 정부가 IMF의 구제금융을 신청하니까 IMF에서는 한국의 경제는 물론이고, 정치, 사회적인 상황에 대해서 깊이 있게 알고 싶은데 자기들은 축적된 지식이 부족하니까 OECD에 도움을 요청했다는 것이었다.

구제금융 지원조건 중에는 고금리정책이 포함되어 있었다. 고금리의 긴축통화정책과 세출을 줄이는 긴축재정을 통해서 수입을 억제하여 경상수지적자를 줄여야만 당면한 외화부족을 일부라도 메꿀 수 있다는 것이 그 배경이었다.

고금리를 요구하는 또 하나의 이유는 외화의 유입을 늘리고 유출을 억제하는 것이었다. 현상적으로 볼 때 외환위기는 유입되던 외화가 갑자기 대량의 유출로 반전하는 급반전(sudden reversal) 때문에 발생한다. 이 현상을 완화하기 위해서는 금리를 올려서 외화자산의 상대적 수익률을 높이고 환율을 안정시킬 필요가 있다는 것이었다.

신문기고로 의견제시 … "고금리로 흑자도산 늘고, 외환시장 더 불안해질 것"

고금리정책으로 시장금리는 급등하였다. 3년 만기 회사채수익률이 1997년 10월 12.5%에서 1998년 3월에는 18.3%가 되었다. 고금리의 대출마저도 우량 기업들만 이용할 수 있었고, 신용상태가 양호하지 못한 대기업과 대부분의 중소기업들은 극심한 자금난을 겪으면서 흑자도산이 늘어났다. 그 결과 실업은 계속 늘어나서 1998년 6월에는 실업자가 150만 명을 넘어서고 실업률이 7%를 넘어섰다.

나는 실물경제상황이 점점 더 악화되는 것을 보면서 고금리정책에 대한 의문이 깊어갔다. 고금리 때문에 기업도산이 늘어나고 성장률이 떨어지면 한국경제에 대한 외국투자자들의 불안감이 더욱 높아져서 외화유출이 억제되기는 커녕 오히려 늘어날 것이라는 생각이 들었다. 금융을 전공한 박사에게 고금리의 외환 유입효과와 유출효과를 분석해 보라고 부탁하였는데 만족할 만한 결과는 나오지 않았다. 상반되는 두 가지 효과가 모두 있을 것이라고 가정할 수는 있지만 어느 효과가 더욱 크게 나타나는지를 계량적으로 분석하는 것은 대단히 어려운 과제라는 대답이 돌아왔다.

나는 답답한 나머지 신문에 칼럼을 기고하였다. 한국의 기업들은 성장과정에서 전통적으로 부채의존도가 높은데 이를 감안하지 않고 고금리정책을 무리하게 쓰면 기업도산이 늘어나서 외환시장이 더욱 불안해질 가능성이 크다고 주장하였다. 재경부의 고시동기들 및 이전에 재무부에서 같이 근무하였던 선배, 동료들을 만나서도 우려를 전달하였다. 그들도 이 점을 충분히 파악하고 있었고, IMF와도 금리인하를 협의중에 있는데 IMF의 입장은 완강하다는 것이었다.

IMF는 성급하게 금리를 인하하면 개혁의지가 후퇴한다는 신호를 시장에 보내게 되고 이는 가뜩이나 불안한 외환시장에 부정적 영향을 미친다고 우려한다는 것이었다. 결국 고금리정책은 1998년 상반기가 거의 끝나갈 무렵에 가서야 수정되기 시작하였다. 외환시장이 점차 안정되어 가면서 시장금리도 안정세를 나타내고 정부도 IMF와 금리인하를 위한 정책협의를 계속한 결과라고 볼 수 있다.

전경련 회장, "한은 수출특융 재개해 기업들에 수출금융 지원해야" 건의

정부가 IMF와의 구제금융 조건에 따라서 힘든 개혁 작업을 진행시키고 있는 와중에 재계에서는 외환위기극복을 위한 다른 의견이 표출되고 있었다. 전경련 회장이 자금난에 허덕이는 대기업들에게 수출금융을 지원해서 수출을 늘리고 그렇게 해서 벌어들인 달러로 외채를 갚으면 외환 위기에서 빨리 벗어날 수 있다고 정부에 건의하였던 것이다.

1998년 하반기의 어느 날에 재경부차관실에서 회의가 있으니 참석하라고 연락이 왔다. 그때 나는 대외경제정책연구원(KIEP) 원장으로 재직중이었다. 회의주제는 IMF의 요청으로 중단된 한국은행의 수출특별융자자금 지원을 재개해서 재벌대기업들에게 수출금융을 지원하는 문제였다. IMF와 미국은 외환위기의 주요원인 중의 하나가 재벌들의 방만한 경영과 높은 부채비율이라고 보았기 때문에 특혜적 조건을 가진 수출금융을 지원하여서는 안 된다는 입장이었다.

회의에는 나 이외에 재경부와 KDI에서 참석하였다. KDI박사는 수출금융이 WTO보조금규정에 저촉될 우려가 있고 또한 IMF와 미국이 용인하거나 양해할 가능성이 별로 없다는 취지의 의견을 개진하였다. 재경부의 1급 공무원은 수출기업의 자금난이 심각한 점을 고려하면 한은특용을 다시 공급할 필요성이 인정된다고 하면서 대외적으로 생기는 문제는 한국정부가 적극적으로 대처해 나가는 것이 좋겠다고 발언하였다.

나는 내심으로는 수출금융을 지원하자는 쪽이었다. 재벌기업들을 죄인처럼 여기고 야생마처럼 뛰어다니던 재벌들을 길들여서 순한 양으로 만들려는 IMF의 속내와 국내의 반재벌정서에 다소의 반감을 가지고 있던 것도 사실이었다. 재벌개혁은 추진하되 원화가치의 하락이라는 수출호기를 활용하기 위해서는 자금지원이 필요하다고 생각했고 무역흑자를 많이 내어서 구제금융을 조속히 상환하면 한국경제도 더 빨리 정상화되는 것이라고 생각했다.

그러나 KIEP 원장으로서 WTO규범을 무시하는 의견을 내놓는 것은 자가당착에 빠지는 것이었고, 또한 IMF의 입장을 잘 알고 있는 점도 내 개인의견을 솔직하게 털어놓는 걸 망설이게 하였다.

고민 끝에 절충안을 이야기하였다. 수출금융을 재개하되 IMF와 적극적으로 사전협의에 나서는 것이 좋으며 수출금융지원을 한시적으로 하고 수출금액의 일정한도 범위 내에서 지원하자고 말했다. WTO문제는 만약에 제소가 되더라도 해결절차에 상당한 시간이 걸리기 때문에 그때 가서 대처하면 큰 문제는 없을 것이라고 부연하였다. 회의를 주재한 차관은 결론을 내지는 않고 회의를 종료하였다.

한은 수출특융 결국 무산 … "재벌 때문에 외환위기 발생했는데 또 특혜 지원하자고?"

그 후에 한은의 수출특융은 이루어지지 않았다. 재벌특혜 때문에 외환위기가 발생하였고 수많은 국민들이 고통을 받고 있는데 또다시 재벌에게 특혜금융을 지원한다는 여론의 지탄도 부담이 되었을 것이다. 또 IMF의 완강한 반대도 있지 않았을까 추측되기도 하였다. 또한 당시의 전경련 회장이 경영하는 재벌그룹이 구조조정의 우선적인 대상이었다는 점도 수출금융의 재개를 어렵게 하는 배경으로 작용하지 않았나 싶다.

13

IMF 외환위기 이야기:

③ 경제개혁 조치에 얽힌 일화들

1998년 하반기 안정세 회복 ··· 기업·금융·노동·공공 등 4대 개혁 본격화

IMF구제금융자금이 유입되고 해외채권자들과의 채무조정이 일단락되면서 외환시장도 1998년 하반기에 들어서면서 점점 불안이 가시고 안정세를 회복하게 되었다. 발등에 떨어진 불을 끄기에 급급하던 정부도 중장기적인 시각에서 한국경제의 개혁작업을 본격적으로 추진하기 시작하였다.

기업, 금융, 노동, 공공 부문의 4대 분야에 걸쳐서 개혁의 청사진과 로드맵이 작성되었고 여기에 추가하여 대외개방의 확대도 개혁에 포함되었다. 내가 근무하던 KIEP(대외경제정책연구원)는 개혁분야별로 해외의 모범사례(best practice)를 조사분석하여 정부에 제공함으로써 한국경제가 개혁을 통해서 선진국형 제도를 갖추어 나가는데 일조를 하였다.

IMF는 한국 경제개혁의 설계사이면서 감독자이었다. 개혁의 기본원칙과 방향을 정했고 실행과정을 감독하였다. 기업이 도산하고 실업자가 양산되면서 개혁에 저항하는 움직임이 거세어졌으나 IMF는 아랑곳하지 않고 개혁을 밀어 붙일 것을 요구하였다. 오죽했으면 IMF를 'I aM Fired'(나는 해고당했다)라고 불렀겠는가?

IMF와 비공식 소통 창구 美 KEI, '대외비(對外秘)'로 KIEP에 의견 전달

한국정부와 IMF간에는 공식적인 협의채널이 가동되고 있었으나 비공식적인 소통의 필요성도 있었다. 한국쪽에서는 개혁추진과정에서 겪게 되는 현실적인 어려움과 속내를 털어 놓고 IMF는 개혁성과에 대한 비판적 의견을 의례적인 고려 없이 전달할 수 있다는 장점이 있었다. 비공식적 소통의 중간창구로서 한국경제연구소(KEI: Korea Economic Institute)를 활용하기로 했다.

KEI는 한국정부가 출연하여서 워싱턴DC에 설립한 기구였다. 각종 설명회와 세미나를 개최하여 한국경제의 발전상을 알리고 통상마찰이 일어나면 미 의회와 관련부처를 대상으로 한국의 입장을 전달하는 업무를 하고 있었는데 당시 소장은 국무성관리출신이었다.

KEI는 IMF와 세계은행 등의 경제전문가와 부서책임자들을 수시로 만나서 한국의 경제개혁상황에 대한 의견을 청취하여 KIEP로 보내 주었다. 일주일에 한두 번 정도 보고가 왔는데 만나는 사람들은 익명으로 처리되었다. 취재원을 보호해야만 솔직한 이야기를 끄집어낼 수 있기 때문이었다. 그리고 KEI의 누가 면담을 하는지도 비밀이었다. 나도 모르고 있었다. 국제금융기구의 간부급들을 만날 수 있는 사람은 KEI소장일 것이라고 짐작은 하고 있었지만 구태여 알려고 하지도 않았다. 민감한 사항들이 보고서에 담겨 있어서 정부쪽에서 작성자가 누구인지를 알려 달라고 하는 경우가 있었는데 나 자신도 모르고 있으니 차라리 속이 편했다.

KEI가 보내오는 보고서는 당연히 '대외비(對外秘)'이었고 극히 한정된 범위의 정부 인사들에게만 배포되었다. 그러한 보고가 있다는 사실이 알려지면서 여기

저기서 보내달라는 요청이 많이 들어왔지만 대부분 거절하였다.

'비판적' 견해가 대부분 … '부실기업 정리 미흡, 재벌 지배구조 개선 부족, 노동시장 유연성 제고 노력 미약'

보고에는 한국정부의 개혁에 대해서 잘하고 있다는 칭찬보다는 비판적이고 유보적인 의견들이 주로 담겨있었다. 전체적으로 부실기업의 정리가 미흡하고 재벌 지배구조의 투명성과 책임성 있는 개선이 부족하며 노동시장 유연성의 제고 노력이 미약하다는 것이었다. 세부적인 사항에 대한 구체적인 비판도 있었다. 이러한 비판 의견들이 정부의 개혁작업에 어느 정도의 영향을 미쳤는지를 파악할 길은 없었지만 더욱 과감한 개혁이 필요하다고 주장하는 사람들은 이 보고에 근거하여 자신들의 생각이 옳음을 확인하였을 것이고 반대로 개혁정책을 직접 담당하는 사람들은 이 보고의 내용을 못마땅하게 여겼을 것이다. 바람직한 효과는 개혁담당자들이 비판적인 의견을 겸허히 수용하여 개혁의지를 더욱 다지는 계기로 삼는 것이었지만 실제로 그랬는지는 알 길이 없었다.

그러던 어느 날 모 일간지에 보고의 내용이 대문짝만하게 실렸다. IMF가 보기에는 한국의 관료사회의 저항이 개혁의 가장 큰 걸림돌이고, 특히 재경부관료들의 저항이 만만치 않다는 것이었다. 그 보고에는 경제관료들은 한국의 고도성장을 이끌어 왔다는 자부심이 강하고, 한국경제의 고장난 부분을 수리해야 한다는 점은 인정하지만 총체적인 수술을 해야 한다는 IMF의 처방에 대해서는 동의하지 않는다는 부연설명까지 곁들여 있다는 기사이었다.

대외비 내용이 언론에 누설된 것이었는데 배포처가 수십 군데에 달하기 때문에 누가 범인(?)인지를 밝히는 것은 사실상 불가능하였다. IMF의 비판에 동조적이고 재경부관료들에게 반감을 가진 인사가 고의적으로 흘렸다고 짐작할 수도 있었다.

KEI보고 내용 "개혁에 재경부관료 저항 만만치 않다" 인용, 언론 대서특필

당시 개혁노선을 놓고 대통령의 선거캠프에 몸담았던 경제학교수 출신 '어공'(어쩌다 공무원)들과 정통관료인 '늘공'(늘 공무원)간에 알력이 있었던 것은 사실이었다. 청와대 경제수석비서관이 캠프출신이었다가 정통관료로 경질된 것은 의견대립과정에서 불거진 것이었다. 관료들이 보기에 학자들은 이상에 치우치고 과격하면서 정작 현실의 복잡한 문제를 풀어 나가는 능력은 부족한 사람들이었다. 학자들이 보기에 관료들은 현실적인 제약을 지나치게 고려한 나머지 정작 개혁의 본질은 망각하는 사람들이었다.

보도가 나오자마자 정부에서 전화가 왔다. 그 보고서를 쓴 사람과 비판적인 의견을 얘기한 사람이 누구인지 밝혀내라는 것이었다. 내가 KEI에게 보고서작성자가 누구인지 실토하라고 강요하는 것은 하지 말아야 할 일이었다. 또한 KEI가 접촉한 IMF인사가 누구인지 밝히라고 요구한다는 것은 더더욱 하지 말아야 할 일이었다. 고민 끝에 나는 KEI소장이 중남미에 장기 출장을 가서 연락이 닿지 않는다고 둘러대면서 시간을 벌기로 작정하였다. 얼마동안 좀 부대끼기는 하였으나 며칠이 지나니까 잠잠해졌다.

그 이후에도 KEI의 보고는 계속되었는데 보고서 수신인들에게 언론유출이 재발하면 한국개혁에 대한 국제금융기구의 솔직한 의견청취를 중단할 수밖에 없다는 점을 분명히 주지시켰다.

'한국 상장기업 상당수 기술적 파산상태' 세미나 보도도 "무조건 기사 빼라!"

KIEP는 외환위기 이후에 국제세미나를 자주 개최하였다. KIEP의 설립목적인 대외개방정책과 국제거시금융정책의 타당한 방향과 처방에 대해서 주로 토의하였지만 국내정책의 방향타가 되는 해외모범사례를 논의하기도 하였다. 한번은 기업구조조정을 주제로 국제세미나를 열었는데 세계은행의 전문가도 발표자로서 참가하였다. 세미나 다음날 모 일간지 가판에 1면 머리기사로 그의 발표논문 내용이 실렸다. 한국 상장기업 중에서 상당수(정확한 비율이 안 난다)가 기술적 파산(technical bankruptcy) 상태에 있다는 내용이었다. 그의 발표논문을 다시 꼼꼼히 읽어 보니까 반 페이지 정도의 분량으로 그 내용이 들어 있었다.

기술적 파산은 기업의 영업이익이 부채의 이자상환에도 미달하는 상태를 의미하는 것이었다. 즉 이자보상비율이 1보다도 작은 경우를 지칭하는 것이었다. 그 기사는 그 정도로 경영이 부실한 기업을 망하게 하지 않고 정부가 지원하여 연명시키고 있다는 점을 비판하면서 기업구조조정이 기득권세력의 저항에 부딪혀서 지체되고 있다고 날을 세웠다.

또 정부에서 경고가 날아왔다. 당장 기사를 빼라는 것이었다. 내가 뺄 수 있는 것이 아니니까 신문사에 가서 애원(?)하는 수밖에 없었다. 무작정 빼 달라고 떼를 쓸 수는 없는 노릇이고, 무언가 논리를 만들어야 했다. 외환위기 이후의 살인적인 고금리, 극심한 자금난, 내수부족의 3중고 때문에 많은 기업들이 도산하거나 구조조정의 대상이 되었다. 앞으로 금리가 안정되고 신용경색이 풀리고 경제성장이 회복되면 비록 일시적으로 이자보상비율이 '1' 미만인 기업이라고 할지라도 회생할 수 있다. 기업구조조정도 옥석을 잘 가려서 해야 한다. 이러한 취지로 설명을 하면서 간곡히 부탁하였더니 나중에 나온 최종판에서는 기사의 크기가 반으로 줄어들어 있었다.

'언론의 사명과 정부의 역할'에 대해 생각해 본다

정부와 언론 사이에 끼어서 곤욕을 치르면서 언론에 대해서 곰곰 생각하게 되었다. 언론의 사명은 사실보도를 통해서 국민들의 알권리를 충족시켜주는 보도기능과 정부와 사회의 잘못을 고발하고 비판하는 감시기능이라고 알고 있다. 언론의 양대 기능을 위에서 소개한 에피소드에 적용시켜 보면 어떻게 설명될까?

첫 번째 에피소드의 경우에 그 신문은 겉으로 보기에는 국제금융기구(IMF)가 한국정부의 개혁정책을 어떻게 평가하고 있는지를 국민들에게 알리고자 했을 뿐 자신의 평가를 보태지는 않았다. 그러나 사석에서 얘기한 것을 보도하기로 결정했다는 것은 그 의견에 동의한다는 점을 은연중에 드러내었다고 볼 수도 있다. 그런데 개혁을 추진하는 부처입장에서 보면 IMF의 특정인사가 사석에서 한 이야기를 마치 IMF의 공식의견인 것처럼 국민들이 오해할 소지가 있는 보도를 그냥 넘길 수가 없었을 것이다.

두 번째 에피소드의 경우에는 해당 신문이 사실보도와 비판을 동시에 하였다. 세계은행의 전문가가 '한국 상장기업의 상당수가 기술적 파산상태에 있다'고 분석한 사실을 보도하면서 한걸음 더 나아가 '그런 기업들을 구제금융으로 연명하게 해서는 안 된다'는 자신의 의견을 실었던 것이다. 그러나 해당 공무원들이 볼 때에는 일시적인 기업외적 요인으로 경영이 어려워진 기업들을 획일적으로 처리해서는 안 되고 옥석을 가리는 것이 옳았던 것이다.

'민감한 정책 건의·자문은 비공개로 직접 전달이 생산적' 학습효과 터득

앞에서 소개한 에피소드 이외에도 숱한 일화들이 있었다. KIEP가 연루된 정부 비판기사에 대해서 고위관리가 직접 전화를 걸어서 경고한 적도 있었고 심지어는 계속해서 부정적 기사가 보도되면 원장직을 그만두어야 한다는 막말까지 들었다.

그러한 일들을 겪으면서 학습효과가 생기게 되었다. 정부정책에 대한 민감한 건의와 자문은 비공개적으로 직접 전달하는 것이 생산적이라는 사실이다. 아무리 합리적인 건의라고 하여도 일단 신문에 보도가 되고 논란이 생기면 관료들은 건의를 수용하기 보다는 방어적인 입장에 서게 되고 그 건의는 사장되고 말기 때문이다.

내용이 민감할수록 언론의 주목을 더 많이 받게 되고 연구원과 집필자의 지명도가 올라가기 때문에 공개하고 싶다는 유혹을 떨쳐버리기가 어렵다. 그러나 국책연구원의 존립목적은 좋은 정책을 개발해서 정부가 채택할 때 가장 충실하게 달성되는 것이지 세간에 이름을 알리고 유명해지는 것이 아니라고 지금도 믿고 있다.

14

OECD대사 시절의 한국 논의:
① "한국은 개발도상국이 아니다"

늘공·어공도 아닌 '다공'으로 2001년 12월 OECD 대사로 부임

2001년 12월에 OECD대사로 부임하였다. 27년만에 다시 공직자가 된 것이다. 늘공(언제나 공무원)은 물론 아니지만 그렇다고 어공(어쩌다 공무원)도 아니고 굳이 이름을 붙이자면 다공(다시 공무원)이라고나 할까?

OECD가 있는 파리도 낯설었고 외교관생활도 낯설었고 모든 것이 익숙하지 않았다. 적응하느라고 애쓰면서 거의 매일 있는 이사회에 참석하는 것이 일과이었다. 이사회는 회원국 대사들로 구성되었는데 OECD의 최고의사결정기구이었다. 기후변화와 같은 글로벌한 경제이슈와 회원국의 경제정책에 대한 검토를하고 때로는 세계의 조선이나 철강생산능력감축과 같은 회원국 간 협상이 이루어지기도 하였다.

2002년 초의 어느 날 다자간 무역협상에서의 개도국지위에 대한 보고서를 채택할지 여부를 결정하는 이사회가 열린다고 했다. 회의안건을 보고받아 보니까 내용이 엄청나게 민감한 것이었다. 결론부터 이야기하면 한국은 무역협상에서 개도국지위를 누릴 자격이 없다는 것이었다. 보고서가 채택이 되면 가장 타격을 받는 부문이 농업이었다. 즉 한국은 그때까지 다자무역협상에서 개도국임을 표방하고 농업개방을 유보하였는데 개도국이 아닌 것으로 되면 농업의 대폭적인 개방을 요구받게 되는 것이었다. 국내정치적으로 폭발력이 강한 문제이었던 것이다. 좀더 자세히 설명하면 다음과 같다.

WTO, 개도국 재분류 연구 OECD에 요청, "한국은 개도국 아니다" 결론 낸 보고서

WTO 다자협상에서 개도국은 특별하고도 차별화된 우대를 받을 수 있었다. 개방의 폭과 속도에서 그랬고, 지적재산권보호는 물론 보조금금지와 같은 무역규범에서도 그러했다. 그런데 개도국 여부는 자국이 '개벌도상국'이라고 선언하면 인정을 받게 되어 있었다. 이른바 self-declaration 원칙이었다. 한국은 오래 전부터 개도국이라고 선언하였는데 2002년 당시에는 특히 농업과 환경분야에서 개도국지위를 주장하고 있었다.

IMF의 경제발전단계구분에서 고소득국가군으로 분류되는 한국의 개도국지위 주장에 대해 많은 WTO 회원국들은 불만을 가지고 있었다. 한국이 자유무역의 이익은 누리고, 책임은 회피하는 무임승차(free rider)라고까지 혹평하는 회원국도 있었다. WTO는 회원국들의 개도국 여부를 재분류하는 연구를 OECD에 요청하였고 OECD는 경제규모, 일인당소득, 무역규모, 산업구조 등의 객관적 지표에 근거해서 재분류작업을 수행하였는데 그 결과 한국은 개도국이 아닌 국가로 분류되었던 것이다. 만약에 이 보고서가 공식적으로 채택이 되고 공개가 되면 WTO는 동보고서를 근거로 해서 한국의 개도국주장을 재검토할 것이고 한국은 농업과 환경분야에서 추가적인 개방압력을 피하기 어려울 것으로 우려되었던 것이다.

한국의 농업은 대부분의 상품들이 비교열위이어서 경제논리만으로는 수입을 자유화하는 것이 소비자에게 이익을 주고 농업에 투입되는 자원을 생산성이 높은 부문에 전용하여 자원배분의 효율성을 높일 수 있었다. 그러나 주식(主食)인 쌀을 수입에 의존하면 식량안보가 위협받는다는 주장과 고령화된 농촌인구가 갈 곳이 없다는 사회적 부담 등이 수입자유화를 가로막고 있었다. 그리고 농촌인구에 비해서 숫자가 과다한 농촌지역구 국회의원들을 통한 강력한 정치적 저항은 수입자유화의 최대 걸림돌이었다.

보고서 채택되면 1994년 우루과이라운드 후폭풍 재연 우려에 지구온난화 방지 의무까지

농업개방의 정치적 위험성을 단적으로 나타내는 에피소드는 1994년 우루과이 라운드에서의 쌀 개방 파동이었다. 10년에 걸친 협상 끝에 타결된 우루과이 라운드에서 한국은 농업도 개방의 예외가 될 수 없다는 국제적 압력을 이기지 못하고 쌀도 개방하기로 양보할 수밖에 없었다. 다만 개도국지위의 덕택으로 2004년까지 10년 동안은 관세화를 유예받고 대신 매년 일정량을 의무적으로 수입하는 최소시장접근에 합의하였다. 그 소식이 전해지자마자 거센 후폭풍이 밀어닥쳤고 결국 농림수산부장관이 책임을 지고 물러났던 것이다.

환경분야 역시 한국은 에너지를 많이 쓰는 중화학공업비중이 높은데 지구온난화를 완화하기 위해서 화석연료의 사용을 제한받게 되면 그 비용을 감당하기 힘들다는 논리로 이산화탄소감축협상에서 우대조치를 받아야 한다고 주장하고 있었던 것이다.

사안이 중대하기 때문에 즉각 외교부에 보고하고 훈령을 기다렸다. 예상했던 대로 본부에서는 모든 방법을 써서 보고서의 채택을 막아야 한다는 지시가 내려왔다. 문제는 어떤 방법으로 보고서채택을 봉쇄할 것인가에 모아졌다. 직원들과 숙의를 거듭한 끝에 몇 가지 방안을 마련하였다.

'한국은 개도국' 논리 개발했으나 '궁색한 변명'이라고 OECD회원국들 비난쇄도

우선 한국이 농업과 환경분야에서 여전히 개도국이라는 논리를 최대한 개발하는 것이었다. 농림수산부의 협조를 얻어서 준비한 내용은 한국농업의 저생산성, 쌀 중심의 불균형적 농업생산구조, 농촌인구의 고령화 등을 고려했을 때 개방속도의 지연이 필요하다는 것이었다. 환경분야에서도 한국의 에너지 집약적 산업구조를 고려했을 때 지구온난화물질의 배출저감 속도를 조정할 필요성이 있다는 것이었다.

그런데 이 논리는 사실은 궁색한 것이었다. 개도국 여부는 WTO회원국의 거시적 발전단계를 대상으로 구별하는 것이지 특정분야에 국한해서 구별하는 것이 아니었던 것이다. 예를 들어서 미국이 섬유산업의 취약성을 이유로 해서 개도국이라고 스스로 선언하는 것과 같은 자가당착이었던 것이다. 이 논리에 대해서는 OECD이사회에서 다른 회원국들의 신랄한 반론이 있을 것이 불문가지이었고 이 논리에만 의존하다가는 역풍을 맞을 위험성이 있었다.

이사회 결정은 '만장일치'여서 한국만 반대해도 부결 … 멕시코 반대 가세로 '체면치레'

여러 가지 이유를 대면서 한국의 입장을 설득시키려고 노력하면서도 결국은 이사회에서 한국정부는 보고서의 채택을 반대한다는 분명한 입장을 천명하는 수밖에 없었다. 대사는 본부의 훈령을 따르게 되어 있었고, 다른 대사들도 가끔 본부의 훈령을 앵무새처럼 따라야 하는 일이 생기니까 그들도 내 입장을 이해하는 편이었다.

다행인 것은 OECD이사회의 결정은 만장일치로 이루어지게 되어 있다는 점이었다. 다른 모든 회원국이 보고서채택을 찬성하여도 한국만 반대하면 어쩔 수가 없도록 되어 있었다. 열띤 토의 끝에 표결에 부쳤는데 멕시코가 한국의 편에 서서 보고서채택을 반대해 주어서 약간은 체면이 섰다.

홍역을 치른 한국정부는 개도국지위에 관한 연구를 출발부터 봉쇄하기로 결정하였다. OECD는 매년 다음해의 연구과제를 결정하는데 분야별 위원회에서 심사하기로 되어 있었다. 개도국지위에 대한 연구는 무역위원회 소관이었는데 그 회의에 참석하는 한국대표가 비토권을 행사하면 그 연구는 아예 연구과제로 선정이 안 되게 되어 있었다. 세계 상위권의 무역대국으로서 체면이 깎이는 일이었으나 농업개방의 국내정치적 폭발력을 감안하면 궁여지책이었다고 볼 수도 있었다.

그 이후에 한국의 농업개방은 꾸준히 확대되었다. 우루과이라운드 이후의 다자협상인 도하개발라운드는 교착상태에 빠져서 농업개방의 부담이 발생하지 않았지만 미국, EU 등과의 FTA협상에서 농업의 추가적인 개방을 피해갈 수는 없었다. 쌀의 관세화유예도 연기 끝에 더는 버티지 못하고 2014년에 종료되어서 2015년부터는 고율관세부과만으로 쌀의 수입을 억제하게 되었다. 환경분야에서도 이명박정부때 녹색성장을 내걸면서 한국이 지구온난화방지에 앞장서는 모양새를 취하고 있었으니 이제는 개도국이라고 우길 명분과 필요성이 줄어들었다고 볼 수도 있겠다. 그러나 만약에 WTO에서의 다자협상이 다시 본격화되고 쌀 관세인하 압력이 가중되는 일이 벌어지면 정치적 압력 때문에 한국은 농업에서는 개도국이라는 억지주장을 해야 하는 난처한 상황이 벌어지지 않는다고 장담하기도 어려울 것이다.

최근 WTO개혁 논의 재점화 … 의무위반 효과적 제재, 개도국우대 '졸업조항' 신설 추진

최근 WTO 개혁논의가 재점화되기 시작하였다. 미국과 중국의 무역전쟁이 좀처럼 진정될 기미를 보이지 않고 있는 와중에서 미국은 EU, 일본, 캐나다 등과 함께 다자무역체제가 좀더 공정하고 투명한 질서를 구축해야 한다는 주장을 하고 있다. WTO회원국들이 보조금지급을 비롯한 여러 분야의 규범의 이행상황을 투명하게 통보해야 하는 의무를 강화하고 분쟁해결기구가 WTO의무위반

행위를 효과적으로 제재할 수 있도록 그 효용성을 높이며 개도국에 대한 우대 조치의 졸업조항을 신설하자는 것이 주요골자이다.

　이러한 개혁조치들은 겉으로는 모든 회원국들에게 적용되는 것이지만 속을 들여다보면 중국과 인도 등의 거대개도국을 겨냥하고 있는데, 고래싸움에 새우 등 터지는 격으로 한국에게도 상당한 영향을 미칠 것으로 예상된다. 특히 개도 국재분류와 졸업문제는 한국이 직접적인 영향을 받을 수밖에 없다. 한국은 지 금까지 농업협상에서 개도국우대조항에 의존하여 농축산물 수출국가들의 개방 압력에 어느 정도는 맞설 수 있었으나 비개도국으로 분류되면 그 보호막이 사 라지게 되는 것이다.

중국·인도 등 거대개도국이 주목표 ⋯ 한국 '고래싸움에 새우 등 터지는 격' 만반 대비해야

　앞으로도 WTO가 2002년도에 했던 것처럼 OECD에 개도국 재분류작업을 의뢰할지는 알 수가 없다. 만약에 다시 의뢰한다면 한국은 분명히 비개도국으 로 분류될 것이고 한국정부는 2002년도에 그랬던 것처럼 보고서의 채택을 봉 쇄해야 한다는 정치적 부담을 극복하기가 어려울 것이다. 아직도 쌀을 비롯하 여 여러 농축산물은 경제적으로나 정치사회적으로 초민감 품목으로서의 상징 성을 가지고 있기 때문이다. 그러나 이러한 국내적 필요성에도 불구하고 한국 의 개도국주장은 국제사회의 공감을 얻기가 더욱 어려울 것이고 그 곤경을 벗 어나기 위한 현명하면서도 과감한 결정이 요망될 것이라는 생각이 든다.

15

OECD대사 시절의 한국 논의:
② 좌절로 끝난 김대중정부 – OECD대북협력 시도

존스톤 총장 방한 기회에 '북한과 협력사업 추진' 제의

2002년 10월에 OECD의 존스톤 사무총장이 한국을 방문하는데 나도 OECD 주재 한국대사로서 같이 오게 되었다. 파리를 출발하기 전에 나는 그와 만나서 긴한 얘기를 나누었다. OECD가 북한과의 협력 사업을 추진해 보자는 것이 나의 평소의 생각이었는데 사무총장이 한국을 방문하게 되었으니 한국정부에 그런 의향을 제시해 보라고 권유하는 자리이었다.

존스톤 총장은 캐나다의 정치인 출신이었다. 당시 야당이던 자유당 당수까지 역임하였는데 다수의석을 획득하지 못해서 총리자리에 오르지는 못하였다. 그는 한국의 경제발전에 대해서 깊은 인상을 간직하고 있었고 한국에 대해서 호의적이었다. 한번은 제2차 세계대전 이후에 후진국 중에서 산업정책을 구사하여 중화학공업화에 성공한 나라는 한국이 유일하다고 생각하는데 나에게 어떻게 생각하느냐고 물었다. 나는 1991년에 쓴『산업정책의 이론과 실제』를 보여주면서 중화학정책에 대해서 내가 얼마나 긍정적으로 평가하고 있는지를 설명해 주었고, 그는 매우 기뻐하면서 OECD의 개발센터를 통해서 개발도상국가들에게 한국의 성공경험을 공유해야겠다고 다짐을 하는 것이었다.

그러므로 나의 제의에 대해서 그가 적극적으로 반응한 것은 지극히 당연한 것이었다. 문을 꽉 걸어 잠그고 외부세계와는 격리된 채 자력갱생, 자급자족의 사회주의 배급경제체제를 고집하고 있는 북한에 대해서 OECD가 한국과 같이 협력의 손을 내민다는 것은 그로서는 매우 구미가 당기는 일임에 틀림없었다.

OECD는 선진국인 회원국 간의 정책연구와 토의를 목적으로 설립되었지만 회원국이 아닌 신흥개도국과의 협력 사업에도 상당한 비중을 두고 있었다. 회원국들이 대부분 원조 공여국인데 그들은 자신들이 제공하는 원조가 효율적으로 사용되어서 원조를 받는 국가들이 경제발전의 성과를 이룩하기를 요구하였다. 그래야만 국민들의 세금을 원조자금으로 사용하는 것에 대해서 정치적 지지를 얻을 수 있었던 것이다. OECD는 회원국들의 이러한 요구를 반영해서 개발센터(Development Center)를 설립하여 피 원조국가와의 소통을 강화하고 있었다.

존스톤 총장, 김대중 대통령 예방때 "북한에 전달해 주기를 희망한다"고 건의

당시 OECD의 경제협력 사업이 활발하게 이루어지고 있었던 국가는 중국과 러시아 등 체제전환국가 들이었다. 사회주의경제를 벗어나서 시장경제로 전환하는 과정에서 당면하는 여러 가지 과제들에 대해서 정책자문을 해주고, 또한 시장경제구축에 필요한 제도적 인프라에 대해서 조언을 해주고 있었다. 예를 들면 내가 있을 때 중국은 경쟁정책(공정거래정책)을 도입하려고 했는데 한국의 공정거래정책 도입과정에 관심을 가졌다. OECD는 한국의 공정거래위원회의 도움을 받아서 중국정부에 필요한 자문을 제공하였던 것이다.

OECD가 북한을 협력파트너로 삼기 위해서는 회원국들의 동의가 필요했지만 북한이 수락할지 여부를 알 수 없는 상태이었기 때문에 공식적인 동의절차는 추후에 검토하기로 하였다. 그러나 OECD에 가장 많은 기여금을 내고 있는 미국에게는 사무총장이 한국정부에 대북협력 의사를 전달하겠다는 점을 미리 알려줄 필요는 있었다. 존스톤 총장은 자기가 미국대사와 협의하겠다고 했고 나중에 미국대사가 양해하였다고 나에게 알려 주었다.

존스톤 총장과 나는 한국에 도착해서 우선 재정경제부장관을 만나서 대북협력의사를 전달하였다. 재경부장관은 설명을 듣고 나서 일의 성사를 위해서 자기가 할 수 있는 모든 일을 하겠다고 하면서 강력한 의지를 보였다. 그럴 수밖에 없는 것이 정부의 햇볕정책에도 불구하고 북한은 개혁개방에 대한 의사표시를 전혀 하지 않고 있어서 답답하기 그지없는 상황에서 만약에 북한이 OECD의 제의를 수락하거나 적어도 관심을 표시한다면 햇볕정책의 괄목할 만한 성과를 낼 수 있기 때문이었다.

다음날 우리는 청와대로 김대중 대통령을 예방하였다. 존스톤 총장은 OECD가 북한의 경제발전을 도울 의사가 있다고 하면서 이를 한국정부가 북한에 전달해 주기를 희망한다고 얘기하였다. 내가 기억하는 바를 되짚어 보면 김대중 대통령은 대략 다음과 같은 요지로 반응을 보였다

김대통령, 북한 경제사절단 며칠 후 방문할 것이니 "꼭 전달하겠다" 약속

"나의 햇볕정책은 북한이 개혁개방으로 전환해서 경제발전을 도모하도록 유도하는 것인데 아직까지 별다른 성과가 없어서 안타깝다. 만약에 북한이 OECD의 협력의사를 받아들인다면 이는 북한의 경제발전 의지를 확인할 수 있는 계기가 되는 것이다. 그러므로 나는 총장의 제의를 감사하게 생각하고, 또 중요하다고 생각한다. OECD는 비정치적인 국제기구이고 북한에 우호적인 유럽국가들도 회원국으로 있으니까 북한이 관심을 가질 것으로 희망한다. 마침 며칠 후에 북한의 경제시찰단이 남한을 방문할 예정이니까 그 사람들에게 총장의 의사를 전달하겠다."

김대통령은 존스톤 총장에게 구체적인 협력방안을 설명해 달라고 하였다. 존스톤 총장은 우선 OECD의 경제전문가들이 북한을 방문해서 북한경제 실정을 파악하고 통계를 수집하고 보완해서 북한경제가 처한 현실을 정확하게 조사하는 것이 필요하다고 하였다. 그는 중국, 러시아 등에 대한 경제조사보고서를 김대통령에게 보여주면서 북한에 관해서도 이러한 보고서를 작성할 것이라고 했다. 이 말을 들은 김대통령은 배석한 경제수석에게 관련자료를 모아서 남한을 방문하는 북한의 경제시찰단에게 전달하고 자신과 존스톤 사무총장이 힘을 합쳐서 북한의 경제발전을 위해서 필요한 정책자문을 충실하게 제공할 의지가 있다는 점도 잘 전달하라고 지시하는 것이었다.

나는 두 사람의 대화를 들으면서 김대통령이 진심으로 북한의 경제발전을 바라고 있고, 북한이 개혁개방의 길로 나올 것을 기대하면서 햇볕정책을 구사하고 있다고 느꼈다. 그럼에도 불구하고 가시적인 성과가 미흡한 점에 대해서 매우 안타까워하고, 나아가 좌절감마저 느끼고 있다는 인상을 받았다. 그리고 마음속으로 제발 북한이 OECD의 협력제의를 받아들이기를 빌었다.

북한의 경제시찰단은 그해 10월 26일부터 11월 3일까지 남한에 머무르면서 포항제철, 현대자동차, 삼성전자 등의 산업체를 방문하였고 고속도로를 체험하였으며 이어서 동남아시아로 가서 싱가포르 등을 견학하였다. 그들이 남한에 머무르는 동안에 한국정부는 OECD가 작성한 중국, 러시아 등의 경제보고서와 함께 존스톤 사무총장과 김대통령의 대북협력의사를 전달하였을 것이다.

북 "핵동결 해제"로 한반도 긴장 고조되면서 '유야무야'

그런데 2002년 12월에 북한은 1994년부터 계속되어 온 핵 활동 동결을 해제한다고 선언하여 한반도의 긴장은 높아지고 남북관계는 경색국면으로 들어가게 되었다. 남북관계의 근본이 흔들리게 되는데 OECD의 대북협력 · 제의같은 사소한 문제들은 흔적도 없이 파묻힐 수밖에 없었을 것이다. 거대한 쓰나미가 몰려오는데 작은 보트의 편린을 어디 가서 찾을 수 있겠는가? 이렇게 해서 존스톤 총장과 내가 고심해서 만들었고 김대중 대통령이 적극적으로 밀어주었던

OECD의 대북협력제의는 없던 일이 되고 말았다.

작년(2018년) 11월 26일 문재인 대통령은 청와대에서 구리아 OECD사무총장의 예방을 받았다. 구리아 총장이 북핵문제가 해결되고 대북제재가 풀리면 OECD가 북한과 협력하겠다고 얘기했고 문대통령은 적당한 기회에 그 말을 북한에 전달하겠다고 얘기했다는 신문보도가 있었다. 나는 그 보도를 읽으면서 17년 전에 있었던 일을 떠 올렸고 여러 가지 감회가 일었다. 그런 기회가 또 찾아온다면 반드시 성사되었으면 좋겠다는 생각이 든다.

그런데 OECD의 대북협력을 꼭 대북제재가 풀릴 때까지 기다려야만 하는 것인지 의문이 생긴다. OECD는 자본이나 물자를 지원하는 것이 아니고 생각과 아이디어를 제공하는 기관이며 북한에 적합한 경제발전정책을 자문해 주기 위해서 필요한 경제조사연구를 수행하는 것이다. 협력의 성격이 소프트하기 때문에 OECD가 대북협력을 하지 않는다고 해서 북한이 압박을 느끼는 것도 아니고 대북협력을 한다고 해서 경제제재가 느슨해진다고 보기도 어렵다. 그러니 OECD가 적극적으로 나서서 미국을 설득하고 회원국들을 설득해서 대북제재해제 이전이라도 대북협력사업을 제의하면 좋을 것이다.

OECD 北韓자문의 장점, "남한이 빠진 개발경험공유로 北자존심 살려준다"

OECD를 통한 대북협력의 장점이 몇 가지가 있다.

첫째, 북한의 자존심을 살릴 수가 있다는 점이다. 북한은 유난히 자존심을 내세우고 자존심이 상하면 과민하게 반응한다. 과민반응은 잠재된 피해의식의 발로인지도 모른다. 오랫동안 국제사회로부터 격리되어 왔고, 러시아와 중국이 남한과 단독 수교하여 배신당한 경험이 있고, 남한의 월등한 경제발전상에 기죽기 싫다는 오기(傲氣) 등이 복합적으로 겹친 결과물일 수도 있다. 북한의 주체사상도 피해의식에서 벗어나고 자존감을 유지하겠다는 사상적 무장일 수도 있다.

1980년대 말에 나는 장춘에서 열린 유엔산업개발기구(UNIDO) 주최의 두만강 개발회의에 참석하였다. 그 회의에 북한사람 4명이 참석하였다. 그때만 하여도 북한사람을 만나기도 어려웠고 만난다고 하여도 대화를 나누어야 하는지를 고민해야 할 정도로 두렵고 생소한 상대이었다. 우리는 회의장에서는 거의 얘기를 나누지 않았는데 하루는 저녁식사 후에 호텔방에 같이 모여서 이야기나 나누자고 제의하였더니 그들도 그러자고 하는 것이었다. 이리하여 북한사람 4명과 남한사람 3명의 희소한 어울림이 성사되었다. 4명 중에서 3명은 50대 후반의 나이였고 1명은 젊은 사람이었다.

우리들은 호텔방에 모여서 술잔을 나누었다. 잔이 오감에 따라서 모두들 약간 취했고 남한일행 중 한 명이 옛날 뽕짝노래를 부르니까 그들도 따라서 불렀다. 그들은 황성옛터, 타향살이 등의 남한가요를 곧잘 불렀다. 흥이 도도해지는데 남한일행 중 한 명이 "왜 북한의 김일성은 인민들을 배부르게 잘 살도록 해주지 못하고 굶주리게 만드느냐"라고 돌출발언을 하였다. 분위기는 삽시간에 얼어붙었다. 북한측 인사들이 이구동성으로 노기에 찬 비난을 퍼붓기 시작하였다. "너희 남한이 잘 살면 얼마나 잘 사냐? 잘 살기 시작한 것이 얼마나 되었나? 미 제국주의의 앞잡이노릇하면서 배부르게 사는 것이 무슨 자랑거리냐? 우리는 못살아도 민족자존심 지키고 떳떳하다." 그리고 그들은 문을 박차고 나가버렸다.

다음날 회의장에서 다시 만나서 우리는 정중하게 사과를 하였다. 술이 과해서 실수를 하였으니 너그러이 양해해 달라고 해도 그들은 대꾸를 하지 않았다. 그러나 표정은 많이 누그러져 보였다. 회의 일정이 끝나는 날 저녁에 참가자들이 모두 모여서 저녁식사를 하고 뒷풀이가 펼쳐졌다. 중국인 사회자가 남북한 참가자들이 같이 나와서 노래를 불러달라고 요청하였고 우리들은 어깨동무를 하고 "우리의 소원은 통일"을 목놓아 불렀다.

우리들 마음속에 휴전선은 존재하지 않았고 그냥 오래전부터 친하게 지내던 친구마냥 격의가 없었다. 그날 다시 호텔방에서 만나서 작별인사를 하면서 우리가 차고 있던 손목시계를 주었더니 그들은 고맙다고 하면서 받았다. 남북한의 적개심은 정치지도자들 때문에 생긴 것이고 평범한 국민과 인민 사이는 같은 민족이라는 동질감이 짙게 남아있다는 생각이 들었다.

정치적 색깔 없고, 정책자문위주의 국제기구로 미국 입김도 상대적으로 약해

잠시 옆으로 빠진 이야기를 다시 본론으로 돌리면 북한은 자존심 때문에 남한으로부터 직접 가르침을 받으려고 하지 않을 것이다. 가르친다는 말이 자존심을 건드리기 때문에 경제개발경험을 공유한다고 표현해도 좋은데 북한은 남한이 주체가 되는 개발경험공유조차도 달가워하지 않을 것이다. 남한의 개발경험자체를 성공사례로 인정하지 않을 수도 있고, 속으로 인정한다고 해도 겉으로는 남한과는 차별화되는 주체적 개발전략을 내걸고 내 갈 길을 간다고 할 것이다.

OECD는 IMF나 세계은행과는 달리 정치적색깔이 별로 없고 정부 간 경제연구와 정책토론을 하는 조직이다. 또한 미국의 입김이 상대적으로 약하고 유럽의 입김이 강하다. 뿐만 아니라 러시아, 중국, 동유럽국가들의 체제전환과정을 소상하게 알고 있고 시장경제전환의 연착륙을 위한 정책자문경험도 풍부하다. 이런 점들을 감안하면 OECD와의 경제협력에 대해서는 북한이 반감을 덜 가질수 있고 원활한 대화를 나눌 수 있는 가능성이 크다고 본다.

한국정부와 협력, 북한경제를 포용적성장의 모범사례로 개발하면 국제협력 큰 성과

둘째, 한국은 OECD를 통해서 대북경제협력의 목표와 원칙을 설정할 수 있다. 목표는 소수의 북한 특권지배계층에게 이익을 주는 것이 아니라 전체 북한주민들의 생활향상이 되어야 한다. 과거 금강산관광사업이나 개성공단의 경험을 되돌아보면 경제적 이익의 대부분은 김씨 일가를 비롯한 특권계층에게 독점적으로 귀속되었다고 생각한다. 이 모순을 바로잡기 위해서는 문재인정부의 "함께 잘 사는 혁신적 포용국가"의 가치가 북한에도 적용되어야 한다. 성장과 분배가 같이 가고 상생적으로 선순환하는 경제생태계를 북한에서 만들어 나간다는 것은 매우 바람직하다. OECD에서는 1990년대부터 성장, 분배, 환경을 동시에 고려하는 "지속가능성장"에 대한 연구와 정책개발을 해 왔으며 최근에는 양극화가 심각해짐에 따라서 포용적 성장으로 제목을 바꾸어서 연구하고 있는데 그 뿌리는 지속가능성장이다. OECD는 한국정부와 협력하여 북한경제를 포용적 성장의 모범사례로 개발한다는 점에 대해서 큰 관심을 가질 것이다.

OECD제의 수락 여부는 '김정은의 경제개발 진정성' 시험하는 리트머스 테스트

마지막으로 북한이 OECD의 제의를 받아들이느냐의 여부는 경제개발에 대한 김정은의 진정성을 시험해 볼 수 있는 리트머스테스트이다. 많은 북한전문가들은 김정은의 북한비핵화 의지에 대해서는 아직도 회의적이지만 경제개발 의지에 대해서는 상당한 신뢰를 가지고 있다. 그런데 정작 김정은의 입에서는 여태껏 경제개발에 대한 종합적인 발언이 나오지 않고 있으며 북한정부가 종합적인 경제개발청사진을 발표한 적도 없다. 시장경제를 근간으로 하는 개혁개방 의지는 더더욱 발표된 적이 없다.

북한이 국제기구로부터 물질적 지원을 받기 위해서는 경제의 실정을 정확하게 드러내는 조사연구가 선행되어야 하는데 OECD는 경제조사연구를 하는 최적의 국제기구이다. 만약에 북한이 여러 가지 이유를 대면서 OECD의 조사연구를 거부한다면 이는 의무는 게을리 하고 과실만 따 먹겠다는 기만적 태도를 버리지 못하고 있다는 증좌이다. 한국정부의 입장에서 볼 때에도 북한경제에 대한 종합적 조사연구 없이 물질적 지원을 확대한다면 김정은의 환심을 사기위한 퍼주기라는 비난으로부터 자유로울 수가 없다.

16

OECD대사 시절의 한국 논의:
③ 한국은 노동탄압국인가?

OECD 가입 때 '복수노조금지' '제3자 개입금지' 등 개선 이행 보고의무 부여

한국이 1996년에 OECD에 가입하면서 노동정책에 대해서는 매년 OECD의 검토를 받도록 하는 조건이 부과되었다. 가입 전 협상과정에서 한국의 노동자 권리보호수준이 국제적 기준에 비추어 볼 때 미흡하고 노동운동에 대한 탄압이 이루어지고 있다는 평가가 있었다. OECD는 구체적으로 복수노조금지, 제3자 개입금지, 공무원과 교원노조금지, ILO핵심협약비준 지연 등의 개선을 권고하였고, 그 이행상황을 OECD에 보고하고 검토를 받게 하였던 것이다.

한국의 노동운동은 고도성장의 그늘 속에서 억압받고 있었으나 1987년 대통령을 국민들의 직접선거로 선출하는 6.29선언 이후에 정치와 사회전반의 민주화열풍이 불어닥치면서 노동운동에 대한 대폭적인 자유화조치가 이루어졌다.

단결권, 단체교섭권, 단체행동권의 노동3권에 대한 제도적 보장이 괄목할 만한 신장세를 보였던 것이다. 그러나 모든 문제들을 단기간에 해결하기는 어려웠고 2015－16년에 걸쳐서 OECD가입협상이 진행될 당시에 위에서 적시한 문제들이 여전히 남아 있었던 것이다.

민주화 이후에 규제의 고삐가 풀리면서 노동운동은 과격하고 폭력적인 양상을 띄어갔고, 불법폭력시위가 반복되면서 노동조합간부들이 배후조종혐의로 구속되고 형사처벌을 받곤 했다. 노동계는 이를 노동운동에 대한 부당한 탄압이라고 비난하고 시위주동자들에 대한 형사처벌의 중지를 강력하게 요구하였고, 국제노동기구(ILO)와 협력하여 국제사회에 대해서도 한국이 노동운동을 억압하고 있다고 목소리를 내고 있었다.

OECD의 한국노동정책 검토결정을 이해하기 위해서는 OECD의 조직과 구성에 대한 약간의 지식이 필요하다. 한국이 가입할 당시에 OECD회원국은 24개국이었다. 대부분이 유럽국가들이고, 비유럽국가로는 미국, 캐나다, 멕시코, 호주, 일본 등 5개국이 있었다. 유럽국가들은 정치적으로 사회민주주의의 색채가 강하고 복지국가의 전통 하에서 노동자를 비롯한 사회적 약자에 대한 배려와 포용의 정신이 널리 퍼져 있었다. 따라서 그들은 노동운동에 대해서도 일반적으로 긍정적이었다. 노동자들도 회사의 발전이 자신들의 발전이라는 연대의식이 있어서 노동권리를 주장하면서도 동시에 회사발전에 대한 책임도 부담하는 노사협력체제가 뿌리 내리고 있었다.

유럽국가들이 볼 때에는 한국의 노사관계는 후진성을 벗어나지 못하고 있었고 노동자들의 권리보호도 미흡하였다. 그들은 한국이 OECD라는 선진국클럽에 들어오기 위해서는 제도적으로나 관행적으로 개선해야 할 문제들이 산적해 있다고 여겼고, 가입조건으로 문제점들을 개선하겠다는 한국정부의 약속을 받아내었으며, 약속이행에 대한 사후검토의무를 부과하였던 것이다.

OECD에서 노동정책 검토를 담당하는 부서는 고용노동사회위원회이었다. 그 회의에 참석하는 회원국대표들은 고용과 노동관련 부처에서 근무하는 공무원들이었고, 자문기구로서 회원국의 노동조합대표들로 구성된 TUAC(Trade Union Advisory Committee)를 두고 있었다. 그러니 동위원회는 태생적으로 노동자의

권리보호에 역점을 두는 편이었고 노동정책을 거시경제의 전체적인 틀 안에서
바라보는 균형감각은 부족할 수밖에 없었다.

2002년 한국 노동정책 검토회의, '노조간부 형사처벌 여전' 등 이유로 졸업은 '시기상조'

OECD에 부임한 다음해인 2002년 봄에 노동정책 검토회의가 열렸다. 한국
에서는 노동부의 차관보가 대표로 참석하였고 민노총과 한노총에서는 국제관
계를 담당하는 임원들이 옵서버자격으로 참석하였다. 나도 회의를 참관하였지
만 발언권이나 의결권은 없었다.

한국대표는 다음과 같은 요지로 발언을 하였다.

"한국의 노동정책은 1987년의 정치민주화 이후, 특히 OECD가입 이후에 노
동자권리보호의 강화를 위한 대폭적인 제도개혁이 이루어졌고 국제노동기구
(ILO)의 여러 협약에도 가입하였다. 교직원노동조합을 이미 합법화하였고 공무
원노동조합은 출범은 하였으나 그 특수성 때문에 노동3권의 보장범위를 놓고
합의가 이루어지지 않고 있다. 모든 개혁이 하루아침에 이루어질 수는 없고, 계
속해서 앞으로 나아가는 진행과정에 있다.

1997년 외환위기 이후에는 노동시장의 유연성제고라는 다른 과제가 등장하
였다. 이는 노동자권리보호와 대치되는 측면도 있으나 새로운 일자리를 만들기
위해서 필요한 제도라는 측면에서는 신규노동자들의 일할 권리를 신장한다는
성격도 있다. 노동쟁의 과정에서 발생하는 불법폭력행위에 대한 처벌은 법을
올바르게 집행하여 법질서를 세워야 하는 정부로서는 어쩔 수 없이 감당할 수
밖에 없는 책임이다. 이는 노조탄압이 아니다. 한국은 앞으로도 노사관계제도
의 선진화를 위해서 OECD와의 약속을 충실히 실천에 옮겨 나갈 것이므로 한
국의 입장을 고려하여 노동정책에 대한 검토의무를 졸업시켜 주기 바란다."

역시 회의에 참석한 TUAC 의장은 한국이 ILO의 핵심협약인 결사의 자유 및
단결권보호협약에 가입하지 않고 있으며 공무원들의 노동3권을 지극히 제한된
범위 내에서만 인정하고 있고 폭력시위에 직접 가담하지도 않은 노조간부들을

형사처벌하는 등 OECD가입 당시에 약속하였던 개선사항들을 충실히 이행하지 않고 있다고 비난하였다.

회의에 참석한 각국 대표들의 발언이 이어졌는데 대체로 한국정부의 노동정책 개선노력을 인정하면서도 여전히 부족한 점이 많기 때문에 노동정책검토를 종료하는 것은 시기상조라는 분위기이었다. 한국대표가 다시 노동정책검토의 졸업이 어렵다면 검토주기를 늘려서 매년 실시하는 것이 아니라 2-3년에 한 번씩 검토받도록 해 달라고 요청하였다. 각국 대표들은 대체로 검토주기의 연장에 대해서는 긍정적인 반응을 보였다. 의장은 회의를 종료하면서 검토주기의 연장 여부에 대한 최종결정은 각국 대사로 구성된 이사회의 소관 사항인데 고용사회위원회에서는 2년 주기의 검토를 건의하는 것으로 결론을 지었다.

한국노조대표 '전문지식 높고 국제관계 긴밀', 공무원 순환보직으로 '업무 전문성 낮다' 느껴

회의를 참관하면서 느낀 소감 중의 하나는 한노총과 민노총에서 참석한 국제관계담당자들이 노동문제에 대해서 상당한 지식과 경험을 가지고 있다는 점이었다. ILO 협약내용과 각국의 비준현황에 대해서 잘 이해하고 있었으며 ILO와 TUAC의 관련인사들과도 긴밀한 유대관계를 맺고 있었다. 반면에 정부에서 참석한 공무원들의 업무전문성은 좀 떨어지는 것으로 보였다. 노조인사들은 해당업무를 오랜 기간에 걸쳐서 취급하는데 비해서 공무원들은 순환보직원칙 때문에 빈번이 자리를 옮겨 다니는 것이 그 원인이 아닌가 생각되었다.

얼마 후 한국의 노동정책 검토주기 연장안이 이사회에 상정되었다. 나는 각국 대사들을 상대로 연장을 지지해 달라는 로비를 펼쳤다. 물론 대사들은 본국의 훈령에 따라서 움직이지만 대사들이 본국에 보고할 때 한국정부의 공식입장과 나의 주장 및 자신들의 의견까지도 포함하기 때문에 그들의 호의를 얻어내는 로비의 영향력이 크다고 볼 수 있었다.

나는 이 문제를 단순히 노동자의 권리보호차원에서만 보지 말고 경제정책의 전체적인 맥락 속에서 보아야 한다는 점을 강조하였다. OECD가 회원국들에게 권유하는 노동정책의 기조는 노동시장의 안정성과 유연성의 조화와 균형, 노사협력, 노동자들에 대한 효과적인 교육훈련, 사회안전망 강화 등이었다. 한국은 OECD에 가입한 이래 이러한 정책권유에 따라서 충실히 노동정책을 개선하여 왔고 앞으로도 그러할 것이라는 점을 설명하였다. 반면에 한국의 노동자단체와 TUAC이 제기하는 불만들은 노동자들의 고용안정성만을 지나치게 고집하는 문제점이 있음을 지적하였다.

　OECD의 또 다른 위원회인 경제위원회는 주로 거시정책을 연구하고 토의하는 곳인데 노동문제에 대해서는 유연성을 강조하고 있었다. 노동시장이 지나치게 경직화되면 기업이 신규고용을 회피하게 되기 때문에 새로운 일자리창출이 어려워진다는 점을 회원국들에게 조언하고 있었던 것이다. 나는 노동문제에 대해서 고용사회위원회와 경제위원회의 의견을 종합하고 조정해서 OECD가 일관된 하나의 목소리를 낼 필요가 있다는 주장도 폈다. 영문으로 표현하자면 'whole of the OECD'의 정책조언이 바람직하다는 의견이었다.

　이사회에서 회원국대표들은 한국정부의 노력을 인정하면서도 공무원노조에 대해서 좀더 전향적인 접근이 필요하고 폭력시위를 배후조종한다는 혐의를 받는 노조간부에 대해서는 형사처벌 일변도를 지양하고 민사상의 책임을 묻는 것이 바람직하다는 권유를 하였다. 그리고 검토주기를 1년에서 2년으로 연장하는데 대해서 몇몇 회원국이 기권하였으나 반대하는 회원국은 없어서 그렇게 결정이 되었다. OECD의 모든 의사결정은 만장일치원칙에 의해서 회원국 중의 어느 한 국가가 반대하면 부결되게 되어 있었다.

한국, 2007년 OECD노동정책 검토의무 졸업 … '노동 탄압국' 인식 개선에 도움

　내가 2004년에 OECD를 떠난 이후 2007년에 한국은 노동정책검토 의무에서 졸업하였다. 제도적인 개선이 계속해서 이루어졌고 폭력시위에 대해서도 형사처벌을 줄이고 민사상의 손해배상을 적극적으로 활용하는 등의 노력이 인정을 받았던 것으로 보인다. 주기적으로 노동정책을 검토받아야 한다는 사실 자체가 한국이 노동탄압국이라는 부정적 인식을 심어주는 것이었기 때문에 검토의무의 졸업이 갖는 상징적인 의미도 컸다고 생각한다.

1996년 OECD가입당시에 개선하도록 권고받은 사항 중에서 아직도 미해결로 남아있는 대표적인 사항은 ILO의 결사의 자유 및 단결권보호협약과 단결권 및 단체교섭협약에 대한 비준이다. 만약에 이 협약에 대한 비준과 국내법개정이 이루어지면 해고자와 실업자의 노조가입이 합법화되고 공무원의 노조가입 허용범위가 확대된다. 이 문제에 대해서 사회적 대화기구인 경제사회노동위원회에서 이미 논의가 진행되고 있다.

경영계에서는 ILO 핵심협약비준문제를 논의할 때 파업시의 대체근로허용, 부당노동행위를 이유로 하는 사용자 처벌규정삭제, 직장폐쇄요건완화, 노조의 직장점거 불허 등 선진국에서 널리 인정되는 경영자권리보호조치를 포함해서 패키지로 논의가 이루어져야 한다고 주장하고 있다. 앞으로 어떻게 결론이 날지는 두고 보아야 하겠지만 한국이 노동자보호와 경영권보호가 균형있게 조화를 이루어서 노동정책 후진국의 오명도 벗고 기업경영의 활력도 회복하는 계기가 되어야 한다.

노사갈등을 노사협력으로 바꾸어야

노사협력은 기업발전을 위한 필요조건이라고 생각하는데 한국은 아직도 노사협력보다는 노사갈등이 지배하고 있다. 지난 2014년에 노르웨이, 스웨덴, 네덜란드의 사회적 합의기구들을 방문했는데 그들의 노사간 상호신뢰와 협력을 설명 들으면서 부럽기 짝이 없었다. 나라마다 차이가 있지만 공통적으로 북구 나라들은 사회적 합의기구의 공정성, 노사자율, 노조의 경영참여, 노동자보호와 경영권보호의 균형이 확고히 자리잡고 있었다.

네덜란드 사회적 합의기구인 사회경제위원회(SER)을 방문했을 때 들은 이야기는 지금도 선명히 기억 속에 남아있다. 동 위원회의 여러 산하기구에서 노와 사는 부단히 대화를 나누고 있어서 서로의 입장이 무엇인지를 꿰뚫고 있다고 했다. 노조는 항상 네덜란드의 거시경제상황과 기업형편에 대해서 정확한 정보를 제공받고 있으며, 경영자측은 노조의 요구사항에 대해서 솔직한 입장을 노조와 나누고 있기 때문에 서로를 믿고 의지한다고 했다. 물론 네덜란드도 노사 갈등으로 심각한 어려움을 겪은 이후에 노사가 서로 노력해서 이러한 협력분위기를 만들어 낼 수 있었다고 했다. 한국도 하루 빨리 노사가 서로 믿고 의지하는 사회가 되면 얼마나 좋겠는가?

17

OECD대사 시절의 한국 논의:
④ 이런 저런 이야기

OECD는 Gentlemen's Club(신사클럽) ··· 부자나라들의 배타적인 조직

OECD는 원래 부자나라들의 배타적인 조직이었다. 미국, 캐나다, 일본, 그리고 서유럽의 선진국들이 그 회원국이었다. 그러다가 한국이 가입할 즈음에는 남미의 멕시코와 동유럽의 헝가리, 체코, 슬로바키아 등이 새로 들어와서 배타성이 약간 희석되었다. 선진국들끼리 모여서 세계경제질서를 좌지우지한다는 비판도 있었고 소련의 붕괴 이후에 동유럽국가들이 시장경제체제로 전환하면서 서유럽국가들이 그들을 OECD에 가입시켜서 시장경제에로의 이행을 도와주겠다는 의도도 있었다.

한국이 가입하기 이전에 OECD는 흔히 Gentlemen's Club(신사클럽)으로 불리우곤 했다. 선진국 대표들이 모여서 와인 잔을 기울이면서 세계경제의 제반 문제에 대해서 환담을 나누고 공감대를 형성해 나간다는 의미가 있었다. 또한 OECD는 구속력이 없고 다른 회원국들을 대놓고 비난하지 않으며 점잖은 태도로 핀잔을 주어서 당사국이 스스로 같은 배를 타도록 한다는 의사결정의 특징을 의미하기도 했다. 이런 의사결정방법을 흔히들 peer pressure(또래압력) 또는 shaming by naming(이름불러 창피주기)이라고 불렀다.

한국이 OECD에 가입할 때 내건 이유도 배타적인 클럽을 자유로이 출입하게 되면 고급정보를 접할 수 있고 그들로부터 배울 것은 배우고 그들이 논의하는 자리에 끼어서 한국의 입장도 개진하겠다는 것이었다.

내가 부임해서 보니 OECD의 지식을 한국정부에 전달하는 지식의 유통경로를 효율화할 필요가 있었다. 거의 매일 열리는 분과위원회에 소관 부처에서 파견 나온 담당공무원들이 참석하고 회의에서의 토의결과를 요약해서 본국의 자기 부처에 전문(電文)으로 보고하고 있었다. 아마도 그 전문은 사안의 경중에 따라서 다르겠지만 대부분은 결재라인을 따라서 과장 정도까지 올라 갈 것으로 짐작되었다. 또한 1년 내내 계속되는 토의과정의 앞뒤 맥락을 짚어 가면서 그날 회의의 토의결과를 보고해야만 그 이슈에 대한 이해도가 높아지는데 단순히 그날 회의결과만 뚝 떼어서 보고하는 문제점도 있었다.

나는 우선 보고전문의 양식을 바꾸었다. 해당 이슈의 토의배경, 지금까지의 토의경과, 그날 토의내용, 앞으로의 토의방향, 한국의 입장과 정책시사점으로 소항목을 나누어서 3-4페이지 정도의 분량으로 정리해서 보고하도록 했다. 그리고 이와는 별도로 여러 부처가 관련되거나 숙지하고 있어야 한다고 판단되는 이슈에 대해서는 별도의 보고서를 만들어서 여러 부처에 전달하도록 하였다.

거의 1,000명에 이르는 전문가들이 포진하여 갖가지 보고서를 만들어 내는 종합경제연구소인 OECD의 지식전달을 효율화하는 문제에 대해서는 사무총장도 고민하고 있었다.

그가 세계 각국을 방문하면서 국가원수와 고위관료들을 만나서 얘기를 나누다 보면 OECD의 중점연구결과를 모르고 있는 경우가 비일비재해서 실망하고 좌절감을 느낀다고 이사회에서 종종 고충을 토로하곤 했다. 예를 들면 지속가능발전보고서라는 것이 있었다. 경제성장, 환경보존, 사회통합의 3대축으로 구성된 지속가능발전은 지금은 우리 귀에 익은 용어가 되었지만 1990년대 말에 OECD에서 보고서를 발간할 당시만 해도 낯설은 개념이었고 세계경제가 나아가야 할 방향을 제시해 주는 큰 의미가 담긴 보고서이었는데 각국의 고위관료들이 그것이 무엇이냐고 물어서 자기가 설명해 주곤 했다는 것이었다.

파리생활의 심적 불안, 매사에 느린 프랑스인의 문화 '부적응증'

파리생활을 시작하고 몇 달이 지나가는데 나는 왠지 마음이 편하지가 않고 정신적으로 불안하기도 하고 초조하기도 했다. 그 연유가 무엇인지 궁금하던 차에 어느 날 길을 걸어가는데 해답이 떠올랐다. 나는 다른 사람들보다도 빨리 걷고 있었다. 나는 서울에서 걷던 빠르기인데 다른 보행인들은 나보다도 훨씬 느렸다. 한국과 프랑스의 속도의 차이에서 오는 부적응증이었던 것이다. 서울에서는 시속 60km의 생체리듬으로 살다가 파리에서는 30km로 감속해야 하는데 인체는 자동차와 달라서 쉽게 적응이 안 되었던 것이다.

파리에서는 모든 것이 느려 터졌다. 식당에서 빨리 달라고 재촉하면 영낙없이 웨이터의 곱지 않은 시선이 돌아왔다. 공항에서 비행기가 한 시간을 연발해도 현지인들은 무심하게 신문을 보면서 기다리는데 한국인들은 연신 시계를 들여다보고 언제 출발하느냐고 묻고 또 묻고 불평을 늘어놓곤 했다. 백화점에 가서 줄을 서서 기다리는데 점심시간이 되면 점원은 나중에 오라고 하고는 횅하니 나가 버렸다. 번호표도 주지 않았다. 직원들이 부임해서 아이들을 학교에 집어넣고 자동차 등록하느라고 관청을 드나드는데 너무나도 불친절하고 느릿느릿해서 이게 무슨 선진국이냐고 욕지거리가 나온다고 했다.

집사람이 백화점에 가서 물건을 주문했는데 동유럽에서 가져와야 하는데 2달은 기다리라고 했다는 것이었다. 느리고 효율은 떨어지지만 생활의 여유는 있었다. 앞만 보고 달리는 것이 아니고 하늘의 별도 보고 길옆에 핀 꽃들을 감상하면서 소소한 일상에서 행복을 느끼고 있는 것으로 보였다.

대사 재직중에 조선협상이 있었다. 한국의 조선소에서 건조한 선박들이 세계시장을 석권하니까 유럽과 미국의 조선소들이 문을 닫게 되어서 정치사회적인 문제를 야기하고 조선 강국인 일본도 은근히 한국을 견제하는데 편승하려고 한 결과 조선산업의 경쟁을 제한하겠다는 목적을 가지고 한국까지 포함시켜서 협상을 하게 된 것이었다.

그들은 건조설비의 공동감축, 수주가격의 하한선 설정, 건조쿼터 설정 등의 협상안을 제시하면서 한국을 압박하였다. 한국은 국가간 담합이 초래하는 비용과 폐해를 조목조목 적시하면서 그 부당함을 강조한 결과 협상은 결렬되었다. 협상과정에서 그들은 협상시한을 사전에 정하자고 주장하였으나 이것 역시 한국의 반대로 무산되었다. 이 경험은 한국이 OECD회원국으로서 당당하게 의견을 개진하고 관철시킨 상징적인 사례이었다.

유럽 -"美는 벼락부자된 머슴" 미국 -"유럽은 한물 간 몰락한 양반"

OECD에서는 미국과 유럽의 미묘한 경쟁과 자존심대결을 엿볼 수 있었다. 유럽은 미국을 벼락부자가 된 머슴이라고 속으로 우습게 여기고 미국은 유럽을 고루하고 한물 지나간 몰락양반으로 우습게 본다는 비유가 있었는데 꼭 그 비유에 들어맞지는 않지만 흥미 있는 장면이 떠오른다.

미국경제에 대한 검토보고서를 토의하는 회의에서 의료서비스가 화제에 올랐다. 유럽의 한 대표가 미국의 의료서비스는 세계에서 가장 비싸기 때문에 많은 국민들이 적절한 의료혜택을 받지 못하고 있을 뿐만 아니라 수천만 명의 국민들은 의료보험이 아예 없어서 심각한 문제라고 지적하였다. 미국대표는 응수하기를 미국국민들은 세계에서 가장 질 높은 의료서비스를 제공받고 있고 미국의 의료기술이 세계를 리드하고 있다고 했다. 반면에 유럽에서는 의사들의 수준이 떨어지고 병원이 모자라서 몇 달을 기다려야만 진료를 받을 수 있음을 지적하는 것이었다.

유럽이 복지국가임을 자랑하니까 미국은 유럽의 높은 청년실업률을 비판하면서 유럽은 노인들이 살기 좋은 곳이지만 청년들에게는 미국이 꿈과 희망을 주는 나라임을 내세우는 것이었다. 노동시장의 유연성문제도 논쟁거리가 되었다. 미국에서는 회사가 조금만 어려워도 종업원을 해고시키는 관행을 놓고 유럽측은 사람보다도 이윤을 우선시하는 천민자본주의라고 매도하였고, 미국측은 응수하기를 청년들이 일자리를 구하지 못하고 기업들이 동유럽으로 빠져나가는 일자리 공동화는 유럽의 경직적 노동시장 때문이라고 하였다.

나는 그러한 논쟁을 지켜보면서 한국이 가야 할 방향은 유럽과 미국 중에서 어느 쪽이 되는 것이 바람직한지를 곰곰 생각해 보았다. 두 제도 모두 나름대로의 장단점이 있었지만 유럽국가들이 고복지 때문에 경제의 활력이 시들어 가는 문제에 대해서 심각한 고민을 하고 있는 것을 보면서 유럽의 전철은 밟지 않는 것이 좋겠다는 쪽으로 생각이 기울었다.

김대중 대통령, 퇴임후 OECD방문, "노조 고집과 친북비난에 괴로웠다" 토로

김대중 대통령이 임기를 마친 후에 처음으로 외국을 방문한 곳이 OECD이었다. 매년 OECD 포럼이 열리는데 김대통령을 기조연설자로서 초청한 것이었다. 1주일 정도를 파리에서 머무르는데 기조연설 이외에는 별다른 공식 일정이 없어서 나는 김대통령과 많은 시간을 함께 하였다. 그는 기조연설에서 중국의 부상(emergence)을 재부상(reemergence)이라고 불렀다. 중국을 신흥개도국(developing and emerging economies)의 범주에 넣어서 다른 신흥개도국들과 같이 취급하면 안 된다는 것이었다. 당, 송, 원, 명, 청나라 초기까지 세계 제1의 강대국으로 군림하다가 서양에서 대항해시대를 열고 산업혁명을 이룩하면서 그 지위를 빼앗기고 급기야는 서구 열강에게 물어뜯기는 침략을 당하였지만 그때의 국치를 잊지 않고 다시 세계 최강국의 왕좌를 탈환중에 있다는 것이었다.

김대통령은 나와 함께 식사도 하고 블로뉴 숲을 산책도 하면서 이런 저런 이야기를 들려주었다. 그는 재임중에 노조의 고집과 자신을 좌파, 친북이라고 비난하는 사람들 때문에 괴로웠다고 털어 놓았다. 나는 그런 이야기들을 들으면서 민주화투사로서만 인식하고 있던 노정치인에게서 인간적인 면모를 엿볼 수 있었다.

선진국 대사들, 공사구분 명확

선진국 대사들과 어울리면서 새롭게 알게 된 사실들도 많았다. 그 중에서 두 가지 정도를 소개하려고 하는데 한 가지는 판공비이고 또 다른 하나는 은퇴문화이다. 한국에서는 아직도 판공비가 말썽을 부리고 있다. 공직자들이 정해진 용도를 벗어나서 사사로운 용도로 사용하는 경우가 종종 적발되고 판공비의 규모도 과다하다는 비난을 받곤 한다.

캐나다대사에게서 들은 이야기인데 하루는 국회의원들이 몇 사람 방문해서 저녁식사하러 식당에 가서 메뉴를 정하게 되었다. 프랑스 식당에서는 돈을 내는 호스트에게는 가격이 적힌 메뉴판을 주고 대접받는 손님들에게는 가격이 적히지 않은 메뉴판을 주는 경우가 있는데 그날이 바로 그랬다는 것이다. 국회의원들은 가격을 모르니까 자기 먹고 싶은 것을 주문하는데 그 가격이 너무 비싸서 판공비한도를 초과하더라는 것이다. 어쩔 수 없이 대사 자신은 자기 돈으로 자기 저녁 값을 지불할 수밖에 없었다고 했다. 나는 역시 선진국은 공사의 구분이 엄격하구나 하는 느낌을 강하게 받았다. 일본대사가 말하기를 본국에서 국회의원이 와서 공적인 업무를 수행할 때에는 관용차를 내어 주지만 사적인 용무에는 관용차를 내어 주지 않는다고 했다. 이 역시 공사의 구분이 명확한 사례이었다.

어느 날 벨기에대사가 외교관생활을 접고 퇴직한다고 했다. 정년이 된 것이 아니어서 몇 년 더 근무할 수 있음에도 불구하고 자진해서 물러나는 거니까 그야 말로 100% 자발적인 희망퇴직이었다. 나는 이해할 수가 없었다. 그에게 연유를 물었더니 다음과 같은 대답이 돌아왔다. 연금계산을 해 보니까 몇 년 더 근무하여도 퇴직 후 받게 되는 연금액수가 별 차이가 없기 때문에 이참에 자유인 신분으로 돌아가서 여행도 다니고 하고 싶은 일을 하면서 제2의 인생을 살아갈 것이다. 제2의 인생준비는 빨리 할수록 좋다고 생각한다는 것이었다.

유럽의 다른 나라 대사들도 유사한 직업관과 인생관을 가지고 있었다. 현직을 떠나는 것에 대한 두려움과 저항감이 별로 없었다. 현직을 떠난 후의 인생2

막에 대해서 현직과 동등한 가치를 부여하고 있었다. 할 일이 없어진다고 한탄하는 것이 아니라 새로이 할 일이 생긴다는 기대와 희망을 가지고 있었다. 나는 한국의 현실이 겹쳐지면서 비교가 되었다. 남에게 건네줄 수 있는 명함이 없어지면 자신의 존재의미마저 따라서 없어진다고 두려워하고 쫓겨나지 않으면 최대한 오랫동안 현직에 남아 있고 싶어 하는 것이 우리들의 자화상이라는 생각이 들었다.

"한국학생들의 학업성취도 우수 이유" 질문에 난감 … 科擧시험 얘기로 모면

OECD에서 시행하는 학력평가는 PISA(Program for International Student Assessment)라는 이름으로 우리나라에서도 꽤 널리 알려져 있다. 한국학생의 학력이 최상위에 올라있다는 신문보도 때문이다. PISA는 15세 학생들을 대상으로 해서 읽기, 수학, 과학의 학업성취도를 국가 간에 비교하는 것이다. 2002년 즈음이었는데 PISA결과가 나와서 이사회에 보고되었다. 그때도 한국이 최상위 그룹으로 평가되었는데 여러 나라의 대사들이 한국학생들의 학업성취도가 뛰어난 이유가 뭐냐고 나에게 질문하였다. 나는 내심으로 당혹감을 감출 수가 없었다.

한국에서는 암기 - 주입위주의 수업, 토론교육의 실종, 과도한 사교육, 빈번이 바뀌는 입시제도 때문에 교육망국론까지 거론되고 있는데 한국교육이 우수한 학생들을 길러내는 비결을 물어오니 뭐라고 대답하는 것이 적절한지 머릿속이 복잡해졌다. 그렇다고 해서 사실대로 대답하면 논리적 모순에 빠지는 것이었다. 문제투성이 교육제도 하에서 공부한 아이들이 어떻게 우수한 학업성취도를 보여줄 수 있단 말인가?

궁즉통(窮則通)이라고 했다. 순간적으로 묘안이 떠올랐다. 한국에서는 근 1,000년 전부터 과거시험이 있었는데 그 시험을 통과해야만 공직에 진출해서 신분상승을 할 수 있었다. 그래서 모든 국민들이 어릴 때부터 열심히 공부하는 전통이 면면히 내려왔고 특히 부모들은 자기를 희생하면서까지 자식들을 공부시켰다. 또한 유교가 들어 온 이후에는 공부를 해야만 예의범절을 깨우치고 염치를 아는 사람다운 사람이 된다는 인성교육의 전통이 수립되었다고 부연 설명하였다.

그런데 보고서를 작성한 사무국전문가가 한국교육의 실상을 보충설명해 주는 것이었다. 그는 PISA 조사를 계속해 왔기 때문에 각국의 현실을 꿰뚫고 있었다. 한국학생들이 학업에 대한 흥미도 평가에서는 거의 꼴찌라고 하면서 타율적으로 오랜 시간 주입식교육을 받는 결과로서 15세 학생들의 학업성취도는 높지만 수업에 흥미를 가지고 자율적으로 공부하는 습관이 배어있지 않은 문제점이 있다고 지적하였다. 정확한 설명이었다.

너무도 허술한 파리의 치안 … 차량도난 폭행은 예사

파리생활을 이야기하면서 치안문제를 짚고 넘어가지 않을 수가 없다.

부임한지 두 달 정도 지나서 내 집(공식적으로는 대사관저)에서 다른 회원국 대사 7−8명을 초청하여 저녁식사를 대접하게 되었다. 부임하자마자 여러 대사들이 환영만찬에 초대해 주었는데 이에 대한 답례이었다. 환담이 무르익어 가는데 밖에서 누가 들어와서 네덜란드대사에게 귓속말을 하니까 그가 황급히 밖으로 나갔다가 조금 후에 들어왔다. 그의 설명을 듣고 참석자들은 크게 놀랐다. 그를 태우고 온 기사가 관저 앞 도로가에 차를 세우고 차안에 있는데 괴한 몇 명이 차문을 강제로 열고 기사를 끌어내리고 차를 몰아서 사라졌다는 것이었다. 그 길은 으슥하지도 않은 대로이었다. 그 순간부터 대화는 그 사건중심으로 흘러갔다. 그렇게 해서 강탈한 승용차와 훔친 승용차들은 자동차의 식별번호 등을 완전히 바꾸는 세탁을 한 후에 동유럽으로 밀수출된다는 것이었다.

다음날 사무실에 가서 직원들에게 지난밤 일어났던 사건얘기를 해 주었는데 다들 놀라지도 않으면서 자기들이 겪은 봉변시리즈를 들려주었다. 한 여직원은 아침출근길에 신호대기중인데 오토바이를 탄 괴한이 차 유리를 부수고 옆자리에 둔 핸드백을 낚아채 갔다는 것이었다.

며칠 후에 이사회에 가서 그날 밤 이야기를 했더니 여러 대사들이 자기들 역시 비슷한 경험을 하였다는 것이었다. 그런데 얼마 후에 미 대사관의 서기관이 얼굴에 붕대를 칭칭 감고 회의장에 왔기에 연유를 물었더니 좀 늦은 시간에 지하철에서 괴한들에게 구타를 당하고 지갑을 빼앗겼다는 것이었다.

이런 사건들이 회자되면서 대사들 간에는 자연스럽게 무언가 대응을 해야 한다는 공감대가 형성되었다. 그래서 사무총장에게 건의해서 이사회에서 논의하기로 결정되었다. 대사들은 한두 명도 아니고 많은 외교관들에게 이런 불미스런 사건들이 반복해서 일어나고 있는 사태는 매우 심각하기 때문에 프랑스정부에 공식적으로 문제를 제기하고 재발방지책을 세워 달라고 건의하려고 하였다. 그런데 이사회에서 프랑스대사가 브레이크를 걸었다. 그때가 프랑스의 대통령선거를 앞두고 있던 때였는데 파리의 치안불안문제가 OECD에서 공식적으로 제기되면 여당에게 불리한 여론이 형성될 수 있기 때문에 선거후로 미루자고 하였다. 프랑스대사는 나아가서 파리의 치안상태가 유럽의 다른 대도시에 비해서 유난히 열악한 것이 아니라는 이해하기 힘든 발언까지 하는 것이었다. 결국 이사회논의는 흐지부지 끝났다.

나는 만약에 서울에서 이런 일이 한건이라도 벌어졌다면 한국의 치안당국은 특별팀까지 꾸려서 수사하고 외교관들의 안전을 위한 만반의 조치를 취했을 것이라고 혼자서 상상하면서 나의 안전은 내가 책임져야 한다는 자세로 생활하자고 스스로 다짐하였다.

18

한국을 둘로 쪼갠 한미FTA협상:
① 통계조작 소동으로 날밤을 지새우다

협상 개시 발표와 동시에 준비했던 'GDP 1.99% 증가' 경제효과를 제시

2006년 2월 3일 한국과 미국은 양국간의 자유무역협정(FTA)의 협상개시를 발표하였다. 이날로부터 협상이 타결된 2007년 4월 2일까지 14개월 동안 한국은 찬성과 반대파로 쪼개어져서 공방을 벌렸다. 경제적 이익과 손실에 대한 찬반논란도 치열했지만 한미동맹파와 반미파간의 정치적 공방은 가히 총칼 없는 전쟁을 방불케 할 정도로 살기가 돌았다.

나는 2004년 7월에 OECD대사직에서 물러나서 귀국했는데 KIEP원장을 두 번째 하게 되어서 2005년 1월에 취임하였다. 2005년에 한미양국은 이른바 4대 선결조건에 대한 협의를 진행중에 있었다. 미국은 협상개시 이전에 미국산 쇠고기 수입재개, 자동차 배출가스기준강화의 철폐, 스크린쿼터 축소, 약값재평가

제도 철폐문제가 해결되어야 한다고 주장하였던 것이다. 협상의제에 포함되어야 할 중요한 현안사항들을 협상 전에 양보할지도 모른다는 점이 곧 굴욕적 협상을 불가피하게 하는 전조라고 비난하면서 협상자체를 반대하는 목소리가 거세지고 있었다.

나는 머지않아 공식적인 협상개시발표가 있을 것으로 예상하고 미리 준비를 하고 있다가 발표가 나면 즉시 준비해 놓은 내용을 공개하겠다는 계획을 세우고 박사들에게 연구를 진행시켜왔던 것이다. 연구라는 것은 FTA의 거시경제적 효과를 추정하는 것이었다.

자유무역의 거시적 효과를 추정하기 위해서 일반적으로 사용되고 있었던 연구방법은 연산가능일반균형모형(Computable General Equilibrium Model)이었다. CGE모형은 자유무역의 결과 자원이 비교우위산업으로 재분배되면서 경제의 새로운 균형이 달성되고 이러한 자원의 효율적 재분배의 결과로서 경제성장률이 얼마나 올라가는지를 추정하는 방법이었다.

그때 KIEP에서 사용한 모형은 CGE모형의 일종인 GTAP(Global Trade Analysis Project)이었다. 모형을 돌리는데 투입되는 통계까지도 모형속에 내재되어 있었기 때문에 통계를 새롭게 준비해야 하는 수고를 덜 수 있었다. 그때 KIEP에는 GTAP 모형을 공부하고 사용할 수 있는 박사들이 몇 명 있어서 그들이 중심이 되어서 작업을 진척시켜 나갔다.

추정결과 한국이 미국과 개방수준이 높은 자유무역협정을 체결하면 GDP가 1.99% 증가하는 것으로 나왔다. 미국과 자유무역을 하면 보호를 받으면서 존속하고 있던 산업은 수입관세가 없어지니까 미국으로부터의 수입이 늘어나고 생산은 축소된다. 반면에 미국의 수입관세가 없어지는 산업은 수출이 늘어나고 생산도 늘어나게 된다. GTAP모형은 완전고용을 가정하고 있기 때문에 축소되는 산업에서 일하던 인력은 확대되는 산업으로 이동하게 되고 그 결과로 경제성장률이 올라간다는 것이다. 비효율적인 산업이 줄어들고 더욱 효율적인 산업이 늘어나는데 그것이 바로 자원이 효율적으로 재배분되는 효과이고, 그 결과로써 1.99%의 GDP증가가 이루어진다는 것이었다.

당연히 의문이 생기는데 "몇 년 동안에 걸쳐서 그러한 효과가 나타나느냐?"

하는 궁금증이었다. 박사들 설명에 의하면 새로운 균형상태에 도달할 때까지 나타나는 효과의 합계라는 것이었다. 새로운 균형점까지 몇 년 걸리느냐고 물었더니 확정적으로 단정할 수는 없으나 대략 10년 정도 걸린다고 보면 된다는 것이었다. 명확한 설명이 안 되는 점이 아쉽기는 하였지만 GTAP모형의 구조가 그러하다는 것이었고, FTA협상을 하는 거의 모든 나라에서 같은 모형을 사용해서 추정을 하고 있다고 하니 그런가 보다 생각하였다.

2006년 2월 3일에 협상개시가 발표되었을 때 즉시 보도자료를 만들어서 추정결과를 발표하였다. 예상했던 대로 언론에서는 한미FTA 협상개시에 대한 보도와 함께 KIEP가 발표한 1.99%의 GDP 성장효과를 크게 다루었다. 한미FTA의 거시적 효과에 대해서는 KIEP의 추정이 거의 유일한 자료였기 때문에 언론에서는 거의 매일 인용하다시피 하였다.

FTA반대측 "10년 동안 약 2% 성장효과는 미미, 종속경제화 등 폐해는 막대" 공격

그런데 반대하는 쪽에서 이 숫자를 역이용하기 시작하였다. 한마디로 말하면 경제성장효과가 너무 미미하다는 것이었다. 1년에 0.2% 정도의 경제성장효과는 국민생활 향상에 별 도움이 안 될 정도로 미흡하기 짝이 없는 반면에 한미FTA가 초래할 폐해는 그 보다도 훨씬 크다는 프레임을 만들어서 공격하기 시작하였다. 그들이 주장하는 폐해는 미국에 대한 경제식민지화, 종속경제화, 예속경제화, 국내산업의 몰락과 실업대란, 경제주권의 상실 등 국민감정에 호소하고 막연한 피해의식과 공포심을 유발시키는 것이었다.

박사들과 대화를 하면서 드러난 점은 1.99%의 경제성장효과가 생산성 증대를 포함하지 않고 있다는 것이었다. 현실 세계에서는 자유무역의 효과가 훨씬 더 광범위하게 나타나게 된다. 미국과의 자유무역협정체결로 수입장벽이 낮아지고 미국의 우수한 상품이 국내시장으로 침투해 들어오면 국내기업들은 경쟁압력이 가중되는 압박감을 느끼게 된다. 압력을 이겨내고, 국내시장을 지키기 위해서는 혁신노력을 경주해야 하며 기술을 개발하고 원가를 절감하며 필요한 투자도 해야 한다. 수출기업들 역시 미국의 관세인하로 수출이 늘어나게 되면 생산시설에 대한 투자를 확대하고 기술개발노력을 증대하게 된다. 이와 같은 기술개발, 자본축적, 생산성 향상 등을 총칭하여 자유무역의 동태적 효과라고 하는데 KIEP는 당초 추정에서 동태적 효과를 간과하였던 것이다.

나는 박사들에게 동태적 효과를 측정해 보자고 제의하였다. 그들도 한미 FTA의 현실적 효과는 동태적인데 반해서 미국에서 개발된 GTAP모형은 정태적 효과만을 추정하는 한계를 인지하고 있었다. 그래서 우선 동태적 효과까지 측정하는 모형에 대한 기존연구를 찾아보는 작업부터 시작하기로 했다. 탐색을 해 보니까 동태적 효과를 측정해 놓은 문헌들이 여러 개가 있었다. 그러나 동태효과를 내재화한 모형은 개발중이었고 개발이 끝나서 가져다 쓸 수 있는 모형은 없었다. 내재화한다는 의미는 자유무역의 결과 생산성이 얼마나 올라가는지를 모형 내에서 해답을 찾아서 그걸 자유무역의 효과측정에 대입할 수 있다는 것이었다. 내재화가 안 되어 있으니까 생산성향상의 정도를 별도로 추정해서 모형에 대입하여 자유무역의 효과를 측정할 수밖에 없었던 것이다.

'생산성 제고 등 동태적 효과 감안한 긍정효과 GDP 7.75% 증가'를 추가 발표

연구팀에서는 외국의 선행연구들을 참고하고 한국의 과거 경험을 바탕으로 해서 미국과 FTA를 체결하면 한국제조업의 생산성이 약 1% 정도 증가한다는 가설을 세웠다. 이 정도의 생산성 향상 효과를 모형에 넣어서 추정하여 보니까 한국의 GDP가 10년 동안 약 7.75% 증가하는 것으로 나왔다. 이 결과를 보도자료로 만들어서 한미FTA의 동태적 효과로서 발표하였다. 처음에 발표한 정태효과는 1.99%, 이번에 발표한 동태효과는 7.75%인데 그 차이는 시장개방이 경쟁격화를 불러오고, 경쟁격화는 기업의 생산성 향상 노력으로 나타나는 효과를 포함하기 때문이라고 설명하였다. 그리고 생산성 향상 효과를 1%로 가정한 근거까지 소상히 밝혔다.

신문보도가 나가고 나서 많은 문의가 들어왔다. 의문의 초점은 무슨 근거로 미국과 FTA를 체결하면 한국제조업의 생산성이 1% 올라가느냐고 단정할 수 있느냐에 모아졌다. 특히 반대하는 측에서는 당초의 정태적 효과의 발표 이후에 굳이 동태적 효과를 다시 추정한 저의에 대해서 강한 의혹을 제기하였다. 연구팀은 위에서 설명한 맥락을 따라서 연구자로서의 입장을 설명하는 수밖에 없었다.

월간지 '말' 통계조작 의혹 첫 제기 … 연일 '꼬투리 잡기' 위한 언론 취재 경쟁에 "녹초"

며칠 후에 한미FTA를 강하게 비판해온 모 일간지에 충격적인 기사가 실렸다. KIEP가 발표한 동태적 효과는 조작되었다는 것이었다. 인화성이 강한 이 기사는 다른 신문과 방송에서 크게 보도하였고, 곧바로 정치계로 번져서 야당의원들을 중심으로 해서 숫자조작 의혹이 일파만파로 퍼져 나갔다. 야당, 노동계, 시민단체 등의 반대파에서는 숫자조작이 사실로 밝혀지면 협상자체를 좌초시킬 수 있다고 판단했는지 총공세를 가하기 시작하였다.

최초 신문보도의 출처를 추적하다 보니까 "말"이라는 월간지에서 처음으로 조작의혹을 제기한 것이었다. 그 잡지사에 연락해서 기사의 근거를 물어 보았으나 밝힐 수 없다는 대답이 돌아왔다.

KIEP로서는 모형을 돌린 결과를 그대로 발표했다는 사실을 되풀이해서 강조할 수밖에 없었다. 나중에는 모형을 돌린 박사들이 노트북을 들고 국회에 가서 야당의원들이 지켜보는 앞에서 직접 모형을 돌리고 결과를 보여주는 현장검증까지 했다. 그래도 의혹의 불길은 가라 앉지 않고 더욱 세차게 타 올랐다. 반대하는 측에서는 자기들이 GTAP모형을 구입해서 직접 돌려 보기도 했는데 조작했다는 주장을 증명하지는 못했다.

나는 개인적으로도 엄청난 고초를 겪었다. 아침에 출근해서 사무실에 들어가면 모 일간지 기자가 내 사무실에 먼저 와서 앉아 있었다. 나를 보더니 이런 저런 질문을 퍼부었다. 나는 사실대로 답변해 주었다. 그런데 다음날에도, 그 다음날에도 나보다 먼저 내 사무실에 출근해서 앉아 있다가 이런 저런 질문을 반복하는 것이었다. 조작의혹을 굳게 믿고 무언가 의혹을 증명하는 꼬투리나 실마리를 잡고야 말겠다는 기자로서의 직업의식으로 무장되어 있는 것으로 보였다.

거의 일주일이 지나가고 나의 인내심의 한계도 바닥이 날 즈음에 그는 내 사무실의 회의용 테이블을 가리키면서 "여기서 매일 아침 대책회의를 했다고 하는데 여기서 조작모의가 이루어졌습니까?" 하고 물었다. 나는 피가 거꾸로 솟으면서 나도 의식하지 못하는 찰라의 순간에 육두문자를 내뱉었다. 그리고는 "당신이 뭔가 밝혀내면 내가 바로 그만 둔다"라고 소리쳤다. 그는 당황한 표정으로 사무실을 나갔고 내 사무실로의 조기출근은 그날이 마지막이었다.

휴대폰전화도 무수히 받았다. 생면부지의 젊은 여자가 들어 보지도 못한 신문사의 기자라고 자신을 소개하면서 '힐난 반, 조롱 반'의 어투로 조작을 지시했느냐, 누구의 지시를 받았느냐라고 일방적으로 몰아부친 적이 있었다. 이런 나날이 계속 이어지니까 나 자신의 처지가 비관되고 어디로 숨어 버렸으면 좋겠다는 도피감정까지 생겼다.

개방수준 등 전제조건 따라 추정치 다른 것 발견해 "왜 다르냐?"고 추궁하기도

하루는 KBS라디오의 시사해설 시간에 전화로 인터뷰를 했다. 물론 숫자조작에 대한 것이었다. 진행자는 나에게 KIEP가 발표한 한미FTA효과에 대한 숫자 중에서 앞뒤가 맞지 않는 2개의 숫자를 콕 집어서 추궁조로 그 이유를 물었다. FTA효과에 대한 추정은 여러 가지 가정에 따라서 서로 다른 결과가 나온다. 예를 들어서 개방수준을 90%로 가정하는 경우와 80%로 가정하는 경우의 효과가 다른데 여러 가지 숫자를 발표하다 보니 같은 가정의 추정결과에 대해서 처음 발표한 숫자가 약간 틀렸다는 것을 발견하고 정확한 숫자를 다시 발표한 적이 있었는데, 그것을 지목해서 추궁한 것이었다. 나는 순간적으로 솔직하게 잘못을 인정하지 않고 애매하게 둘러대면서 그 순간을 모면해야겠다는 마음의 유혹을 느꼈다. 그러나 거짓말은 또 다른 거짓말을 낳아서 일을 더 꼬이게 만들 것이라는 생각이 들어서 솔직하게 실수를 인정하였다.

며칠 후에 그동안 통계조작 의혹을 끈질기게 제기해 오던 야당국회의원이 같은 프로그램에 출연해서 며칠 전에 진행자가 나에게 지적했던 것과 같은 숫자들을 지목하면서 KIEP가 동일한 사항에 대해서 상이한 2개의 숫자를 발표할 정도로 엉터리이니 동태적 효과에 대한 추정 역시 조작된 것이 틀림없다고 단정하였다. 그 말을 듣고 있던 진행자가 말하기를 며칠 전에 이경태 원장을 인터뷰하였는데, 그 점에 대해서는 자기의 잘못을 솔직히 인정하였으니까 더 이상 왈가왈부할 사항이 아니라고 끊고 넘어가는 것이었다. 나는 마침 그 프로그램을 듣고 있었는데 진행자가 고맙기 짝이 없었다.

경제학자, "계량작업에서 마사지하는 경우가 종종 있다"고 말해 'KIEP실수 인정' 오해

또 한 번은 모 라디오프로그램에서 통계조작 의혹을 다루면서 모 교수와 전화연결을 해서 "KIEP가 컴퓨터에서 출력된 추정결과를 수정하였다는데 이러한 유형의 이른바 마사지를 하는 경우가 있느냐?"고 질문하니까 그 교수는 "계량경제학의 추정작업에서 마사지를 하는 경우가 왕왕 있다"고 대답하였다. 그 대답을 듣는 청취자들이 KIEP의 통계마사지를 기정사실로 믿게끔 할 수 있는 맥락이었다. 나중에 그 교수를 우연히 만났는데 자기는 단순히 계량경제학자들이 통계마사지를 하는 경우가 있다고만 대답하였는데 그것이 마치 KIEP의 통계조작 의혹을 뒷받침하는 듯 해석되어서 미안하다고 했다.

그 당시에 청와대 비서관을 하다가 노무현 대통령의 한미FTA 추진을 극렬히 반대하면서 사직한 사람이 있었다. 하루는 그 사람의 신문인터뷰기사가 났는데 내가 모월 모시에 청와대에 들어가서 고위직 비서관을 만났는데 그 날짜가 KIEP가 동태적 효과를 발표한 며칠 전이었고 내가 그 비서관에게 통계를 보고하고 어떠한 지침을 받았을 것이라고 얘기했다는 것이었다. 내가 그날 그시간에 그 비서관을 만난 것은 사실이었지만 만나서 보고한 내용은 북한문제에 관한 것이었다.

나는 너무나 어이가 없었고 마침 그렇게 의혹을 제기한 사람과는 몇 번 만난

적이 있었기 때문에 그에게 전화를 해서 항의하였다. 그는 자기가 그런 뜻으로 말한 것이 아니었는데 보도가 잘못 되었다고 사과 아닌 사과를 하는 것이었다.

시간이 흐르면서 통계조작 의혹의 불길도 사그라들기 시작했다. 뒤지고 또 뒤져도 확실한 조작사실이 밝혀지지 않으니까 언론에서도 보도가치가 점점 줄어들었던 것이다. 나는 '한미FTA'라고 하면 그 당시 몇 달 동안 시달렸던 기억들이 가장 먼저, 그것도 가장 뚜렷이 떠 오른다.

19

한국을 둘로 쪼갠 한미FTA협상:
② 미국경제식민지 괴담의 실체를 파헤친다

이념적 반대파 "대미종속 협정이자 한국을 신자유주의의 굴레 속에 가두는 올가미" 주장

한미FTA는 찬성과 반대로 나라를 둘로 쪼개었다. 명칭은 자유무역협정이었지만 반대파는 대미종속협정으로 프레임을 바꾸어 놓고 온갖 이유를 갖다 대면서 국민들을 현혹시켰다. 많은 국민들이 거짓에 속아 넘어갔고 반대여론의 확산 때문에 추진력에 심각한 손상이 가해질 정도로 심각한 때도 있었다. 반대파의 구성은 다양했는데 크게 구분하면 이념파와 실리파가 있었다.

이념파는 반미주의를 내걸었다. 해방 이후부터 뿌리내리기 시작한 반미주의자들은 한미FTA 반대를 위해서 결집하였다. 그들의 논리는 미국이 신자유주의의 원조인데 한미FTA는 한국을 신자유주의의 굴레 속에 가두는 올가미이기 때

문에 절대로 용납할 수 없다는 것이었다. 그들이 이해하는 신자유주의는 거대
자본이 민중을 수탈하는 체제이었다. 민노총과 전교조가 이념파의 행동부대이
었고, 운동권출신의 진보적인 정치인과 지식인들이 두뇌를 제공하였다.

실리파는 한미FTA 때문에 직접적으로 피해를 입는 계층을 망라하였다. 농민
이 가장 대표적이었고 미국제품의 수입증가가 예상되는 업종단체들이 포함되
어 있었다. 이들이 자신의 이익을 지키기 위해서 반대하는 것은 자연스러운 현
상이었는데 그들은 이념파와 연합하여 정치적 영향력을 키워 나갔다. 이념파가
그들의 정치적 목적을 달성하기 위한 수단으로 실리파를 이용했다고 볼 수도
있었다.

반대파는 협상초기에 내가 직전 칼럼에서 설명한 통계조작설을 주 무기로
해서 협상의 부도덕성을 부각시키고 국민여론을 자극해서 협상을 무산시키려
고 총력을 기울였다. 그러나 결과는 그들의 의도대로 이루어지지 않았다. 반대
파는 협상이 끝난 후에 광우병괴담을 내세워서 다시 한 번 협상을 무위로 돌리
려고 전력투구하였으나 결국 실패하고 국회에서 비준이 이루어졌다. 통계조작
설과 광우병괴담보다는 파괴력이 약했지만 그 이외에도 숱한 가짜뉴스들이 양
산되었다.

농민 등 피해당사자들인 실리파의 반대는 "이해"…'정부의 보상'은 경제 정의에 부합

실리파의 반대는 어느 나라, 어느 협상을 막론하고 으레 있었다. 자신들의
생계가 위협받는데 저항하는 것은 인지상정이다. 국제경제학에서 자유무역의
이익을 정당화하기 위해서 원용하는 방법이 보상설이다. 자유무역으로 이익을
향유하는 계층이 피해를 입는 계층에게 피해를 보상하고도 이익이 남으면 자유
무역은 경제전체를 위해서 좋다는 것이다. 물론 수혜자가 피해자에게 직접 보
상하는 것은 아니고 늘어나는 세수를 활용해서 보상하는 것이다.

그런데 무슨 이유로 흔히들 국가 간의 무역자유화협정에서는 피해자보상을
제도화하는가에 대한 의문이 생긴다. 피해자의 저항을 무디게 해서 협정체결을

용이하게 하는 편의주의적 이유도 있고, 피해자에게 보상하는 것은 경제정의에 부합한다는 도덕적 이유도 있을 것이다. 그런데 국내정책도 수혜자와 피해자를 발생시키는 경우가 드물지 않다. 중앙은행이 금리를 올리면 채권자는 이익을 보고 채무자는 피해를 입는다.

그러나 이 경우에 채무자에게 보상을 한다는 얘기는 들어본 적이 없다. 내 혼자만의 생각이지만 아마도 이익과 피해의 배분이 국경을 넘어서 이루어지는 지, 아니면 국경 내에서 이루어지는지의 차이가 아닐까 한다.

한국과 미국 간의 자유무역에서 농산물수입증가 때문에 피해를 보는 자는 한국의 농민이고 이익을 보는 자는 미국의 농민이다. 미국 농민을 위해서 한국 농민이 피해를 입는 셈이 되어버리니까 국민세금으로라도 피해를 보상해야 한다는 주장이 먹혀 들어가는 것 같다. 견강부회하는 모양새가 되어 버렸는데 한미자유무역협정에서 농민을 비롯한 피해계층이 저항을 하는 것은 이해가 되는 것이고, 피해보상을 해 주는 것이 경제정의에도 맞는다는 점을 강조하려고 했을 뿐이다.

이념파는 자기가 믿는 가치를 지키기 위해서 한미FTA를 반대하였다. 그들은 시장경제가 낳는 불평등을 용납하지 못하였기 때문에 시장경제를 선도하고 주창하며 전파하는 미국과의 FTA는 처음부터 인정할 수 없는 것이었다. 그들은 한미 TA가 단순히 상품과 돈이 국경을 넘어서 자유롭게 이동할 수 있도록 허용하는 것에서 그치는 것이 아니고 미국의 제도와 관행을 한국으로 이식하는 기제(基制)라고 파악하였다.

그들은 FTA추진세력이 그 필요성을 강조하기 위해서 언급한 한국경제제도의 선진화효과를 왜곡 과장하여 한국경제제도의 미국종속화로 둔갑시켰다. 제도의 선진화 효과를 설명하면 이렇다. 국경을 개방해서 미국의 상품과 서비스와 자본이 한국으로 진출하게 되어도 막상 한국 내에서 미국상품이 판매되고, 서비스가 제공되고, 자본이 투자되는 것을 제약하는 규제가 온존하면 국경개방의 실효성은 약화될 수밖에 없다. 한미FTA에서 규제철폐와 제도 투명성 등에 대해서 포괄적인 규정과 양국 간 협의기구를 두어서 규제개혁과 제도개혁을 추진하면 자유무역의 실효성이 제고되고, 한국경제의 효율성도 개선되는 효과를 기대할 수 있다.

찬성파 자유주의자들은 "구속력 있는 규제철폐 포함시켜 외압으로라도 규제개혁" 속셈

이념적인 자유주의자들은 한미FTA라는 외세를 이용해서 국내개혁을 이루겠다는 의도를 가지고 있었다. 기득권세력과 이익단체의 저항 때문에 규제개혁이 지지부진한데 대해서 절망한 자유주의자들은 한미FTA에 구속력 있는 규제개혁 조항을 포함시켜서 외압으로라도 개혁을 이루어 내려고 했다. FTA를 통한 국내제도의 개혁시도는 1992년에 멕시코가 미국과 FTA를 체결할 때에도 숨은 의도 중의 하나였다. 당시에 내가 산업연구원에 있을 때인데 멕시코에서 NAFTA 협상을 담당하는 통상전문가가 산업연구원을 방문해서 세미나를 열었는데 그가 멕시코는 NAFTA를 통해서 멕시코의 시장경제제도를 선진화하는 계기로 삼겠다는 목적이 있다고 했다.

이념적 반대파들은 찬성파들의 주장을 확대재생산해서 한국이 미국의 제도를 전면적으로 강요당해서 결국 미국의 경제식민지가 될 것이라고 경고하였다.

그들이 경제종속의 대표적 예로써 든 것이 몇 가지가 있었는데 첫째는 국민들의 일상생활과 가장 밀접하게 연결되어 있어서 국민적 관심이 몰려있는 의료부문이었다. 한미FTA가 체결되면 한국의 건강보험제도는 밀려나고 그 자리에 미국의 민영화된 의료제도가 들어설 것이라고 엄포를 놓았다. 그 결과는 약값결정의 주도권을 한국정부가 아닌 미국의 거대 제약회사가 장악하게 되고, 약값은 천정부지로 치솟을 것이라고 했다. 그 당시에 회자되었던 유명한 에피소드가 있었는데 감기약값이 수십만 원에 달하게 되어서 서민들은 독감에 걸려도 약을 먹을 수 없게 된다는 괴담이 언론에 버젓이 보도가 되고 인터넷을 달구었던 것이다.

의료민영화 또는 영리의료법인허용문제는 한국에서 사악한 제도라는 프레임에 갇혀있다. 한마디로 말해서 유전즉생(有錢卽生)이요, 무전즉사(無錢卽死)라는 것이다. 병원비를 자유화하면 돈 있는 자는 양질의 의료서비스를 받게 되고 가난한 자는 의료서비스를 아예 못 받거나 조잡한 치료를 받게 된다는 것이다. 이 프레임에 갇힌 대한민국은 앞으로도 의료민영화 얘기는 끄집어 낼 수조차 없을 것이다. 최근에 제주특별자치도에서 중국자본으로 설립된 영리병원이 허가를 받고 개원준비가 끝났는데 도민들과 전국의 반대여론이 결집해서 저항한 결과, 내국인은 이용할 수 없다는 조건으로 개원허가가 난 사례가 이를 말해준다.

파리생활을 할 때 병원에 갈 일이 여러 번 있었다. 종합병원에도 가 보았고 개인병원에도 가 보았다. 프랑스의 의료보험은 혜택을 받는 의료서비스의 범위, 질, 본인부담의 다소에 따라서 많은 차이가 있음을 알았다. 나처럼 프랑스 말을 못하는 사람은 영어가 통하는 병원에 가야하는데 그런 병원에 갈 수 있는 의료보험은 약간 비쌌다. 직원들 얘기를 들어보니까 자기에게 적합한 의료보험을 골라내기 위해서는 많은 정보를 알아야 한다는 것이었다. 의료보험 쇼핑을 해야 한다는 것이었다. 물론 저소득층을 위한 공공의료서비스제도가 잘 갖추어져 있다고 들었다. 그러니까 평등과 박애정신이 존중받고 사회주의적 정치성향이 강한 프랑스에서도 부자는 가난한 사람에 비해서 좀더 좋은 의료서비스를 이용할 수 있게 되어 있었다.

지적재산권과 투자자-국가간 소송제도를 둘러싸고도 미국 식민지화 괴담이 횡행하였다. 협상과정에서 미국은 신약의 특허보호기간을 연장하고 특허만료이후에도 복제약을 제조할 수 있는 조건을 엄격하게 하자는 제안을 하였다. 신약 발명에 막대한 투자를 하는 미국 제약회사들의 이익을 보호하고 반면에 거의 복제약 제조로 연명하는 국내제약회사들에게는 불리한 제안이었다. 그런데 국내제약회사들도 신약개발에 착수하게 되는 유인을 제공한다는 긍정적 측면도 있었다. 이익과 비용을 비교해서 어느 수준까지 미국의 제안을 받아들이는 것이 좋은지를 생산적으로 토론하고 협상에 반영하는 것이 바람직한 것이었다. 오늘날 국내제약회사들의 신약개발이 결실을 맺기 시작하는 배경에는 복제약으로 돈을 버는 것이 더욱 어려워진 점도 작용하였다. 그러나 반대파들은 복제약값이 급등하여 서민들이 약을 사먹지도 못하게 된다는 공포심을 유발시키느라고 바빴다.

"ISD 도입되면 한국정부 정책수립은 미국기업 눈치만 보게 된다"

투자자－국가간 소송제도(investor-state dispute: ISD)는 외국인투자자가 일정한 요건 하에서 한국정부를 상대로 피해보상소송을 제기할 수 있게 허용하는 것이었다. 소송은 한국법원이 아닌 국제중재재판소에 제기하도록 되어 있어서 한국의 사법권이 미치지 않게 되어 있었다. 일정한 요건의 핵심은 한국정부의 정책이 한국에 투자한 미국기업을 부당하게 차별하거나 부당하게 피해를 입힌 경우를 일컫는 것이었다. 이 제도의 취지는 말할 필요도 없이 미국의 대한국 직접투자를 촉진하여 고용을 늘리자는 것이었다.

그런데 반대파에서는 ISD가 도입되면 한국정부는 공공의 이익을 위해서 정책을 수립할 때에도 미국기업의 눈치를 보게 되어서 한국의 공공정책은 한국인의 이익을 위해서 펼쳐지는 것이 아니고 미국기업의 이익을 위해서 펼쳐지게 된다고 비난하였다. 그들은 특히 환경보호와 사회적 약자보호를 위한 정책을 독자적으로 수립하고 시행하는 정책주권이 심각하게 침해될 것이라는 우려를 표명하였다. 예를 들면 골목상권보호를 위해서 대기업을 규제하면 한국에 이미 진출해 있는 미국의 유통대기업들이 ISD소송을 제기할 것이고 환경규제를 강화하면 이 역시 소송대상이 될 것이라고 주장하였다. 그들은 미국기업으로부터 ISD소송을 당해서 막대한 보상금을 지급한 사례가 있는 멕시코의 경험을 집중적으로 거론하였다.

멕시코의 중앙정부가 미국기업의 투자사업을 합법적으로 승인해 주었는데 지방정부가 환경훼손을 이유로 사업중단 조치를 내린데 대해서 ISD소송을 당하여 수천만 달러의 피해보상을 해 주었다는 것이었다. KIEP에서 조사하여 보니 과연 그러한 사례가 있었다. 그렇다고 해서 한국정부가 환경보호정책을 강화하려면 한국에 투자하고 있는 미국기업들에게 피해보상을 각오해야 한다는 주장은 상당한 무리가 있는 것이었다. 멕시코는 중앙정부의 정당한 승인을 무시하고 지방정부가 여론에 밀려서 이미 투자사업이 상당히 진척이 되었음에도 불구하고 불허결정을 내려서 해당기업이 큰 피해를 입은 경우이었다.

한국정부가 환경보호를 위해서 국내절차에 따라서 미국기업의 투자를 불허하는 것은 ISD의 대상이 될 수 없는 것이었다. 그러나 ISD가 잠재적으로 한국정부의 공공정책 결정권을 제약할 수 있다는 우려가 있는 점 또한 사실이었기 때문에 ISD의 대상이 될 수 없는 공공정책의 범위를 확대하기로 협상에서 관철시켰다. 이런 경우에는 반대파의 주장이 협상내용을 보완하고 개선시키는 계기가 되었다.

"NAFTA체결 멕시코, 사회경제적 폐해 심각"부각시키자, "멕시코 비하하지 말라" 大使성명

반대파들은 멕시코가 NAFTA협정체결 이후에 농업의 황폐화, 빈부격차확대, 미국자본의 하청생산기지화 등의 사회경제적 폐해가 심각하게 나타나고 있다고 비판하였다. 그들의 주장을 따라가다 보면 만약에 멕시코가 미국과 FTA를 체결하지 않았으면 사회경제적인 문제들이 거의 존재하지 않는 살기 좋은 나라가 되었을 것이라는 결론에 도달하게 되어 있었다. 그들은 멕시코의 모든 사회경제문제의 책임을 미국과의 FTA로 돌리면서 한국이 멕시코 같은 낙제생이 되어서는 안 된다고 주장하였다. 오죽했으면 주한 멕시코대사가 멕시코를 비하하지 말아 달라고 항의성명까지 내었겠는가?

나는 멕시코로 가서 내 눈으로 현실을 직접 목격하고 현지사람들의 얘기를 들어보는 수밖에 없다고 판단하고 멕시코시티로 날아갔다. 시내에서 한 시간 정도 자동차를 타고 나가니까 산등성이에 올라 앉아있는 거대한 빈민가가 펼쳐지기 시작했다. 그 규모가 어찌나 큰지 몇 십 분을 달려도 계속 이어졌다. 충격적이었다. 나중에 멕시코 인사들을 만났을 때 빈민가의 유래를 물었더니 오래된 곳인데 미국과의 FTA가 시작은 아니라고 했다. 물론 그 빈민가는 미국과의 FTA 이후에도 계속해서 확산되어 왔다고 덧붙이는 것이었다.

멕시코의 통상전문가들도 만났다. 일부러 미국과의 FTA를 지지하는 인사 이외에 반대하는 인사들도 만났다. 반대하는 인사들의 의견 중에서 좀 특이하다고 느낀 점이 있었다. 멕시코는 미국과 바로 국경을 접하고 있기 때문에 미국기업들이 멕시코의 싼 임금을 활용하려고 자동차를 비롯한 제조업공장들을 대거 국경너머로 옮겨서 결국 멕시코는 단순조립과 하청기지로 전락할 것이라는 것이었다. 그 결과 자국기업은 입지가 좁아지고 멕시코는 영원히 미국경제에 종속된다는 주장을 폈다.

내가 한국에서 비슷한 이유로 반대하는 인사들이 많은데 어떻게 생각하느냐고 물었더니 한국은 이미 강력한 제조업기반을 갖추고 있으니까 미국에 대한 수출이 늘어나서 이익을 볼 것이고, 한국경제가 미국에 종속된다는 우려는 지나친 것이라고 하였다. 종속경제이론은 중남미와 미국 간의 오래되고 특이한 경제관계에서 유래되어 온 것이라고 하였다. 나는 귀국하여서 멕시코에서 보고 들은 사실들을 언론을 통해서 전파하려고 애를 썼다.

당시에 한미FTA를 반대하는 책이 15권 정도 출판되었는데 비해서 지지하는 책은 불과 3, 4권 출판된 것으로 기억한다. 반대세력은 견고하게 조직되었다. 정치인, 지식인, 시민단체, 민노총, 전교조, 농민단체, 언론이 뭉쳐서 집요하게 가짜뉴스를 양산해 내었다. 많은 국민들이 현혹되고 심리적인 혼란을 겪었다. 어느 날 찬반인사들이 텔레비전 시사토론에서 논쟁을 했는데 다음날 지인의 결혼식에서 만난 정부 고위직을 지낸 통상전문가가 말하기를 자기도 전날 밤 그 토론을 보았는데 반대파의 주장을 들으면서 마음속에 혼란이 왔다고 했다. 그만큼 반대파들의 주장은 치밀했고 국민들의 감성에 호소하는 것이었다.

우여곡절을 겪으면서도 협상은 진행되었고 마침내 2007년 4월 2일에 타결되었다. 나는 그 전날 밤부터 모 텔레비전 방송국에 나가서 대담을 하면서 협상 타결소식이 날아든 새벽녘까지 대기하였다. 협상타결과 동시에 그 내용을 평가하는 생방송을 하기 위해서였다.

타결 이후 반대파들의 목소리는 힘을 잃고 한·EU FTA는 오히려 "무관심"

타결 이후부터 반대파들의 목소리는 힘을 잃기 시작하였다. 협정문 속에 그들이 주장한대로 한국을 미국의 경제식민지로 전락시키는 내용이 발견되지 않았기 때문이었다. 한미FTA도 그냥 FTA이었을 뿐이다. 그리고 노무현정부의 협상팀은 반대파들의 기대를 저버리고 당당하게 미국과 협상하였고 전체적으로 볼 때 이익의 균형을 이루어 내었던 것이다. 그동안 반대파들의 거짓선전에 혼란을 겪었던 대다수 국민들은 협상결과를 보고 이성을 회복하고 냉정을 되찾았다.

그 후에 한국이 EU와 FTA협상을 하였는데 국민적 무관심속에서 진행되었다. 농민단체의 시위 이외에는 반대목소리가 들리지 않았다. 개방의 수준과 규범을 놓고 볼 때 EU와의 FTA는 미국과의 FTA에 필적하는 높은 수준이었다. 그럼에도 불구하고 나라가 조용하였다. 한미FTA때에는 나라가 둘로 쪼개졌는데 말이다. 근본원인은 반(反)EU감정이 없었다는 것이다. FTA를 체결한다고 해서 한국이 상대방국가의 경제식민지가 된다거나 상대방국가의 경제이념과 체제 속에 흡수된다는 주장은 애시 당초 허구이었다. 허구가 아니라면 한국은 지금 미국의 자유주의 경제체제와 EU의 포용적 경제체제가 뒤죽박죽이 된 나라가 되어 있어야 한다. 과연 그러한가?

2006년 이후 13년이 흘러갔고 한국은 SNS가 더욱 강력한 위력을 발휘하는 초연결사회가 되었다. 가짜뉴스도 더욱 교묘한 수법으로 민심을 선동하고 현혹할 수 있게 되었다. 만약에 한미FTA협상이 지금 시작된다면 어떤 일이 벌어질지 궁금하다. 북핵, 미군철수, 한반도평화, 중국과 일본의 간여가능성 등을 감안하면 나라가 더욱 극명하게 둘로 쪼개질 것이라는 불길한 예감이 든다.

20

한국을 둘로 쪼갠 한미FTA협상:
③ 광우병파동과 촛불데모

한미FTA협상 2007년 4월 타결, 그러나 양국의 의회 비준은 '산 넘어 산'

한미FTA협상은 2007년 4월에 타결되었다. 협상개시 후 1년 2개월만이었다. 남은 과제는 양국의 비준이었다. 그러나 양국 모두 호의적이지 않은 국내정치 상황 때문에 빠른 시일 내에 비준이 이루어질 가능성에 대해서는 결코 낙관할 수 없었다.

한국에서는 대통령선거를 앞두고 있어서 노무현정부의 추진력이 약화될 우려가 있었다. 물론 자신들이 시작한 일을 임기 내에 끝내겠다는 결자해지(結者解之)의 각오를 가질 수도 있었겠으나 현실은 반대였다. 지지층의 반대를 무릅쓰고 협상을 개시하여 타결까지 이루어 내는 성과를 이룩하였지만 비준까지 밀어붙이기에는 정치적 부담이 컸고 다음 정권으로 넘기는 출구전략을 모색하고 있었다.

미국의 사정 역시 한국과의 FTA비준에 호의적이지 않았다. 부시 대통령 역시 임기를 1년 반 정도 남겨놓고 있었는데 한국이 비준하기 전에 미국이 먼저 비준을 끝내고 한국의 비준을 압박하겠다는 적극적 자세를 가지고 의회를 설득하기에는 역부족이었다.

한미FTA의 조기비준을 가로 막는 구체적인 장애물은 미국산 쇠고기의 수입문제이었다. 광우병 때문에 30개월 미만의 소를 도축한 쇠고기는 수입이 제한되어 있었는데 미국은 집요하게 소의 '월령(나이)을 불문하고 수입을 허가해야만 한국과의 FTA비준이 가능해질 것'이라고 압력을 넣었다. 특히 소 사육 목장이 많은 몬타나주 출신 상원의원인 보커스가 그 중심에 있었는데 그는 상원 재무위원장으로서 비준논의에 커다란 영향력을 행사할 수 있는 인사이었다.

2007년 12월 대선에서 이명박후보가 당선되고 나서 항간에는 쇠고기 수입확대를 놓고 미국과 비밀교섭이 이루어질 것이라는 소문이 파다하게 퍼졌다. 다음해 2월에 대통령으로 취임하고 나서는 미국을 방문하여 부시 대통령과 정상회담을 하면서 쇠고기수입확대와 FTA비준을 맞바꿀 것이라는 근거 없는 소문까지 돌았다.

국민들의 미친 쇠고기에 대한 공포심은 자칫 정치적 소요의 화약고가 될 위험성이 다분히 있었다. 만약에 한미정상 간의 비밀막후협상, 굴욕협상, 국민생명을 미국 목축업자의 이익과 바꿔치기 한다는 등의 정치선동이 국민들의 반미정서에 기름을 끼얹는다면 무슨 사태가 일어날지는 어렵지 않게 예상할 수 있는 일이었다.

오바마 대통령후보는 2008년 12월에 있을 대선 선거과정에서 자기가 집권하면 미국의 통상정책에 대한 전면적인 평가를 할 것이라고 공약하였다. 그동안의 자유무역협정들이 미국의 이익에 얼마나 기여하였는지를 평가해서 앞으로의 통상정책방향을 재정립할 것이라고 했다. 그렇다면 한미FTA비준도 상당히 지연될 수밖에 없는 형편이었다.

한국으로서는 우선 미국의 정치상황에 대한 면밀한 검토가 필요한 시점이었다. 얼마 남지 않은 부시 대통령의 임기이내에 비준이 이루어질 가능성에 대한 평가가 우선되어야 했다. 만약에 차기 정부, 특히 오바마정부로 비준문제가 넘어가면 조기 비준은 사실상 어렵다고 보아야 했다. 국내적으로도 부시정부에서 비준이 이루어질 가능성이 희박한데 비준희망을 과대평가해서 비준 전에 미국 쇠고기의 수입을 확대하는 것이 불러 올 정치적 후폭풍에 대한 냉정한 검토가 반드시 있어야 했다.

직접 워싱턴 방문해 미국의 FTA비준 동향 점검하고 '보고서' 청와대 전달

나는 워싱턴DC에 있는 한국경제연구소(KEI)로 하여금 비준전망에 대한 정보를 수집, 분석하여 보고하라고 했다. KEI는 부시 임기 내에 비준될 가능성은 불확실하며 오바마가 대통령에 당선되는 경우에는 비준이 상당기간 지연될 우려가 있다고 했다.

결국 내가 직접 가서 비준을 둘러싼 미국의 분위기를 파악할 필요성이 있다는 생각이 굳어졌다. 그래서 미국을 담당하는 박사와 함께 2008년 2월 중순에 워싱턴으로 가서 약 일주일을 머물면서 상원 재무위원장, 하원 세입세출위원장 등 비준의 열쇠를 쥐고 있는 의원들의 보좌관과 만나고, 통상전문 변호사들의 의견을 들어보고, 피터슨 국제경제연구소등의 두뇌집단도 방문하였다. 또한 백악관에 파견 나와 있는 국가안보위원회(NSC) 직원의 의견도 청취하였다. 마침 2월 13일부터 피터슨국제경제연구소에서 전직 미국통상대표(USTR) 7명이 참석해서 한미FTA를 비롯한 통상이슈에 대한 세미나가 있었는데 그 사람들의 생생한 의견도 들을 수 있어서 금상첨화이었다.

귀국하여 보고서를 만들어서 청와대의 고위참모들에게 전달하였다. 마침 경제수석을 비롯한 몇몇 고위참모는 내가 아는 사람들이었기 때문에 직접 전달할 수 있었다. 그 보고서의 요점은 다음과 같았다.

첫째, 민주당 고위인사들은 미국 자동차의 한국시장 진출기회가 충분히 보장되어 있지 않아서 한미FTA는 미국에 불리한 불공정협상이라는 이유로 비준을 반대한다. 고위인사들 중에는 힐러리 상원의원, 오바마 후보, 펠로시 하원의장, 호이여 하원원내총무, 랑겔 하원세입위원장, 레빈 하원무역소위원장도 포함되어있다.

둘째, 미국산 쇠고기수입의 전면개방은 비준논의가 본격화되기 위해서 해결되어야 할 사항이다. 그러나 쇠고기수입 전면개방이 비준을 보장해 주는 것은 아니다.

셋째, 그렇다고 해서 미 의회의 비준을 비관적으로만 볼 필요는 없다. 희망적인 요인들도 존재한다. 부시 대통령은 연두교서에서 비준에 대한 강력한 의지를 표명하였고, 로비력이 강한 축산농들이 지지하며, 한국의 서비스와 금융시장개방은 미국에 이익이고, 한국과의 동맹관계를 더욱 강화하는 안보논리를 활용하면 분명히 비준의 기회가 있다는 것이다. 또한 비준투표 시에 민주당이 당론이 아닌 의원개별투표를 할 것이라는 지도부의 언급도 있었다.

넷째, 한국정부는 부시 임기 내에 비준을 성사시킨다는 전략을 수립하는 것이 바람직하다. 민주당으로 정권이 넘어가면 상당한 지체가 예상되기 때문이다.

다섯째, 비준을 위해서 쇠고기전면수입을 서둘러서는 안 되지만 과학적 근거와 국제기준에 합당하다면 대통령의 방미 전에 결론을 내고 대통령이 부시와의 정상회담에서 비준추진에 대한 의지를 확인한다. 부시행정부와 협조하여 미 의회에서 비준안이 통과되도록 외교적 노력을 최대한 경주한다.

"미국산 쇠고기수입 허용 후 비준 안 될 경우 심대한 국내 정치적 리스크 따져봐야" 건의

여섯째, 한국이 미국산 쇠고기수입을 허용했음에도 불구하고 미국의 비준이 이루어지지 않는 경우의 심대한 국내정치적 리스크를 감안해서 사전적 리스크 평가를 면밀히 해야 한다. 이명박 대통령의 국내정치적 부담과 경제리더십 훼손의 리스크를 점검해야 한다. 국내의 반미정서가 악화될 때의 정치사회적 영향도 검토해야 한다.

대통령의 방미 이후에 벌어진 일련의 사태는 우리가 이미 알고 있는 바와 같다. 이명박 대통령이 부시 대통령과 회동하기 직전에 미국산 쇠고기전면개방이 결정되었고 얼마 후에 MBC PD 수첩에서 '미친 소'의 고기를 먹었을 때 사람도 미칠 수 있으며 대한민국 국민이 광우병에 걸릴 가능성이 더욱 크다는 보도를 했다. 며칠 후부터 촛불데모가 시작되어서 수개월동안 국정이 마비되었고 이명 박정부는 출범하자마자 쓰나미급 태풍에 밀려서 좌초직전까지 갔다.

나는 이글을 쓰면서 2008년 2월에 청와대에 전달한 보고서에 대해서 되돌아 보고 그 보고서가 국가이익을 위해서 최선의 보고서이었는지를 곰곰 생각하게 되었다.

당시의 객관적 상황을 보면 미국 내에서 비준에 불리한 사항들은 구체적이 고 실존하는 것이었다. 민주당지도부의 부정적 발언, 노조의 불만, 부시의 레임 덕 현상 등은 현실이었다. 반면에 비준에 긍정적인 사항들은 모호하고 추상적 이며 희망사항에 그치는 경우가 많았다. 부시 대통령의 비준의지는 정치적 수 사로써 표현되는 것이었고, 조기비준이 한미동맹에 얼마나 기여하는지도 불확 실하였다.

한국에서는 쇠고기수입을 전면허용하면 거의 자동적으로 비준이 될 것이라 는 막연한 기대를 품는 경향도 있었다. 미국의 상황을 냉정하게 평가했더라면 쇠고기 전면수입 허용을 이명박 대통령의 방미시기와 일치시키는 것이 국내정 치에 어느 정도의 파급효과를 가져 올 것인지를 면밀하고 신중하게 평가했어야 했다. KIEP가 그러한 판단까지 할 책임은 없었다고 변명할 수는 있겠지만 보고 서에서 그러한 리스크를 명시적으로 언급한 것을 보면 KIEP도 리스크의 심각 성을 인지하고 있었다고 보아야 한다.

광우병 촛불데모로 MB정부 국정 마비, 쇠고기 수입개방 늦춰 지렛대로 활용했더라면?

물론 우여곡절을 거치면서 힘들게 타결한 한미FTA를 부시행정부에서 비준 받는 것이 한국의 이익이라는 판단은 타당하였다. 미국대선에서 민주당으로 정 권이 넘어갈 가능성이 큰 것으로 예상되고 있었고 민주당정부에서는 비준이 상 당기간 늦추어질 수밖에 없다는 점을 고려하지 않을 수 없었던 것이다. 그래서 미국이 강력하게 요구하는 쇠고기전면수입을 허용하고 그것을 지렛대로 삼아서 미국행정부와 의회에 대해서 조기비준을 강력하게 요구하는 전략이 나름대로의 타당성이 있었다고 볼 수도 있다.

결과적으로 보고서에서 지적하였던 리스크가 현실로 나타났고 막대한 국가적 손실을 초래하였다. 만약에 KIEP보고서에서 어차피 부시임기 내의 비준은 현실적으로 어려운 상황이기 때문에 쇠고기전면수입허용을 서두르지 말고 시간여유를 가지면서 투명하게 협상하는 것이 최선이라고 건의했더라면 광우병 촛불데모가 일어나지 않았을 것이고 정권출범 초기의 황금같은 시간을 허비하지도 않았을 것이다. 물론 이 결론은 정부가 KIEP보고서를 수용하였을 것이라는 가정을 전제로 하고 있다.

21

동아시아 통합과 동북아 경제중심:
그 머나먼 길

아세안+3 정상회의에서 김대중 대통령 "동아시아비전그룹" 제안

1998년 7월경으로 기억되는데 청와대의 고위참모가 할 이야기가 있다고 해서 그의 사무실로 갔다. 그는 김대중 대통령이 세계무대에서 활동하는 정치지도자가 되려는 꿈을 가지고 있으며 특히 동아시아에서 주도적인 리더십을 발휘하는 지도자역할을 바라고 있다고 하였다. 그는 정부에서 무엇을 하면 좋은지 KIEP에서 아이디어를 개발해 달라고 부탁하면서 특히 12월에 열리는 아세안+3(아세안 회원국과 한·중·일 3개국) 정상회의에서 한국정부가 제안할 의미 있는 사업을 발굴해 달라고 했다.

연구원의 박사들과 토의를 거듭한 끝에 현인그룹을 구성해서 동아시아의 비전을 그려보는 것이 좋겠다는 쪽으로 의견이 모아져서 간단한 보고서를 만들어 그에게 보고하였다. 보고서를 만들 때 프랑스의 쟝 모네가 유럽의 통합을 위해

서 독일의 석탄과 프랑스의 철강을 공동 관리하는 석탄철강공동체를 제안한 역
사적 사실을 참고하였다. 즉 민간의 학자와 전문가, 기업가들이 모여서 쟝 모네
와 같은 미래를 내다보는 혜안을 가지고 동아시아에서도 유럽통합과 같은 지역
통합을 이룩하여 평화와 공동번영의 길로 나아가자는 청사진을 만들어서 국가
지도자들에게 제안하는 협의체를 구성하자는 것이었다.

그 후에 아세안의 10개 회원국과 한중일 정상이 참석한 회의에서 김대중 대
통령이 동아시아비전그룹을 만들자고 제안해서 채택되었다. 각국별로 두 명의
위원을 선정하기로 하였는데 한국에서는 한승주 전 외교부장관과 내가 선정되
었다. 자연스럽게 나는 비전그룹의 사무총장역할을 담당하게 되었다. 물론 공
식직함은 아니었지만 KIEP에 사무국을 설치하고 의제발굴과 회의지원업무를
수행하게 되었으니까 사실상 그런 셈이 되었다.

위원들의 면면을 보면 학자, 연구원, 기업인, 문화인 등 다양한 배경을 가진
인사들이었고 전공분야도 경제, 안보, 사회, 문화 등이어서 종합적 관점에서 동
아시아통합을 논의할 수 있었다. 동아시아 여러 나라들의 복잡하게 얽힌 정치
적·안보적·경제적 관계를 고려할 때 특정분야에 국한해서 논의를 전개하면 부
문 간의 상호의존관계를 파악할 수 없다는 문제의식이 반영되었던 것이다.

의장은 공식적으로는 첫째 회의에서 선임될 예정이었으나 한국이 주도하는
회의이기 때문에 한승주 위원이 의장직을 맡는 것으로 자연스럽게 양해가 되고
있었다. 한승주 위원과 나는 1999년 초에 아세안국가 중에서 싱가포르, 태국,
인도네시아, 필리핀 등을 방문하였다. 방문국가에서 위원으로 선정된 인사들을
만나서 얘기를 나누고 정부기관도 방문해서 앞으로의 성공적인 회의운영을 위
한 협조를 부탁하는 것이 목적이었지만 구체적으로는 회의운영을 어떻게 할 것
인가를 사전협의하는 것이 가장 중요한 과제이었다.

한승주 위원은 교수로서 동아시아의 여러 지역포럼에 참여하였고 거기다가
외교부장관을 역임하였기 때문에 교분이 두터운 인사들이 많아서 대화가 원활
하게 이루어졌다. 그들은 한국이 동아시아통합을 위한 중요한 회의를 주도적으
로 개최하는 것에 대해서 환영한다고 했고 비록 위원들이 민간인 신분이지만
정부가 임명하였고 회의의 진행과정에서 정부와 긴밀히 소통하는 반관반민(半官

半民 : 1.5 트랙) 성격이기 때문에 나중에 나올 보고서가 정부의 정책으로 채택될 수 있는 기회의 창이 열려 있다는 점을 강조하였다.

비전그룹 최종보고서, 정상회의에 보고

동아시아공동체(East Asian community)형성 … 통합보다 협력증진에 초점

아세안 국가들은 한국, 중국, 일본 중에서 한국에 대해서는 경계심이 거의 없었다. 중국은 엄청난 인구와 높은 경제성장으로 경제대국을 향하여 나아가고 있는 중이었으므로 과거 역사에서 중국이 종주국으로 행세하던 시절의 좋지 않은 기억을 되살릴 수밖에 없었다. 일본은 말할 필요도 없이 대동아공영권을 표방하면서 동남아국가들을 침략하던 제국주의의 기억에서 자유로울 수 없었다.

이에 반해서 한국은 부정적인 역사의 유산이 없었고 빈곤국에서 선진신흥국으로 도약한 국가로서 아세안 국가들이 배우고 싶어하는 나라였다. 이러한 이유 때문에 한국이 동아시아통합을 주창하는 데 대해서 환영하였던 것이다. 중국 역시 일본이 주도하는 것보다는 한국이 주도하는 것이 마음 편한 것이었고 마찬가지로 일본의 입장에서도 중국보다는 한국이 편한 상대이었다.

이러한 사전 협의과정을 거쳐서 마련된 회의운영 방침은 다음과 같았다.

첫째, 비전그룹은 동아시의 경제, 정치, 환경, 사회문화 분야의 긴밀한 협력을 위해서 구체적이고 단계적인 실천방안을 제시한다.

둘째, 비전그룹은 2001년 아세안 플러스 3개국 정상회의 이전까지 5회 만나고, 최종보고서를 작성하여 정상회의에 보고한다. 첫 번째와 마지막 회의는 서울에서 개최한다.

비전그룹은 동아시아지역의 협력증진방안을 제시하겠다고 했으며 통합방안을 제시하겠다는 표현은 의도적으로 쓰지 않았다. 동아시아 각국의 상이한 역사적 배경, 경제적 격차, 종교와 인종의 다양성, 이질적인 체제와 가치 등이 엄연히 존재하는 현실을 무시하고 유럽이 걸어온 통합을 지향한다는 것은 무리인 점을 인지하고 있었던 것이다. 일부 위원들은 장기적 비전으로서 통합을 설정해야 한다는 주장을 했으나 합의가 이루어지지 않았다.

동아시아국가들은 지역통합을 심화시키기 위해서 주권을 일부라도 양보할 의사가 전혀 없었다. 주권의 양보는 커녕 주권행사에 대해서 제약을 받을 의사도 없었다. 그들에게 국가주권은 신성불가침이었다. 민족주의가 공고히 자리 잡고 있는 상황에서 지역통합은 한계가 있을 수밖에 없었다.

그 후 동아시아 비전그룹은 다섯 번의 회의를 거쳐서 최종보고서를 작성하여 2001년 10월 아세안 플러스 3개국 정상회의에 보고함으로써 그 임무를 완수하였다. 최종보고서의 내용을 요약하면 다음과 같다.

첫째, 1997년의 동아시아 외환위기는 동아시아국가들이 유사한 위기를 사전 예방하고 위기발생 시에 효과적으로 해결하기 위해서 지역협력을 제도화해야 한다는 자각을 일깨워 주었다.

둘째, 동아시아 비전그룹은 동아시아공동체(East Asian community) 형성을 비전으로 제시한다. 동아시아공동체는 집합적 노력을 통해서 평화, 번영, 진보를 이루어 나가며 무역, 투자, 금융을 포함하는 경제협력이 촉매 역할을 수행한다.

셋째, 동아시아공동체는 다음 목표를 지향한다.
- 지역 내 국가들 간의 갈등을 예방하고 평화를 증진한다.
- 무역, 투자, 금융, 개발의 분야에서 더욱 긴밀한 경제협력을 달성한다.
- 환경보호와 지배구조개선을 위한 지역협력을 원활하게 추진하여 인간안보(human security)를 향상시킨다.
- 교육, 인적자본개발을 강화하여 공동번영을 증진시킨다.
- 동아시아공동체의 정체성을 함양한다.

'자유무역지대 설치' '금융협력재원 마련' '교육기금 설치' 등 각국 정상에 별도건의

넷째, 정상들에게 다음 사항을 건의한다.
- 동아시아 자유무역지대를 설치한다.
- 동아시아의 자조적 금융협력재원을 마련하고 지역금융 감시기능을 강화

하여 IMF기능을 보완한다.
- 선린, 상호신뢰, 연대의 기반위에서 지역 내 정치관계를 평화적으로 관리하는 규범, 절차, 기제를 발전시킨다.
- 새로운 세계질서구축과정에서 동아시아의 목소리를 크게 내고 역할을 증대한다.
- 지역 내 선진국이 중심이 되어서 빈곤퇴치프로그램을 설치한다.
- 초등교육, 문맹퇴치, 직업훈련 강화를 위해서 동아시아교육기금을 설치한다.
- 정부와 비정부 대표들로 구성된 동아시아 포럼을 만들어서 지역협력을 논의한다.

회의에서 공동체의 영문표현인 community의 첫째 알파벳인 "c"를 대문자로 표기하는 문제를 놓고 논쟁이 벌어졌다. 대문자로 표시하자는 위원들은 동아시아가 궁극적으로 EU수준의 통합을 지향한다는 의지를 나타내기 위해서는 'East Asian Community'가 고유명사가 되어야 한다고 주장하였다. 'European Community'처럼 말이다. 여기에 반대하고 소문자로 표시하자는 주장은 동아시아공동체가 유럽의 높은 수준의 통합을 지향하는 것은 동아시아의 역사적 배경을 고려하지 않는 비현실적 꿈에 불과하다고 하였다.

유럽의 역사는 통합과 분열이 반복되어 온 데 반해서 동아시아는 통합된 적이 없었다는 것이다. 유럽은 로마에 의해서 통일되었다가 로마 멸망 이후의 혼란기를 거친 후에 다시 프랑크제국이 오늘날의 프랑스, 독일, 이탈리아지역을 통일하였다. 그 후 재차 분열과 혼란을 겪다가 근대에 들어오면서 다수의 국민국가들이 형성되었으나 제1, 2차 세계대전의 대살육극이 일어났다. 제2차 세계대전 종전 이후에 유럽국가들은 옛날 팍스로마나시대의 평화체제를 복원하기 위해서 무력이 아니라 다수 주권국가의 동의에 의한 통합을 이루어 내고 있었다.

이와는 대조적으로 동아시아는 역사상 통합된 적이 한 번도 없었다. 비록 중국이 종주국으로서 주변 약소국들과 조공관계를 맺고는 있었으나 일본과 동남아시아국가들은 조공관계에서도 제외되어 있었다. 또한 유럽에 비해서는 참혹한 전쟁의 참화가 덜했기 때문에 유럽수준의 지역통합을 이루어 내야 한다는

강력한 절실함과 공감대가 부족하였다. 여하튼 대문자 "C" 사용에 대한 합의가
이루어지지 않아서 소문자를 사용하기로 결정되었다.

"금융자본시장의 높은 수준개방"의견엔 중국이 강력 반대 … "통화는 경제주권의 상징"

　회의에서 토의가 길었던 또 하나의 분야는 금융자본시장개방과 협력이었다.
일부 위원들은 무역에서 자유무역지대의 설치에 대한 합의가 이루어졌기 때문에
금융자본시장에서도 높은 수준의 국경개방이 요망된다고 주장하면서 심지어는
유로와 유사한 동아시아 공통통화의 출범을 장기비전으로 제시하자고 제안하였
다. 여러 나라가 유보적 입장을 표명하였는데 특히 중국이 강하게 반대하였다.
　휴식시간에 나는 중국인사에게 그 연유를 넌지시 물었더니 대답인즉 한국이
외환위기를 비켜가지 못한 이유 중의 하나가 자본시장을 조급하게 개방하여 외
국자본이 자유롭게 들어왔다가 일시에 빠져나간 것으로 알고 있다는 것이었다.
또한 통화는 경제주권의 상징이기 때문에 절대로 단일 지역통화의 도입에 찬성
할 수 없다는 것이었다. 나는 그의 말이 틀렸다고 반박할 수가 없었다. 최근 이
탈리아, 그리스, 스페인 등이 재정위기로 경제가 침체되는 데도 불구하고 금리
를 내릴 수도 없고 평가절하를 할 수도 없는 상황을 지켜보면서 중국대표의 우
려가 지나친 것이 아니었다는 생각이 들었다
　금융위기예방과 해결을 위해서 지역통화기금을 설치하는 의제에 대해서도
열띤 토의가 있었다. 아시아 외환위기가 발생했을 때 일본이 아시아통화기금
(AMF)을 설치하자고 제안했으나 미국의 반대와 중국 등의 모호한 입장 때문에
무산된 적이 있었다. AMF설치안이 다시 의제에 올랐는데 중국은 강력하고 독
자적인 권한과 기능을 가진 기구설치를 주장하였고 일본은 IMF와 보완적으로
작동하는 기구설치를 주장하여 결국 일본측 주장이 반영된 합의가 이루어졌다.
그 후에 중국이 AIIB(Asian Infrastructure Investment Bank)를 설립한 것을 보면
서 나는 중국이 IMF에 대항하는 AMF를 의중에 두고 있었을 것이라는 추측을
해 보았다.

KIEP, 매년 13개국 동아시아 연구원장 초청회의 개최 … 동아시아 협력 분위기 띄우려 노력

김대중정부는 비전그룹의 건의를 동아시아협력증대의 구체적 성과로 잇기 위해서 후속조치를 강구하였다. 건의사항별로 구체적 사업을 구상해서 아세안 플러스 3개국의 실무급 회의와 장관급 회의에서 논의하고 정상회의의 의제로 올리는 방식으로 추진하였다.

나는 매년 동아시아 연구원장 회의를 개최하여 동아시아 협력분위기를 띄우려고 노력하였다. 아세안 10개국과 한중일 3국의 공공연구소 소장들을 초청하여 매년 한국에서 회의를 개최하여 협력방안을 토의하였다. 정부는 이 사업을 위한 예산을 기꺼이 지원하여 주었다.

현재 시점에서 평가하여 보면 동아시아자유무역지대창설을 위해서 포괄적 경제파트너십협정(RCEP: Regional Comprehensive Economic Partnership)의 협상이 진행중이다. RCEP협상에는 아세안회원국과 한국, 일본, 중국 이외에 인도, 호주, 뉴질랜드도 참여하여 동아시아의 범위를 넘어서서 확대되었다. 협상속도가 느리고 개방의 수준이 만족할 만하게 높을지에 대해서는 확신이 없지만 비전그룹의 건의가 실천에 옮겨지고 있는 것이다.

지역금융협력에서는 치앙마이이니시어티브에 의해서 각국이 출연하여 기금을 설립하였고 금융외환위기가 발생하면 긴급자금을 수혈할 수 있는 장치가 마련되었다. 동 기금의 규모는 확대되고 있고 IMF로부터 독립적으로 행사할 수 있는 자금한도를 설정하는 등의 제도개선이 이뤄지고 있다.

동아시아의 정치정세는 아직도 갈등구조가 온존하고 있고 평화정착으로 가는 길은 멀고 불확실해 보인다. 한중, 한일, 일중, 중국과 아세안간의 관계가 모두 불안정하고 역사 갈등과 영토분쟁이 오히려 증폭되는 양상마저 나타나고 있다. 여기에 더해서 미국과 중국간의 패권다툼은 동아시아의 정치, 안보상황에 부정적 영향을 미치고 있다. 비전그룹 보고서에서는 경제협력이 촉매제가 되어 정치, 안보협력을 견인하겠다는 희망을 담았지만 아직까지 경제협력의 제도화

가 만족할 만한 성과를 보이지 않고 있고 정치와 안보협력은 오히려 퇴보하고 있다는 것이 나의 평가이다.

동아시아통합을 꿈꾸는 인사들은 은연중에 유럽통합에서 영감을 얻으려고 한다. 그러나 현실은 너무나 다르다. 유럽은 석탄철강공동체에서 출발해서 자유무역지대를 출범한 이후에 단일통화를 실현하였고 유럽중앙은행을 설립하여 통화정책을 이관하였으며 대외통상교섭권도 EU에 양도하였다. EU는 국가 간 협력기구를 넘어서서 자체적인 주권을 행사하는 초국가기구로 진화하여 왔다.

그러다가 2011년 이후에 그리스, 이탈리아, 스페인, 포르투갈 등에서 재정위기가 발생하고 그리스의 EU 탈퇴움직임 등으로 더욱 수준 높은 초국가기구로의 진화에 제동이 걸리고 있다. 설상가상으로 영국이 EU를 탈퇴하기로 결정하면서 최대의 위기를 맞고 있고 앞날이 불확실해졌으나 은행동맹, EU예산 등 통합을 더욱 견고하게 하는 추가적인 조치도 이루어지고 있어서 유럽통합의 원대한 이상은 현재진행형이다.

동아시아협력과 밀접하게 관련되어 있는 것이 동북아 협력이다. 아세안국가들은 동아시아협력의 주도권을 자기들이 쥐어야 한다는 입장을 취해 왔다. 이른바 'ASEAN Centrality'이다. ASEAN의 지역통합이 먼저 시작되었고 한국, 중국, 일본이 합심해서 동아시아협력을 주도할 수 있는 리더십이 부재하다는 점이 그 배경이었다. 그러나 경제력으로 보면 한중일 3국은 아세안과 비교해서 다윗을 압도하는 골리앗의 힘을 가졌다. 그러니 한중일 3국이 합심하면 다윗역할을 자처하는 아세안을 넘어서서 동아시아통합을 주도할 수 있고 그렇게 되어야만 진정한 동아시아 시대가 열릴 수 있다고 본다. 마치 유럽통합과정에서 독일과 프랑스가 협력했기 때문에 통합의 장애물들을 극복할 수 있었던 것과 같은 이치이다.

DJ정부 "동북아 경제중심 선언" 이어 노무현정부 "동북아시대위원회 설치"

노무현정부는 동북아협력을 강조하면서 동북아시대를 열어나가자는 국정 아젠다를 가지고 있었고 대통령 자문기구인 동북아시대위원회를 설치하였다. 그런데 동북아협력구상은 애당초 한국이 동북아의 경제중심이 되겠다는 구상에서 출발하였다. 동북아 경제중심은 한국의 경제력을 키워서 동북아의 중심국가로 우뚝 서겠다는 한국중심의 국가 아젠다이고, 동북아협력은 다른 나라와의 협력을 통해서 동북아의 평화와 번영을 가져 오겠다는 국제적 아젠다이니까 서로 관련성은 있어도 다른 것이었다.

동북아경제중심은 2002년 1월에 김대중 대통령이 대한상의 신년인사회의 연설에서 한국이 동북아시아의 물류─비즈니스 중심이 되어야 한다고 역설한 것이 그 출발점이었다. 그 배경에 나의 역할이 있었다. 나는 OECD로 부임하기 직전인 2001년 11월에 청와대 고위비서관에게 한국의 동북아비즈니스중심구상을 전달하였다. 그 모델은 싱가포르였다. 싱가포르가 다국적기업의 아시아지역 본부를 다수 유치하여 경제의 국제화를 고도화하고 크나 큰 부가가치를 창출하고 있는 것을 보고 한국이 지정학적 이점을 활용하고 규제개혁 등 비즈니스하기에 좋은 환경을 만들어서 다국적기업의 동북아본부를 유치하자는 구상이었던 것이다.

무서운 속도로 발전하고 있던 중국시장을 겨냥하는 다국적기업들이 한국에 지역본부를 설치하고 중국진출의 거점으로 활용하게 하자는 것이었다. 한국의 통신, 주거환경이 중국에 비해서 월등하다는 점도 활용할 수 있었다. 나의 건의를 듣고 나서 그 비서관은 대통령에게 건의하겠다고 했고 다음해 정초의 대통령 연설문에 포함되었던 것이다.

'동북아경제중심구상' 다음 정권 계승 안 돼 … "국가정책이 5년 지나면 폐기되는 현실 안타까울 뿐"

동북아경제중심구상은 다음 정권에서 계승되지 않았다. 정권이 바뀌어도 국가발전을 위해서 계속되어야 할 정책은 분명히 존재하는데 대부분의 정책이 5년이 지나면 폐기되는 현실이 안타까울 뿐이다. 지금 한국경제의 앞날에 대한 불안이 가중되고 있는 현실에서 보면 동북아경제중심과 같은 중장기 비전을 설정하고 국력을 모아서 추진해 나가는 꿈이 없다는 것이 더욱 아쉽게 느껴진다.

22

에티오피아와 한국 개발경험 공유하다

KOICA가 발주한 용역사업에 참여

2012년에 한국국제협력재단(KOICA)에서 에티오피아와 한국의 개발경험을 공유하는 용역사업을 수행하게 되었다. 민간 용역회사에서 수탁을 하였는데 용역수행팀을 구성하는 과정에서 산업연구원에서 같이 일하던 후배교수가 나보고 팀장을 맡아 달라고 했다. 무역연구원을 그만 두고 백수로 놀던 때라 시간여유도 있었고 또 내가 하고 싶은 일이었기 때문에 기꺼이 승낙하였다.

여러 기관에서 한국의 개발경험을 개발도상국들과 공유하는 사업을 하고 있었는데 많은 경우에 한국이 실제로 경험한 것과는 다른 내용을 담고 있는 경우가 비일비재하다는 것이 평소의 생각이었다. 나는 한국의 고도성장을 견인한 양대 축은 수출진흥정책과 중화학공업화 산업정책이라고 진단한다. 그리고 정책의 수립과 실천과정에서 정부의 적극적인 역할이 있었다.

그런데 지식공유사업을 수행하는 여러 젊은 경제학자들이 한국의 산업화과정에 대한 정확한 현실인식이 미흡한 상태에서 정부역할에 대한 부정적 시각을 피력하고 민간과 시장중심의 경제발전전략이 바람직하다고 강조하는 일이 자주 있었다. 극단적으로 정부의 간섭에도 불구하고 한국이 한강의 기적을 이루어 내었다고 주장하는 학자들도 있었다. 물론 자유로운 연구결과를 발표하는 것은 학문발전의 요체이지만 한국의 경제발전사를 연구함에 있어서 사실관계를 명확히 하는 것은 연구의 객관성을 위해서도 필요하고 무언가 도움이 되는 조언을 듣고 싶어하는 개도국 공무원들을 위해서도 필요한 것이다. 그래서 나는 에티오피아 공무원들에게 한국의 수출진흥정책과 산업정책을 소상하게 전해 주어야 하겠다는 생각을 굳히고 용역참여자들에게도 이 점을 강조하였다.

에티오피아에 한국의 수출진흥정책과 중화학공업육성 산업정책을 소개

보고서가 어느 정도 골격이 잡혔을 때 용역팀은 에티오피아로 현지 실사 및 설명회를 하러 갔다. 에티오피아는 나도 처음 가 보는 나라이어서 기대가 되었다. 그때까지 내가 에티오피아에 대해서 가졌던 정보는 한국전쟁때 유엔군의 일원으로 파병을 해서 용감하게 싸웠고 또 아베베 비킬라라는 마라톤선수가 맨발로 세계신기록을 수립해서 신문지상을 떠들썩하게 한 것 정도이었다. 내가 춘천에서 군대생활을 할 때 북한강으로 흘러들어 가는 공지천가에 에티오피아 참전기념비가 서 있었던 기억도 있었다.

출장을 떠나기 전에 나는 에티오피아에 대해서 좀더 알아야 되겠다는 생각이 들어 자료를 찾아보았다. 우선 유구한 역사를 가지고 있었다. 시바의 여왕이 솔로몬왕에게서 얻은 자손의 후손들이 에티오피아국민들이고 지리적으로는 아프리카에 속해 있지만 인종적으로는 아프리카 흑인과는 다르다는 것이었다. 대부분의 아프리카국가들이 서구 열강의 식민지가 되었으나 에티오피아는 나치 독일에게 잠깐 점령된 시기를 제외하고는 독립을 유지했다. 인종이나 종교 갈등이 야기하는 내전의 비극을 겪은 적도 없었다. 산유국은 아니었으나 여러 가지 광물자원이 풍부하고 온화한 기후와 비옥한 토지자원이 풍부해서 농업의 잠재력도 컸다.

인종, 종교 갈등이 별로 없고 자연자원과 기후자원이 양호함에도 불구하고 에티오피아는 빈곤의 수렁에서 헤어나지 못하고 있었다. 수도인 아디스아바바의 중심가를 걸으면서 눈앞에 펼쳐지는 가난의 참상은 충격적이었다. 먼지가 풀풀 날리는 도로를 달리는 낡은 차량들이 뿜어내는 매연이 어찌나 독한지 숨을 쉬기 어려울 지경이었다. 길가에는 젊은 어머니가 아기에게 젖을 물린 채 구걸을 하고 있었다. 같이 걷던 KOICA의 젊은 직원도 적지않이 놀라고 있었다.

나는 그에게 말했다. 내가 어릴 적의 한국이 이러했노라고. 그는 믿기지 않는 표정을 지었다. 나는 좀더 자세히 1950년대, 60년대 초에 내가 살던 부산의 쇠락한 정경과 내 고향 양산의 돼지움막 같았던 초가집에서의 생활을 묘사해 주었다. 그는 그런 이야기를 여태까지 들어 본 적이 없다면서 자기가 누리고 있는 생활이 얼마나 풍족한지를 깨달았다고 했다.

우리가 에티오피아를 방문하기 얼마 전에 멜라스 제나위 총리가 서거하였다. 그는 에티오피아의 경제발전에 대해서 뜨거운 정열을 가지고 있었다. 그 정열을 현실로 만들기 위해서 그는 박정희 대통령의 한강의 기적을 본받고 싶어 했다. 박대통령에 대해 자신이 공부하고 전파하려고 노력했으며, 한국의 경제발전에 대한 자료를 번역해서 공무원들에게 나누어 주었다고 한다. 후임 대통령도 전임자의 유지를 계승하여 이명박 대통령과의 정상회담에서 한국의 경제발전경험을 전해 달라고 요청하여 용역사업이 성사되었다고 한다. 그런 배경을 알고 나니 제대로 전해 주어야 하겠다는 무거운 책임감을 느끼게 되었다.

"에티오피아도 수출주도 성장정책 필요하다" 건의 … 수출진흥확대 회의 소개

일정 중에 에티오피아의 산업부 직원들에게 용역중간결과를 설명하는 자리가 포함되어 있었다. 장관을 비롯하여 간부급 30명 정도와 민간의 수출기업인들이 참석한 것을 보니 그들의 관심과 기대가 높다는 것을 알 수 있었다. 나는 과거 한국의 수출진흥확대회의의 구성과 기능에 대해서 발표하였다. 내가 직접 경험했던 사실들을 포함해서 최대한 실감나는 스토리를 들려주려고 노력하였다. 에티오피아도 한국처럼 수출주도 성장전략을 채택해야 한다는 것이 용역팀의 건의였고 에티오피아정부도 이점에 대해서는 별 이견이 없었다.

수출진흥확대회의는 박정희 대통령이 직접 주재하는 회의였다. 수출진흥 관련부처의 장관을 비롯한 공무원, 금융기관, 수출지원단체, 그리고 수출업체에서 직접 참석해서 수출을 늘리기 위한 방안을 토의, 결정하였다. 수출이 곧 살길이라는 구호는 대통령을 위시해서 수출기업의 실무 직원에 이르기까지 전 국민이 공유하는 가치, 행동수칙, 평가기준이었다. 공무원들은 수출실적에 따라서 승진이 결정되었고 기업들은 수출실적에 따라서 회사의 명운과 직원들의 봉급이 좌우되었다고 해도 지나친 말이 아니었다.

수출진흥확대회의는 수출업계의 애로사항을 청취해서 해결하는 자리였다. 논의만 하고 헤어지는 자리가 아니었다. 업계가 쏟아 내는 애로사항들은 대부분 그 자리에서 바로 해결될 수 없었고 제도개선을 위한 검토와 관련부처 협의가 필요한 사항이 대부분이었다. 회의를 주재하는 박대통령은 관계장관에게 "이 문제를 해결하시오!" 하고 지시하고 잊어버리는 것이 아니라, "이 문제에 대한 제도개선을 마련해서 다음 회의에서 보고 하세요"라고 지시했다. 지시를 받은 장관은 제도개선책을 마련해서 관련부처와 협의하는 과정에서 관련부처와 합의가 이루어지지 않으면 그 상태로 다음 회의에 보고하고 결국 최종결정은 대통령이 내렸는데 대부분의 경우에 수출업체를 도와주는 방향으로 결정이 내려졌다.

1960－70년대에 걸쳐서 수출기업이 당면했던 최대의 난관 중의 하나는 금융이었다. 바이어로부터 주문을 받은 후부터 원자재를 조달하는 등 금융수요는 발생하는데 바이어로부터의 대금결제는 물품을 선적하고 난 후에야 이루어졌고 더욱이 과연 바이어가 물품대금을 제대로 지급할지도 불확실한 상태에서 생산자금을 은행으로부터 대출을 받아야만 했다. 그러나 만성적인 자금수요초과 상태에 놓여 있던 당시에 은행으로부터 소요자금을 적기에 대출받는다는 것은 지극히 어려웠다.

수출기업들의 호소를 듣고 상공부와 재무부가 머리를 맞대고 고안해 낸 제도가 신용장(Letter of Credit, L/C) 할인제도이었다. 수출기업들은 상대방 은행으로부터 받은 신용장을 우리나라 은행에 가서 제시하고 대출을 받을 수 있었다. 일반적으로 상공부는 수출을 위해서 무엇이든 하자는 입장이었고 재무부는 금융원칙과 관행을 내세워서 견제하는 입장이었다. 만약에 수출진흥확대회의에서 대통령이 결단을 내려주지 않았으면 수출기업들은 자금애로 때문에 수출주문에 맞추어서 생산하기가 어려웠을 것이다.

한국개발연구원(KDI)은 2013년에 수출진흥확대회의의 녹취록을 발간하였다. 참석자들이 회의에서 발언한 내용들이 그대로 실려 있어서 회의분위기를 생생하게 느낄 수 있는 자료이다. 녹취록 중에서 흥미 있는 내용을 두 가지만 소개하면 이렇다.

"돈 찍어서라도 지원하라" … 대통령의 확고하고 일관된 정책방향 제시가 성공 바탕

〈사례 1〉

1971년 1월 회의에서 박대통령은 전년도 수출 10억불 달성을 축하한 후에 금년도 13억 5천만불 수출목표를 달성하려면 실제로는 15억불 목표를 세워놓고 밀고 나가야 한다고 강조했다. 계속해서 박대통령은 이렇게 강조했다.

"일부 경제를 아는 사람들이 우리가 10억불하겠다는 것도 무리한 것을 억지로 밀어붙인다고 비난했는데, 그 사람들이 상식에 벗어나는 소리하고 있다. 10억불을 달성하려고 무리하다 보니까 산업기반이 갖추어져서 이제부터 쑥쑥 자라나는 바탕이 되어 있다."

박대통령은 무리한 목표를 달성하려고 있는 힘을 다하다 보니 능력이 생겨서 더 잘할 수 있는 바탕이 되었다는 것이다. 역발상이라고나 할까? 현재의 한계에 절망하지 않고 미래를 향해서 앞으로 나가는 진취적인 태도가 여실히 드러나고 있는 것이다.

이 회의에서 박대통령은 돈타령하지 말고 꼭 돈이 필요하다면 조폐공사에서

찍어서라도 주겠다고 했다. 이 말은 가용재원을 수출지원에 집중하라는 뜻을 직설적으로 표현한 것이라고 나는 해석한다. 소비자금융, 내수금융은 억제하고 수출금융을 최우선으로 지원하라는 의지의 표현이었다. 그는 수출을 "종합예술"이라고 표현했다. 정부와 민간의 협력, 정부부처 간의 협력이 긴밀하게 이루어져야만 정책효과가 극대화될 수 있다는 점을 강조한 것이었다.

대통령의 의중이 분명하게 인식이 되면 공무원들은 협의과정에서 수출을 우선하는 방향으로 합의를 보게 된다. 대통령 앞에서 딴 소리 해 보아야 어차피 대통령이 수출우선으로 결정할 테니까 아예 미리 합의해 버리는 것이 모양새가 좋았던 것이다. 지금도 부처 간 이견 때문에 정책이 표류하면 대통령이 사령탑이 되어서 교통정리를 해 주어야 한다는 주장이 있는 반면에 다른 편에서는 대통령이 일일이 직접 나서는 것은 부작용이 더욱 크기 때문에 자제해야 한다고 주장한다. 평소에 대통령이 국정방향에 대해서 확고한 방향을 정하고 일관성 있게 최종결정을 해 주면 공무원들은 그걸 인식하고 미리 알아서 대통령의 국정방향과 일치하는 합의를 한다는 것이 우리가 과거로부터 배우는 교훈이다.

매년 1월 '수출진흥세부계획' 작성 … 내수(內需) 많은 기업에 수출목표 부여하기도

<사례 2>

1972년 1월 회의에서 상공부 상역차관보가 그해의 수출진흥 세부계획을 보고했다. 그 주요 내용을 보면
- 수출자금 1억 3,300만불을 지원할 예정인데 정부보유외환의 지원이 없지만 융자조건과 절차가 정부보유외환보다도 불리하지 않도록 재무부와 공동작업을 하고 있다.
- 수입과 수출을 링크시켜서 수입업체가 수출에 적극 나서도록 한다. 내수 치중 17개 기업으로 하여금 9,540만불을 수출할 의무를 부여한다.
- 외화가득률을 높이기 위해서 수출용원자재 국산화목표를 1억 8천만불로

정하고 경쟁력있는 국산화가 이루어지면 그 품목의 수입을 제한하겠다. 의류, 가발, 가눈썹 등의 부자재 3천만불을 국산화하고 전자부품 국산화 목표는 1,300만불인데 그 달성을 위해서 24개 공장의 건설자금 3억 9,500만원을 지원한다.

- 마산수출자유지역, 구미전자공업단지, 완구산업공업단지를 완성하고 기업 입주에 본격적으로 착수한다.
- 섬유산업구조개선을 위해서 노후시설교체, 기업합병과 표준화, 원료와 제 품산업간의 계열화를 추진하고 160억원을 지원한다.
- 기능공의 질적 고도화를 위해서 스웨터, 가발 등 분야의 2,400명의 재직 자에게 재훈련을 실시하고 1인당 기계 1대가 되도록 시설을 보강한다.
- 인쇄, 염색, 도금, 가공 등 취약부문의 50개 연구과제를 선정한다.

수출진흥 세부계획은 미시적이고 구체적이다. 개별기업의 수요를 상향식으로 파악하고 전체적으로 종합, 조정과정을 거쳐서 작성된 것이다. 이 세부계획은 담당부처에서 그 이행상황을 계속해서 점검하며 다음해 수출진흥확대회의에서 종합적인 평가보고를 하게 되어 있었다.

나는 에티오피아 공무원들에게 한국의 수출진흥확대회의가 실제로 어떻게 운영되었는지 그 생생한 이야기를 들려주었다. 회의의 성공을 위해서는 국가최고지도자가 직접 참석해서 정부 부처들이 업계의 애로를 해결해 줄 수 있도록 지속적으로 관심을 가져야 하며 공무원이 최선을 다 하도록 동기부여를 해야 한다고 강조하였다.

에티오피아의 수출기업들이 맞닥뜨리는 문제들을 상징적으로 나타내는 일화가 있었다. 에티오피아는 여러 가지 과일들을 풍부하게 생산하고 있어서 쥬스 등의 가공식품은 수출유망품목이었다. 그런데 쥬스를 담는 포장용기가 제대로 공급되지 않아서 실제 수출로 이어지지 못하고 있었다. 이 문제의 해법을 모색할 때 우리는 어쩔 수 없이 경제발전에 있어서 '정부와 시장의 역할이 무엇인가?'의 질문을 하게 된다.

시장이 정상적으로 작동한다면 에티오피아에서는 쥬스포장 용기를 생산하는 공장이 건설되었을 것이다. 포장용기에 대한 시장수요를 발견한 기업가가 투자 결정을 할 것이고, 은행에서는 사업의 타당성을 인정해서 설비금융을 제공할 것이다. 용기생산업자는 중간소재인 알루미늄을 구입해야 하는데 초기에는 수입을 하다가 나중에는 역시 같은 경로로 알루미늄공장을 세운 국내기업으로부터 구입할 것이다. 이러한 연쇄과정을 거치면서 포장용기 산업의 전후방연관산업들이 갖추어 지게 된다.

그러나 에티오피아에서는 세월이 흘러도 포장용기공장이 세워지지 않았다. 공장을 세워서 돈을 벌어 보겠다는 기업가가 없었거나, 은행에 가도 대출을 못 받았거나, 알루미늄수입이 금지되어 있었거나 등 여러 가지 장애물이 있었을 것이다. 시장실패와 정부실패가 혼재하여 포장용기산업은 생성되지 않았던 것이다.

한국의 수출진흥확대회의는 이러한 문제들을 해결해 주는 범국가적 협의체 결정기구이었다. 시장에서 자율적으로 해결이 안 되는 문제를 풀기 위해서 정부가 나서고 정부의 규제 등 제도적 문제점들을 기업이 지적하면 정부가 스스로 해결하는 '문제해결의 기구'였다. 포장용기의 경우에 한국에서도 1960년대에 수출상품의 포장과 용기가 조잡하여 제값을 받지 못한다는 문제점이 수출진흥확대회의에서 제기되고 해법을 논의한 결과 1970년에 한국디자인포장센터가 설립되었던 것이다.

'수출진흥확대회의 설치권고' 받아들였으나 '총리'가 아닌 '장관'이 주재 "아쉬움"

이 사례에서 알 수 있는 점은 수출진흥확대회의가 무역정책의 범위를 넘어서서 산업정책까지도 포괄하였다는 것이다. 수출을 늘리기 위한 시발점은 국제경쟁력 있는 상품을 만들어 내는 것이고 그러한 상품들이 시장에서 저절로 생산되지 않을 때는 공장을 세워야 하는데 이 과정에서 정부와 민간이 각각 제 할 일을 찾아서 해야만 했던 것이다.

포장용기를 예로 들어서 한국의 수출진흥확대회의의 기능에 대한 설명을 하니까 참석한 에티오피아공무원들과 수출기업인들은 더욱 쉽게 이해가 되는 모양이었다. 용역팀의 최종보고서에서도 수출진흥확대회의에 대해서 자세하게 설명하고 그 채택필요성을 에티오피아정부에 건의하였다. 나중에 들으니까 그 건의는 받아들여졌다고 했다. 그러나 총리가 주재하는 것이 아니고 장관이 주재하며 수출기업인들의 참석이 제도화되지 않았다고 해서 나는 아쉬운 마음을 주체할 수가 없었다.

용역을 수행하는데 에티오피아의 산업현장을 실사하고 유망산업을 선택하는 일은 미국의 Dalberg라고 하는 용역회사가 맡았다. 그 용역회사가 받는 용역비는 전체 용역예산의 70% 정도를 차지할 정도로 컸다. 그 회사는 세계의 개발원조자금으로 수행되는 용역을 따 내어서 일감을 마련하고 있었다. 우리 용역에서는 에티오피아의 산업시설을 현장조사하여 장단점을 밝혀내고 그것을 토대로 해서 유망산업을 선정하고 또 외국인투자를 유치하는 구체적인 방법까지 제시하는 일을 맡았다. 5명 정도의 인력이 우리 용역에 투입되었는데 하버드의 케네디스쿨 졸업생이 여러 명 있었다. 본부는 미국에 있고 남미, 동유럽, 아프리카, 아시아에 지점을 두고 있었으며 전체 고용인력이 200명에 달했다.

그들과 함께 일하면서 한국의 원조자금이 미국의 일자리를 만드는 데 쓰이고 있는 현실이 안타까웠다. 한국의 용역회사들이 우리의 원조자금을 쓰면서 우리 청년들을 고용하면 좋은 일자리가 많이 만들어질 수 있을 텐데 하는 생각이 간절하였다. 그래서 KOICA에서 최종보고회를 할 때 특별히 이 점을 건의하였다. 몇 개의 용역기관을 선정하고 그들에게 KOICA 원조자금을 집중 배정해서 일을 시키면 점차 역량이 함양될 것이고 나중에는 한국뿐만 아니라 다자개발원조기관과 선진국들의 개발원조자금도 수탁할 수 있을 것이라고 했다. 그 후에 내 건의가 어떻게 반영이 되었는지는 알지 못한다.

23

기업설립절차 간소화, "200개의 도장을 없애라"

대통령 비서실장, KIET에 "시장 경쟁압력 높일 방안 제시하라" 지시

1984년에 대통령 비서실장이 산업연구원에 지시를 해서 한국에서 기업을 설립하는 절차가 너무 복잡하고 시일이 오래 걸리는데 그 실상을 조사하고 또 선진국들의 기업설립절차와 비교분석해 보라고 지시했다. 경제가 역동적으로 움직이기 위해서는 새로운 기업이 많이 생겨나서 기존 기업들에게 경쟁 압력을 가중시켜야 하는데 한국에서는 기업을 새로 만들기가 너무 어려워서 기존 기업들이 독과점적 지위를 향유하면서 현실에 안주하는 폐단이 있다는 문제의식에서 그 작업을 지시한 것이었다.

작업팀이 꾸려졌는데 나와 김준한 박사, 박시룡 박사가 그 일을 맡게 되었다. 우리는 어떻게 주어진 일을 처리할 것인가를 협의했는데 최종적으로 내린 결론은 우리가 기업을 설립하는 주체가 되어서 모든 인허가과정을 처음부터 끝까지 밟아가는 방법 이외에는 다른 방도가 없다는 것이었다. 이전에 비슷한 조사가 이루어진 적이 없었고 기업에게 물어 보아도 단편적이고 부분적인 사실은 파악할 수 있을지 모르지만 전체적인 그림을 그려 보기에는 한계가 있다고 판단하였다.

먼저 조사대상을 주식회사형태의 합작투자, 기술도입업체로 정하였다. 한국이 선진기술을 가진 외국기업과의 합작투자를 통해서 산업구조를 업그레이드해야 한다는 필요성을 감안한 것이었다. 그리고 업종은 전자제품생산과 의약품생산으로 정하였다. 전자는 단순조립생산 공정을 탈피할 필요성이 있었고 의약품은 복제약 일변도의 생산구조에서 벗어날 필요성이 있었다.

설립절차 대행사에서 윤곽잡고, 현장확인 통해 문제점 도출

우리가 맞닥뜨린 첫 번째 난관은 기업을 설립하기 위해서 거쳐야 하는 긴 여정의 첫 관문이 어디이고 마지막 단계에 이르기까지 무엇을 준비해야 하는지에 대해서 전혀 아는 것이 없다는 막막함이었다. 수소문하여 보니 절차를 대신 밟아 주는 브로커가 있다는 것이었다. 절차가 너무 복잡하고 수많은 행정관청의 공무원을 상대해야 하고 발품을 많이 팔아야 하는 3D 일이다 보니 자연스럽게 브로커가 등장한 것이었다. 브로커라는 말의 어감이 부정적인 면도 있으니까 컨설팅업체라고 부르는 편이 좋겠다는 생각이 들기도 한다. 여하튼 브로커이건 컨설팅업체건 그곳을 찾아가서 대충의 흐름도(flow chart)를 듣고 나니까 그때부터는 우리가 어디로 발품을 팔면서 다녀야 되는지 대략 그림이 그려졌다.

한 달 정도 열심히 뛰어다닌 끝에 상세한 흐름도가 마련되었는데 글을 쓰기 위해서 그때 작성한 보고서를 펼쳐 보니까 절차 명, 관련기관, 구비서류, 관련법률, 처리기간, 비용의 항목으로 정리가 되어 있었다.

흐름도를 따라가 보면 재무부에 외국인투자인가신청, 주무부서에 기술도입계약신고, 세관에 관세감면신청, 상공부에 자본재 수입신고 등을 거친 이후에 등기소에 법인설립등기를 한다. 그 후에 재무부에 주식취득신고를 하고 외국인투자기업등록을 한 후에 세무서에 법인설립신고를 한다.

공장을 짓기 위해서는 제조업허가를 받아야 하는데 의약품의 경우에는 국립보건원의 기준 및 시험방법 검토를 거쳐서 보사부에서 제조품목 허가, 제조관리자 승인을 받은 후에 제조업허가를 받게 되어 있었다. 이러한 절차를 모두 거친 후에 막상 공장을 짓기 위해서는 지자체의 외국인 토지취득 승인을 받은 후에 공장신증설 허가 절차에 들어가는데 지자체로부터 농지전용, 보전임지전용, 도로점용, 하천부지점용, 사도개설, 토지형질변경 등의 허가를 받은 후에 건축허가가 나면 공장건설에 들어가게 된다.

공장건설이 시작되면 지자체로부터 길고 긴 인허가 목록이 기다리고 있었다. 공작물 설치, 배출시설 설치, 오수정화시설 설치, 분뇨정화조 설치, 소방시설 설치, 자가용 전기공작물 설치, 공업용수구 설치 등의 허가를 받아서 공사가 완료되면 공장건설완료보고를 하고 공장등록을 하였다.

공장은 완공되었으나 기계를 돌려서 제품을 만들기까지에는 거쳐야 할 절차가 또 남아있었다. 지정시험기관에 시제품제조 시험의뢰를 하고 공업진흥청의 형식승인과 품질관리 등급사정을 받은 후에 전자공업진흥회에 전자공업 등록을 하면 비로소 제품을 생산해 낼 수가 있었다. 의약품의 경우에는 제품의 안전을 보장받기 위한 추가적인 시험을 더 받아야 했다.

전자합작공장, "구비서류 170종, 실 소요일수 295일, 인허가 기관 17개"

전자산업의 경우에 이러한 절차를 거치기 위해서 구비되어야 하는 서류의 종류는 합작투자기업이 170종, 국내기업이 124종이었고 처리기관은 합작투자기업이 17개, 국내기업이 11개이었는데 실제로는 같은 기관에 속하는 여러 부서를 거쳐야 하는 경우가 많았으므로 실제로는 수십 군데에 달하였다. 관련법규는 합작투자기업이 19개, 국내기업이 17개이었다.

그리고 모든 절차가 순조롭게 이루어지는 경우라고 하더라도 최초에 서류를 접수시키고 나서 인허가와 등록, 신고를 거쳐서 제품생산까지 걸리는 실소요일수는 합작투자기업이 295일, 국내기업이 187일이었다. 그 당시에 흔히 들려오는 불만 중에는 기업설립에 너무나도 오랜 시간이 걸리다 보니까 공장을 가동하여 생산해 내는 첫 제품이 이미 구닥다리가 되어 버린다는 자조 섞인 목소리가 있을 정도였다.

한국의 기업설립절차가 복잡하고 오랜 시간이 걸린다는 점은 분명히 파악이 되었으나 다른 나라와 비교해 보지 않고는 문제점을 실감나게 드러내는 데 한계가 있었다. 그래서 기업여건이 가장 양호하다고 알려져 있는 미국의 예를 조사하려고 하였지만 시간과 예산의 제약 때문에 한국에서 했던 설립 모의실험을 하지는 못하고 대신 현지에 가서 필요한 조사를 실시하기로 했다. 마침 뉴저지주에서 삼성전자가 텔레비전 공장을 건설하고 있다는 것을 알게 되어서 내가 현지출장을 가서 직접 눈으로 보고 오게 되었다.

건설중이던 美뉴저지 삼성전자TV 공장 시찰, 명실상부한 one-stop-service

현장에 가니 공장건설이 본격적으로 이뤄지고 있었다. 현장감독에게 애로사항이 무엇이냐고 물었더니 주정부와 카운티정부가 공장입지유치 단계에서부터 적극적으로 도와주겠다는 자세로 모든 일을 처리하기 때문에 별다른 어려움이 없고, 간혹 문제가 생겨도 합리적으로 설명하면 합당한 결정을 내려주기 때문에 한국처럼 쓸데없는 일에 신경쓰지 않고 오로지 공장건설에 전념하고 있다고 했다.

공사장 가까운 곳에 카운티정부의 공무원 사무실이 있었다. 그의 책상에는 삼성전자 공장건설에 대한 파일이 있었는데 나에게 보여 주어서 자세히 들여다 볼 수 있었다. 그 파일에는 공사단계별로 카운티정부와 주정부에서 점검하고 승인해야 할 리스트가 들어 있었다. 오폐수시설, 전기안전, 기계설비의 안전, 화학물질안전 등 점검항목들이 배열되어 있었다. 내가 만난 공무원이 직접 점검할 수 있는 분야는 그가 현장을 확인하고 해당 항목에 '합격' 또는 '보완 필요'라고 기입을 하고 그의 소관이 아닌 분야는 주정부나 카운티정부의 담당공무원이 공사현장에 와서 점검하고 승인을 해 주던가 보완조치를 요구한다고 했다. 삼성전자측에서는 서류를 들고 여기 저기 다닐 필요가 원천적으로 없었다. 명실상부한 원 스톱 서비스(one-stop-service)였다.

한국에서는 한 사무실에 여러 부처의 공무원들이 같이 앉아 있지만 전결권이 없고 각자의 소속 부처에 서류를 보내서 결재를 받아서 서류를 다시 가지고 오니까 무늬만 one-stop-service인 것과는 너무나도 대조적이었다. 관청이 기업위에서 군림하는 것이 아니라 기업을 위해서 봉사하는 기구로 존재하고 있다는 것을 실감할 수 있었다.

행정전산화 등으로 절차 대폭 개선, 토지이용 규제는 아직도 "여전"

우리는 보고서를 완성해서 비서실장에게 대면 보고하였다. 그는 수고했다고 치하하면서 관련부처에 보고서를 내려 보내서 개선하도록 지시하겠다고 했다. 얼마 후에 경제기획원의 모과장이 그 보고서를 들고 나를 찾아왔다. 그는 나의 고등학교 후배였다. 그는 난감한 표정을 지으면서 거미줄처럼 얽힌 인허가를 어디서부터 손을 대야 할지 모르겠다면서 나의 도움을 청하였다. 나도 난감하기는 마찬가지이었다. 소방서에서 화재로부터의 안전성을 확보하기 위해서 소방시설에 대한 점검을 철저히 하겠다는데 그걸 완화하라고 했다가 화재가 나서 인명피해가 발생하면 그 책임을 감당할 수가 없을 것이라는 그의 걱정을 나무랄 수도 없었다.

나는 뉴저지주의 삼성텔레비전 공장건설현장에서 목격하였던 실질적인 one-stop-service를 떠 올리면서 현실적인 개선책이 될 수 있다고 그에게 상세히 설명하였다. 그는 구원받은 표정으로 그 제도를 도입하는 방향으로 해 보겠다고 했다.

우리의 보고서는 언론에서 자주 인용되었다. 극심한 규제와 행정의 불필요한 요식행위(red tape)를 상징적으로 나타내는 표상으로서 큰 주목을 받았다. 전국경제인연합회에서 우리 보고서를 가져가서 기업의 애로사항을 호소하고 그 해결을 요구하는 유용한 수단으로서 적극적으로 활용하기도 했다.

그 후에 기업설립절차는 어느 정도 개선된 것으로 보여진다. 행정전산화의 보급으로 전자적 민원처리가 확대되었고, 민원처리과정의 투명성이 높아졌으며, 민원부서의 부패도 줄어드는 등 여러 가지 요인이 작용한 결과일 것이다.

그러나 아직도 토지이용의 경우에는 수많은 규제가 남아 있는 등의 여러 가지 문제가 온존하고 있는 것 또한 사실이다. 그럼에도 불구하고 최근에는 기업 설립절차 문제가 사회적 이슈가 되지 않는 것은 국내에 공장을 건설하는 제조업투자가 부진하고 해외에서의 설비투자가 더욱 활발하기 때문이 아닐까 하는 씁쓸한 느낌을 지울 수가 없다.

終

글을 마치며

과거 경제정책은 목표·수단·실천력이 분명 ⋯ 지금은 세 가지 모두 "실종"

이 시리즈는 2018년 10월에 국가미래연구원 홈페이지에 첫 글을 올린 지 5개월여 만에 마지막 글을 올렸다. 백수생활의 무료함을 달래고자 시작한 연재였는데 의외로 많은 분들이 읽어 주셔서 고마운 마음이 앞섰다.

가장 클릭수가 많은 글은 국민투자기금과 중화학공업육성이었다. 40년도 더 된 오래전 이야기인데 무슨 연유로 많은 분들이 관심을 보였는지 궁금하기도 하고 의아스럽기도 하다. 굳이 주관적으로 해석하자면 이렇다.

그때는 경제정책의 목표가 분명했고, 목표를 달성하기 위해서 무엇을 해야 하는지가 명확했고, 해야 할 일을 해내는 실천력이 있었다. 그런데 지금은 이 세 가지가 전부 없다. 목표도 불문명하고 수단은 잘못 짚고 논의만 무성할 뿐 제대로 되는 것이 없다. 그러니 40년 전에 일사불란하게 움직였던 모습을 떠올리면서 위로받고 보상받으려는 심리가 작용하는 것이라고 내가 편리한대로 추측해 본다. 이렇게 추측하고 나니 그때가 그리워지기도 한다.

　세상은 변했다. 10년이면 강산도 바뀐다고 했지만 지금의 초연결시대, 대변환의 시대에는 10년이면 강산이 열 번 바뀔 것이다. 그런데 40여 년 전의 시대를 그리워하면서 오늘의 상황을 비판하다니 나도 분명 꼰대임에 틀림없다.

　그럼에도 불구하고 나는 한가지만은 고집하고 싶고 양보할 의사가 전혀 없다. 국민이 분열해가지고는 앞으로 나아갈 수 없다는 사실만은 믿고 싶다. 지금 우리들 사이의 반목, 분열, 갈등, 대립, 증오는 이미 위험수위를 넘어섰다. 어느 한쪽이 없어질 때까지 계속 싸울 작정을 단단히 하고 있는 것으로 보인다. 불행히도 어느 한쪽이 없어지는 일은 절대 일어날 수 없다.

풍요한 국민 삶과 사회적 진보를 양립시킨 나라들의 특징

　세계화의 심화와 급속한 기술변화는 세계적 추세이고 개개인의 삶의 안정성이 위협받고 있는 것은 세계적 현상이다. 개개인의 삶이 예측가능했던 옛날로 되돌아가려면 세계화를 후퇴시키고 기술변화를 정지시켜야 한다. 그 대가는 개개인의 삶의 질이 절대적으로 저하하는 것이다. 아무도 이걸 원하지는 않을 것이다.

　내가 볼 때 지구상의 많은 나라들 중에서 몇몇 나라들은 세계화와 기술진보에 현명하게 대처하면서 파이를 키우고 많은 국민들이 이익을 나누어 가지며 삶의 안정성과 사회적 진보를 양립시키는 나라들이 있다. 북유럽 여러 나라, 스위스, 독일, 그리고 싱가포르가 여기에 해당한다.

　이들 나라들은 공통점이 몇 가지 있다.

　첫째는 경제적 자유주의와 분배적 개입주의를 선순환시킨다는 점이다. 경제적 자유는 창의성을 낳고, 혁신을 낳고, 변화를 거부하는 대신 수용하고 선도하여 경제의 역동성을 유지, 발전시킨다. 늘어나는 부(富)를 이용해서 소외되고 어려운 국민들이 인간다운 삶을 누리고 재출발할 수 있도록 도와준다.

　둘째, 국민 개개인의 경쟁력이 높다. 언어와 지식, 경험의 업무능력은 물론이고 유연한 사고와 전문가적 프로근성을 가지고 있다. 이러한 힘은 학교교육과 사회교육에서 길러진다.

셋째, 사회적 관계가 수평적이다. 소통이 자유로우며 차별하지 않으며 다른 의견을 무조건 배척하지 않는다.

마지막으로 정치가 사회통합과 결속의 촉진자, 촉매제로서의 기능과 역할에 충실한다. 이들 국가들이라고 어찌 분열과 갈등요인이 없겠는가마는 정치가 그걸 조장하고 수용하지 않고 대화와 타협을 이끌어 내는 중재자역할을 해낸다.

지금 한국은 '콩가루 집안' … '만인의 만인에 대한 치열한 투쟁'

지금 한국은 자기 몫을 차지하려고 '만인의 만인에 대한 투쟁'이 벌어지고 있다. 집안의 자식들 간에도 더 큰 사랑과 혜택을 받겠다고 시샘하고 다툰다. 이럴 때 가장(家長)이 나서서 솔선수범하면 화목해지지만 어느 한 자식을 편애하면 콩가루 집안이 된다. 나라도 다를 것이 없다. 지금의 한국은 콩가루 집안을 닮아가서 걱정이다.

저자약력

이경태는 1947년 부산에서 출생하여 부산중학교를 졸업하였다.

서울로 유학와서 경기고, 서울상대를 졸업하였고 학훈단 8기 장교로 전방 7사단에서 복무하였다.

제대후에 서울대학교 행정대학원에 입학하였고 행정고시 14회에 합격하였다.

재무부에서 3년 정도 근무하다가 국비유학제도가 생기면서 미국으로 유학가서 조지 워싱턴대학에서 경제학박사 학위를 취득하였다.

공무원을 그만두고 산업연구원에서 오랫동안 근무하면서 부원장을 역임하였고 2대에 걸쳐서 대외경제정책연구원 원장직에 있었다. 경제협력개발기구(OECD)의 한국대표부 대사를 지냈고 무역협회의 국제무역연구원 원장을 하기도 했다.

은퇴후에는 고려대학교 국제대학원에서 한국경제론을 강의하였고 SSCI(Social Science Citation Index) 등재지인 'Korea Observer'의 편집주간을 맡기도 하였다.

산업연구원시절에 '산업정책의 이론과 실제'를 저술하였고 다수의 신문 기고문을 모아서 두 권의 칼럼집을 내었다.

자전적 경제평론집
평등으로 가는 제3의 길

초판 발행   2020년 8월 30일
중판 발행   2021년 10월 5일

지은이   이경태
펴낸이   안종만·안상준

편 집   우석진
기획/마케팅   조성호
표지디자인   이미연
제 작   고철민·조영환

펴낸곳   (주) **박영시**
              서울특별시 금천구 가산디지털2로 53, 210호(가산동, 한라시그마밸리)
              등록 1959. 3. 11. 제300-1959-1호(倫)

전 화   02)733-6771
f a x   02)736-4818
e-mail   pys@pybook.co.kr
homepage   www.pybook.co.kr
ISBN   979-11-303-1088-6   03320

정 가   15,000원